古典文獻研究輯刊

二一編

潘美月・杜潔祥 主編

第 11 冊

《薛道衡集》校注

袁 敏 著

國家圖書館出版品預行編目資料

《薛道衡集》校注／袁敏 著 -- 初版 -- 新北市：花木蘭文化出
版社，2015〔民 104〕
目 4+294 面；19×26 公分
（古典文獻研究輯刊 二一編；第 11 冊）
ISBN 978-986-404-349-1（精裝）
1. 薛道衡集 2. 注釋
011.08   104014546

ISBN- 978-986-404-349-1

古典文獻研究輯刊
二一編　第十一冊　　　　　　　ISBN：978-986-404-349-1

《薛道衡集》校注

作　　者　袁　敏
主　　編　潘美月　杜潔祥
總 編 輯　杜潔祥
副總編輯　楊嘉樂
編　　輯　許郁翎
企劃出版　北京大學文化資源研究中心
出　　版　花木蘭文化出版社
社　　長　高小娟
聯絡地址　235 新北市中和區中安街七二號十三樓
　　　　　電話：02-2923-1455／傳眞：02-2923-1452
網　　址　http://www.huamulan.tw 信箱 hml 810518@gmail.com
印　　刷　普羅文化出版廣告事業
初　　版　2015 年 9 月
全書字數　214542 字
定　　價　二一編 16 冊（精裝）新台幣 30,000 元

《薛道衡集》校注

袁 敏 著

作者簡介

袁敏，女，四川宜賓人。文學博士。畢業於北京師範大學中國古典文獻學專業。現任教於重慶大學人文社會科學高等研究院。主要從事魏晉南北朝文學與文獻研究。曾榮獲教育部全國高校古籍整理研究工作委員會頒發的第十一屆「中國古文獻學獎」博士組三等獎。編著有《圖說莊子》（北京聯合出版公司 2012 年版），參編《全魏晉賦校注》（吉林文史出版社 2008 年版）。

提　　要

　　薛道衡（540～609），字玄卿，河東汾陰（今山西萬榮）人。歷仕北齊、北周、隋。頗得隋文帝器重，久當樞要，位望清顯，所與交結，皆海內名賢。然古稀之年於司隸大夫任上爲煬帝縊殺，天下冤之。詩文兼擅，《隋書》稱其爲「一代文宗」。

　　《隋書・經籍志》著錄「《薛道衡集》三十卷」已於宋代亡佚，陳振孫《直齋書錄解題》著錄之一卷本乃重輯本。薛道衡詩文，明清諸家如馮惟訥、張燮、葉紹泰、張溥、嚴可均等人皆有輯錄；近代以來丁福保、逯欽立、韓理洲亦有遞補。前人草創之功雖鉅，然其輯校仍未精審。

　　本書是目前輯錄薛道衡作品最完整，收集相關史料最全面的整理本。第一部分前言，論述薛道衡之生平交遊、思想及其詩文藝術特色；考述《薛道衡集》的著錄、版本、流傳情況。第二部分從唐宋類書、史籍、總集、碑誌、出土文獻中重新輯錄薛道衡詩文，遴選最具代表性的《薛道衡集》參校，詳加注釋，並對詩文之繫年、主旨、語辭、典故作簡明扼要之考辨。第三部分附錄，包括薛道衡集外別著、佚詩、傳記、遺事、年譜、題詞、彙評。

　　本書一大特色是充分利用回傳的域外漢籍及新近出土文獻。《隋文帝大赦詔二首》、《隋文帝拜東岳大赦詔》、《後周大將軍楊紹碑》、《大將軍趙芬碑》、《隋故使持節上儀同三司泉州刺史劉君（弘）墓誌》等，均係首次收入《薛道衡集》。

目

次

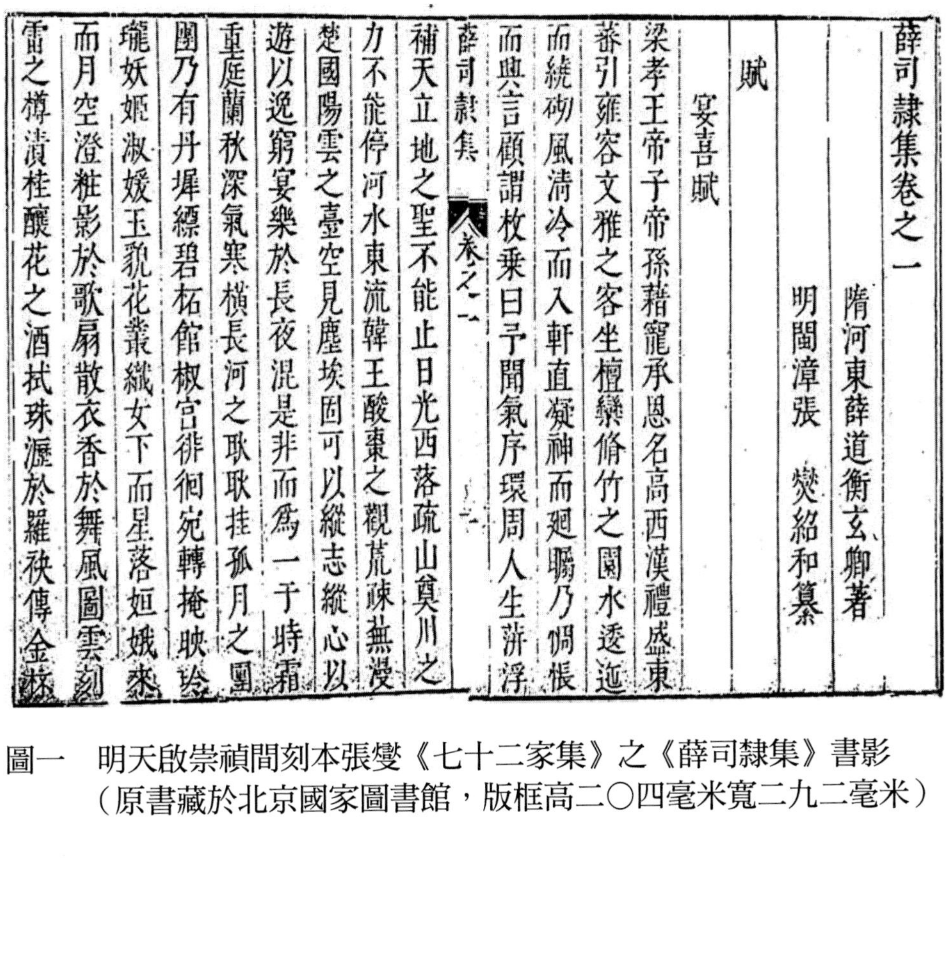

薛司隸集卷之一

隋河東薛道衡玄卿著

明閩漳張　燮紹和纂

賦

宴喜賦

薛司隸集　卷之一

梁孝王帝子帝孫藉寵承恩名高西漢禮盛東
蕃引雍容文雅之客坐檀欒脩竹之園水透迤
而繞砌風清冷而入軒直凝神而廻矚乃惆悵
而與言顧謂枚乘曰予聞氣序環周人生荇浮
補天立地之聖不能止日光西落疏山莫川之
力不能停河水東流韓王酸棗之觀荒疎燕漫
楚國陽雲之臺空見塵埃固可以縱志縱心以
遊以逸窮宴樂於長夜混是非而為一于恃霜
重庭蘭秋深氣寒橫長河之耿耿挂孤月之圓
團乃有丹墀縹碧拓館椒宮徘徊宛轉掩映姿
瓏妖姬淑媛玉貌花叢纖女下而星落妲娥來
而月空澄粧影於歌扇散香於舞風圖雲刻
雷之樽漬桂釀花之酒拭珠滙於羅袂傳金枝

圖一　明天啟崇禎間刻本張燮《七十二家集》之《薛司隸集》書影
（原書藏於北京國家圖書館，版框高二〇四毫米寬二九二毫米）

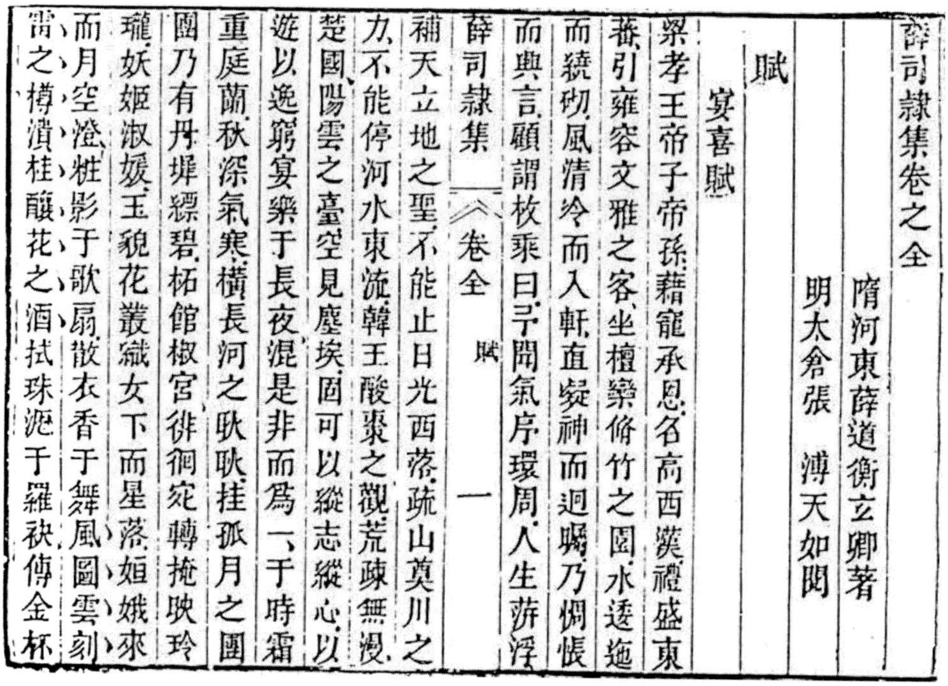

薛司隸集卷之全

隋河東薛道衡玄卿著

明太倉張　溥天如閱

賦

宴喜賦

梁孝王帝子帝孫藉寵承恩名高西漢禮盛東蕃引雍容文雅之客坐檀欒修竹之園水透迤而繞砌風清冷而入軒直凝神而迥矚乃惆悵而與言顧謂枚乘曰予聞氣序環周人生萍浮

薛司隸集　卷全　賦　一

補天立地之聖不能止日光西落疏山奠川之力不能停河水東流韓王酸棗之觀荒疎無漫楚國陽雲之臺空見塵埃固可以縱志縱心以遊以逸窮宴樂于長夜混是非而為一于時霜重庭蘭秋深氣寒橫長河之耿耿挂孤月之團團乃有丹墀縹碧栢館椒宮徘徊宛轉掩映玲瓏妖姬淑媛玉貌花叢織女下而星落姮娥來而月空澄粧影于歌扇散衣香于舞風圖雲刻雷之樽漬桂釀花之酒拭珠淚于羅袂傳金杯

圖二　清光緒五年彭懋謙信述堂刊本張溥《漢魏六朝百三名家集》之《薛司隸集》書影

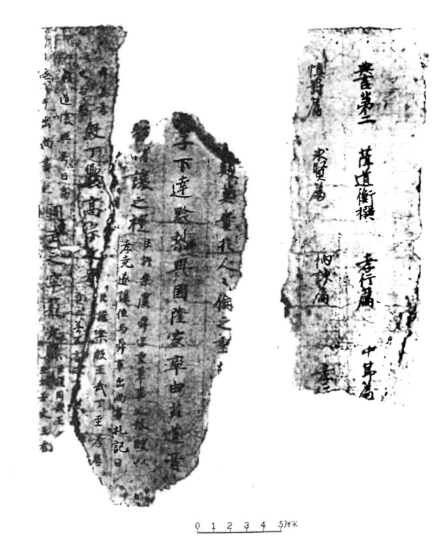

五　古寫本隋薛道衡《典言》殘卷（一）、（二）之一

69TAM134:8 1

圖三　古寫本薛道衡《典言》殘卷（摘自　中國文物研究所、新疆維吾
　　　爾自治區博物館、武漢大學歷史系編，唐長孺主編《吐魯番出土
　　　文書》（貳），文物出版社 1994 年版，第 217 頁。）

前　言

　　漢唐誠盛世也，眾星拱之。然盛世並非空中樓閣，魏晉南北朝隋繼漢開唐，功不可沒。陳寅恪先生早已指出：「隋唐之制度雖極廣博紛複，然究析其因素，不出三源：一曰（北）魏、（北）齊，二曰梁、陳，三曰（西）魏、周。……此（西）魏、周之源遠不如其他二源之重要。」〔註1〕以文學觀之，亦然。南北文學交流，於魏收尚有「沉江藏拙」之譏〔註2〕，於薛道衡則有「南北稱美」之譽〔註3〕，遷轉軌跡，當可循而求之。隋一統天下，文士多北齊、北周、梁、陳之舊，東西南北，切磋琢磨。而薛道衡廁身其間，悠遊文苑，最有可觀。誠如清人吳喬《圍爐詩話》（卷二）引馮班之論：「唐初文字，兼學南北，以人言之，道衡亦不可缺。」

一、薛道衡之生平與交遊

　　薛道衡（公元 540 年～609 年）〔註4〕，字玄卿，河東汾陰（今山西萬榮）人。河東薛氏在魏《太和族品》中與柳氏、裴氏並稱「河東三姓」〔註5〕，為

〔註1〕陳寅恪：《隋唐制度淵源略論稿》，三聯書店 2001 年版，第 3～4 頁。

〔註2〕唐劉餗《隋唐嘉話》：「梁常侍徐陵聘於齊，時魏收文學北朝之秀，收錄其文集以遺陵，令傳之江左。陵還，濟江而沉之，從者以問，陵曰：『吾為魏公藏拙。』」

〔註3〕《隋書·薛道衡傳》：「陳使傅縡聘齊，以道衡兼主客郎接對之。縡贈詩五十韻，道衡和之，南北稱美。魏收曰：『傅縡所謂以蚓投魚耳。』……（道衡）兼散騎常侍，聘陳主使。……江東雅好篇什，陳主尤愛雕蟲，道衡每有所作，南人無不吟誦焉。」

〔註4〕薛道衡之生卒年，史無明文。考據詳見本書附錄《薛道衡年譜》。

〔註5〕宋鄧名世《古今姓氏書辯證》卷三八：「魏《太和族品》柳、裴、薛為河東三

—1—

當時望族。然柳、裴二氏世居河東，漢晉以來累世簪纓；薛氏卻是魏晉之際從蜀地遷徙而來，世稱「蜀薛」〔註6〕。這一稱號，隱含當時北方士族對蜀人輕視之意，因此北魏孝文帝定姓族時，薛聰力辯薛氏非「蜀」，後被列入「郡姓」，遂與漢晉以來的高門大姓同列。

薛道衡少孤，好學嗜古。年十三〔註7〕，講《左氏傳》，慕子產相鄭之功，作《國僑贊》。此文亡佚，今可從道衡其他文章中窺見其抱負：

> 若夫摶扶搖而上九萬者，必有垂天之羽翼；苞島嶼而納百川者，必有出日之波瀾。斯乃大器所以懷遠圖，宏才所以膺重任。故有出地出洛之佐，爲梅爲礪之臣，弼諧帝道，緝熙庶績，亦何代無其人哉！

此係道衡所撰《大將軍趙芬碑》之開篇，雖云碑主趙芬，何嘗不是自抒胸臆之言！

縱觀道衡一生，仕路風雲，未能盡如人意。年十七，釋褐爲北齊司州牧、彭城王湝兵曹從事。後待詔文林館，官至太子侍讀、中書侍郎、黃門侍郎〔註8〕，兩度接對南朝陳使。年三十八，齊亡入周，被徵赴長安，爲御史二命士，司祿上士，從元帥梁睿入蜀擊王謙，攝陵州（治所在今四川仁壽縣東）、邛州（今四川邛崍縣東南）刺史。年四十二，入隋。文帝即位，坐事除名。後從河間王弘北征突厥，還除內史舍人，兼散騎常侍，出使陳國。伐陳時爲淮南道行臺尚書吏部郎，掌文翰。平陳，拜吏部侍郎。以黨蘇威得罪，除名，配防嶺表。尋徵還，直內史省，後授內史侍郎，加上儀同三司，進位上開府，太子諸王爭相與交。上不懌其久知機密，遂出檢校襄州（治所在今湖北襄樊）總管。年六十五，煬帝即位，轉番州（治所在今廣州）刺史。歲餘，上表求致仕。至長安，上《高祖文皇帝頌》，帝不悅，拜司隸大夫，坐論時政縊死，卒年七十。天下冤之。《隋書》卷五七、《北史》卷三六有傳。

姓。」

〔註6〕參見許蓉生、林成西：《河東薛氏研究——兩晉南北朝時期地方豪強的發展道路》，《西南民族大學學報》2004年第11期，第300～306頁。

〔註7〕《隋書·薛道衡傳》作「年十三」，《北史·薛道衡傳》作「年十歲」。疑《北史》有脫文，姑從《隋書》。

〔註8〕《隋書》、《北史》本傳不錄道衡曾爲齊黃門侍郎。陝西乾陵陪葬墓出土之《大唐故中書令贈光祿大夫秦州都督薛公墓誌銘》及唐人楊炯《盈川集》卷十《中書令汾陰公薛振行狀》並云：「祖道衡，齊中書、黃門二侍郎。」

　　道衡歷四朝十三帝，「無奇行，亦無遺行」〔註9〕。於隋文帝朝仕途最爲跌宕：「久當樞要，太子諸王爭相與交」，「聲名籍甚，無競一時」，而亦曾兩度「坐事除名」〔註10〕。故勾稽「坐事除名」之始末，能一針見血地窺見道衡身處之政治環境，有助於理解其爲人、爲文。

　　道衡第一次遭「除名」是在隋文帝受禪時，然史料無徵，難以詳考。第二次是開皇十二年（592），國子博士何妥上奏指斥尚書右僕射蘇威與禮部尚書、攝吏部尚書事盧愷、吏部侍郎薛道衡等「共爲朋黨」〔註11〕。薛道衡因此被「除名」。那麼，以上諸人是否結黨呢？文帝令蜀王秀、上柱國虞慶則調查此事，結論是「事皆驗」。如蘇威之從父弟蘇徹，文狀後至而先任用；另一從父弟蘇肅，左足跛，無才用，授朝請郎。又如房恭懿曾參與尉遲迴兵變〔註12〕，朝廷禁止任用，但經由蘇威、盧愷舉薦，竟官至海州刺史。足見吏部瀆職。然蘇威、盧愷、薛道衡爲直接上下級關係，道衡在此案中究竟有何責任，已無從考證。必須指出的是，吏部的問題不應簡單以黨附蘇威來解釋，也應考慮到盧愷、薛道衡銓選的標準，以及文帝對山東士族集團的態度〔註13〕。《隋書·盧愷傳》評曰：「自周氏以降，選無清濁，及愷攝吏部，與薛道衡、陸彥師等甄別士流，故涉黨固之譖。」且不論北周以來，是否確實「選無清濁」〔註14〕，本條史論至少在一定程度上反映了盧愷、薛道衡等人違背了宇文泰、蘇綽以來所標榜的選官不重門第、不分清濁的標準，仍然重門蔭、辨清濁，故被商賈出身的何妥譏爲朋黨。據唐長孺先生分析，盧、薛、陸等人所重門第，「恐怕主要就是啓用山東人士」〔註15〕。因此，這場波及上百人的朋黨事件實質「是對朝廷內山東士族的又一次清洗」〔註16〕。薛道衡的仕途未受太大

〔註9〕　明張燮《七十二家集》之《薛司隸集》題詞。

〔註10〕　唐魏徵等：《隋書》，中華書局1973年版，第1406～1408頁。

〔註11〕　據《隋書·儒林·何妥傳》、《隋書·蘇威傳》，何妥與蘇威素有嫌隙。開皇十二年，蘇威之子夔與何妥議論鐘律，各執一詞。朝士趨附蘇威，多讚同蘇夔之論，何妥恚而上奏蘇威結黨營私。

〔註12〕　尉遲迴爲北周時反對楊堅的三總管之首。

〔註13〕　盧愷出身范陽盧氏，薛道衡出身河東薛氏，均屬山東高門。

〔註14〕　王仲犖、張旭華認爲北周以來的選官體制仍有濃厚的門第色彩，清濁分明（指「九流三清」之官與「勛品流外」之官）。參見張旭華《「周氏以降，選無清濁」辨》，載《史學集刊》2012年第4期第13～22頁。

〔註15〕　唐長孺：《魏晉南北朝隋唐史三論》，武漢大學出版社1992年版，第374頁。

〔註16〕　唐長孺：《魏晉南北朝隋唐史三論》，武漢大學出版社1992年版，第374～375頁。

影響，很快被召回，「直內史省」。究其原因，一方面，緣於「朋黨案」「主謀」蘇威很快被文帝重新啟用；另一方面，道衡與關隴權貴楊素交好。薛道衡提攜山東士人、交好關隴權貴，在兩大集團中尋求平衡恐是其在文帝朝「久當樞要」的秘訣之一。

身處波詭雲譎的政治環境，薛道衡交遊謹慎。《隋書‧房彥謙傳》評曰：「內史侍郎薛道衡，一代文宗，位望清顯，所與交結，皆海內名賢。」

據《隋書》本傳，在北齊，道衡待詔文林館，與山東高門范陽盧思道、安平李德林齊名友善，皆為北齊第一流人物。

入隋，開皇初，與劉臻、顏之推、魏澹、盧思道、李若、蕭該、辛德源七人會於陸爽家，議音韻。其中，顏、劉、魏、陸四人為太子楊勇僚屬，辛德源為蜀王秀僚屬〔註17〕，可見道衡在隋初的交遊較親近太子楊勇。開皇十二年「蘇威朋黨案」發，薛道衡被「除名」。當年十二月，楊素代蘇威為尚書右僕射，專掌朝政。《隋書‧楊素傳》云：「素性疏而辯，高下在心，朝臣之內，頗推高熲，敬牛弘，厚接薛道衡，視蘇威蔑如也。自餘朝貴，多被陵轢。」道衡今存二十一首詩歌中，有四首與楊素唱和。逯欽立先生《先秦漢魏晉南北朝詩》之《全隋詩》收楊素詩七首，其中六首與道衡唱和，甚至臨終之前仍有贈詩。可見，道衡在文帝末期與楊素有較多的交往。在二人的文交之中，楊素似是更主動的一方。或許因其高處不勝寒，心中深深的孤獨，「獨坐對陳榻，無客有鳴琴。」（楊素《山齋獨坐贈薛內史》）「獨飛時慕侶，寡和乍孤音。」（楊素《贈薛番州十四章》）而只有薛道衡，是他的知音人。在煬帝朝，道衡對房彥謙（房玄齡之父）深加友敬；資助以清廉著稱的李文博；提攜後進杜正藏兄弟。

此外，道衡一直與由陳入隋諸人相交。今存與江總同遊賦詩《秋遊昆明池》，與許善心唱和詩《和許給事善心戲場轉韻》。

特別值得注意的是，薛道衡與名僧釋彥琮、曇延、慧遠、璨禪師的交往。唐釋道宣《續高僧傳》卷二《隋東都上林園翻經館沙門釋彥琮傳》云：「高祖受禪，改號開皇。……（彥琮）又與陸彥師、薛道衡、劉善經、孫萬壽等一代文宗著《內典文會集》。」開皇八年（588），釋曇延圓寂，薛道衡作《弔延法師亡書》，自稱「弟子薛道衡和南」，執禮甚恭。書曰：「信足以追蹤澄、什，

〔註17〕參見曹道衡《從〈切韻序〉推論隋代文人的幾個問題》，載《中古文學史論文集續編》，台灣文津出版社1994年，第368至378頁。

超邁安、遠，而法柱忽傾，仁舟遽沒，匪直悲纏四部，固亦酸感一人！」開皇十二年（592），釋慧遠圓寂。《續高僧傳》卷八《隋京師淨影寺釋慧遠傳》云：「勒碑，薛道衡製文，虞世基書，丁氏鐫之，時號爲三絕。」大業二年（606）璨禪師圓寂，敦煌寫本《歷代法寶記》S.1611 號「隋朝第三祖璨禪師傳」末云：璨禪師攀樹立化，「薛道衡撰碑文。」〔註18〕名士與名僧交相輝映，延續了晉以來的風雅傳統。邀請薛道衡撰寫碑文，也是對其「一代文宗」地位的肯定。

薛道衡朋輩確實皆「海內名賢」，頗有漢晉之際「激揚名聲，互相題拂」之義〔註19〕。然於七十高齡，遭煬帝縊殺，其中原因一直是學界薛道衡研究中的熱點問題，今試進一解：

其一，政治立場原非煬帝一派。《隋書》本傳有云：「除名，配防嶺表。晉王廣時在揚州，陰令人諷道衡從揚州路，將奏留之。道衡不樂王府，用漢王諒之計，遂出江陵道而去。尋有詔徵還，直內史省。晉王由是銜之。」此「不樂王府」乃關鍵所在，道衡原非楊廣一派人物，故用其政敵漢王諒之計。如前所述，道衡在開皇初的交遊，親近太子勇派。文帝末期，則與楊素交情深厚。素雖爲楊廣成爲太子的第一功臣，然與知機密，不免鳥盡弓藏，《隋書·楊素傳》云：「素寢疾之日，帝每令名醫診候，賜以上藥。然密問醫人，恒恐不死。」煬帝如此待楊素，大業二年（606）楊素身故之後〔註20〕，如何對道衡可想而知。

其二，個性「迂誕」，不合時宜。隋文帝曾「誡之以迂誕」〔註21〕，然道衡不以爲意。大業二年上《高祖文皇帝頌》，煬帝顧謂蘇威：「此《魚藻》之義也。」〔註22〕認爲道衡頌古諷今，懷恨在心。今觀《高祖文皇帝頌》，實無隱刺。正如張燮所言：「當煬帝時，鵁鷔班頭，誰非私昵？豈容一老成鈍人，昂首其間，口角雌黃，殊妨人懼趣。譬之群英吐艷，爭態負妍，特一老幹，亭亭中央濺翠，其遭斫伐必也。」〔註23〕

〔註18〕黃永武主編：《敦煌寶藏》，台灣新文豐出版公司，第 12 冊，第 107 頁。

〔註19〕南朝宋范曄：《後漢書》，中華書局 1965 年版，第 2185 頁。

〔註20〕《隋書》、《北史》未明確記載楊素卒年。據 1973 年陝西潼關縣吳村鄉亢家寨出土的《楊素墓誌》，知其大業二年卒。

〔註21〕唐魏徵等：《隋書》，中華書局 1973 年版，第 1408 頁。

〔註22〕《魚藻》之義，《毛詩序》：「《魚藻》，刺幽王也。言萬物失其性，王居鎬京，將不能自樂，故君子思古之武王焉。」

〔註23〕明張燮《七十二家集》之《薛司隸集》題詞。

其三，不護細行。《隋書》本傳云：「於是拜司隸大夫，將置之罪。道衡不悟。司隸刺史房彥謙素相善，知必及禍，勸之杜絕賓客，卑辭下氣，而道衡不能用。會議新令，久不能決，道衡謂朝士曰：『向使高熲不死，令決當久行。』」煬帝大怒。高熲，《隋書》卷四一、《北史》卷七二有傳。乃廢太子勇的兒女親家，曾反對立楊廣爲太子，及煬帝即位，又批評「近來朝廷殊無綱紀。」〔註24〕於大業三年（607）遭煬帝誅殺，可見煬帝深恨高熲。道衡在高熲死後對其念念不忘，自招禍端。

其四，奸人進讒。《隋書·裴蘊傳》：「司隸大夫薛道衡以忤意獲譴，蘊知帝惡之，乃奏曰：『道衡負才恃舊，有無君之心。見詔書每下，便腹非私議，推惡於國，妄造禍端。論其罪名，似如隱昧，源其情意，深爲悖逆。』帝曰：『然。我少時與此人相隨行役，輕我童稚，共高熲、賀若弼等外擅威權，自知罪當誅調。及我即位，懷不自安，賴天下無事，未得反耳。公論其逆，妙體本心。』於是誅道衡。」裴蘊此人，史稱其「素懷姦險，巧於附會」〔註25〕，因知煬帝厭惡道衡，遂曲法順情，构成其罪。

其五，詩才遭妒。唐人劉餗《隋唐嘉話》卷上有云：「煬帝善屬文，而不欲人出其右。司隸薛道衡由是得罪，後因事誅之，曰：『更能作《空梁落燕泥》否？』」煬帝個性霸道善妒，又確有詩才，劉餗云其妒殺薛道衡，恐怕不僅僅是文人談資。

二、薛道衡之思想

道衡立身行事以儒爲主，重經學，精於《禮》。《隋書》本傳：「河東裴讞目之曰：『自鼎遷河朔，吾謂關西孔子罕值其人，今復遇薛君矣。』」此「關西孔子」指楊震，字伯起，受歐陽《尚書》於太常桓郁，明經博覽，《後漢書》卷五四有傳。裴讞以楊震況道衡，足見推重。據《隋書》本傳，北齊後主武平二年（570），年僅三十一歲的道衡奉詔與前輩諸儒修訂「五禮」。此次修禮，規模較大，主要參與者有魏收、陽休之、魏澹、馬敬德、熊安生、權會、袁聿修、盧思道、崔儦等，盡一時之選。而此次修禮的成果，即《隋書·經籍志》著錄「《後齊儀注》二百九十卷」。據《隋書·牛弘傳》，隋文帝開皇十九年（599），道衡奉詔與牛弘、楊素、蘇威、許善心、虞世基、崔子發等人論

〔註24〕唐魏徵等：《隋書》，中華書局1973年版，第1184頁。
〔註25〕唐魏徵等：《隋書》，中華書局1973年版，第1584頁。

新禮降殺輕重。據《隋書・高祖紀》，隋文帝仁壽二年（602），道衡再次奉詔與楊素、蘇威、牛弘、許善心、虞世基、王劭等人修訂「五禮」。陳寅恪先生《隋唐制度淵源略論稿》之二《禮儀》指出：「所可注意者，則薛道衡先預修齊禮，後又參定以齊禮爲根據之隋制，兩朝禮制因襲之證此其一也。」〔註26〕

　　由於受到北周武帝詔「斷佛、道二教」的影響，薛道衡與佛教、道教的關聯，今存史料集中於隋。如前所述，道衡曾與釋彥琮等共同纂集《內典文會集》，對釋曇延執弟子禮，先後爲淨土宗祖師釋慧遠、禪宗第三祖璨禪師撰寫碑文。遺憾的是，二碑皆佚。但其與淨土宗、禪宗的關係，值得注意。今存作品《弔延法師亡書》、《展敬上鳳林寺詩》與佛教相關。在鳳林寺，道衡一度產生了退隱之念，卻又並不堅決，「隱淪徒有意，心跡未相從。」煬帝即位，道衡曾上表求致仕，正是這種心態的呈現，然而最終未能如意，遭煬帝縊殺。從今存詩文來看，道衡熟知佛教經義、典故，且受到南北佛教徒的推崇。隋人侯白《啓顏錄》記載了當時流傳的軼事：

　　　　隋薛道衡爲聘南使，南朝無問道俗，但是有機辯者，即方便引道衡見之。有一僧甚辯捷，乃令於寺上佛堂中讀《法華經》，將道衡向寺禮拜。至佛堂門邊，其僧乃大引聲讀《法華經》云：「鳩盤荼鬼，今在門外。」道衡即應聲還以《法華經》答云：「毗舍闍鬼，乃住其中。」僧徒愧服，更無以相報。

　　道衡與道教之關聯，今僅存其作品《老氏碑》可資考證。開皇六年（586），道衡奉隋文帝詔命，爲新建的老子祠堂撰寫碑文。碑文中的老子形象與《太平廣記》卷一所引的《神仙傳》及唐釋道世《法苑珠林》卷三一中的老子形象相近，神化老子的意圖十分明顯。文中涉及道教的神仙理論有兩條：一爲「見質變名」，一爲「蟬蛻」。所謂「見質變名」，是指老子在歷代不斷改換名字以度厄。《法苑珠林》卷三一《潛遁篇・感應緣》總結這種現象，并解釋其原因：「老子數易名字，非但聃而已。所以爾者，按《九宮》、《三五經》及《元辰經》：『人生各有厄會，到時易其名字，以隨生氣之音，則可以延年度厄。』今世有道者亦如此。老子在周乃二百餘年，二百餘年之中，必有厄會非一，是以名字稍多耳。」而所謂「蟬蛻」，本義爲蟬自幼蟲變爲成蟲時蛻殼。喻脫胎換骨，得道成仙。薛道衡撰《老氏碑》：「莊周云：『老聃死，秦佚弔之，三號而出，是謂遁天之形。』雖復傲吏之寓言，抑亦蟬蛻之微旨。」錢鍾書先

〔註26〕陳寅恪：《隋唐制度淵源略論稿》，三聯書店 2001 年版，第 13 頁。

生《管錐編》「《全隋文》卷一九」條論「蟬蛻」，認為「巧為斡旋。道士誦說老、莊，猶儒生言必稱周、孔；顧莊明云老死，而道士則稱老為不死之神仙，兩說鑿枘不合。薛文遂以屍解彌縫之，所謂『蟬蛻』也。……開脫老子之死為『蟬蛻』，祇如避弅而落坑。神仙家貴飛昇而賤屍解……唐道士成玄英作《莊子》疏，於《養生主》『老子死』節，逕曰：『此蓋莊生寓言耳。老君為天地萬物之宗，豈有生死哉？』不復以『蟬蛻』為文飾，亦知欲蓋彌彰，左支則右絀也。」〔註27〕應當指出的是，《老氏碑》的終極寫作目的並不是神話老子，而是稱頌隋文帝。使二者聯繫起來的，正是文帝營建老子祠堂。「雖蒼璧黃琮，事天事地；南正火正，屬神之覡，猶恐祀典未弘，秩宗廢禮。永言仁里，尚想玄極。壽宮靈座，麋鹿徙倚；華蓋闓壇，風霜凋弊。乃詔上開府儀同三司、亳州刺史，武陵公元胄，考其故迹，營建祠堂。」可見文帝非常尊重各種傳統祀典，老子也在其尊重之列，希望以「民之所祀」來求得秩序的穩定。

此外，道衡今存詩文中與《莊子》相關的語典、事典較多。如《宴喜賦》曰：「混是非而為一」。《出塞》詩云：「緤馬登玄闕，鉤鯤臨北溟。」《高祖文皇帝頌》曰：「崆峒問道，汾射窅然。」《老氏碑》云：「大椿凋茂，非蜉蝣之所知；溟渤淺深，豈馮夷之能測。盛矣哉！固無德之稱也。」《後周大將軍楊紹碑》云：「常懷激水搏風之志」。《劉弘墓誌》云「物我一致，舒卷隨時」，等等。老莊自魏晉興盛以來，業已成為文士精神世界的重要資源。這些內容都說明道衡於道家道教頗有浸染。

綜上，薛道衡以儒學為立身之基，兼蓄佛道，故思想不為儒家經學所桎梏，行文靈動而內涵豐沛。

三、薛道衡之詩文創作

張燮在《七十二家集》之《凡例》中言道：「至宋玉而下訖隋薛道衡，大地精華，先輩典刑，盡於斯矣。」張燮選擇薛道衡作為殿軍，張溥《漢魏六朝百三名家集》亦以薛道衡為殿軍，必有深意。

薛道衡今存樂府五首。樂府創作的整體水平高於詩，題材涉及邊塞、閨怨、述行。《出塞》二首為和楊素而作，沿襲漢將出征的舊意，格局、氣象不如楊詩，但不乏佳句，如「絕漠三秋暮，窮陰萬里生。寒夜哀笳曲，霜天斷

〔註27〕錢鍾書：《管錐編》，三聯書店，2001 年版，第 575 頁。

雁聲。」蕭條、淒哀、壯偉，兼而有之。《昭君怨》是道衡借昭君故事，剖白心跡之作，但新警不足。

《昔昔鹽》歷來被視為薛詩代表作：

> 垂柳覆金堤，靡蕪葉復齊。水溢芙蓉沼，花飛桃李蹊。採桑秦氏女，織錦竇家妻。關山別宕子，風月守空閨。恒斂千金笑，長垂雙玉啼。盤龍隨鏡隱，彩鳳逐幃低。飛魂同夜鵲，倦寢憶晨雞。暗牖懸蛛網，空梁落燕泥。前年過代北，今歲往遼西。一去無還意，那能惜馬蹄。

開篇滿目齊梁式的綺艷。自「暗牖懸蛛網，空梁落燕泥」起，畫面一轉，思婦內心的淒清孤寂與眼前的靡麗景致形成鮮明對比。而結尾「前年過代北，今歲往遼西。一去無還意，那能惜馬蹄」畫面轉到遠方的宕子，與閨內流連婉轉的情思不同，詩人借鑑北朝民歌直白暢達的寫法，將宕子的無情與閨中的哀怨表達得淋漓盡致。全詩搖曳多姿，而又渾然一體。通篇押「齊」韻〔註28〕，一韻到底，從形式上有助於促成全詩的圓融。可見作者駕馭文字的能力，《昔昔鹽》不負盛名！

今存薛詩中唯一一首七言歌行《豫章行》頗有新意，堪稱佳作：

> 江南遠地接閩甌，山東英妙屢經遊。前瞻疊嶂千重阻，卻帶驚湍萬里流。楓葉朝飛向京洛，文魚夜過歷吳洲。君行遠度茱萸嶺，妾住長依明月樓。樓中愁思不開嚬，始復臨窗望早春。駕鴦水上萍初合，鳴鶴園中花併新。空憶常時角枕處，無復前日畫眉人。照骨金環誰用許，見膽明鏡自生塵。蕩子從來好留滯，況復關山遠迢遞。當學織女嫁牽牛，莫作姮娥叛夫婿。偏訝思君無限極，欲罷欲忘還復憶。願作王母三青鳥，飛來飛去傳消息。豐城雙劍昔曾離，經年累月復相隨。不畏將軍成久別，只恐封侯心更移。

開篇意象壯闊，突破閨怨詩的藩籬，可視作閨怨與邊塞、述行題材的融合。值得注意的是，思婦思念的征人，所赴之地並非傳統意義上的塞外漠北，而是江南閩甌。隋開皇九年（589）滅南朝陳，一統天下，「山東英妙」奔赴「江南閩甌」，這正是新的時代脈搏在詩歌中的躍動。思婦與征人之間，隔了

〔註28〕薛道衡參與了開皇初在陸爽家議音韻的討論，後爽子法言據以作《切韻》。因此薛道衡的用韻，當與《切韻》系統相近。而《切韻》亡佚，其語音系統在《廣韻》中得以反映。因此，考察薛道衡之用韻，可翻檢《廣韻》。

「疊嶂千重」、「驚湍萬里」，多麼希望藉由「楓葉」、「文魚」一夕而至，意象新奇有趣。而現實是思婦只能在明月樓中，獨自臨窗，看鴛鴦、鳴鶴，憶畫眉之人，金環、明鏡因無心妝容而閒置。「當學織女嫁牽牛，莫作姮娥叛夫婿」李商隱之「嫦娥應悔偷靈藥，碧海青天夜夜心」或得益於此；「蓬山此去無多路，青鳥殷勤為探看」由「願作王母三青鳥，飛來飛去傳消息」化出。隨著前文的鋪墊，將思婦誓不相負的意願推至頂峰，末句急轉，翻出新意：在無盡的等待中生出懷疑，若征人功成心變，又當如何？收束全詩，發人深省。王昌齡之「悔教夫婿覓封侯」由此而來。《隋書·薛道衡傳》：「仁壽中，楊素專掌朝政，道衡既與素善，上不欲道衡久知機密，因出檢校襄州總管。」蕭滌非先生《漢魏六朝樂府文學史》認為：「是篇之作，殆為此事。道衡開皇初嘗聘陳，後又配防嶺表，至是復出為襄州總管，皆江南地，故借《豫章行》以自寫耳，非真為孤妾鳴冤也！史言文帝不欲道衡久知機密，此詩所以有『明鏡生塵』之歎。末語頗懷弓藏狗烹之憂。」〔註29〕以此觀之，則全詩蘊含層次更加豐富。詩歌形式與內容的珠聯璧合，為本詩增色不少：開篇起每八句一轉韻，文氣綿延流暢，結尾變為四句一韻，以緊湊的節奏收束全詩，形成張力。葛曉音先生指出「本詩排偶之間雜用了大量虛字，如『始復』、『空憶』、『無復』、『況復』、『當學』、『莫作』、『不畏』、『只恐』等，造成流水對的聲調，使過渡轉宕有姿，氣勢流暢。」〔註30〕這些技法都對初唐歌行有影響。

　　樂府之外，薛道衡存詩十六首，涉及應制應教、朋友酬答、記行寫景、思土懷鄉、詠物等題材。值得注意的是，這些詩涵蓋的地理範圍極廣。隋代大一統，文人足跡亦隨之遍佈大江南北。詩人曾北至塞外，南至廣州，西至四川，東至湖北江陵道。廣闊的生活視野當然都在詩歌中有所體現，於是北有《出塞》、《渡北河》（北河約當今烏加河，在內蒙古河套平原北部），南有《入郴江》（郴江在今湖南東南部的郴州），西有《奉和臨渭源應詔》（渭源在今甘肅渭源縣渭河北岸），東有《從駕幸晉陽》（晉陽在今山西省太原市西南晉源鎮）、《從駕天池應詔》（天池在今山西省寧武縣西南管涔山）等等。

　　應制應教詩，難出新意，唯有煉句。如《奉和月夜聽軍樂應詔》詩云：「月冷疑秋夜，山寒落夏霜。遙空澄暮色，清景散餘光。」蒼穹之下，月光清冷皎潔。可惜有句無篇。若從全詩整體格局而言，薛詩可稱道者，一是長詩《和

〔註29〕蕭滌非：《漢魏六朝樂府文學史》，人民文學出版社1984年版，第311頁。
〔註30〕葛曉音：《八代詩史》，陝西人民出版社，1989年版，第325頁。

許給事善心戲場轉韻詩》，二是幾首近於五言絕句的小詩。

《和許給事善心戲場轉韻詩》長達三百字，堪稱五言詩中的鴻篇。薛道衡在北齊時就已具備駕馭長詩的能力。《隋書》本傳云：

> 陳使傅縡聘齊，以道衡兼主客郎接對之。縡贈詩五十韻，道衡和之，南北稱美。魏收曰：「傅縡所謂以蚓投魚耳。」

道衡和詩當爲五十韻之巨製，惜乎今佚。而作於煬帝朝的《和許給事善心戲場轉韻詩》生動描寫了隋代樂舞「百戲」表演的盛況。將其與張衡《西京賦》、李尤《平樂觀賦》、《隋書·音樂志》對讀，「百戲」從漢至隋的發展脈絡清晰可見，有較高的史料價值。尤其是具有明顯繼承性的「跳丸」、「躍劍」、「立騎」、幻術、猴戲、象戲等雜技節目，精彩紛呈。技法方面，詩題稱「轉韻」，換韻與描寫對象的轉換相契合：一至十二句押「先」韻，點出百戲的演出時間在夜晚，「萬方皆集會」的盛況。十三至二十二句押「陽」韻，描寫前來觀賞百戲的貴族佳麗。二十三至三十句押入聲「沃」韻，鏡頭放大，從宏觀角度描寫戲場之燈燭燦爛，歌舞喧天的熱鬧場景。三十一至三十六句押「寒」韻，三十七至四十八句押「眞」韻，以細膩的筆觸，神秘的色彩，描寫百戲之徒手雜技、馬戲、幻術等節目。四十九至六十句押「灰」韻，夜已深沉，觀賞百戲的人們還沉浸在熱烈的氣氛中，末句稱頌了太平盛世，兆庶康樂。內容與形式的完美契合，這首長詩堪稱典範。

薛道衡的小詩創作，清新雋永。最富盛名者爲《人日思歸》。唐人劉餗《隋唐嘉話》卷上記載了本詩始末：

> 薛道衡聘陳，爲人日詩云：「入春纔七日，離家已二年。」南人嗤之曰：「是底言？誰謂此虜解作詩！」及云：「人歸落雁後，思發在花前。」乃喜曰：「名下固無虛士。」

此詩四句，起、承、轉、合，尤以末句，匠心獨運。「思發」在「花發」之前，「人歸」卻在「雁歸」之後。這種新巧的構思，對近體之五言絕句有啓發意義。

《詠苔紙》詩云：

> 昔時應春色，引淥泛清流。今來承玉管，布字改銀鉤。

關於苔紙的記載，較早的是晉王嘉《拾遺記》卷九：「（張華）造《博物志》四百卷，奏於武帝……即於御前賜『側理』紙萬番，此南越所獻。後人言『陟里』與『側理』相亂。南人以海苔爲紙，其理縱橫邪側，因以爲名。」

苔紙始爲南越之物，此詩見證了約一千五百年以前南越與中原地區的物資交流。

朗朗上口的流水對，清新雅緻的情思，餘韻悠長，正是道衡小詩成功的關鍵，唐人小詩亦得益於此。

關於薛詩的聲韻，王健《薛道衡詩用韻考》得出結論：「《切韻》時代的薛詩多數已經反映出了《廣韻》的用韻規律，如：尤侯同用、支之脂同用、歌戈同用、寒桓同用、唐陽同用、灰咍同用、先仙同用、眞諄同用等。還有一些詩韻與《廣韻》同用獨用規律有不同之處，如薛詩中尤月同用、青與清庚同用、支齊職同用、豪葉同用、東職同用等……反映了當時韻的特點，體現了《廣韻》系統之前詩人們用韻的一些語言特徵。」〔註 31〕此外，今存薛詩無論長短，平仄方面有較爲清晰的「對」的概念，「黏」的做法不明顯。而《夏晚》等小詩的平仄，幾乎是標準五絕。

薛道衡之賦，今僅存《宴喜賦》殘篇。文筆優美，在結構上銳意創新。傳統賦作多借主客問答的形式，先鋪敘場面，卒章顯志，勸百諷一。本賦則顚倒爲之，開篇即虛構梁孝王與枚乘的對話，點出「人生萍浮」的主旨，引出「及時行樂」的人生觀：

> 予聞氣序環周，人生萍浮。補天立地之聖，不能止日光西落；疏山奠川之力，不能停河水東流。韓王酸棗之觀，荒疎蕪漫；楚國陽雲之臺，空見塵埃。固可以縱志縱心，以遊以逸。窮宴樂於長夜，混是非而爲一。

繼而鋪敘宴飲的場景：

> 于時霜重庭蘭，秋深氣寒。橫長河之耿耿，掛孤月之團團。……澄妝影於歌扇，散衣香於舞風。圖雲刻雷之樽，漬桂釀花之酒，拭珠瀝於羅袂，傳金杯於素手。

晏幾道「舞低楊柳樓心月，歌盡桃花扇底風」由此而來。本應繁華熱鬧的宴飲，在道衡筆下籠罩了一層清冷的薄紗，勉力「縱志縱心」，去享受美人醇酒，卻始終無法擺脫周遭繁華易盡的悲涼。

薛道衡之文，今存詔、表、書、頌、論、碑、墓誌、祭文共十三篇〔註 32〕。

〔註31〕王健：《薛道衡詩用韻考》，《晉中學院學報》，2013 年第 6 期，第 86-89 頁。

〔註32〕嚴可均《全上古三代秦漢三國六朝文》之《全隋文》卷十九，收錄薛道衡文八篇（含賦及考狀）。本書正文據回傳的域外漢籍日藏弘仁本《文館詞林》及

　　詔、表爲公文寫作,「斲彫爲樸」。這類公文多作於開皇初期至中期,較少用典,言簡意賅。究其原因,開皇初,隋文帝發起了一場文風改革運動。《隋書·文學傳序》云:「高祖初統萬機,每念斲彫爲樸,發號施令,咸去浮華,然時俗詞藻,猶多淫麗。故憲臺執法,屢飛霜簡。」據《隋書·李諤傳》,開皇四年(584),泗州刺史司馬幼之因「文表華豔」被治罪。

　　非公文則多爲駢體。較爲重要的駢文有《高祖文皇帝頌》、《老氏碑》、《後周大將軍楊紹碑》、《大將軍趙芬碑》、《隋故使持節上儀同三司泉州刺史劉君(弘)墓誌》五篇。

　　《高祖文皇帝頌》是道衡獻給煬帝的一篇文帝功德頌,是其殺身之禍的導火索。全文圍繞文帝之「聖德」、「神功」、「大孝」、「至政」展開,給予了文帝極高的歷史地位,「侔三皇而並五帝,豈直錙銖周漢,么麼魏晉而已。」該文評價帝王時,不僅遵循儒家標準,而且引入了道家的理想,要求「天子爲而不恃,成而不居,沖旨凝邈,固辭弗許。而雖休勿休,上德不德,更乃潔誠岱岳,遜謝愆咎。」這也與作者以儒爲主,兼收並蓄的思想相符合。

　　開皇六年的《老氏碑》名爲老子祠撰寫,實爲稱頌文帝而作,可視爲《高祖文皇帝頌》的前奏。比較二文可知,不僅文句相類,行文邏輯也相仿。檢《隋書》本傳,道衡時爲內史舍人,兼散騎常侍,深得文帝器重,詔冊多出其手。需要指出的是,道衡多次對文帝的稱頌,不可僅以阿諛視之。文帝乃結束亂局的開國雄主,一統天下,道衡、楊素等都對其有特殊感情。如楊素《贈薛番州》云:「相逢一時泰,共幸百年身。」這種躬逢盛世的欣悅,確實也與文帝相關。

　　《後周大將軍楊紹碑》是作者應司空公、廣平王楊雄之請,爲其父楊紹撰寫的碑文,歷數碑主赫赫戰功,無眞情實感。《大將軍趙芬碑》則是作者爲同僚趙芬而作,重點在稱頌碑主文武兼備的才能及清廉高潔的品質,文筆優美。《隋故使持節上儀同三司泉州刺史劉君(弘)墓誌》亦爲同僚劉弘而作,突出劉弘勇烈悲壯的最後一戰:

　　　屬妖徒孔熾,外寇馮凌,攻逼半年,風雲路絕,糧無燋麥,箭盡秋蒿,斷臂之操不虧,銜鬚之禍遂及。以十一年冬十二月九日,城陷,與第二子大都督長立俱卒,時年六十三。唯父及子,捨身蹈義,純臣純孝,著在一門。

新近出土文獻,共補輯薛道衡詔三首、碑二篇、墓誌一篇。

三位碑主楊紹、趙芬、劉弘在正史中均有傳記，而碑文所記，與正史在家譜世系、官職食邑、卒年、贈官等方面多有不同，可是正補充史書處甚多。

《隋書·文學傳序》曰：「江左宮商發越，貴於清綺，河朔詞義貞剛，重乎氣質。氣質則理勝其詞，清綺則文過其意，理深者便於時用，文華者宜於詠歌，此其南北詞人得失之大較也。若能掇彼清音，簡茲累句，各去所短，合其兩長，則文質斌斌，盡善盡美矣。」薛道衡在北曾三度接待陳使，並出使陳國，具備了汲取南北優長的條件。《隋書》本傳云其「每至構文，必隱坐空齋，蹋壁而臥，聞戶外有人便怒。」可見其創作態度以沉思、錘煉爲主，故有警策佳句。其詩文憑藉獨特的構思、新奇的意象、嫻熟的文筆，熔鑄南北，自成一格。

四、《薛司隸集》著錄、版本、流傳情況

《隋書》本傳曰：「有集七十卷」。《隋書·經籍志》著錄：「《司隸大夫薛道衡集》三十卷」。二者著錄卷次何以相差甚遠？《隋書》成書於唐太宗貞觀十年（636），當時尚未有「志」。據唐人劉知幾《史通·古今正史篇》、李延壽《北史·序傳》，《隋書十志》於唐高宗顯慶元年（656）方成書別行。二十年間，《薛司隸集》散佚過半。

此後，《舊唐書·經籍志》、《新唐書·藝文志》著錄：「《薛道衡集》三十卷」。

南宋鄭樵《通志·藝文略》著錄：「《司隸大夫薛道衡集》三十卷」。該書《藝文略》多抄錄前代目錄，難以如實反映當時書籍狀況，不可盡信。隋人別集，至唐末五代亡佚殆盡，南宋晁公武《郡齋讀書志》無一著錄，陳振孫《直齋書錄解題》卷一九僅著錄：「《薛道衡集》一卷」，注云「詩凡十九篇。本集三十卷，所存止此。大抵隋以前文集存全者亡幾，多好事者於類書中抄出，以備家數也。」可見南宋時《薛道衡集》已亡佚，此一卷本乃重輯之本，故《宋史·藝文志》連一卷本《薛道衡集》也未著錄。

明代學者廣爲輯錄。馮惟訥《詩紀》，輯存其詩歌二十一首，所錄不注出處。以後諸家所輯之詩，均不出此範圍。

張燮《七十二家集》有《薛司隸集》兩卷，是較早的詩文合輯本。所錄亦不注出處。卷一依次爲賦、詩、表、書，卷二爲碑、頌、祭文。共計文七篇，詩二十一首。後有附錄，依次爲本傳、隋楊素《贈薛播州十四首》、唐張

九齡《陪王司馬登薛公逍遙臺》、遺事、集評。雖然在整體影響上《七十二家集》不如後出之《漢魏六朝百三名家集》深遠，但僅就《薛司隸集》而言，《七十二家集》本在編排體例、文字校勘上優於《漢魏六朝百三名家集》本。

　　《七十二家集》北京國家圖書館古籍部善本室藏有明天啓崇禎間刻本。凡三百四十六卷附錄七十二卷，分七十二冊，一冊數家或一家數冊不等，今存四百零九卷。該本無序跋，以「凡例」始。題詞部分，半頁六行，行十一字，目錄以下半頁九行，行十八字。左右雙欄，版心白口，單魚尾。版框29.2cm*20.4cm。卷首有「傅沅叔藏書印」，《宋大夫集》首有「雙鑑樓珍藏印」，可知此本曾爲藏書大家傅增湘珍藏。關於此書的海外版本，日本東北大學磯部彰教授介紹了日本內閣文庫藏《漢魏七十二家文集》六十七冊本與《七十二家集》九十冊本。前者全長 27.1cm*16.5cm，版框 20.7cm*13.5cm；後者全長 27.4cm*16.4cm，版框 21.2cm*13.6cm。磯部教授還列表詳細比勘了二者異同，認爲二者都在江戶時期有過改裝，內閣文庫藏《七十二家集》「實際上是兩種版本的合訂本。……九十冊的第八十一冊到九十冊的十冊是把在封面和題簽等與前面部分完全不同的『附錄』以下部分匯合而成的輯本，我們將之稱爲『佐伯本』，以與七十二家集的第一冊到第八十冊的部分相區別。兩者決定性的不同之處在於漢魏六朝詩人的排列順序大相徑庭。這大概是由於在改裝的時候被江戶時期的舊藏書人將其中的某些部分進行了調換。」〔註 33〕如能將北京藏本與日本內閣文庫藏本進行對校，必能嘉惠學林。筆者條件所限，唯盼來哲。

　　需要說明的是，關於所謂「張燮《歷代卅四家文集》」的問題。該書於 1989年 12 月由河南省古籍研究者在唐河縣圖書館發現，并作爲國內孤本進行了介紹與研究，推測原書在明代天啓、崇禎年間刊行〔註 34〕。《歷代卅四家文集》所收始於戰國宋玉，止於隋代薛道衡，共三十四家。六函六十冊。半頁九行，行十八字。花口單魚尾，邊欄單框。題解與注文均爲雙行小字。中州古籍出版社 1997 年 12 月據賞雨軒藏板影印。原書《梁簡文帝御製集》缺頁，故用國家圖書館所藏《七十二家集》中所收《梁簡文帝御製集》十六卷附錄一卷

〔註 33〕磯部彰：《〈歷代卅四家文集〉的影印和現代出版狀況》，載章培恒、梅新林主編《中國文學古今演變研究論集》，上海古籍出版社，2002 年版，第 483～512頁。

〔註 34〕參見《明代張燮所編〈歷代卅四家文集〉的發現與評價》，載中州古籍出版社《歷代卅四家文集》1997 年版。

補齊。日本磯部彰教授將該書與日藏張燮《七十二家集》各版本進行了詳細比較，發現多處同一頁上的刻工姓名相同的現象，綜合其它證據，得出結論：「《漢魏七十二家文集》本，若包括補刻和改刻，可以得知自啓、禎以後刊行的印本有三種。依據以上觀點，可以說《歷代卅四家文集》是賞雨軒書店使用其某一種版本的殘餘部分重印的版本。」〔註35〕因此，並不存在所謂「張燮《歷代卅四家文集》」。該書係賞雨軒書店重印《七十二家集》的殘本而成。

張溥在《七十二家集》基礎上編《漢魏六朝百三名家集》，有《薛司隸集》一卷，依次為賦、表、書、碑、頌、祭文、詩，與《七十二家集》所收詩文相同，所錄亦不注出處。集前有《薛司隸集題詞》，對作者、作品有精當評價。《漢魏六朝百三名家集》的影響較大，刻本眾多，較早的是北京國家圖書館古籍善本部藏明崇禎間刻本。凡一百十八卷，八函八十冊，書前有張溥所題《漢魏六朝百名家集敍》，半頁五行，行十字，敍尾有「婁東張溥題　八閩徐博繡梓」字樣。該本題詞部分半頁六行，行十四字，目錄以下半頁九行，行十八字，單魚尾，白口，左右雙邊。有「南陵徐氏珍藏」印，曾為徐乃昌積學齋藏書樓所藏。此外，還有清光緒五年（1879）彭懋謙信述堂刻本，清光緒十八年（1892）善化章經濟堂及長沙謝氏翰墨山房刻本，民國六年（1917）、民國十四年（1925）上海掃葉山房石印本等。台灣圖書館藏有明崇禎間太倉張氏原刊本、太倉張氏原刊後印本、清光緒三年（1877）滇南唐氏壽考堂重刊本、清光緒十八年（1892）善化章經濟堂刊本。

明人葉紹泰《增定漢魏六朝別解》，分經史子集四部，集部卷六十二有《庾王盧薛集》一卷，選錄庾信、王褒、盧思道、薛道衡文章。其中，《薛司隸集》僅收錄《老氏碑》一篇。篇末附葉紹泰評語：「崇玄靈之教，累數千言，無當經國諸務。隋之亡也，豈獨用封德彝輩，為臺觀宮殿，陽春沼內，伎女數千，奏請夜遊，曲致然哉？」《增定漢魏六朝別解》有明崇禎十五年采隱山居刻本。兩函十二冊，凡六十二卷。半頁九行，行二十六字，白口，四周單邊。今藏北京中國科學院國家科學圖書館。

清代桐城吳汝綸評選了《漢魏六朝百三家集選》，有民國丁巳（民國六年1917）都門書局刻本。半頁十一行，行二十七字。其中《薛司隸集選》，選有《隋高祖頌》、《昔昔鹽》、《人日思歸》三篇。

〔註35〕磯部彰：《〈歷代卅四家文集〉的影印和現代出版狀況》，載章培恒、梅新林主編《中國文學古今演變研究論集》，上海古籍出版社，2002年版，第513頁。

　　清人嚴可均《全上古三代秦漢三國六朝文》之《全隋文》卷十九收有薛道衡文八篇，標註出處。

　　近人丁福保《全漢三國晉南北朝詩》之《全隋詩》卷二收有其詩歌二十一首，不注出處。逯欽立《先秦漢魏晉南北朝詩》之《隋詩》卷四所收相同，但標註出處。

　　鑒於原始面貌的《薛道衡集》早佚，今存《薛司隸集》乃明人從類書中輯出詩文編訂而成，成書年代晚。故本《〈薛道衡集〉校注》尊重先賢的努力但并不徑取舊輯本，而是遍檢唐宋類書、史籍、總集、碑誌，關注回傳域外漢籍與新近出土文獻，重新輯佚校勘，整理出一個相對完善的《薛道衡集》。在此基礎上詳加注釋，并對詩文之繫年、主旨、語辭、典故作簡明扼要之考辨。附錄部分蒐集薛道衡集外別著、佚詩、傳記、遺事、年譜、題詞、彙評，以饗讀者。

　　薛道衡詩文，可資發明者甚多。囿於筆者的學識和能力，疏漏謬誤，知所不免，敬請讀者批評指正。

　　　　　　袁敏　二〇一五年春於重慶大學文字齋

凡　例

一、《薛道衡集》，《隋書》本傳云道衡「有集七十卷」。《隋書・經籍志》著錄「《司隸大夫薛道衡集》三十卷」。《舊唐書・經籍志》、《新唐書・藝文志》并作「《薛道衡集》三十卷」。南宋晁公武《郡齋讀書志》不錄，陳振孫《直齋書錄解題》著錄爲「《薛道衡集》一卷」，注云：「詩凡十九篇。本集三十卷，所存止此。大抵隋以前文集存全者亡幾，多好事者於類書中鈔出，以備家數也。」可知南宋時《薛道衡集》已亡佚，此一卷本乃重輯本。本書爲薛道衡作品之重新輯錄、校勘與注釋。

二、本書正文共輯錄薛道衡賦一篇，詩二十一首，文十三篇。附錄部分收入薛道衡主編《典言》殘卷、《考狀》零句、佚詩一首、舊題薛道衡的僞作一篇。

三、本次輯錄，除徵用唐魏徵等《隋書》、釋道宣《廣弘明集》、歐陽詢等《藝文類聚》、徐堅《初學記》、宋李昉等《文苑英華》之外，尚充分利用了回傳的域外漢籍，如日藏弘仁本唐許敬宗《文館詞林》；以及出土文獻，如一九六九年新疆吐魯番阿斯塔那一百三十四號墓出土古寫本薛道衡《典言》殘卷、二〇〇九年江蘇徐州市出土的薛道衡撰《隋故使持節上儀同三司泉州刺史劉君（弘）墓誌》等。

四、用以讎校者，除唐魏徵等《隋書》、釋道宣《續高僧傳》、歐陽詢等《藝文類聚》、徐堅《初學記》、段公路《北戶錄》、後蜀韋縠《才調集》、宋李昉等《太平御覽》、《文苑英華》、蘇易簡《文房四譜》、郭茂倩《樂府詩集》、朱長文《墨池編》、洪邁《容齋續筆》、釋志磐《佛祖統紀》、無名氏《錦繡萬花谷》、范晞文《對床夜語》、明馮惟訥《古詩紀》、清王昶

《金石萃編》之外，薛道衡集之舊刻影響較大者，有明張燮《七十二家集》之《薛司隸集》（以下簡稱《七十二家集》本）、張溥《漢魏六朝百三名家集》之《薛司隸集》（以下簡稱《百三名家集》本）、清嚴可均輯《全上古三代秦漢三國六朝文》之《全隋文‧薛道衡》（以下簡稱嚴輯本）。

五、選擇最早、最完整收錄該篇詩文之典籍爲底本，文字盡量依從底本。間有改易，必斟酌於義爲勝，且有版本依據者。異文於義稍遜或存疑者，標識參審。異體字不出校。

六、本書作品排列順序，參考《昭明文選》舊例。按照賦、詩、詔、表、書、頌、論、碑、墓誌、祭文排列。同一文體內部次序，則參考張燮《七十二家集》之《薛司隸集》排列，以明古代文集之體例。

七、帝王酬答及友人與薛道衡唱和之詩文，有助於了解道衡之交遊與相關詩文創作緣起，本書加以輯錄。所錄他人作品，附於薛道衡相關詩文之後，標明出處，不作校注。

八、附錄薛道衡及《薛道衡集》相關史料，以饗讀者。

賦

宴喜賦 〔一〕

　　梁孝王帝子帝孫 〔二〕，藉寵承恩 〔三〕。名高西漢，禮盛東蕃 〔四〕。引雍容文雅之客 〔五〕，坐檀欒修竹之園 〔六〕。水逶迤而繞砌 〔七〕，風清泠而入軒 〔八〕。直凝神而迴矚，乃惆悵而興言，顧謂枚乘曰 〔九〕：「予聞氣序環周 〔一〇〕，人生萍浮 〔一一〕。補天立地之聖 〔一二〕，不能止日光西落；疏山奠川之力 〔一三〕，不能停河水東流。韓王酸棗之觀 〔一四〕，荒疎蕪漫；楚國陽雲之臺 〔一五〕，空見塵埃。固可以縱志縱心，以遊以逸。窮宴樂於長夜，混是非而爲一。」于時霜重庭蘭，秋深氣寒。橫長河之耿耿 〔一六〕，掛孤月之團團 〔一七〕。乃有丹墀縹壁 〔一八〕，柘館椒宮 〔一九〕，徘徊宛轉，掩映玲瓏 〔二〇〕，妖姬淑媛，玉貌花叢。織女下而星落 〔二一〕，姮娥來而月空 〔二二〕。澄妝影於歌扇 〔二三〕，散衣香於舞風。圖雲刻雷之樽 〔二四〕，漬桂釀花之酒 〔二五〕，拭珠瀝於羅袂 〔二六〕，傳金杯於素手 〔二七〕 。

【校注】

　　〔一〕本篇以《初學記》卷一四所載爲底本，以《七十二家集》、《百三名家集》、嚴輯本所載爲參校本。

　　〔二〕梁孝王：劉武（？～公元前 144），西漢孝文帝次子。始爲代王，後徙爲

淮陽王，再徙爲梁王。謚孝，故稱梁孝王。《史記》卷五八、《漢書》卷四七有傳。

〔三〕藉寵：梁孝王爲竇太后少子，在平定七王之亂中有大功于國，太后有意以其爲儲君，寵幸非常。

〔四〕東蕃：東方的藩國。劉武封地始終位於長安之東。

〔五〕雍容文雅之客：梁孝王好招延門客，羊勝、公孫詭、鄒陽、枚乘、嚴忌、司馬相如等皆爲坐上客。

〔六〕檀欒修竹之園：指梁孝王所築東苑，又稱兔園，方三百餘里。檀欒（tán luán），秀美貌。枚乘《梁王兔園賦》曰：「修竹檀欒」。

〔七〕逶迤（wēi yí）：曲折綿延貌。　砌：臺階。謝朓《直中書省》：「紅藥當階翻，蒼苔依砌上。」

〔八〕泠：《七十二家集》作「冷」。於義稍遜。　清泠：清涼寒冷。　軒：窗戶。阮籍《詠懷》之十九：「開軒臨四野，登高望所思。」

〔九〕枚乘（？～前140）：西漢遊辯之士、辭賦家。字叔，淮陰（今江蘇淮陰東南）人。初爲吳王濞郎中，吳王欲反，上書諫之，不納，遂從梁王遊。《漢書》卷五一有傳。

〔一〇〕氣序：節氣、季節。　環周：循環。

〔一一〕萍浮：嚴輯本作「若浮」。源於嚴可均、陸心源校《初學記》作「若浮」。嚴氏以王昶所藏《初學記》舊刻本與徐守銘寧壽堂刻本（覆刻明嘉靖十年安國刻本）通校，認爲王昶藏本爲宋本，以朱筆將異文著錄在徐本行間。王昶藏本後歸陸心源，陸氏認定爲元刻，又與安刻系統的本子重校一遍，成校勘記八卷，刻入《群書校補》。此處作「若浮」義可通。

〔一二〕補天立地之聖：指女媧。《淮南子·覽冥》：「往古之時，四極廢，九州裂，天不兼覆，地不周載……於是女媧鍊五色石以補蒼天，斷鼇足以立四極。」

〔一三〕疏山奠川之力：指大禹。《書·禹貢》：「禹敷土，隨山刊木，奠高山大川。」奠，定。定高山大川之差秩，以便祭祀。

〔一四〕酸棗之觀：指戰國時期韓王在酸棗縣（今河南延津縣北）所建聽訟觀臺。《水經注》卷八引西晉孫楚《韓王故臺賦敍》曰：「酸棗寺門外，夾道左右有兩故臺，訪之故老云：韓王聽訟觀臺，高十五仞，雖樓榭泯滅，然廣基似于山嶽。」

〔一五〕陽雲之臺：嚴輯本作「陽臺之雲」。源於嚴可均、陸心源校《初學記》作

「陽臺之雲」。結合上文「酸棗之觀」，下文「空見塵埃」，當以「陽雲之臺」爲是。楚王遊高唐，神女薦枕席處。戰國楚宋玉《高唐賦》：「昔者先王嘗遊高唐，怠而晝寢，夢見一婦人曰：『妾巫山之女也，爲高唐之客。聞君遊高唐，願薦枕席。』王因幸之。去而辭曰：『妾在巫山之陽，高丘之阻，且爲朝雲，暮爲行雨。朝朝暮暮，陽臺之下。』」

〔一六〕耿耿：明亮貌。《文選》卷二六謝朓《暫使下都夜發新林至京邑贈西府同僚》詩：「秋河曙耿耿，寒渚夜蒼蒼。」李善注：「耿耿，光也。」

〔一七〕團團：圓貌。班婕妤《怨歌行》：「裁爲合歡扇，團團似明月。」

〔一八〕壁：《七十二家集》、《百三名家集》作「碧」。　丹墀（chí）：指宮殿的赤色臺階或赤色地面。張衡《西京賦》：「右平左城，青瑣丹墀。」　縹（piǎo）壁：指青白色的牆壁。

〔一九〕柘（zhè）館：漢上林苑中嬪妃所居之館，泛指內宮。《漢書·外戚·孝成班倢伃傳》作賦自傷悼云：「痛陽祿與柘館兮，仍繼褯而離災。」　椒宮：皇后居住的宮殿。

〔二〇〕玲瓏：明徹貌。《文選》卷七揚雄《甘泉賦》：「前殿崔巍兮，和氏玲瓏。」李善注引晉灼曰：「玲瓏，明見皃也。」

〔二一〕織女：星名。後被人格化爲愛情神話的女主人公。《詩·小雅·大東》：「維天有漢，監亦有光。跂彼織女，終日七襄。雖則七襄，不成報章。睆彼牽牛，不以服箱。」南朝梁殷芸《小說》：「天河之東有織女，天帝之子也。年年機杼勞役，織成雲錦天衣，容貌不暇整。帝憐其獨處，許嫁河西牽牛郎，嫁後遂廢織紝。天帝怒，責令歸河東，但使一年一度相會。」

〔二二〕姮娥：神話中的月中女神。《淮南子·覽冥》：「羿請不死之藥於西王母，姮娥竊以奔月。」

〔二三〕妝：《七十二家集》、《百三名家集》作「粧」。義相通。

〔二四〕圖雲刻雷之樽：刻有雲雷紋飾的酒器。王充《論衡·儒增》：「雷樽刻畫雲雷之形。」《漢書·文三王傳》「孝王有罍尊。」疑即此雷樽。應劭注：「《詩》云：『酌彼金罍。』罍畫雲雷之象，以金飾之也。」鄭氏曰：「上蓋刻爲山雲雷之象。」師古曰：「鄭說是也。罍，古雷字。」

〔二五〕漬桂釀花之酒：我國很早就有以桂入酒的習俗。楚屈原《九歌》云：「援北斗兮酌桂漿。」

〔二六〕珠瀝：溢出的酒滴。瀝，清酒。《楚辭·大招》：「吳醴白蘗，和楚瀝只。」
　　　　王逸注：「瀝，清酒也。」　羅袂：絲羅的衣袖，代指華麗的衣著。
〔二七〕素手：潔白的手。多形容女子之手。《古詩十九首》之《青青河畔草》：
　　　　「娥娥紅粉妝，纖纖出素手。」

樂　府

出塞二首〔一〕

其一

　　高秋白露團〔二〕，上將出長安〔三〕。塵沙塞下暗，風月隴頭寒〔四〕。轉蓬隨馬足〔五〕，飛霜落劍端〔六〕。凝雲迷代郡〔七〕，流水凍桑乾〔八〕。烽微桔槔遠〔九〕，橋峻轆轤難〔一〇〕。從軍多惡少〔一一〕，召募盡材官〔一二〕。伏波時臥鼓〔一三〕，疑兵乍解鞍〔一四〕。龍城擒冒頓〔一五〕，長坂納呼韓〔一六〕。受降今更築〔一七〕，燕然已重刊〔一八〕。還嗤傅介子〔一九〕，辛苦刺樓蘭。

【校注】

〔一〕 本篇以《文苑英華》卷一九七所載爲底本，以《樂府詩集》卷二一、《古詩紀》卷一三三、《七十二家集》、《百三名家集》所載爲參校本。　詩題《七十二家集》、《百三名家集》之《薛司隸集》皆作「《出塞二首和楊處道》」。楊素字處道，《隋書》卷四八、《北史》卷四一有傳。開皇十九年（599），楊素出塞擊突厥，軍還作《出塞》二首，薛道衡與虞世基俱有和作。關於楊素出塞擊突厥達頭可汗的時間，《隋書》、《北史》之《楊素傳》並云在開皇十八年（598），《隋書·突厥傳》記爲開皇十九年。《資治通鑑》卷一七八據此繫於開皇十九年，當年軍還。1973 年陝西省潼關縣吳村鄉亢家寨出土了「朝請大夫內史侍郎虞□」所撰《楊素墓誌》。墓

誌云：「十九□□州道行軍總管，委以邊略。突厥達頭可汗驅其引弓之眾，奉其鳴鏑之旅，逾亭越障，亙野彌原。公親勒輕銳，分命驍勇，□□□擊，前後芟夷，轉鬥千里，斬馘萬計。自衛、霍以來，未有若斯之功也。……授公元帥府長史，靈州道行軍總管。」檢《隋書・楊素傳》，素為元帥府長史在開皇二十年，故此處「十九」疑指開皇十九年，則楊素出塞在開皇十九年，軍還作《出塞》二首，薛道衡、虞世基和作，俱當在此後不久。

〔二〕高秋：深秋。南朝梁何遜《贈族人秣陵兄弟》：「蕭索高秋暮，砧杵鳴四隣。」　白露：秋天的露水。《詩・秦風・蒹葭》：「蒹葭蒼蒼，白露為霜。」團：凝結。南朝宋鮑照《傷逝賦》：「露團秋槿，風卷寒蘿。」

〔三〕上將：主帥。《孫子・地形》：「料敵制勝，計險阨遠近，上將之道也。」

〔四〕隴頭：隴山。《水經注・斤江水》：「隴山、終南山、惇物山，在扶風武功縣西南也。」此處借指邊塞。南朝宋陸凱《贈范曄詩》：「折花逢驛使，寄與隴頭人。」

〔五〕轉蓬：隨風飄轉的蓬草。《後漢書・輿服志》：「上古聖人，見轉蓬始知為輪。」《文選》卷二九曹植《雜詩》：「轉蓬離本根，飄颻隨長風。」李善注引《說苑》：「魯哀公曰：秋蓬惡其本根，美其枝葉，秋風一起，根本拔矣。」

〔六〕飛霜：降霜。晉張協《七命》：「飛霜迎節，高風送秋。」

〔七〕凝雲：濃雲，密雲。南朝齊朱孝廉《白雪曲》：「凝雲沒霄漢，從風飛且散。」　迷：通「彌」。佈滿；遮掩。《周禮・春官・眡祲》「七曰彌」。鄭玄注：「故書彌作迷……彌者，白虹彌天也。」　代郡：古地名，治所在今山西沂州市西北。

〔八〕流水：流動的水，活水。《詩・小雅・沔水》：「沔彼流水，朝宗于海。」桑乾（gān）：河名。古屬代郡，詳見《水經注・灅水》「（灅水）東北過代郡桑乾縣南」條。即今山西北部永定河上游桑乾河。

〔九〕烽：古代邊境示警的煙火。　桔橰（jié gāo）：本為井上汲水的工具，這裡用作示警工具。《史記・魏公子列傳》：「公子與魏王博，而北境傳舉烽，言『趙寇至，且入界』。」《集解》引文穎曰：「作高木櫓，櫓上作桔橰，桔橰頭兜零，以薪置其中，謂之烽。常低之，有寇即火然舉之以相告。」

〔一〇〕轆轤（lù lú）：本是利用輪軸原理製成的井上汲水工具，這裡指機械上的

絞盤，可作軍事用途，輔助搭建渡溝塹的飛橋。《六韜・軍用》：「渡溝塹，飛橋一間，廣一丈五尺，長二丈以上，著轉關轆轤八具，以環利通索張之。」

〔一一〕惡少：《荀子・修身》曰：「偷儒憚事，無廉恥而嗜乎飲食，則可謂惡少者矣。」據此，惡少指品行惡劣之年輕男子。然荀子厭惡遊俠，此論有失公允。本篇從軍「惡少」，當指驍勇不羈的遊俠健兒。隋代以沈光爲典型。《隋書・沈光傳》載其「少驍捷，善戲馬，爲天下之最。略綜書記，微有詞藻，常慕立功名，不拘小節。家甚貧窶，父兄並以傭書爲事，光獨跅弛，交通輕俠，爲京師惡少年之所朋附。」煬帝大業中，徵天下驍果之士以伐遼左。沈光遂從軍，驍勇無匹，即日拜朝請大夫，賜寶刀良馬。

〔一二〕材官：秦漢所置的一種地方預備役步兵種。多用於山地作戰，人數有限額，置長史一人，丞一人訓治，漢光武帝時廢止。《後漢書・光武帝紀》：「（建武七年）三月丁酉，詔曰：『今國有眾軍，並多精勇，宜且罷輕車、騎士、材官、樓船士及軍假吏，令還復民伍。』」李賢注引《漢官儀》：「高祖命天下郡國選能引關蹶張，材力武猛者，以爲輕車、騎士、材官、樓船，常以立秋後講肆課試，各有員數。平地用車騎，山阻用材官，水泉用樓船。」

〔一三〕波：《文苑英華》雙行小字注云「一作『堤』」。《樂府詩集》卷二一、《古詩紀》卷一三三、《七十二家集》、《百三名家集》作「堤」。　伏波：漢代將軍名號。西漢路博德、東漢馬援都受封爲伏波將軍，見《漢書・武帝紀》、《後漢書・馬援傳》。　臥鼓：息鼓。表示無戰爭，或戰事已息止。《後漢書・隗囂傳》：「然後還師振旅，櫜弓臥鼓，申命百姓，各安其所。」李賢注：「臥猶息也。」

〔一四〕乍：《樂府詩集》卷二一作「作」。　疑兵乍解鞍：用李廣疑兵之計典。漢將李廣曾率百騎爲匈奴千騎所圍，廣令軍士下馬解鞍。匈奴遂以爲廣乃漢軍誘餌，不敢擊，解圍而去。事見《史記・李將軍列傳》。

〔一五〕龍：《文苑英華》小字注「一作『柳』」。《樂府詩集》卷二一、《古詩紀》卷一三三、《七十二家集》、《百三名家集》作「柳」，小字注「一作『龍』」。柳城，據《隋書・地理志》，後魏置營州於和龍城，領龍城、柳城等縣。開皇元年改龍城一縣爲龍山，十八年改爲柳城。與匈奴無關，故不取。　龍

城：古地名，匈奴於此祭天，大會諸部。在今蒙古國鄂爾渾河西側和碩柴達木湖附近。　冒頓（mò dú）：人名，匈奴單于。殺父頭曼單于自立，大破東胡王，西擊月氏，南並樓煩、白羊河南王。盡收秦蒙恬所奪匈奴地，爲匈奴最強大之主。曾圍漢高祖於白登七日，後與漢公主和親。事見《史記‧匈奴列傳》。冒頓一生未嘗爲漢軍所擒，此處爲虛筆。

〔一六〕長坂：古地名。本詩所涉地名均在北方，結合楊素出塞路線考慮，此「長坂」疑當指山西祁縣之長坂。《水經注‧汾水》「侯甲水注之，水發源祁縣胡甲山，有長坂，謂之胡甲嶺，即劉歆《遂初賦》所謂『越侯甲而長驅』者也。」　納：納降。　呼韓：指匈奴呼韓邪單于。漢宣帝時，五單于爭立，呼韓邪單于稽侯狦遣子入侍漢庭，多次來朝，宣帝亦遣兵助呼韓邪單于定其國。漢元帝竟寧元年，賜王檣爲閼氏。事見《漢書》之《宣帝紀》、《元帝紀》、《匈奴傳》。

〔一七〕受降：指受降城。漢代築此城以接受敵人投降，故名。在今內蒙古烏拉特旗北。事見《史記‧匈奴列傳》。

〔一八〕燕然：山名，即今蒙古國杭愛山。東漢車騎將軍竇憲於永元元年出雞鹿塞，大破北匈奴，追至私渠比鞮海，登燕然山，刻石勒功而還。事見《後漢書‧孝和帝紀》、《後漢書‧竇憲傳》。　刊：刻石記功。

〔一九〕嗤：譏笑。　傅介子：西漢人。龜茲、樓蘭嘗殺漢使，反復無常，傅介子請命往刺之，遂以計刺殺樓蘭王，漢昭帝元鳳四年封義陽侯。《漢書》卷七〇有傳。本句意在興堂堂之師討伐突厥，不必行刺。

其二

邊庭烽火警〔一〕，插羽夜徵兵〔二〕。少昊騰金氣〔三〕，文昌動將星〔四〕。長驅鞮汗北〔五〕，直指夫人城〔六〕。絕漠三秋暮〔七〕，窮陰萬里生〔八〕。寒夜哀笳曲〔九〕，霜天斷鴈聲〔一〇〕。連旗下鹿塞〔一一〕，疊鼓向龍庭〔一二〕。妖雲墜虜陣〔一三〕，暈月遶胡營〔一四〕。左賢皆頓顙〔一五〕，單于已繫纓〔一六〕。緤馬登玄闕〔一七〕，鉤鯤臨北溟〔一八〕。當知霍驃騎〔一九〕，高第起西京〔二〇〕。

【校注】

〔一〕警：《樂府詩集》卷二一、《古詩紀》卷一三三、《七十二家集》、《百三名家集》作「驚」。二字可通。《詩‧小雅‧車攻》：「徒御不驚，大庖不盈。」

孔穎達疏：「言以相警戒也。」《墨子・雜守》：「即有驚，舉孔表。」孫
詒讓詁：「驚、警同。」　邊庭：邊地。《後漢書・銚期王霸祭遵列傳贊》：
「肜抗遼左，邊廷懷和。」

〔二〕插羽：古代在軍書上插鳥羽以示緊急。《史記・韓信盧綰列傳附陳豨傳》：
「吾以羽檄徵天下兵」。《集解》引魏武帝《奏事》曰：「今邊有小警，輒
露檄插羽，飛羽檄之意也。」裴駰案：「推其言，則以鳥羽插檄書，謂之
羽檄，取其急速若飛鳥也。」

〔三〕少昊：傳說中古代東夷集團首領，號金天氏。《呂氏春秋・孟秋》：「孟秋
之月，日在翼，昏斗中，旦畢中，其日庚辛，其帝少皞。」高誘注：「庚
辛，金日也。少皞……以金德王天下，號為金天氏，死配金，為西方金
德之帝。」根據五行相配之說，金屬秋，主刑殺兵革之事。

〔四〕文昌：星座名。《史記・天官書》：「斗魁戴匡六星曰文昌宮：一曰上將，
二曰次將，三曰貴相，四曰司命，五曰司中，六曰司祿。」　將星：象
徵大將的星宿。古人認為帝王將相與天上星宿相應。《隋書・天文志》：「大
將星搖，兵起，大將出。」

〔五〕鞮（dī）汗：山名。在今蒙古國境內。《漢書・李陵傳》：「漢軍南行，未
至鞮汗山，一日五十萬矢皆盡，即棄車去。」

〔六〕夫人城：即范夫人城。在今蒙古國境內。《漢書・匈奴傳》：「漢軍乘勝追
北，至范夫人城。」顏師古注引應劭曰：「本漢將築此城。將亡，其妻率
餘眾完保之，因以為名也。」

〔七〕絕：橫度；越過。《荀子・勸學》：「假舟檝者，非能水也，而絕江河。」
楊倞注：「絕，過。」　三秋：指秋季。七月孟秋、八月仲秋、九月季秋，
合稱三秋。晉陶潛《閒情賦》：「願在莞而為席，安弱體於三秋。」

〔八〕窮陰：指極其陰沉的天氣。

〔九〕笳：《古詩紀》卷一三三、《七十二家集》、《百三名家集》作「笛」。結合
上下文，當以「笳」為是。　寒夜哀笳曲：用劉琨奏笳引發故土之思典。
《晉書・劉琨傳》：「（琨）在晉陽，嘗為胡騎所圍數重，城中窘迫無計，
琨乃乘月登樓清嘯，賊聞之，皆悽然長歎。中夜奏胡笳，賊又流涕歔欷，
有懷土之切。向曉復吹之，賊並棄圍而走。」

〔一〇〕霜天：深秋的天空。南朝梁簡文帝《詠雲》：「浮雲舒五色，瑪瑙應霜天。」
斷鴈：失群之孤鴈。

〔一一〕連旗下鹿塞：原作「旌旗連下鹿」，文義不通，小字注「一作『連旗下鹿塞』」，今據《樂府詩集》卷二一、《古詩紀》卷一三三、《七十二家集》、《百三名家集》改。　連旗：旗幟相連，形容軍容之壯。北周庾信《奉和趙王途中五韻》：「飄飄映車幕，出沒望連旗。」　鹿塞：即雞鹿塞，古塞名。在今內蒙古磴口西北哈隆格乃峽谷口，是古代貫通陰山南北的交通要衝。東漢大將竇憲擊北匈奴經由該地，事見《後漢書・孝和帝紀》。後以鹿塞代指邊塞。

〔一二〕疊鼓：小擊鼓，急擊鼓。《文選》卷二八謝朓《鼓吹曲》：「凝笳翼高蓋，疊鼓送華輈。」李善注：「小擊鼓謂之疊。」　龍庭：地名，匈奴單于祭天地鬼神之所。《史記・匈奴列傳》：「《索隱》案：謂匈奴所都處爲『庭』。樂產云：『單于無城郭，不知何以國之。穹廬前地若庭，故云庭』。」

〔一三〕妖雲：反常怪異不祥的雲氣。古人常於戰陣上望雲氣以預測勝負，詳見《史記・天官書》，此處「妖雲墜虜陣」，預示突厥必敗。

〔一四〕暈（yùn）月：被光圈環繞的月亮。這是一種月光經雲層中冰晶折射而產生的光現象，被認爲是天氣變化的徵兆。古人常以日暈、月暈來預測戰爭勝負。《史記・天官書》：「兩軍相當，日暈；暈等，力鈞；厚長大，有勝；薄短小，無勝。」又，《史記・天官書》曰：「平城之圍，月暈參、畢七重。」漢高祖至平城，爲匈奴冒頓圍困七日，古人認爲預示此敗的天象之一就是月暈。故此處「暈月繞胡營」，預示突厥必敗。

〔一五〕左賢：即左賢王，匈奴貴族的高級封號。《後漢書・南匈奴傳》：「其大臣貴者左賢王，次左谷蠡王，次右賢王，次右谷蠡王，謂之四角。」　頓顙（sǎng）：屈膝下拜，以額觸地，表示請罪投降。顙，額。《國語・吳語》：「句踐用帥二三之老，親委重罪，頓顙於邊。」

〔一六〕單于（chán yú）：匈奴對其君主之尊稱。　繫纓：綁縛繩索。指投降。如《史記・秦始皇本紀》載子嬰投降劉邦「係頸以組」。

〔一七〕關：《樂府詩集》卷二一作「關」。　緤（xiè）馬：拴馬。《離騷》：「朝吾將濟於白水兮，登閬風而緤馬。」　玄關：古代傳說中的北方極遠之地。《史記・司馬相如列傳》：「遺屯騎於玄闕兮，軼先驅於寒門。」《集解》引《漢書音義》曰：「玄闕，北極之山。」

〔一八〕鉤：《七十二家集》、《百三名家集》作「釣」。　鯤：古代傳說中的大魚。《莊子・逍遙遊》：「北冥有魚，其名爲鯤；鯤之大，不知其幾千里也。」

北溟：傳說中北方極遠的大海。

〔一九〕霍驃騎（piào qí）：指漢驃騎將軍霍去病（前 140～前 117），抗擊匈奴的名將。《史記》卷一一一、《漢書》卷五五有傳。

〔二〇〕高第：高大的官邸住宅。《史記·衛將軍驃騎列傳》：「天子爲治第，令驃騎視之，對曰：『匈奴未滅，無以家爲也。』」此處反用典故，意爲突厥的威脅已經解除，隋朝將帥可論功行賞，光耀門楣。

【附】

楊素《出塞》二首

漠南胡未空，漢將復臨戎。飛狐出塞北，碣石指遼東。冠軍臨瀚海，長平翼大風。橫虎落陣氣，抱龍繞城虹。橫行萬里外，胡運百年窮。兵寢星芒落，戰解月輪空。嚴鐎息夜斗，駱角罷鳴弓。北風嘶朔馬，胡霜切塞鴻。休明大道暨，幽荒日用同。方就長安邸，來謁建章宮。

漢虜未和親，憂國不憂身。握手河梁上，窮涯北海濱。據鞍獨懷古，忼慨感良臣。歷覽多舊跡，風日慘愁人。荒塞窮千里，孤城絕四鄰。樹寒偏易古，草衰恒不春。交河明月夜，陰山苦霧辰。鴈飛南入漢，水流西咽秦。風霜久行役，河朔備艱辛。薄暮邊聲起，空飛胡騎塵。（《文苑英華》卷一九七）

虞世基《出塞》二首

窮秋塞草腓，塞外胡塵飛。徵兵廣武至，候騎陰山歸。廟堂千里策，將軍百戰威。轅門臨玉帳，大旆指金徽。摧杇無勍敵，應變有先機。銜枚壓曉陣，卷甲解朝圍。瀚海波瀾靜，王庭氛霧晞。鼓聲嚴朔氣，原野曀寒暉。勳庸震邊塞，歌吹入京畿。待拜長安阪，鳴騶入禮闈。

上將三略遠，元戎九命尊。緬懷古人節，思酬明主恩。山西多虜氣，塞北有遊魂。楊抱度隴坡，勒騎上平原。誓將絕沙漠，悠然去玉門。輕齎不遑舍，驚策驚戎軒。凜凜邊風急，蕭蕭征馬煩。雪暗天山道，水塞交河源。霧烽黯無色，霜旗凍不翻。耿介倚長劍，日落風塵昏。（《文苑英華》卷一九七）

昭君怨〔一〕

我本良家子〔二〕，充選入椒庭〔三〕。不蒙女史進〔四〕，更失畫師情〔五〕。蛾眉非本質〔六〕，蟬鬢改眞形〔七〕。專由妾命薄〔八〕，誤使君恩輕。啼霑渭橋路〔九〕，歎別長安城。夜依寒草宿〔一〇〕，朝逐轉蓬征〔一一〕。卻望關山迥〔一二〕，前瞻沙漠平。胡風帶秋月，嘶馬雜笳聲。毛裘易羅綺，氈帳代帷幈〔一三〕。自知蓮臉歇〔一四〕，羞看菱花明〔一五〕。釵落終應棄，髮解不須縈〔一六〕。何用單于重〔一七〕，詎假閼氏名〔一八〕。駃騠聊強食〔一九〕，挏酒未能傾〔二〇〕。心隨故鄉斷，愁逐塞雲生〔二一〕。漢宮如有憶，爲視旄頭星〔二二〕。

【校注】

〔一〕本篇以《文苑英華》卷二〇四所載爲底本，以《樂府詩集》卷二九、《古詩紀》卷一三三、《七十二家集》、《百三名家集》所載爲參校本。詩題《樂府詩集》作「《明君詞》」，《古詩紀》、《七十二家集》、《百三名家集》作「《昭君辭》」。　昭君怨：樂府古題。昭君，西漢人，姓王，名檣（《漢書·元帝紀》作「檣」，《西京雜記》卷二作「嬙」，後世多從之），字昭君，晉避司馬昭諱，改稱爲「明君」。南郡秭歸人，爲漢元帝待詔掖庭，竟寧元年賜與匈奴呼韓邪單于爲閼氏，生一男。呼韓邪死，其前閼氏子代立，成帝又命她從胡俗，復爲後單于閼氏。生二女。卒葬匈奴。事見《漢書·元帝紀》。　本詩當爲道衡失意外放時所作，藉由昭君故事，感歎生平，末句體現了對朝廷重新啓用自己的希望。

〔二〕良家子：漢時指醫、巫、商賈、百工以外人家的子女，後世指清白人家的子女。《史記·李將軍列傳》：「孝文帝十四年，匈奴大入蕭關，而廣以良家子從軍擊胡。」《索隱》：「如淳云『非醫、巫、商賈、百工也』。」

〔三〕椒庭：漢時椒房殿爲皇后所居，後以椒庭代指宮內。

〔四〕女史：古代女官名。以知書婦女充任，掌管有關王后禮儀等事。或爲世婦下屬，掌管書寫文件等事。《周禮·天官·女史》：「女史掌王后之禮職，掌內治之貳，以詔后治內政，逆內宮，書內令。凡后之事，以禮從。」

〔五〕失：《樂府詩集》卷二九作「無」。　畫師：指毛延壽。昭君出塞始末，正史記載見《漢書·元帝紀》、《漢書·匈奴傳》、《後漢書·南匈奴傳》，皆未有畫師事。畫師典出《西京雜記》卷二：「元帝後宮既多，不得常見，

乃使畫工圖形，案圖召幸之。諸宮人皆賂畫工，多者十萬，少者亦不減五萬，獨王嬙不肯，遂不得見。匈奴入朝求美人爲閼氏，於是上案圖以昭君行。及去，召見，貌爲後宮第一，善應對，舉止閑雅。帝悔之，而名籍已定，帝重信於外國，故不復更人。乃窮案其事，畫工皆棄市。」

〔六〕蛾眉：形容女子美麗的眉毛像蠶蛾的觸鬚一樣細長彎曲。《詩・衛風・碩人》：「螓首蛾眉，巧笑倩兮，美目盼兮。」

〔七〕蟬鬢：古代婦女的一種髮式。兩鬢薄如蟬翼，故稱。魏文帝宮人莫瓊樹始製，見崔豹《古今注・雜注》。

〔八〕由：《樂府詩集》卷二九作「猶」，音近而訛。　薄：《文苑英華》小字注「一作『舛』」。

〔九〕霑：《文苑英華》小字注「一作『落』」，《樂府詩集》卷二九作「落」。
　　　渭橋：漢唐時代長安附近渭水上的橋樑。東、中、西共有三座。結合昭君出塞的路線，此處可能是西渭橋。漢建元三年（前 138 年）建置，因與長安城便門相對，也叫便橋或便門橋，故址在今咸陽市南。其時長安人送客西行多到此相別。

〔一○〕夜依：《文苑英華》小字注「一作『今夜』」，《樂府詩集》卷二九作「今夜」。　寒草：枯草。

〔一一〕朝逐：《文苑英華》小字注「一作『明朝』」，《樂府詩集》卷二九作「明朝」。　轉蓬：已見《出塞》其一「轉蓬隨馬足」句注。

〔一二〕卻望：回頭遠望。　關山：山名。在今寧夏回族自治區南部。結合出塞路線來看，昭君出長安往西，進入今甘肅境內，折而往北，可能望見關山。　迴：遠。

〔一三〕帷：《古詩紀》卷一三三、《七十二家集》、《百三名家集》作「金」。

〔一四〕歇：《樂府詩集》卷二九作「歌」，形近而誤。　蓮臉歇：形容如花容顏不復存在。《說文・欠部》：「歇，息也。」

〔一五〕花：《樂府詩集》卷二九、《古詩紀》卷一三三、《七十二家集》、《百三名家集》作「鏡」。　菱花：即菱花鏡。古代銅鏡名。鏡多爲六角形或背面刻有菱花。《趙飛燕外傳》：「飛燕始加大號，婕妤奏上三十六物以賀，有七尺菱花鏡一奩。」

〔一六〕髮：《文苑英華》小字注「一作『鬢』」。《樂府詩集》卷二九、《古詩紀》卷一三三、《七十二家集》、《百三名家集》作「鬢」。

〔一七〕單于：已見《出塞》其二「單于已繫纓」句注。

〔一八〕閼氏（yān zhī）：匈奴對單于、諸王妻的尊稱。

〔一九〕駃騠（jué tí）：本爲北狄良馬名，此處代指珍饌佳餚。《漢書・鄒陽列傳》：「蘇秦相燕，人惡之燕王，燕王按劍而怒，食以駃騠。」孟康曰：「駃騠，駿馬也，生七日而超其母。敬重蘇秦，雖有讒謗，而更食以珍奇之味。」

〔二〇〕挏：《樂府詩集》卷二九作「桐」。《古詩紀》卷一三三、《七十二家集》作「筒」，小字注「一作『桐』」。《百三名家集》作「酮」，小字注「一作『桐』」。皆形近而誤。　挏（dòng 洞）酒：即挏馬酒。指馬酪。挏，舂搗馬奶，取其上層肥膩者製作奶酪，故稱「挏馬」；因馬酪味如酒，故稱「酒」。《漢書・禮樂志》：「其七十二人給大官挏馬酒。」李奇曰：「以馬乳爲酒，撞挏乃成也。」顏師古注：「馬酪味如酒，而飲之亦可醉，故呼馬酒也。」

〔二一〕塞：《樂府詩集》卷二九作「寒」。

〔二二〕旄頭星：星名。即二十八宿中的昂宿，舊時以爲象徵胡人。《史記・天官書》：「昂曰髦頭，胡星也。」

昔昔鹽〔一〕

垂柳覆金堤〔二〕，蘼蕪葉復齊〔三〕。水溢芙蓉沼，花飛桃李蹊〔四〕。採桑秦氏女〔五〕，織錦竇家妻〔六〕。關山別宕子〔七〕，風月守空閨〔八〕。恒斂千金笑〔九〕，長垂雙玉啼〔一〇〕。盤龍隨鏡隱〔一一〕，彩鳳逐幃低〔一二〕。飛魂同夜鵲〔一三〕，倦寢憶晨雞〔一四〕。暗牖懸蛛網〔一五〕，空梁落燕泥〔一六〕。前年過代北〔一七〕，今歲往遼西〔一八〕。一去無還意〔一九〕，那能惜馬蹄〔二〇〕。

【校注】

〔一〕本篇以《文苑英華》卷二八七所載爲底本，以唐人趙嘏《昔昔鹽》二十首（以本詩每句爲題）之詩題、後蜀韋縠編《才調集》卷一、《樂府詩集》卷七九、《對床夜語》卷一、《容齋續筆》卷七、《古詩紀》卷一三三、《七十二家集》、《百三名家集》所載爲參校本。詩題《才調集》卷一作「《別宕子怨》」，誤入「劉長卿六首」。《文苑英華》沿其誤，原作「劉長卿《別宕子怨》」，《文苑英華辨證》撥亂反正，改題「薛道衡《昔昔鹽》」。　詩

題《昔昔鹽》，隋以前未見。宋人郭茂倩《樂府詩集》收入《近代曲》，引《樂苑》云：「《昔昔鹽》，羽調曲，唐亦爲舞曲。」「昔」、「夜」爲同源詞。《左傳》莊公七年：「夏四月辛卯，夜」，《穀梁傳》「夜」作「昔」，釋云「日入至於星出，謂之昔。」宋人洪邁《容齋續筆》卷七認爲：「歌詩謂之『鹽』者，如吟、行、曲、引之類云。」南朝梁沈約有《夜夜曲》，簡文帝嘗擬之，爲五言八句體，與此類似。故本詩題爲《昔昔鹽》，當爲「夜夜曲」之意。蕭滌非《漢魏六朝樂府文學史》認爲：「道衡此篇所帶南朝色彩甚濃，當作於煬帝朝，如作於文帝時，不幾同司馬幼之以華豔而被罪耶？」隋文帝開皇四年曾下詔「公私文翰，並宜實錄。」將李諤《上隋高帝革文華書》頒示天下。其年九月，泗州刺史司馬幼之應詔呈文表，因文辭華豔而被治罪。事見《隋書・李諤傳》。

〔二〕覆：《才調集》卷一作「拂」。　金堤：堅固的堤堰。後作爲堤堰的美稱。《漢書・司馬相如傳》：「㷭姍勃窣，上金隄。」顏師古注：「金隄，言水之隄塘堅如金也。」

〔三〕復：《文苑英華》卷二八七小字注「一作『正』」。《才調集》卷一作「正」。蘪蕪（mí wú）：草名。葉有香氣。古人認爲蘪蕪可使婦女多子，漢樂府有《上山采蘪蕪》，此處暗喻女子正當年。

〔四〕桃李蹊：形容桃李爭妍，春光艷麗。蹊，小路。《史記・李將軍列傳》：「諺曰：桃李不言，下自成蹊。」司馬貞《索隱》：「姚氏云：『桃李本不能言，但以華實感物，故人不期而往，其下自成蹊徑也。』」用實至名歸的比喻義，此處用其本義。

〔五〕秦氏女：指秦羅敷。晉崔豹《古今注・音樂》：「秦氏邯鄲人，有女名羅敷，爲邑人千乘王仁妻。王仁後爲越王家令。羅敷出採桑於陌上，趙王登臺，見而悅之，因飲酒欲奪焉。羅敷乃彈箏，乃作陌上歌，以自明焉。」

〔六〕竇家妻：指前秦竇滔之妻蘇氏。名蕙，字若蘭。滔於符堅時任秦州刺史，被徙流沙，蘇氏思之，織錦爲回文旋圖詩以贈。其詩回環往復讀之均能成誦。事見《晉書・列女・竇滔妻蘇氏傳》。

〔七〕宕：唐人趙嘏《昔昔鹽》二十首其七題作「蕩」，《樂府詩集》卷七九、《容齋續筆》卷七、《古詩紀》卷一三三、《七十二家集》、《百三名家集》作「蕩」。　宕子：指離鄉外遊，久而不歸之人。曹植《七哀》詩：「借問嘆者誰，言是宕子妻。」

〔八〕風月：借清風明月等美景，襯托怨婦的孤寂。

〔九〕恒：《容齋續筆》卷七作「常」。避諱改。　千金笑：美人之笑。漢崔駰
《七依》「回顧百萬，一笑千金。」

〔一〇〕雙：《文苑英華》卷二八七小字注：「一作『白』。」《才調集》卷一作「白」。
啼：原作「蹄」。唐人趙嘏《昔昔鹽》二十首第十題及《才調集》卷一並
作「啼」，因據改。　雙玉啼：喻指美女的兩道淚痕。後蜀閻選《河傳》
詞：「西風稍急喧窗竹，停又續，膩臉懸雙玉。」

〔一一〕盤龍隨鏡隱：指裝飾有龍形花紋的鏡子被棄置不用，形容思婦無心妝容。
化用徐幹《思室》「自君之出矣，明鏡暗不治。」

〔一二〕彩：《文苑英華》卷二八七小字注「一作『舞』」。《才調集》卷一作「舞」。
幃：《文苑英華》卷二八七小字注「一作『雲』」。《才調集》卷一作「雲」。
彩鳳逐幃低：繡有彩鳳圖案的床帳被放下。

〔一三〕飛魂同夜鵲：《才調集》卷一作「驚魂同野鶴」。「飛」，唐人趙嘏《昔昔
鹽》二十首第十三首題作「驚」。《文苑英華》卷二八七小字注「一作『驚』」。
「夜」，《文苑英華》卷二八七小字注「一作『野』」。　飛魂同夜鵲：形
容思婦之情如夜鵲繞樹，惶惶無依。曹操《短歌行》「月明星稀，烏鵲南
飛。繞樹三匝，何枝可依？」何遜《門有車馬客》「寸心將夜鵲，相逐向
南飛。」陰鏗《南征閨怨》「唯當有夜鵲，南飛似妾心。」

〔一四〕憶：唐人趙嘏《昔昔鹽》二十首第十四題作「聽」。　憶晨雞：回憶平居
與良人新婚燕婉之事。《詩·齊風·雞鳴》「風雨如晦，雞鳴不已。」沈
約《夜夜曲》：「零落向誰道，雞鳴徒歎息。」

〔一五〕暗牖懸蛛網：化用《詩·豳風·東山》：「伊威在室，蠨蛸在戶」意境。

〔一六〕燕泥：燕子築巢所銜之泥。梁簡文帝《和湘東王首夏詩》「燕泥銜復落，
鶗吟斂更揚。」

〔一七〕代：《才調集》卷一作「岱」。　代北：古地區名。泛指漢、晉代郡和唐
以後代州北部或以北地區。即今山西北部及河北西北部一帶。

〔一八〕遼西：指遼河以西的地區，今遼寧省西部。戰國、秦、漢至南北朝設郡。
《史記·匈奴列傳》：「（燕）置上谷、漁陽、右北平、遼西、遼東郡以拒
胡。」

〔一九〕還意：原作「消息」。《文苑英華》卷二八七小字注：「一作『還意』」。唐
人趙嘏《昔昔鹽》二十首第十九題作「還意」，《才調集》卷一作「還意」，

因據改。二馮先生評閱本《才調集》載清人馮舒評曰：「『無還意』妙甚，
若作『無消息』則上二句頂接不緊。」

〔二〇〕惜馬蹄：此爲宕子久不歸家的藉口。語出漢蘇伯玉妻《盤中詩》：「家居
　　　　長安身在蜀，何惜馬蹄歸不數。」

【附】

趙嘏《昔昔鹽》二十首（以薛道衡《昔昔鹽》每句爲題）

垂柳覆金堤

新年垂柳色，嫋嫋對空閨。不畏芳菲好，自緣離別啼。
因風飄玉戶，向日映金堤。驛使何時度，還將贈隴西。

蘼蕪葉復齊

提筐紅葉下，度日採蘼蕪。掬翠香盈袖，看花憶故夫。
葉齊誰復見，風暖恨偏孤。一被春光累，容顏與昔殊。

水溢芙蓉沼

漾沼春光後，青青草色濃。綺羅驚翡翠，暗粉妬芙蓉。
雲遍牕前見，荷翻鏡裏逢。將心託流水，終日渺無從。

花飛桃李蹊

遠期難可託，桃李自依依。花徑無容跡，戎裘未下機。
隨風開又落，度日掃還飛。欲折枝枝贈，那知歸不歸。

採桑秦氏女

南陌採桑出，誰知妾姓秦。獨憐傾國貌，不負早鶯春。
珠履盜花濕，龍鉤折桂新。使君那駐馬，自有侍中人。

織錦竇家妻

當年誰不羨，分作竇家妻。錦字行行苦，羅帷日日啼。
豈知登隴遠，只恨下機迷。直候陽關使，殷勤寄海西。

關山別蕩子

那堪聞蕩子，迢遞涉關山。腸爲馬嘶斷，衣從淚滴斑。
愁看塞上路，詎惜鏡中顏。儻見征西鴈，應傳一字還。

風月守空閨

良人猶遠戍，耿耿夜閨空。繡戶流宵月，羅帷坐曉風。
魂飛沙帳北，腸斷玉關中。尚自無消息，錦衾那得同。

恒斂千金笑

玉顏恒自斂，羞出鏡臺前。早惑陽城客，今悲華錦筵。
從軍人更遠，投喜鵲空傳。夫婿交河北，迢迢路幾千。

長垂雙玉啼

雙雙紅淚墮，度日暗中啼。鴈出居延北，人猶遼海西。
向燈垂玉枕，對月灑金閨。不惜羅衣濕，惟愁歸意迷。

蟠龍隨鏡隱

鸞鏡無由照，蛾眉豈忍看。不知愁髮換，空見隱龍蟠。
那悵紅顏改，偏傷白日殘。今朝窺玉匣，雙淚落闌干。

綵鳳逐帷低

巧繡雙飛鳳，朝朝伴下帷。春花那見照，暮色已頻欺。
欲卷思君處，將啼裛淚時。何年征戍客，傳語報佳期。

驚魂同夜鵲

萬里無人見，眾情難與論。思君常入夢，同鵲屢驚魂。
孤寢紅羅帳，雙啼玉筯痕。妾心甘自保，豈復暫忘恩。

倦寢聽晨雞

去去邊城騎，愁眠掩夜閨。披衣窺落月，拭淚待鳴雞。
不憤連年別，那堪長夜啼。功成應自恨，早晚發遼西。

暗牖懸蛛網

暗中蛛網織，歷亂綺牕前。萬里終無信，一條徒自懸。
分從珠露滴，愁見隙風牽。妾意何聊賴，看看劇斷絃。

空梁落鷰泥

春至今朝鷰，花時伴獨啼。飛斜珠箔隔，語近畫梁低。
帷卷閑窺戶，牀空暗落泥。誰能長對此，雙去復雙栖。

前年過代北

代北幾千里，前年又復經。燕山雲自合，胡塞草應青。
鐵馬喧鼙鼓，蛾眉怨錦屏。不知羌笛曲，掩淚若爲聽。

今歲往遼西

萬里飛書至，聞君已渡遼。秖諳新別苦，忘卻舊時嬌。
烽戌年將老，紅顏日向彫。胡沙兼漢苑，相望幾迢迢。

一去無還意

良人征絕域，一去不言還。百戰攻胡虜，三冬阻玉關。
蕭蕭邊馬思，獵獵戌旗閑。獨把千重恨，連年未解顏。

那能惜馬蹄

雲中路杳杳，江畔草淒淒。妾久垂珠淚，君何惜馬蹄。
邊風悲曉角，營月怨春鼙。未道休征戰，愁眉又復低。

（《樂府詩集》卷七九）

豫章行〔一〕

　　江南遠地接閩甌〔二〕，山東英妙屢經遊〔三〕。前瞻疊嶂千重阻〔四〕，卻帶驚湍萬里流〔五〕。楓葉朝飛向京洛〔六〕，文魚夜過歷吳洲〔七〕。君行遠度茱萸嶺〔八〕，妾住長依明月樓。樓中愁思不開嚬〔九〕，始復臨窗望早春。鴛鴦水上萍初合，鳴鶴園中花併新。空憶常時角枕處〔一〇〕，無復前日畫眉人〔一一〕。照骨金環誰用許〔一二〕，見膽明鏡自生塵〔一三〕。蕩子從來好留滯〔一四〕，況復關山遠迢遞〔一五〕。當學織女嫁牽牛〔一六〕，莫作姮娥叛夫婿〔一七〕。偏訝思君無限極〔一八〕，欲罷欲忘還復憶。願作王母三青鳥〔一九〕，飛來飛去傳消息〔二〇〕。豐城雙劍昔曾離〔二一〕，經年累月復相隨。不畏將軍成久別，只恐封侯心更移。

【校注】

〔一〕本篇以《文苑英華》卷二〇一所載爲底本，以《樂府詩集》卷三四、《古詩紀》卷一三三、《七十二家集》、《百三名家集》所載爲參校本。　豫章：古郡名。治所在今江西南昌。　豫章行：樂府舊題，屬相和歌辭中的清

調曲。《樂府解題》云：「陸機『泛舟清川渚』，謝靈運『出宿告密親』，皆傷離別。言壽短景馳，容華不久。」《隋書・薛道衡傳》：「仁壽中，楊素專掌朝政，道衡既與素善，上不欲道衡久知機密，因出檢校襄州總管。」蕭滌非《漢魏六朝樂府文學史》認爲：「是篇之作，殆爲此事。道衡開皇初嘗聘陳，後又配防嶺表，至是復出爲襄州總管，皆江南地，故借《豫章行》以自寫耳，非眞爲孤妾鳴冤也！史言文帝不欲道衡久知機密，此詩所以有『明鏡生塵』之歎。末語頗懷弓藏狗烹之憂。」

〔二〕遠地：《樂府詩集》卷三四、《古詩紀》卷一三三、《七十二家集》、《百三名家集》作「地遠」。　閩甌：古代地區名。指今浙江南部、福建一帶。

〔三〕山東：《樂府詩集》卷三四作「東山」，誤。　英妙：年少而才華出眾的人。晉潘岳《西征賦》：「終童山東之英妙，賈生洛陽之才子。」薛道衡乃河東汾陰人，在崤山函谷關以東，故以「山東英妙」自況。

〔四〕嶂：《樂府詩集》卷三四、《七十二家集》、《百三名家集》作「障」。

〔五〕驚湍：急流。晉潘岳《河陽縣作》詩：「川氣冒山嶺，驚湍激巖阿。」

〔六〕京洛：洛陽的別稱。因東周、東漢均建都於此，故名。漢班固《東都賦》：「子徒習秦阿房之造天，而不知京洛之有制也。」

〔七〕文魚：鯉魚；或說有翅能飛的魚。《楚辭・九歌・河伯》：「乘白黿兮逐文魚。」王逸注：「言河伯遊戲，遠出乘龍，近出乘黿，又從鯉魚也。」洪興祖補注：「陶隱居云：鯉魚形既可愛，又能神變，乃至飛越山湖，所以琴高乘之。」《文選》卷一九曹植《洛神賦》「騰文魚以警乘」，李善注：「文魚，有翅，能飛。」

〔八〕茱萸（zhū yú）嶺：地名。茱萸，植物名。香氣辛烈，可入藥，古俗農曆九月九日重陽節，登高宴飲，佩戴茱萸能祛邪辟惡。

〔九〕開顰（pín）：舒展雙眉。

〔一〇〕角枕：角製的或用角裝飾的枕頭。《詩・唐風・葛生》：「角枕粲兮，錦衾爛兮。」

〔一一〕畫眉人：指爲妻畫眉的張敞，喻夫妻關係融洽，事見《漢書・張敞傳》。此處指思婦思念的對象。

〔一二〕照骨金環：能照見骨骼的寶環。《西京雜記》卷一：「戚姬以百鍊金爲彄環，照見指骨。上惡之。」許：助詞。表示感歎。《樂府詩集・清商曲辭三・華山畿》：「奈何許！天下人何限，慊慊只爲汝。」

〔一三〕見膽明鏡：形容鏡子明亮而清澈，能夠照見肝膽。《西京雜記》卷三：「高
　　　　祖初入咸陽宮，周行庫府，金玉珍寶，不可稱言。其尤驚異者……有方
　　　　鏡，廣四尺，高五尺九寸，表裏有明，人直來照之，影則倒見。以手捫
　　　　心而來，則見腸胃五臟，歷然无硋。人有疾病在內，則掩心而照之，則
　　　　知病之所在。又女子有邪心，則膽張心動。秦始皇常以照宮人，膽張心
　　　　動者則殺之。」

〔一四〕蕩子：指辭家遠出、羈旅忘返的男子。《文選》卷二九《青青河畔草》：「蕩
　　　　子行不歸，空牀難獨守。」李善注：「《列子》曰：有人去鄉土遊於四方
　　　　而不歸者，世謂之爲狂蕩之人也。」

〔一五〕迢遰（dì）：遙遠貌。嵇康《琴賦》：「指蒼梧之迢遰，臨迴江之威夷。」

〔一六〕織女嫁牽牛：織女、牽牛本係星名，後被人格化成爲愛情神話的男女主
　　　　人公。《詩·小雅·大東》：「維天有漢，監亦有光。跂彼織女，終日七襄。
　　　　雖則七襄，不成報章。睆彼牽牛，不以服箱。」東漢古詩十九首有《迢
　　　　迢牽牛星》。南朝梁殷芸《小說》：「天河之東有織女，天帝之子也。年年
　　　　機杼勞役，織成雲錦天衣，容貌不暇整。帝憐其獨處，許嫁河西牽牛郎，
　　　　嫁後遂廢織紝。天帝怒，責令歸河東，但使一年一度會。」

〔一七〕作：《樂府詩集》卷三四作「學」。　姮娥叛夫婿：神話中姮娥盜竊其夫
　　　　婿后羿之不死藥而奔月成仙。《淮南子·覽冥》：「羿請不死之藥於西王母，
　　　　恒娥竊以奔月。」後避漢文帝劉恒諱，改「恒」爲「姮」。

〔一八〕訝：驚詫；疑怪。南朝梁簡文帝《採桑》詩：「寄語採桑伴，訝今春日
　　　　短。」

〔一九〕三青鳥：神話中替西王母取食之鳥，詩詞中常用做傳遞情思的使者。
　　　　《山海經·海內西經》：「西王母梯几而戴勝。其南有三青鳥，爲西王
　　　　母取食。」《山海經·大荒西經》：「有三青鳥，赤首黑目，一名曰大鶖，
　　　　一名少鶖，一名曰青鳥。」《楚辭·九歎·憂苦》：「三鳥飛以自南兮，
　　　　覽其志而欲北。願寄言於三鳥兮，去飄疾而不可得。」後作爲使者代
　　　　稱。

〔二〇〕飛來飛去：《古詩紀》卷一三三、《七十二家集》、《百三名家集》作「飛
　　　　去飛來」。

〔二一〕豐城雙劍：豫章豐城所出雙劍，《拾遺記》曰「干將」與「鏌鋣」，《晉書·
　　　　張華傳》曰「龍泉」與「太阿」。張華、雷煥各佩一劍，張華被殺，失劍

之所在。雷煥卒，其子持劍舟行經延平津，劍自躍出墮水，使人下水取劍，但見雙龍長數丈，不見劍。典出晉王嘉《拾遺記》卷十，又見《晉書‧張華傳》。

詩

從駕幸晉陽〔一〕

省方遵往冊〔二〕，遊豫叶前經〔三〕。金吾朝戒道〔四〕，校尉晚巡營。重巒下飛騎，絕浦渡連旌〔五〕。澗水寒逾咽〔六〕，松風遠更清。方觀翠華反〔七〕，簪筆上云亭〔八〕。

【校注】

〔一〕本篇以《初學記》卷一三所載爲底本，以《文苑英華》卷一七〇、《古詩紀》卷一三三、《七十二家集》、《百三名家集》所載爲參校本。　晉陽：地名，在今山西省太原市西南晉源鎮。開皇九年（589），隋文帝車駕幸晉陽，李德林作《從駕巡道》，詩中風物與本詩相合，疑兩詩記載的是同一次巡幸晉陽。故本詩疑作於開皇九年，時道衡爲吏部侍郎。又，虞世基有《奉和幸太原輦上作應詔》，云「流吹和春鳥，交弄拂花枝。」季節與本詩不合，可能是另一次巡幸太原。

〔二〕省方：巡視四方。《易・觀》：「先王以省方觀民設教。」孔穎達疏：「省視萬方，觀看民之風俗。」　往冊：以前的典冊，與下句「前經」相應。冊，古代文字書於簡，編連諸簡謂之「冊」。《尚書・多士》：「惟殷先人，有典有冊。」

〔三〕遊豫：古代君王春秋時節巡視農事的制度。《孟子・梁惠王下》：「夏諺曰：『吾王不遊，吾何以休？吾王不豫，吾何以助？一游一豫，爲諸侯度。』」趙岐注：「豫亦遊也。」《晏子春秋・內篇・問下一》：「故春省耕而補不

足者謂之遊，秋省實而助不給者謂之豫。」　叶（xié）：協，相合。　前
經：以前的經典。

〔四〕金吾：官名。負責皇帝大臣警衛、儀仗以及徼循京師、掌管治安的武職
官員。《漢書·百官公卿表上》：「中尉，秦官，掌徼循京師，有兩丞、候、
司馬、千人。武帝太初元年更名『執金吾』。」應劭曰：「吾者，禦也，
掌執金革以禦非常。」顏師古注：「金吾，鳥名也，主辟不祥。天子出行，
職主先導，以禦非常。故執此鳥之象，因以名官。」　戒道：登程，出
發上路。戒，登程。《楚辭·遠遊》：「祝融戒而還衡兮，騰告鸞鳥迎宓妃。」

〔五〕絕：橫度；越過。《荀子·勸學》：「假舟檝者，非能水也，而絕江河。」
楊倞注：「絕，過。」　浦：注入大河的川流。　連旌：連旗。代指盛大
的天子儀仗隊伍。南朝宋鮑照《從臨海王上荊初發新渚詩》：「雲艫掩江
汜，千里被連旌。」

〔六〕澗水：古水名。源出河南省新安縣南白石山，匯洛水入於河。《書·禹貢》：
「伊、洛、瀍、澗，既入于河。」

〔七〕翠華：本指天子儀仗中以翠羽為飾的旗幟或車蓋，此處代指御車或帝王。
《文選》卷八司馬相如《上林賦》：「建翠華之旗，樹靈鼉之鼓。」李善
注：「翠華，以翠羽為葆也。」

〔八〕云：《文苑英華》卷一七○作「雲」。　簪筆：插筆於冠或笏，以備書寫。
古代帝王近臣、書吏、士大夫多有此裝束。《漢書·趙充國傳》：「（張安
世）本持橐簪筆事孝武帝數十年，見謂忠謹，宜全度之。」顏師古注引
張晏曰：「近臣負橐簪筆，從備顧問，或有所紀也。」師古曰：「簪筆者，
插筆於首。」　云亭：云云、亭亭二山的並稱。古代帝王封禪處。

【附】

李德林《從駕巡道》

　　大夏堯遺俗，汾河漢豫遊。今隨龍駕往，還屬雁飛秋。天行肅輦路，日
馭翼華輈。朝乘六氣輦，夕動七星旒。谷靜禽多思，風高松易秋。遠林才有
色，遙水漫無流。京華佳麗所，目極與雲浮。但覩凌霄觀，詎見望仙樓。鑠
門皆秀發，鵷池盡學優。待君草封禪，東山觀射牛。（《初學記》卷一三）

虞世基《奉和幸太原輦上作應詔》

唐巡光帝則,夏豫穆宸儀。珠旗揚翼鳳,玉獸儼丹螭。流吹和春鳥,交弄拂花枝。（《初學記》卷一五）

奉和月夜聽軍樂應詔〔一〕

旌門臨古堞〔二〕,徼道度深隍〔三〕。月冷疑秋夜〔四〕,山寒落夏霜。遙空澄暮色〔五〕,清景散餘光〔六〕。笳聲諠隴水〔七〕,鼓曲噪漁陽〔八〕。沉鬱興神思〔九〕,眺聽發天章〔一○〕。嵩岱終難學〔一一〕,邱陵徒自強〔一二〕。

【校注】

〔一〕本篇以《初學記》卷一五所載爲底本,以《文苑英華》卷二一二、《錦繡萬花谷·後集》卷三二、《古詩紀》卷一三三、《七十二家集》、《百三名家集》所載爲參校本。　本詩疑作於開皇三年（583）,作者從河間王楊弘北征突厥途中。詩題點出「聽軍樂」,並爲「奉和應詔」,推知本詩乃作者隨某王出征所作。《隋書·薛道衡傳》:「河間王弘北征突厥,召典軍書。」《隋書·河間王弘傳》:「時突厥屢爲邊患,以行軍元帥率眾數萬,出靈州道,與虜相遇,戰,大破之,斬數千級。賜物二千段,出拜寧州總管,進位上柱國。」檢《隋書·高祖紀》,河間王弘爲寧州總管,在開皇三年六月,則道衡隨其出征突厥,當在此前夏四月前後,與本詩所描寫的時間、地點相合。

〔二〕旌:原作「旋」,據《文苑英華》卷二一二、《錦繡萬花谷·後集》卷三二、《古詩紀》卷一三三、《七十二家集》、《百三名家集》改。　旌門:古代帝王出行,張帷幕爲行宮,宮前樹旌旗爲門,稱旌門。《周禮·天官·掌舍》:「爲帷宮,設旌門。」賈公彥疏:「食息之時,則張帷爲宮,樹立旌旗以表門。」　堞（dié）:城上如齒狀的矮牆。

〔三〕度:《文苑英華》卷二一二作「渡」。　徼（jiào）道:巡邏警戒的道路。班固《西都賦》:「周廬千列,徼道綺錯。」　隍:沒有水的護城壕。

〔四〕疑:《文苑英華》卷二一二作「凝」。

〔五〕澄:《錦繡萬花谷·後集》卷三二作「丁」。　澄:使之清明。《後漢書·馮衍傳下》:「澄德化之陵遲兮,烈刑罰之峭峻」,李賢注:「澄猶清也。」

〔六〕清景：清亮的光輝，多指月光。三國曹植《公宴》詩：「明月澄清景，列
　　　宿正參差。」

〔七〕聲：《文苑英華》卷二一二作「清」。　隴水：河流名。源出隴山（六盤
　　　山南段），因名。《水經注·渭水》：「渭水又東與新陽崖水合，即隴水也。
　　　東北出隴山，其水西流右逕瓦亭南。」

〔八〕漁陽：鼓曲名。《世說新語·言語》：「禰衡被魏武謫爲鼓吏，正月半試鼓，
　　　衡揚枹爲《漁陽》摻撾，淵淵有金石聲，四座爲之改容。」

〔九〕沉鬱：深刻含蘊，深沉蘊藉。漢劉歆《與揚雄書》：「非子雲澹雅之才，
　　　沈鬱之思，不能經年銳精，以成此書。」　神思：思維；想像。《文心雕
　　　龍·神思》：「古人云：『形在江海之上，心存魏闕之下。』神思之謂也。」

〔一○〕聽：《錦繡萬花谷·後集》卷三二作「德」。形近而誤。　眺聽：視聽，
　　　謂耳目所及。南朝梁何遜《登石頭城》詩：「眺聽窮耳目，遠近備幽悉。」
　　　天章：指帝王的詩文。本詩爲「奉和應詔詩」，則帝王應有同題詩。南朝
　　　陳徐陵《丹陽上庸路碑》：「御紙風飛，天章海溢。」

〔一一〕嵩岱：河南嵩山和山東泰山的並稱。此處喻指本詩奉和的對象。

〔一二〕邱陵：低矮山丘。此處爲本詩自比，謙辭。

奉和臨渭源應詔〔一〕

　　玄功復禹迹〔二〕，至德去湯羅〔三〕。玉關亭障遠〔四〕，金方水石
多〔五〕。八川茲一態〔六〕，萬里導長波。驚流注陸海〔七〕，激浪象天
河〔八〕。鑾旗歷巖谷〔九〕，龍穴暫經過〔一○〕。西老陪遊宴〔一一〕，南
風起詠歌〔一二〕。庶品蒙仁澤〔一三〕，生靈穆太和〔一四〕。微臣惜暮景
〔一五〕，願駐魯陽戈〔一六〕。

【校注】

〔一〕本篇以《初學記》卷六所載爲底本，以《文苑英華》卷一七○、《古詩紀》
　　　卷一三三、《七十二家集》、《百三名家集》所載爲參校本。　渭源：古地
　　　名，治所在今甘肅渭源縣東北渭河北岸。隋煬帝楊廣有《臨渭源詩》，本
　　　詩爲應和之作。

〔二〕玄功：影響深遠而偉大的功績。《南齊書·明帝紀》：「玄功潛被，至德彌
　　　闡。」　禹迹：指夏禹治水的業績。北周庾信《周宗廟歌》之六：「功參

禹迹，德贊堯門。」

〔三〕湯羅：用商湯收三面網典，指帝王仁政。《呂氏春秋‧孟冬‧異用》：「湯見祝網者，置四面，其祝曰：『從天墜者，從地出者，從四方來者，皆離吾網。』湯曰：『嘻，盡之矣！非桀，其孰爲此也？』湯收其三面，置其一面，更教祝曰：『昔蛛蝥作網罟，今之人學紓，欲左者左，欲右者右，欲高者高，欲下者下。吾取其犯命者。』漢南之國聞之曰：『湯之德及禽獸矣。』」

〔四〕玉關：即玉門關。漢武帝置。因西域輸入玉石時取道於此而得名。漢時爲通往西域各地的門戶。故址在今甘肅敦煌西北小方盤城。　亭障：古代邊塞要地設置的堡壘。《史記‧大宛列傳》：「於是酒泉列亭鄣至玉門矣。」

〔五〕金方：指西方。　水石：流水與水中之石，借指河流。

〔六〕八川：古代關中地區灞、滻、涇、渭、酆、鎬、潦、潏八條河流的總稱。漢司馬相如《上林賦》：「終始霸、產，出入涇、渭、酆、鎬、潦、潏，紆餘委蛇，經營其內，蕩蕩乎八川分流，相背異態。」

〔七〕陸海：物產富饒之地。《漢書‧地理志下》：「（秦地）有鄠杜竹林，南山檀柘，號稱陸海，爲九州膏腴。」顏師古注：「言其地高陸而饒物產，如海之無所不出，故云陸海。」

〔八〕象：《文苑英華》卷一七○作「還」。　天河：即銀河。《詩‧大雅‧雲漢》「倬彼雲漢」，漢鄭玄箋：「雲漢，謂天河也。」《三輔黃圖》卷一「咸陽故城」條下曰：「渭水貫都，以象天漢。」

〔九〕鸞：《文苑英華》卷一七○、《古詩紀》卷一三三、《七十二家集》、《百三名家集》作「鷥」。　鸞旗：天子儀仗中的旗幟，上繡鸞鳥，代指天子車駕。《後漢書‧楊秉傳》：「王者至尊，出入有常，警蹕而行，靜室而止，自非郊廟之事，則鸞旗不駕。」

〔一○〕龍穴：舊時堪輿家謂山的氣脈所結處，宜作墓穴。此處指帝王的墓穴。

〔一一〕西老：指西王母。《穆天子傳》卷三：「乙丑，天子觴西王母於瑤池之上，西王母爲天子謠。」

〔一二〕南風：古代樂曲名。相傳爲虞舜所作。歌頌父母養育之德，引申爲王者長育萬民。《史記‧樂書》：「昔者舜作五弦之琴，以歌《南風》。」

〔一三〕庶品：萬物。

〔一四〕穆：《文苑英華》卷一七○作「沐」。　太和：太平。《文選》卷五八顏延

之《宋文皇帝元皇后哀策文》：「太和既融，收華委世。」李善注：「太和，
謂太平也。」

〔一五〕暮景：喻垂老之年。

〔一六〕魯陽戈：用魯陽公典，喻力挽危局的手段或力量。作者借此剖白心跡，
表達「烈士暮年，壯心不已」之義。《淮南子・覽冥》：「魯陽公與韓搆難，
戰酣，日暮，援戈而撝之，日爲之反三舍。」

【附】

隋煬帝《臨渭源》

西征乃屆此，山路亦悠悠。地幹紀靈異，同穴吐洪流。濫觴何足擬，浮
槎難可儔。驚波鳴澗石，澄岸瀉巖樓。滔滔下狄縣，淼淼肆神州。長林嘯白
獸，雲逕想青牛。風歸花葉散，日舉煙霧收。直爲求人隱，非窮轍迹遊。（《初
學記》卷六）

秋遊昆明池〔一〕

灞陵因靜退〔二〕，靈沼暫徘徊〔三〕。新船木蘭檝〔四〕，舊宇豫章
材〔五〕。荷心宜露泫〔六〕，竹徑重風來。魚潛疑刻石〔七〕，沙暗似沉
灰〔八〕。琴逢鶴欲舞，酒遇菊初開〔九〕。羈心與秋興〔一〇〕，陶然寄
一杯〔一一〕。

【校注】

〔一〕本篇以《初學記》卷七所載爲底本，以《藝文類聚》卷九、《文苑英華》
卷一六四、《古詩紀》卷一三三、《七十二家集》、《百三名家集》所載爲
參校本。詩題《藝文類聚》作「《遊昆明池詩》」，《文苑英華》、《古詩紀》、
《七十二家集》、《百三名家集》作「《秋日遊昆明池》」。　昆明池：湖沼
名。漢武帝元狩三年於長安西南郊所鑿，以習水戰。在今陝西西安市西
南豐、滈二水之間。池周圍四十里，廣三百三十二頃。《漢書・武帝紀》：
「（元狩三年春）發謫吏穿昆明池。」顏師古注引臣瓚曰：「《西南夷傳》
有越巂、昆明國，有滇池，方三百里。漢使求身毒國，而爲昆明所閉。

今欲伐之，故作昆明池象之，以習水戰，在長安西南，周回四十里。」
本詩疑作於開皇九年（589）至十一年（591）之間。江總、元行恭有同
題詩。據曹道衡、沈玉成《中古文學史料叢考》卷四「《秋日遊昆明池》
詩及江總南歸」條考證：「隋文帝平陳在開皇九年正月，凱旋在四月，則
總入長安當在此時。使總與元、薛九年秋遊昆明池，蓋亦可能，以薛嘗
使江南，當與總相識也。十一年而有汪文進、高智慧之亂，總當不能以
此時南歸。據《隋書‧高祖紀》下，開皇十二年七月，蘇威坐事除名。《薛
道衡傳》謂薛以坐蘇威黨流嶺表，雖不著年日，當與蘇威得罪事相去不
久。是昆明池之遊，應在九年至十一年也。」

〔二〕灞：《藝文類聚》卷九作「霸」。　灞陵：即霸陵，漢文帝陵，在今陝西
　　西安市東。《史記‧孝文本紀》：「霸陵山川因其故」句《集解》引應劭曰：
　　「因山為藏，不復起墳，山下川流不遏絕也。就其水名以為陵號。」《索
　　隱》：「霸是水名」。　靜退：恬淡謙遜，不競名利。《韓非子‧主道》：「人
　　主之道，靜退以為寶。」漢文帝深諳此道。

〔三〕沼：《文苑英華》卷一六四作「池」。　靈沼：池沼的美稱，昆明池中有
　　靈沼。張衡《西京賦》：「昆明靈沼」。《三輔黃圖》卷四引《三秦記》曰：
　　「昆明池中有靈沼，名神池，云堯時治水，嘗停船於此地。通白鹿原，
　　原人釣魚，綸絕而去。夢於武帝，求去其鉤。三日戲於池上，見大魚銜
　　索，帝曰：『豈不穀昨所夢耶！』乃取鉤放之。間三日，帝復遊池，池濱
　　得明珠一雙。帝曰：『豈昔魚之報耶！』」　徘徊：往返來回。

〔四〕木蘭檝：用木蘭樹造的船，後常作為船的美稱。檝，船槳，代指船。南
　　朝梁任昉《述異記》卷下：「木蘭洲在潯陽江中，多木蘭樹。昔吳王闔閭
　　植木蘭於此，用構宮殿也。七里洲中，有魯般刻木蘭為舟，舟至今在洲
　　中。詩家云木蘭舟，出於此。」

〔五〕章：《藝文類聚》卷九作「樟」。　豫章：漢武帝在昆明池中用豫章木搭
　　建的臺觀，名曰「豫章觀」。《三輔黃圖》卷五：「豫章觀，武帝造，在昆
　　明池中，亦曰昆明觀。」班固《西都賦》曰：「集乎豫章之宇，臨乎昆明
　　之池。」張衡《西京賦》曰：「迺有昆明靈沼……豫章珍館，揭焉中峙。」
　　薛綜注：「皆豫章木為臺館也。」又曰：「相羊乎五柞之館，旋憩乎昆明
　　之池。登豫章，簡矰紅。」薛綜注：「豫章，池中臺也。」《述異記》卷
　　下：「漢武帝寶（袁案：當為「元」字之誤）鼎二年，立豫樟宮於昆明池

中，作豫樟水殿。」

〔六〕泫（xuàn）：《藝文類聚》卷九作「泣」。　泫：形容露珠晶瑩發亮。

〔七〕魚潛疑刻石：指昆明池中的石刻鯨魚。《三輔黃圖》卷四引《三輔故事》
　　　曰：「池中有豫章臺及石鯨，刻石為鯨魚，長三丈，每至雷雨，常鳴吼，
　　　鬐尾皆動。」此石刻鯨魚今存陝西省博物館。

〔八〕暗：《藝文類聚》卷九作「闇」。　沉灰：指沉埋於昆明池底的黑灰。《三
　　　輔黃圖》卷四：「武帝初，穿池得黑土。帝問東方朔，東方朔曰：『西域
　　　胡人知。』乃問胡人，胡人曰：『劫燒之餘灰也。』」

〔九〕初：《藝文類聚》卷九、《文苑英華》卷一六四、《古詩紀》卷一三三、《七
　　　十二家集》、《百三名家集》作「花」。

〔一〇〕羈：《文苑英華》卷一六四作「羇」。亦通。　羈心：指旅思。南朝宋謝
　　　靈運《七里瀨》詩：「羈心積秋晨，晨積展遊眺。」　秋興：秋日的情懷
　　　與興會。晉潘岳有《秋興賦》。

〔一一〕陶然：醉樂貌。晉陶潛《時運》：「揮茲一觴，陶然自樂。」

【附】

江總《秋日昆明池》

　　靈沼蕭條望，遊人意緒多。終南雲影落，渭北雨聲過。蟬噪金隄柳，鷺
飲石鯨波。珠來昭似月，織處寫成河。此時臨水歎，非復採蓮歌。(《初學記》
卷七)

元行恭《秋遊昆明池》

　　旅客傷羈遠，樽酒慰登臨。池鯨隱舊石，岸菊聚新金。陣低雲色近，行
高雁影深。攲荷瀉圓露，臥柳橫清陰。衣共秋風冷，心學古灰沉。還似無人
處，幽蘭入雅琴。(《初學記》卷七)

敬酬楊僕射山齋獨坐〔一〕

　　相望山河近，相思朝夕勞。龍門竹箭急〔二〕，華岳蓮花高〔三〕。
岳高嶂重疊，鳥道風煙接〔四〕。遙原樹若薺〔五〕，遠水舟如葉。葉

舟旦旦浮〔六〕，**驚波夜夜流。露寒洲渚白**〔七〕，**月冷函關秋**〔八〕。**秋夜清風發，彈琴即鑑月。雖非莊舄歌**〔九〕，**吟詠常思越**〔一〇〕。

【校注】

〔一〕 本篇以《文苑英華》卷三一七所載爲底本，以《古詩紀》卷一三三、《七十二家集》、《百三名家集》所載爲參校本。　楊僕射：楊素，字處道，弘農華陰（今陝西華陰縣）人，隋文帝開皇十二年爲尚書右僕射，與高穎專掌朝政，於朝臣唯敬牛弘，厚接道衡，餘者多被陵轢。《隋書》卷四八，《北史》卷四一有傳。1973 年於陝西省潼關縣出土《楊素墓誌》。山齋：山中居室。　本詩疑作於開皇十九年（599），爲酬楊素《山齋獨坐贈薛內史》而作，道衡當時爲內史侍郎，據《隋書·高祖紀》與《隋書·楊素傳》，楊素去年及明年皆率軍出征，而據《楊素墓誌》，素出塞擊突厥達頭可汗事在本年，疑軍還與道衡唱和。

〔二〕 龍門竹箭急：形容黃河過龍門時水流湍急。《太平御覽》卷四〇引《慎子》曰：「河之下龍門，其流駛如竹箭，駟馬追弗能及。」　龍門：即禹門口。在今山西河津縣西北，陝西韓城市東北黃河上，兩岸峭壁對峙如門。　竹箭：竹製的利箭。

〔三〕 華岳：山名。華山，在今陝西省。　蓮花：指華山西峰蓮花峰。因石葉如蓮瓣覆蓋峰巔，狀似蓮花，故稱。

〔四〕 鳥道：險峻狹窄的山路，僅通飛鳥。　風煙：景象、風光。　接：連續。

〔五〕 此句從構思到用詞，似受南朝詩歌的影響。南朝齊謝朓《之宣城郡出新林浦向板橋》曰：「天際識歸舟，雲中辨江樹。」南朝梁戴暠《度關山》曰：「今上關山望，長安樹如薺」。

〔六〕 旦旦：天天。《孟子·告子上》：「旦旦而伐之，可以爲美乎？」

〔七〕 洲渚：水中小塊陸地。

〔八〕 函關：函谷關的省稱。舊關爲戰國秦置，在今河南靈寶縣境。因其路在谷中，深險如函，故名。漢元鼎三年移至今河南新安縣境，去舊關三百里。

〔九〕 莊舄（xì）：人名。戰國越人，仕楚，爵爲執珪。雖富貴，不忘故國，病中思越而吟越聲。事見《史記·張儀列傳》。後以「莊舄越吟」指懷鄉之詠與感傷之情。楊素受封越國公，故用此典。

〔一〇〕越：此除代指越國公楊素。

【附】

楊素《山齋獨坐贈薛內史》二首

居山四望阻，風雲竟朝夕。深溪橫古樹，空巖臥幽石。日出遠岫明，鳥散空林寂。蘭庭動幽氣，竹室生虛白。落花入戶飛，細草當階積。桂酒徒盈樽，故人不在席。日暮山之幽，臨風望羽客。

巖壑清澄景，景清岩壑深。白雲飛暮色，綠水激清音。澗戶散餘彩，山窗凝宿陰。花草共榮映，樹石相陵臨。獨坐對陳榻，無客有鳴琴。寂寂幽山裏，誰知無悶心。（《文苑英華》卷二四八）

重酬楊僕射山齋〔一〕

寂寂無與晤〔二〕，朝端去惣戎〔三〕。空庭聊步月，閑坐獨臨風。臨風時太息，步月山泉側。朝朝散綵霞〔四〕，暮暮澄秋色。秋色遍皋蘭〔五〕，霞綵落雲端。吹旌朔氣冷〔六〕，照劍日光寒。光寒塞草平，氣冷咽笳聲。將軍獻凱入〔七〕，藹藹風雲生〔八〕。

【校注】

〔一〕本篇以《文苑英華》卷三一七所載爲底本，以《古詩紀》卷一三三、《七十二家集》、《百三名家集》所載爲參校本。詩題《古詩紀》、《七十二家集》、《百三名家集》作「《重酬楊僕射山亭》」。　本詩疑當作於開皇二十年（600）。既爲「重酬」，則必在《敬酬楊僕射山齋獨坐詩》之後。楊素作《贈薛內史》，道衡作本詩。詩中屢屢出現從軍出塞的意象，因開皇二十年夏四月壬戌，突厥犯塞，文帝命晉王楊廣爲靈朔道行軍元帥，以楊素爲長史，出擊突厥。事亦見《隋書·楊素傳》、《隋書·高祖紀》。突厥達頭可汗大敗而遁，隋軍當年即還師。楊素方與道衡酬答。

〔二〕寂寂：寂靜無聲貌，形容孤單。三國曹植《釋愁文》：「愁之爲物，惟惚惟恍，不召自來，推之弗往，尋之不知其際，握之不盈一掌。寂寂長夜，或羣或黨，去來無方，亂我精爽。」

〔三〕朝（cháo）端：位居首席的朝臣。指官至尚書右僕射的楊素。　總戎：
　　　統率軍隊。指楊素率軍出擊突厥。

〔四〕綵霞：《古詩紀》卷一三三、《七十二家集》、《百三名家集》作「霞彩」。

〔五〕皋蘭：山名。在今甘肅省蘭州市南。霍去病曾於此大敗匈奴。《漢書・霍
　　　去病傳》：「轉戰六日，過焉支山千有餘里，合短兵，鏖皋蘭下。」顏師
　　　古曰：「皋蘭，山名也。」

〔六〕朔氣：北方之寒氣。

〔七〕獻凱入：軍隊奏勝利的樂曲歸來。晉陸機《漢高祖功臣頌》：「霸楚實喪，
　　　皇漢凱入。」凱，軍隊得勝所奏樂曲。

〔八〕藹藹：盛多貌。《詩・大雅・卷阿》：「藹藹王多吉士。」

【附】

楊素《贈薛內史》

　　耿耿不能寐，京洛久離群。橫琴還獨坐，停盃遂待君。待君春草歇，獨
坐秋風發。朝朝唯落花，夜夜空明月。明月徒流光，落花空自芳。別離望南
浦，相思在漢陽。漢陽隔隴岑，南浦達桂林。山川雖未遠，無由得寄音。（《文
苑英華》卷二四八）

入郴江〔一〕

　　仗節遵嚴會〔二〕，揚舲泝急流〔三〕。征塗非白馬〔四〕，水勢類黃
牛〔五〕。跳波鳴石磧〔六〕，濺沫擁沙洲〔七〕。岸迴槎倒轉〔八〕，灘長
船卻浮。緣涯頻斷挽〔九〕，挂壁屢移鈎。還憶青絲騎〔一〇〕，東方來
上頭〔一一〕。

【校注】

〔一〕本篇以《初學記》卷六所載爲底本，以《文苑英華》卷一六二、《古詩紀》
　　　卷一三三、《七十二家集》、《百三名家集》所載爲參校本。詩題《文苑英
　　　華》作「《入柳江》」，形近而誤。本詩疑當作於隋文帝仁壽四年（604）。
　　　據《隋書・薛道衡傳》：「煬帝嗣位，轉番州刺史。」番州，治所在今廣

州市。曹道衡、劉躍進《南北朝文學編年史》指出：「郴江在今湖南東南部的郴州，是北方去廣東的必經之路。由此可證，《入郴江詩》作於去番州的途中。如果結合《隋書・地理志》說的番州置於隋文帝仁壽元年，廢於隋煬帝大業初的話和《隋書・薛道衡傳》說的『煬帝嗣位，轉番州刺史』的話看來，《入郴江詩》應作於仁壽四年或大業元年。楊素的《贈薛番州》則作於此後不久。因為番州在大業初就被廢，而楊素本人也於大業二年死去。」

〔二〕仗節：手持皇帝授予的符節，作為憑證及權力象徵。《漢書・敘傳下》：「博望杖節，收功大夏。」 嚴會：高會。這裏指在莊嚴正式的場合下達委任狀。

〔三〕揚：《文苑英華》卷一六二作「楊」。 舲（líng）：有窗戶的小船。《楚辭・九章・涉江》：「乘舲船余上沅兮，齊吳榜以擊汰。」王逸注：「舲船，船有牕牖者。」 泝（sù）：逆水而上。

〔四〕白馬：古津渡名。在今河南省滑縣北。作者此行並不途經白馬津，故曰「非白馬」，因慾與下句「類黃牛」相對，故涉此地。

〔五〕水勢類黃牛：《文苑英華》卷一六二該句前有「仗」字。疑因本詩首字而衍。 黃牛：本為長江的峽名，因山石如黃牛得名。此處借以形容郴江水勢如同長江過黃牛峽一樣迂迴湍急。《水經注・江水二》：「江水又東逕黃牛山下有灘，名曰黃牛灘，南岸重嶺疊起，最外高崖間有石，色如人負刀牽牛，人黑牛黃，成就分明，既人跡所絕，莫得究焉。此巖既高，加以江湍紆迴，雖途逕信宿，猶望見此物。故行者謠曰：『朝發黃牛，暮宿黃牛，三朝三暮，黃牛如故。』」

〔六〕磧（qì）：沙石淺灘。

〔七〕沙洲：由泥沙淤積而成的大片陸地。

〔八〕迴：《文苑英華》卷一六二作「迫」，小字注：「《初學記》作『迴』。」 槎（chá）：木筏。

〔九〕涯：《文苑英華》卷一六二、《古詩紀》卷一三三、《七十二家集》、《百三名家集》作「崖」。「緣涯」、「挂壁」兩句描寫激流中逆水行船的方式：將連著長繩索的鉤子掛在山壁上借力前行。

〔一○〕青絲騎：裝飾華麗的坐騎。《玉臺新詠》卷一《日出東南隅行》：「何以識夫壻？白馬從驪駒，青絲繫馬尾，黃金絡馬頭。」

〔一一〕東方來上頭：語出《玉臺新詠》卷一《日出東南隅行》：「東方千餘騎，
　　　夫壻居上頭。」

【附】

楊素《贈薛番州十四章》〔註1〕

　　在昔天地閉，品物屬屯蒙。和平替王道，哀怨結人風。麟傷世已季，龍
戰道將窮。亂海飛群水，貫日引長虹。干戈異革命，揖讓非至公。

　　兩河定寶鼎，八水域神州。函關絕無路，京洛化爲丘。漳滏連爾沼，涇
渭余別流。生郊滿戎馬，涉路起風牛。班荊疑莫遇，贈縞竟無由。

　　五緯連珠聚，千載濁河清。金亡潛虎質，閏盡自蛙聲。聖期依旦暮，天
祿啓炎精。霧生三日重，星飛五老輕。禋宗答上帝，改物創群生。

　　道昏雖已朗，政故猶未新。刳舟洹水濟，結網大川濱。出遊迎釣叟，入
夢訪幽人。植林雖各樹，開榮豈異春。相逢一時泰，共幸百年身。

　　有帛貢丘園，生芻自幽谷。塵芳金馬路，瀾清鳳池澳。零露既垂光，清
風復流穆。傾蓋如舊知，彈冠豈新沐。利心金各斷，芬言蘭共馥。

　　自余歷端揆，緝熙惡時彥。及爾陪帷幄，出納先天睠。高調發清音，縟
藻流餘絢。或如彼金玉，歲暮無凋變。余松待爾心，爾筠留我箭。

　　荏苒積歲時，契闊同遊處。閶闔既趨朝，承明還宴語。上林陪羽獵，甘
泉待清署。迎風含暑氣，飛雨凄寒序。相顧惜光陰，留情共延佇。

　　滔滔彼江漢，實爲南國紀。作牧求明德，若人應斯美。高臥未褰帷，飛
聲已千里。還望白雲天，日暮秋風起。峴山君儻遊，淚落應無已。

　　漢陰政已成，嶺表人猶蠹。借寇比方新，還珠總如故。楚人結去思，越
俗歌來暮。陽鳥尙歸飛，別鶴還回顧。君見南枝巢，應思北風路。

　　北風吹故林，秋聲不可聽。雁飛窮海寒，鶴唳霜皋淨。含毫心未傳，聞
音路猶敻。唯有孤城月，徘徊獨臨映。吊影余自憐，安知我疲病。

　　養病願歸閑，居榮在知足。棲遲茂陵下，優遊滄海曲。古人情可見，今

〔註1〕詩題《文苑英華》卷二四八作「《贈薛播州十四首》」。據《隋書・地理志》，
　　　隋有「番州」，無「播州」。《隋書・楊素傳》：「素嘗以五言詩七百字贈番州刺
　　　史薛道衡，詞氣宏拔，風韻秀上，亦爲一時盛作。」由此可知，七百字爲一
　　　首詩，共分十四章，而非「十四首詩」，且當爲「薛番州」，而非「薛播州」。

人遵路躅。荒居接野窮，心物俱非俗。桂樹方叢生，山幽竟何欲。

所欲棲一枝，稟分豐諸已。園樹避鳴蟬，山梁遇時雉。野陰冒叢灌，幽氣含蘭芷。悲哉暮秋別，春草復萋矣。鳴琴久不聞，屬聽空流水。

秋水魚遊日，春樹鳥鳴時。濠梁莫共往，幽谷有相思。千里悲無駕，一見杳難期。山河散瓊蕊，庭樹下丹滋。物華不相待，遲暮有餘悲。

銜悲向南浦，寒色黯沈沈。風起洞庭險，煙生雲夢深。獨飛時慕侶，寡和乍孤音。木落悲時暮，時暮感離心。離心多苦調，詎假雍門琴。（《文苑英華》卷二四八）

渡北河〔一〕

連旌映漵浦〔二〕，疊鼓沸沙洲〔三〕。桃花長新浪〔四〕，竹箭下奔流〔五〕。塞雲臨遠艦〔六〕，胡風入陣樓。劍拔蛟將出〔七〕，驂驚黿欲浮〔八〕。鴈書終立效〔九〕，燕相果封侯〔一〇〕。勿恨關河遠〔一一〕，且寬邊地愁。

【校注】

〔一〕本篇以《初學記》卷六所載為底本，以《文苑英華》卷一六三、《錦繡萬花谷‧後集》卷五、《古詩紀》卷一三三、《七十二家集》、《百三名家集》所載為參校本。詩題《文苑英華》卷一六三作「《渡河北》」，疑誤。　北河：水名。黃河自今內蒙古磴口縣以下分為南北兩支，北支約當今烏加河（內蒙古河套平原北部），清以前為黃河主流，相對南支而言，稱「北河」。《水經注‧河水》敘至臨戎縣（今磴口縣北布隆淖村西南古城）西，有「南河」、「北河」之分，所敘「北河」或逕作「河水」、「河」，不加「北」字，逕流即今烏加河，凡言「南河」則必加「南」字，則其時「北河」為黃河主流無疑。　本詩疑作於開皇三年（583），作者從河間王楊弘北征突厥途中。《隋書‧薛道衡傳》：「河間王弘北征突厥，召典軍書。」檢《隋書‧河間王弘傳》，大軍出靈州道。靈州，治所在今寧夏靈武縣西南。道衡生平，惟有此次出塞可能渡北河。

〔二〕漵浦：《錦繡萬花谷‧後集》卷五作「浦漵」，疑誤。　漵浦：水名。沅江支流，在今湖南西部漵浦縣南境。

〔三〕沸：《古詩紀》卷一三三、《七十二家集》、《百三名家集》作「拂」。　沙

洲：《文苑英華》卷一六三作「汀洲」，《古詩紀》卷一三三、《七十二家集》、《百三名家集》作「沙洲」，注云「一作『河洲』」。　疊鼓：急擊鼓。與「連旌」呼應，形容渡河部隊軍容整肅。　沙洲：河中由泥沙淤積而成的大片陸地。

〔四〕新：《錦繡萬花谷·後集》卷五作「折」，疑誤。　桃花：指春汛。《漢書·溝洫志》：「來春桃華水盛，必羨溢，有塡淤反壤之害。」顏師古注：「《月令》：『仲春之月，始雨水，桃始華。』蓋桃方華時，既有雨水，川谷冰泮，眾流猥集，波瀾盛長，故謂之桃華水耳。」檢《隋書·高祖紀》，河間王弘大破突厥後出拜寧州總管，事在六月，則作者此前隨軍渡北河，正值春汛期。

〔五〕箭：《錦繡萬花谷·後集》卷五作「葉」，疑誤。　竹箭：本義爲竹製的利箭，此處形容水流湍急。《太平御覽》卷四〇引《慎子》曰：「河之下龍門，其流駛如竹箭，駟馬追弗能及。」

〔六〕遠：《文苑英華》卷一六三作「連」。

〔七〕劍拔蛟將出：用漢武帝射蛟事，形容河間王之神武。《漢書·武帝紀》：「（元封）五年冬，行南巡狩……自尋陽浮江，親射蛟江中，獲之。」

〔八〕驂驚黿（yuán）欲浮：周穆王渡河，大黿浮起以作橋樑。此處借以形容河間王之神武。《藝文類聚》卷九引《紀年》：「周穆王三十七年，伐楚，大起九師，至于九江，比黿鼉爲梁。」

〔九〕雁書：繫於雁足的書信，此處用蘇武還朝事。《漢書·蘇武傳》：「匈奴與漢和親。漢求武等，匈奴詭言武死。後漢使復至匈奴，常惠請其守者與俱，得夜見漢使，具自陳道。教使者謂單于，言天子射上林中，得雁，足有係帛書，言武等在某澤中。使者大喜，如惠語以讓單于。單于視左右而驚，謝漢使曰：『武等實在。』」

〔一〇〕燕相：指欒布。漢孝文帝時爲燕相，以軍功封俞侯。《史記》卷一〇〇有傳。

〔一一〕關河：指函谷等關與黃河。《史記·蘇秦列傳》：「秦四塞之國，被山帶渭，東有關河，西有漢中。」張守節《正義》：「東有黃河，有函谷、蒲津、龍門、合河等關。」

和許給事善心戲場轉韻〔一〕

京洛重新年〔二〕，復屬月輪圓〔三〕。雲間璧獨轉，空裏鏡孤懸。萬方皆集會〔四〕，百戲盡來前〔五〕。臨衢車不絕〔六〕，夾道閣相連〔七〕。驚鴻出洛水〔八〕，翔鶴下伊川〔九〕。豔質迴風雪〔一○〕，笙歌韻管絃。佳麗儼成行〔一一〕，相攜入戲場〔一二〕。衣類何平叔〔一三〕，人同張子房〔一四〕。高高城裏髻，裒裒樓上妝〔一五〕。羅裙飛孔雀，綺帶垂鴛鴦〔一六〕。月映班姬扇〔一七〕，風飄韓壽香〔一八〕。竟夕魚負燈〔一九〕，徹夜龍銜燭〔二○〕。戲笑無窮已〔二一〕，歌詠還相續〔二二〕。羌笛隴頭吟〔二三〕，胡舞龜茲曲〔二四〕。假面飾金銀〔二五〕，盛服搖珠玉。霄深戲未闌〔二六〕，竟為人所難〔二七〕。臥驅飛玉勒〔二八〕，立騎轉銀鞍〔二九〕。縱橫既躍劍〔三○〕，揮霍復跳丸〔三一〕。抑揚百獸舞〔三二〕，盤跚五禽戲〔三三〕。狻猊弄斑足〔三四〕，巨象垂長鼻〔三五〕。青羊跪復跳，白馬迴旋騎〔三六〕。忽覩羅浮起〔三七〕，俄看鬱島至〔三八〕。峰嶺既崔嵬，林叢亦青翠。麋鹿下騰倚〔三九〕，猴猿或蹲跂〔四○〕。金徒列舊刻〔四一〕，玉律動新灰〔四二〕。甲莢垂陌柳〔四三〕，殘花散苑梅。繁星漸寥落，斜月尚徘徊。王孫猶勞戲〔四四〕，公子未歸來。共酌瓊酥酒〔四五〕，同傾鸚鵡盃〔四六〕。普天逢聖日〔四七〕，兆庶喜康哉〔四八〕。

【校注】

〔一〕本篇以《初學記》卷一五所載為底本，以《文苑英華》卷二一三、《古詩紀》卷一三三、《七十二家集》、《百三名家集》所載為參校本。 據《隋書·許善心傳》，善心於大業元年轉禮部侍郎，後左遷給事郎，詩題稱「許給事」，當在大業元年之後。而該詩作者薛道衡卒於大業五年或稍後。在此區間，較大規模的「百戲」、「散樂」表演有以下五次：一是《隋書·禮儀志》記載「（大業）三年正月朔旦，大陳文物。時突厥染干朝見，慕之，請襲冠冕。」檢《隋書·煬帝紀》，煬帝於大業二年夏四月庚戌入東京，次年三月辛亥還京師，故本次「大陳文物」，是在東京洛陽。二是《隋書·煬帝紀》記載「（大業三年秋七月）甲寅，上於郡城東御大帳，其下備儀衛，建旌旗，宴啓民及其部落三千五百人，奏百戲之樂。」本次「百戲」表演在京師長安。三是《隋書·裴矩傳》記載：「（大業三年）其冬，

帝至東都，矩以蠻夷朝貢者多，諷帝令都下大戲。徵四方奇技異藝，陳
於端門街，衣錦綺、珥金翠者以十數萬。又勒百官及民士女列坐棚閣而
縱觀焉。皆被服鮮麗，終月乃罷。」四是《隋書・煬帝紀》記載「（大業
五年六月）丙辰，上御觀風行殿，盛陳文物，奏九部樂，設魚龍曼延，
宴高昌王、吐屯設於殿上。」五是「（大業六年春正月）丁丑，角抵大戲
於端門街，天下奇伎異藝畢集，終月而罷。帝數微服往觀之。」本次表
演在東都洛陽。本詩云「京洛重新年，復屬月輪圓。……驚鴻出洛水，
翔鶴下伊川。……玉律動新灰，甲荑垂陌柳。」可知詩中描寫的時間是
新年，初春景致，地點在東京洛陽。如前所述的五次「百戲」表演之中，
只有大業三年正月朔旦、大業六年正月丁丑兩次符合。由於此類表演通
常「終月乃罷」，故始於大業三年正月朔旦（初一）與大業六年正月丁丑
（十五）的表演都可能應「月輪圓」之景。而《隋書》中關於薛道衡的
最後一次記載是大業五年六月，若將此詩之作繫於大業六年正月，則將
薛道衡卒年下延至大業六年，孤證難憑。姑將此詩之作繫於大業三年正
月。

〔二〕京洛：指東京洛陽。與下文「驚鴻出洛水，翔鶴下伊川」相呼應。隋煬
帝即位，大規模營建東京。《隋書・煬帝紀》：「（大業）二年春正月辛酉，
東京成。」

〔三〕月輪：圓月。

〔四〕萬方：各方諸侯。《書・湯誥》：「王歸自克夏，至於亳，誕告萬方。」

〔五〕百戲：古代樂舞雜技總稱。

〔六〕衢（qú）：四通八達的道路。

〔七〕夾道：在道路兩旁。《周禮・秋官・鄉士》：「帥其屬，夾道而蹕三公。」

〔八〕驚鴻：指代體態輕盈的美女。三國曹植《洛神賦》：「翩若驚鴻，婉若遊
龍。」 洛水：水名。源出陝西洛南縣西北部，東入河南，經盧氏、洛
寧、宜陽、洛陽，至偃師納伊河後，稱伊洛河，到鞏縣的洛口入黃河。

〔九〕翔鶴：與「驚鴻」相對，指代體態輕盈的美女。 伊川：水名，即伊河。
出河南盧氏縣東南，東北流經嵩縣、伊川、洛陽，至偃師入洛河。《書・
禹貢》：「伊洛瀍澗，既入於河。」

〔一〇〕迴風雪：形容美人輕逸飄搖貌。三國曹植《洛神賦》：「髣髴兮若輕雲之
蔽月，飄颻兮若流風之迴雪。」

〔一一〕佳麗：容貌德行俱佳之人。《楚辭・九章・抽思》：「好姱佳麗兮，胖獨處
　　　　此異域。」王逸注：「容貌說美，有俊德也。」

〔一二〕戲場：《隋書・音樂志下》曰：「（大業二年之後）每歲正月，萬國來朝，
　　　　留至十五日，於端門外，建國門內，綿亘八里，列爲戲場。百官起棚夾
　　　　路，從昏達旦，以縱觀之，至晦而罷。」

〔一三〕何平叔：指三國時曹魏哲學家、文學家何晏，字平叔。《三國志・魏書》
　　　　卷九有傳。《世說新語・容止》：「何平叔美姿儀，面至白，魏文帝疑其傅
　　　　粉。正夏月，與熱湯餅，既噉，大汗出，以朱衣自拭，色轉皎然。」《宋
　　　　書・五行志》：「魏尚書何晏好服婦人之服。」

〔一四〕張子房：指西漢傑出的軍事家張良，字子房。《史記》卷五五、《漢書》
　　　　卷四〇有傳。《史記・留侯世家》：「狀貌如婦人好女。」

〔一五〕妝：《文苑英華》卷二一三、《古詩紀》卷一三三、《七十二家集》作「粧」。
　　　　樓上妝：古代婦女一種高綰的髮型。南朝梁簡文帝《倡婦怨情詩十二韻》：
　　　　「恥學秦羅髻，羞爲樓上粧。」

〔一六〕帶：原作「席」，據《文苑英華》卷二一三、《古詩紀》卷一三三、《七十
　　　　二家集》、《百三名家集》改。　綺帶垂鴛鴦：指鴛鴦鈿帶，繡有鴛鴦花
　　　　紋並用金、銀、介殼鑲嵌的衣帶。

〔一七〕月：原作「日」，據《文苑英華》卷二一三、《古詩紀》卷一三三、《七十
　　　　二家集》、《百三名家集》改。　班姬扇：這裏指美人之扇。班姬，指漢
　　　　成帝班婕妤，失寵後作怨詩一首詠扇。詩見《昭明文選》卷二七。

〔一八〕韓壽香：此處指異香。韓壽，西晉人。美姿容，賈充辟以爲掾，遂與充
　　　　女私通。充女用武帝所賜外國異香，韓壽染之，遂事發。見《世說新語・
　　　　惑溺》。

〔一九〕魚負：《文苑英華》卷二一三作「漁父」，小字注：「《初學記》作『魚負』。」
　　　　魚負燈：因秦用人魚膏做燭，後世遂有將燈做成魚形者。《史記・秦始皇
　　　　本紀》：「葬始皇酈山……以人魚膏爲燭，度不滅者久之。」南朝梁元帝
　　　　《對燭賦》：「本知龍燭應無偶，復訝魚燈有舊名。」

〔二〇〕龍銜燭：神話中有龍銜燭以照耀幽冥，後世遂有燭以龍爲飾。《楚辭・天
　　　　問》：「日安不到，燭龍何照？」王逸注：「言天之西北有幽冥無日之國，
　　　　有龍銜燭而照之也。」或說古有以龍膏燃燈者，後世遂有燭以龍爲飾。
　　　　晉王嘉《拾遺記》卷十：「燕昭王二年，海人乘霞舟，以雕壺盛數斗膏，

以獻昭王。王坐通雲之臺，亦曰通霞臺，以龍膏爲燈，光耀百里，煙色丹紫，國人望之，咸言瑞光，世人遙拜之。」

〔二一〕戲：《文苑英華》卷二一三作「歡」，小字注：「《初學記》作『戲』。」《古詩紀》卷一三三、《七十二家集》、《百三名家集》作「歡」。

〔二二〕詠：《文苑英華》卷二一三作「吹」。《古詩紀》卷一三三、《七十二家集》、《百三名家集》作「詠」，小字注「一作吹」。

〔二三〕羌笛：古代的管樂器。長二尺四寸，三孔或四孔。因出於羌中，故名。《宋書・樂志一》：「笛，案馬融《長笛賦》，此器起近世，出於羌中，京房備其五音。又稱丘仲工其事，不言仲所造。《風俗通》則曰：『丘仲造笛，武帝時人。』其後更有羌笛爾。三說不同，未詳孰實。」隴頭吟：漢樂府名。《樂府詩集・橫吹曲辭》郭茂倩題解引《樂府解題》：「漢橫吹曲，二十八解，李延年造。魏晉以來，唯傳十曲：一曰《黃鵠》，二曰《隴頭》。」

〔二四〕胡舞：從西域傳入的舞蹈。《後漢書・五行志》：「靈帝好胡服、胡帳、胡牀、胡坐、胡飯、胡空侯、胡笛、胡舞，京都貴戚皆競爲之。」 龜茲（qiū cí）曲：西域龜茲國的地方樂曲。《隋書・音樂志下》：「《龜茲》者，起自呂光滅龜茲，因得其聲。呂氏亡，其樂分散，後魏平中原，復獲之。其聲後多變易。至隋有《西國龜茲》、《齊朝龜茲》、《土龜茲》等，凡三部。」龜茲，西域古國名，在今新疆庫車縣一帶。見《漢書・西域傳》。

〔二五〕假面：仿照人物臉型製作的面具。《舊唐書・音樂志》云：「《大面》出於北齊。北齊蘭陵王長恭，才武而面美，常著假面以對敵。嘗擊周師金墉城下，勇冠三軍，齊人壯之，爲此舞以效其指麾擊刺之容，謂之《蘭陵王入陣曲》。」

〔二六〕霄：《文苑英華》卷二一三、《古詩紀》卷一三三、《七十二家集》、《百三名家集》作「宵」。二字可通。《呂氏春秋・明理》：「有晝盲，有霄見。」高誘注：「霄，夜。」畢沅校正：「霄當是宵之借。」 闌：將盡。《史記・高祖本紀》：「酒闌，呂公因目固留高祖。」

〔二七〕竟：《文苑英華》卷二一三、《古詩紀》卷一三三、《百三名家集》作「競」。《七十二家集》作「兢」。 難：《文苑英華》卷二一三作「謹」。

〔二八〕驅：《文苑英華》卷二一三作「馳」。 玉勒：玉飾的馬銜，代指馬。

〔二九〕轉：《文苑英華》卷二一三作「前」。 立騎：馬術類雜技名。表演者立於馬背之上，做出各種動作。《鹽鐵論・散不足》有「百獸馬戲鬥虎」的

記載，《隸釋》卷一九《魏大饗碑》云：「戲馬立騎之妙技」。《三國志‧魏書‧甄皇后傳》裴松之注引《魏書》曰：「（甄后）年八歲，外有立騎馬戲者，家人諸姊皆上閣觀之，后獨不行。」早在漢代，「立騎」已經有相當的水準，據《漢代樂舞百戲藝術研究》（文物出版社 2010 年版），沂南古墓畫像石樂舞百戲圖，一小兒左手持馬鞭，右手持曲柄幢立於馬上，此所謂「立騎」。

〔三〇〕躍劍：手技類雜技名。表演者徒手拋接兩柄以上飛劍。《列子‧說符》：「宋有蘭子者，以技干宋元。宋元召而使見。其技以雙枝，長倍其身，屬其踁，並趨並馳，弄七劍迭而躍之，五劍常在空中。元君大驚，立賜金帛。」

〔三一〕揮霍：迅疾貌。《文選》卷二張衡《西京賦》「跳丸劍之揮霍，走索上而相逢。」張銑注：「揮霍，鈴劍上下貌。」　跳丸：手技類雜技名，又稱「弄丸」。表演者快速連續拋接兩個以上圓球，可分單手和雙手拋接。東周時期，已達到很高水準。《莊子‧徐無鬼》：「市南宜僚弄丸，而兩家之難解。」漢李尤《平樂觀賦》「飛丸跳劍，沸渭回擾。」《後漢書‧西域傳》注引魚豢《魏略》云：「大秦國俗多奇幻，口中吐火，自縛自解，跳十二丸，巧妙非常。」吳曾德《漢代畫像石》、劉志遠《四川漢代畫像磚與漢代社會》、蕭亢達《漢代樂舞百戲藝術研究》等書中搜集了不少漢代「跳丸躍劍」的畫像石拓片，可供參考。

〔三二〕抑揚：控馭自如貌。《梁書‧武帝紀上》：「驅率貔貅，抑揚霆電。」

〔三三〕盤跚：形容五禽戲的各種身體姿態。　五禽戲：漢末名醫華陀首創的一種健身術。模仿五種禽獸的動作和姿態，以進行肢體活動。《後漢書‧方術傳下‧華佗》：「佗語（吳）普曰：『吾有一術，名五禽之戲：一曰虎，二曰鹿，三曰熊，四曰猨，五曰鳥。亦以除疾，兼利蹏足，以當導引。體有不快，起作一禽之戲，怡而汗出，因以著粉，身體輕便而欲食。』」

〔三四〕斑：《文苑英華》卷二一三作「班」。　狻猊（suān ní）：獸名，即獅子。《爾雅‧釋獸》：「狻麑如虦貓，食虎豹。」郭璞注：「即師子也，出西域。漢順帝時踈勒王來獻犎牛及師子。《穆天子傳》曰：狻猊日走五百里。」

〔三五〕巨象垂長鼻：象戲。至遲在漢代已經流行。《漢書‧武帝紀》：「（元狩二年夏）南越獻馴象。」張衡《西京賦》：「白象行孕，垂鼻轔囷。」李尤《平樂觀賦》：「禽鹿六駮，白象朱首。」據《漢代樂舞百戲藝術研究》考證，從西漢武帝至隋代，幾乎每年正月在都城演出的樂舞百戲中，都

有象戲。

〔三六〕騎：《文苑英華》卷二一三作「駃」。《古詩紀》卷一三三、《七十二家集》、
　　　　《百三名家集》作「騎」，小字注「一作駃」。

〔三七〕睹：《文苑英華》卷二一三作「見」。　羅浮：山名。在廣東省東江北岸。
　　　　相傳羅山之西有浮山，爲蓬萊之一阜，浮海而至，與羅山並體，故曰羅
　　　　浮。見《元和郡縣圖志》卷三四「循州博羅縣」條。

〔三八〕鬱島：原作「鬱昌」，據《文苑英華》卷二一三改。　鬱島：山名，相傳
　　　　此山自南方蒼梧徙來。《山海經・海內東經》：「都州在海中，一曰郁州。」
　　　　郭璞注云：「今在東海胸縣界，世傳此山自蒼梧從南徙來，上皆有南方物
　　　　也。」南朝陳徐陵《奉和山池》：「羅浮無定所，鬱島屢遷移。」本詩所
　　　　記載的百戲將「羅浮」、「鬱島」等能遷徙的仙山作爲幻術表演的節目。
　　　　早在漢代幻術表演已經很發達，「魚龍曼延」是當時最著名的幻術，《漢
　　　　書》中屢次提及。張衡《西京賦》亦有描寫。至隋，幻術表演更加精湛。
　　　　《隋書・音樂志》：「有舍利先來，戲於場內，須臾跳躍，激水滿衢，黿
　　　　鼉龜鱉，水人蟲魚，徧覆於地。又有大鯨魚，噴霧翳日，倏忽化成黃龍，
　　　　長七八丈，聳踊而出，名曰《黃龍變》。」

〔三九〕麇鹿：《文苑英華》卷二一三作「麕麚」。《古詩紀》卷一三三、《七十二
　　　　家集》、《百三名家集》作「麇鹿」，小字注「一作麕麚」。麕（jūn），獐
　　　　子。麚（jiā），即麚，雄鹿。　騰倚：或騰躍或倚立。語出《楚辭》淮南
　　　　小山《招隱士》：「白鹿麕麚兮，或騰或倚。」

〔四〇〕跂（qí）：踮起腳後跟。本句涉及猴戲。漢代出土的陶、木猿猴俑均與樂
　　　　舞百戲俑伴出，證明當時已經馴養猿猴參加百戲表演。參見《文物參考
　　　　資料》一九五八年第十一期《武威縣磨咀子古墓清理記要》，《考古》一
　　　　九六六年第三期《河南新安古路溝漢墓》。《北堂書鈔》卷一八一二樂部
　　　　八，孔廣陶校注引曹植《宴樂》：「神龜歌舞異俗，援戲索上尋橦」，認爲
　　　　「援」即「猿」也，用猿表演「尋橦」（爬竿）之戲。

〔四一〕金徒：渾天儀上用金鑄成的抱箭指示時間的胥徒像。《文選》卷五六陸倕
　　　　《新刻漏銘》：「銅史司刻，金徒抱箭。」李善注：「張衡《漏水轉渾天儀
　　　　制》曰：蓋上又鑄金銅仙人，居左壺，爲胥徒，居右壺，皆以左手抱箭，
　　　　右手指刻，以別天時早晚。」

〔四二〕律：《百三名家集》作「津」，誤。　玉律：玉製的標準定音器。相傳黃

帝時伶倫截竹爲筒，以筒之長短分別聲音的清濁高下。樂器之音，則依以爲準。分陰、陽各六，共十二律。古人又以配十二月，用吹灰法，以候氣。《後漢書·律曆志上》：「候氣之法……殿中候，用玉律十二。」 新灰：古代將葭灰置於律管內測定節氣。新節氣至，灰則自行由相應律管內飛出。見《後漢書·律曆志上》。新灰即律管中與節候相應新飛之灰。此處代指時間的推移。

〔四三〕甲荑（tí）：植物的嫩芽。甲，嫩芽。《說文解字》「草木初生曰甲」。荑，嫩芽。《詩·邶風·靜女》：「自牧歸荑，洵美且異。」毛傳：「荑，茅之始生也。」

〔四四〕勞戲：嬉戲，玩耍。王雲路《辭彙訓詁論稿》（北京語言文化大學出版社二〇〇二年版第九十一頁）認爲「『勞戲』當即『遨戲』、『傲戲』、『敖戲』、『遨嬉』、『敖嬉』，並音近義同。『敖』（或作『遨』、『傲』）有嬉戲義。《詩·小雅·鹿鳴》：『我有旨酒，嘉賓式燕以敖。』毛傳曰：『敖，遊也。』又《邶風·柏舟》：『微我無酒，以敖以遊。』《釋文》曰：『敖本亦作遨。』《商君書·墾令》：『民不敖，則業不敗。』《後漢書·劉盆子傳》：『俠卿爲制絳單衣、半頭赤幘、直綦履，乘軒車大馬，赤屏泥，絳襜絡，而猶從牧兒遨』。以上『敖』或『遨』皆嬉戲義，寫作『勞』是其假借字。」然「勞」與「敖」相通的書證薄弱，俟考。

〔四五〕酥：《文苑英華》卷二一三作「蘇」。 瓊酥：酒名。亦作「瓊蘇」。《初學記》卷二六引《南岳夫人傳》：「夫人設王子喬瓊蘇綠酒。」

〔四六〕鸚鵡盃：用鸚鵡螺製作的酒杯。南朝梁簡文帝《答張纘謝示集書》：「車渠屢酌，鸚鵡驟傾。」唐人劉恂《嶺表錄異》卷下：「鸚鵡螺，旋尖處屈而朱，如鸚鵡嘴，故以此名。殼上青綠斑文，大者可受二升。殼內光瑩如雲母。裝爲酒杯，奇而可玩。」

〔四七〕聖：《文苑英華》卷二一三作「盛」，於義稍遜。 聖日：聖明之時。

〔四八〕兆庶：即兆民，古稱天子之民，後泛指百姓。《後漢書·崔駰傳》：「濟茲兆庶，出於平易之路。」

展敬上鳳林寺〔一〕

淨土連幽谷〔二〕，寶塔對危峰〔三〕。林栖丹穴鳳〔四〕，地邇白沙龍〔五〕。獨岩樓迥出，複道閣相重〔六〕。洞開朝霧斂，石濕曉雲濃。

高篠低雲蓋〔七〕，風枝響和鐘〔八〕。簷陰翻細柳〔九〕，澗影落長松。珠柱浮明月〔一○〕，蓮座吐芙蓉〔一一〕。隱淪徒有意〔一二〕，心跡未相從。

【校注】

〔一〕本篇以《廣弘明集》卷三○所載爲底本，以《古詩紀》卷一三三、《七十二家集》、《百三名家集》所載爲參校本。　展敬：祭拜，省候致敬。《後漢書·鄭玄傳》：「自非拜國君之命，問族親之憂，展敬墳墓，觀省野物，胡嘗扶杖出門乎！」　鳳林寺：疑指襄陽（今湖北襄樊）鳳林山之鳳林寺。南宋王象之《輿地紀勝》卷八二襄陽府云：「鳳林山，在襄陽縣東南十里，梁韋叡於山立寺。」唐初宋之問有《使過襄陽登鳳林寺閣》詩。若此詩之鳳林寺在襄樊，則本詩疑當作於隋文帝仁壽三年（603），薛道衡出檢校襄州總管期間。《隋書》本傳：「仁壽中，楊素專掌朝政，道衡既與素善，上不慾道衡久知機密，因出檢校襄州總管。道衡久蒙驅策，一旦違離，不勝悲戀，言之哽咽。」符合此詩末句「隱淪徒有意，心跡未相從」之心境。

〔二〕淨土：佛教語。指佛所居住的無塵世污染的清淨世界。南朝宋謝靈運《淨土詠》：「淨土一何妙，來者皆菁英。」　幽谷：幽深的山谷。佛教語中「幽谷」乃「三照」之一：日出先照高山，次照幽谷，再照平地。先照高山，以喻佛成道後，最初說《華嚴經》，化頓大之菩薩；次照幽谷，以喻於鹿苑說《小乘經》，化聲聞緣覺；再照平地，以喻說《方等經》乃至《涅槃經》，化一般大乘漸入之機。

〔三〕寶塔：佛教建築形式。最初用於供奉佛骨，後亦用於供奉佛像，收藏佛經或保存僧人遺體。見《法華經·寶塔品》。

〔四〕丹穴鳳：指鳳凰。《山海經·南山經》：「丹穴之山……有鳥焉，其狀如雞，五采而文，名曰鳳皇。首文曰德，翼文曰義，背文曰禮，膺文曰仁，腹文曰信。是鳥也，飲食自然，自歌自舞，見則天下安寧。」漢張衡《東京賦》：「鳴女牀之鸞鳥，舞丹穴之鳳皇。」

〔五〕邇：近。白沙龍：俟考。

〔六〕複道：樓閣間有上下兩重通道。複，通「復」。《墨子·號令》：「守宮三雜，外環隅爲之樓，內環爲樓，樓入葆宮丈五尺，爲復道。」

〔七〕篠（xiǎo）：細竹。

〔八〕風枝：風吹拂下的樹枝。

〔九〕簷陰：屋簷下陽光不到處。簷，同「檐」。

〔一〇〕柱：《古詩紀》卷一三三、《七十二家集》、《百三名家集》作「桂」。

〔一一〕蓮座：佛教語。即佛座。佛座作蓮花形，故稱。《華嚴經》曰：「一切諸佛世界悉見如來坐蓮華寶師子之座。」　芙蓉：荷花的別名。《離騷》：「製芰荷以爲衣兮，集芙蓉以爲裳。」洪興祖補注：「《爾雅》曰：荷，芙蕖。注云：別名芙蓉。《本草》云：其葉名荷，其華未發爲菡萏，已發爲芙蓉。」

〔一二〕隱淪：隱居。

從駕天池應詔〔一〕

上聖家寰宇〔二〕，威略振邊陲〔三〕。八維窮眺覽〔四〕，千里曳旌旗〔五〕。駕黿臨碧海〔六〕，控驥踐瑤池〔七〕。曲浦騰煙霧，深浪駭鯨螭〔八〕。

【校注】

〔一〕本篇以《初學記》卷一三所載爲底本，以《文苑英華》卷一七〇、《古詩紀》卷一三三、《七十二家集》、《百三名家集》所載爲參校本。　天池：古水名。在今山西省寧武縣西南管涔山上。《水經注·灅水》：「耆老云：其水（袁案：指桑乾泉）潛通，承太原汾陽縣北燕京山之大池，池在山原之上，世謂之天池，方里餘，澄渟鏡淨，潭而不流，若安定朝那之湫淵也。清水流潭，皎焉沖照，池中嘗無斥草，及其風籜有淪，輒有小鳥翠色，投淵銜出，若會稽之耘鳥也。其水陽燠不耗，陰霖不濫，無能測其淵深也。古老相傳，言嘗有人乘車于池側，忽過大風，飄之于水，有人獲其輪于桑乾泉，故知二水潛流通注矣。」《元和郡縣圖志》卷一七：「天池在縣北（袁案：指靜樂縣）燕京山上，周迴八里，陽旱不耗，陰霖不溢。……隋煬帝嘗于池南置宮，每夜風雨吹破，宮竟不成。今池側有祠謂之天池祠。」據《隋書·地理志中》，天池在汾陽宮附近，同屬樓煩郡靜樂縣。檢《隋書·煬帝紀》，大業四年，起汾陽宮。煬帝先後於大業四年（詳見《隋書·律曆志下》、《隋書·張衡傳》）、大業十一年（見《隋書·煬帝紀》）駕幸汾陽宮。而大業十一年薛道衡已卒，故此詩當作

於大業四年（608），道衡方有可能從駕幸汾陽宮，途經天池。

〔二〕宇：《文苑英華》卷一七○作「寓」。　上聖：至聖，德智超群的人，此指天子。《墨子・公孟》：「昔者，聖王之列也：上聖立爲天子，其次立爲卿大夫。」寰宇：天下。漢焦贛《易林・升之臨》：「權既在手，寰宇可驅。」

〔三〕威略：聲威謀略。《後漢書・朱穆傳》：「以威略權宜，盡誅賊渠帥。」邊陲：邊境。天池靠近突厥，故稱。

〔四〕八維：四方（東、南、西、北）和四隅（東南、西南、東北、西北）合稱八維。漢東方朔《七諫・自悲》：「引八維以自道兮，含沆瀣以長生。」《文選》卷一一王延壽《魯靈光殿賦》：「八維九隅。」張載注：「四角四方爲八維。」

〔五〕曳：《文苑英華》卷一七○作「轉」，《古詩紀》卷一三三作「曳」，注云「一作『轉』」。

〔六〕駕黿（yuán）：指帝王行駕。典出《藝文類聚》卷九引《紀年》：「周穆王三十七年，伐楚，大起九師，至于九江，比黿鼉爲梁。」黿，大鱉。　碧海：傳說中的海名。《海內十洲記》：「扶桑在東海之東岸。岸直，陸行登岸一萬里，東復有碧海。海廣狹浩汗，與東海等。水既不鹹苦，正作碧色，甘香味美。」

〔七〕驪：駿馬。周穆王八駿有赤驥。《穆天子傳》卷一：「天子之駿，赤驥、盜驪、白義、踰輪、山子、渠黃、華騮、綠耳。」瑤池：古代傳說中昆侖山上的池名，西王母居所。《穆天子傳》卷三：「乙丑，天子觴西王母於瑤池之上。」

〔八〕螭（chī）：古代傳說中無角的龍。《楚辭・九歌・河伯》：「乘水車兮荷蓋，駕兩龍兮驂螭。」王逸注：「驂駕螭龍。」

梅夏應教〔一〕

長廊連紫殿〔二〕，細雨應黃梅〔三〕。浮雲半空上〔四〕，清吹隔池來〔五〕。集鳳桐花散〔六〕，騰龜蓮葉開〔七〕。幸逢爲善樂，頻降濟時才〔八〕。

【校注】

〔一〕本篇以《初學記》卷三所載爲底本，以《文苑英華》卷一七九、《古詩紀》
卷一三三、《七十二家集》、《百三名家集》所載爲參校本。　梅夏：指初
夏，梅熟於夏初，故稱。　應教：魏晉以來稱臣僚應諸王之命而和的詩
文。

〔二〕紫殿：帝王宮殿。《三輔黃圖·漢宮》：「武帝又起紫殿，雕文刻鏤黼黻，
以玉飾之。」

〔三〕黃梅：指梅子變黃成熟的季節，多雨。

〔四〕半：《古詩紀》卷一三三小字注：「《拾遺》作『映』」。

〔五〕清吹：清風。

〔六〕集鳳桐花散：古以爲鳳棲梧桐樹，乃祥瑞，故鳳凰集而桐花四散。

〔七〕騰：《文苑英華》卷一七九、《古詩紀》卷一三三、《七十二家集》、《百三
名家集》作「勝」，疑形近而誤。　騰龜蓮葉開：神龜遊蓮葉之上，蓮葉
因勢而隨波開合。古人以龜、蓮爲祥瑞。《史記·龜策列傳》：「龜千歲乃
遊蓮葉之上。」

〔八〕濟：《文苑英華》卷一七九作「食」。於義不通，誤。　濟時：濟世，救
時。《國語·周語中》：「寬，所以保本也；肅，所以濟時也。」

歲窮應教〔一〕

故年隨夜盡，初春逐曉生。方驗從軍樂，飲至入西京〔二〕。

【校注】

〔一〕本篇以《初學記》卷四所載爲底本，以《古今歲時雜詠》卷四一、《太平
御覽》卷一七、《古詩紀》卷一三三、《七十二家集》、《百三名家集》所
載爲參校本。　歲窮：歲末。　應教：已見《梅夏應教》注。　本詩疑作
於開皇八年（588）歲末。據《隋書》本傳，道衡曾三次從軍：其一，北
周靜帝大象二年（580）從軍在蜀，歷陵、邛二州刺史。其二，開皇三年
（583）爲河間王弘幕僚，隨其出塞擊突厥。兩次均無「飲至入西京」事。
其三，據《隋書·高祖紀》，開皇八年十一月，隋大舉伐陳。道衡爲淮南
道行臺尙書吏部郎，兼掌文翰，先後爲行軍元帥晉王楊廣渡淮水、長江
作《祭淮文》、《祭江文》。次年正月初陳後主被俘，隋平陳。疑以歲末，
平陳在望，道衡應晉王之命而作，故有「方驗從軍樂，飲至入西京」之

句。

〔二〕飲至：上古諸侯朝會盟伐完畢，祭告宗廟並飲酒慶祝的典禮。後代指出
　　　征奏凱，至宗廟祭祀宴飲慶功之禮。《左傳》桓公二年：「凡公行，告於
　　　宗廟。反行，飲至、舍爵、策勳焉。禮也。」　西京：指長安。

人日思歸〔一〕

　　入春纔七日，離家已二年。人歸落鴈後，思發在花前。

【校注】

〔一〕本篇以《藝文類聚》卷四所載爲底本，以《隋唐嘉話》卷上、《初學記》
　　　卷四、《古今歲時雜詠》卷五、《文苑英華》卷一五七、《太平御覽》卷三
　　　〇、《古詩紀》卷一三三、《七十二家集》、《百三名家集》所載爲參校本。
　　　人日：正月初七。南朝梁宗懍《荊楚歲時記》曰：「正月七日爲人日。以
　　　七種菜爲羹，剪綵爲人或縷金箔爲人，以貼屏風，亦戴之頭鬢。又造花
　　　勝以相遺，登高賦詩。」晉南北朝時民俗，已將正月初一至初七與人畜
　　　對應。《北齊書・魏收傳》：「魏帝宴百僚，問何故名『人日』，皆莫能知。
　　　收對曰：『晉議郎董勛《答問禮俗》云：正月一日爲雞，二日爲狗，三日
　　　爲豬，四日爲羊，五日爲牛，六日爲馬，七日爲人。』」本詩作於隋文帝
　　　開皇五年（585）正月初七。據《隋書・高祖紀》，開皇四年十一月道衡
　　　使陳，次年正月初七尚在陳國，故有「思歸」之歎。

夏晚〔一〕

　　流火稍西傾〔二〕，夕影遍曾城〔三〕。高天澄遠色，秋氣入蟬聲。

【校注】

〔一〕本篇以《初學記》卷三所載爲底本，以《古詩紀》卷一三三、《七十二家
　　　集》、《百三名家集》所載爲參校本。

〔二〕流火稍西傾：形容暑氣漸退而秋將至。《詩・豳風・七月》：「七月流火，
　　　九月授衣」。火，星名，或稱大火，即心宿。每年夏曆五月，此星當正南
　　　方，位置最高，六月以後，開始偏西向下。

〔三〕曾（céng）城：傳說中昆侖山上的仙鄉，此處指京城，王宮。《淮南子・
　　　地形》：「禹乃以息土填洪水以爲名山，掘昆侖虛以下地，中有增城九重，

其高萬一千里百一十四步二尺六寸。」《漢書‧揚雄傳》服虔注：「曾城、
縣圃、閬風，昆侖之山三重也，天帝神在其上。」

詠苔紙〔一〕

昔時應春色，引淥泛清流〔二〕。今來承玉管〔三〕，布字改銀鉤〔四〕。

【校注】

〔一〕本篇以《初學記》卷二一所載爲底本，以《北戶錄》卷三、《墨池編》卷
六、《文房四譜》卷四、《錦繡萬花谷後集》卷二九、《古詩紀》卷一三三、
《七十二家集》、《百三名家集》所載爲參校本。　苔紙：用水苔（藻類）
製成的紙，又名側理紙或陟厘紙。晉王嘉《拾遺記》卷九：張華造《博
物志》四百卷，奏於武帝，即於御前賜「側理紙萬番，此南越所獻。後
人言『陟厘』，與『側理』相亂。南人以海苔爲紙，其理縱橫邪側，因以
爲名。」海苔始爲南越之物，本詩見證了約一千五百年以前南越與中原
地區的物質交流。

〔二〕淥：《北戶錄》卷三、《墨池編》卷六作「綠」。

〔三〕今：《墨池編》卷六作「金」。　承：《墨池編》卷六作「乘」。　玉管：
毛筆的美稱。

〔四〕改：《北戶錄》卷三、《文房四譜》卷四作「轉」。　布字：寫字。　銀鉤：
形容書法筆姿之遒媚剛勁。《晉書‧索靖傳》：「蓋草書之爲狀也，婉若銀
鉤，漂若驚鸞。」

詔

隋文帝大赦詔 二首

其一〔一〕

門下〔二〕：朕肇開寶運〔三〕，君臨區宇〔四〕，承干戈之後，當澆弊之俗〔五〕，思欲代刑以德，改薄歸淳〔六〕，使人識廉恥，家興禮讓〔七〕。雖遷善之甿〔八〕，十室變九〔九〕，而不移之性，莫能盡革。憲網由其未輟〔一〇〕，囹圄所以尚存〔一一〕。每臨朝聽政，法司奏獄〔一二〕，惻愴不怡〔一三〕，終夕忘寐〔一四〕。顧惟薄德，感物未弘〔一五〕，責實存予，興言憇惕〔一六〕。今冬律已窮〔一七〕，陽和方始〔一八〕，宜申惠澤，咸使更新〔一九〕。自開皇七年十二月一日已前，犯罪之徒，宜依前件〔二〇〕。

【校注】

〔一〕本篇僅見於《文館詞林》卷六七〇。作者明確題爲「薛道衡」。從詔書末句來看，本篇作於開皇七年十二月，時道衡爲內史舍人，兼散騎常侍。《隋書・高祖紀》、《北史・隋本紀》均未記載此次大赦，故本詔書的存在，可補正史之闕。

〔二〕門下：官署名。指門下省，與中書省、尚書省並立。因門下省掌管詔令，詔制之首，多冠以「門下」二字。

〔三〕肇開：創始。　寶運：皇業，國運。南朝梁沈約《武帝集序》：「夫成天地之大功，膺樂推之寶運，未或不文武兼資，能事斯畢者也。」

〔四〕區宇：天下。

〔五〕澆弊：浮薄敗壞。

〔六〕改薄歸淳：使浮薄之風變得淳厚。

〔七〕禮讓：守禮謙讓。《論語・里仁》：「能以禮讓為國乎？何有？不能以禮讓為國，如禮何？」邢昺疏：「禮節民心，讓則不爭。」上句「廉恥」與本句「禮讓」乃古代提倡的四種道德規範，為治國之四綱，亦稱「四維」。《管子・牧民》：「國有四維……何謂四維？一曰禮，二曰義，三曰廉，四曰恥。禮不踰節，義不自進，廉不蔽惡，恥不從枉。」

〔八〕遷善：改過向善。《孟子・盡心上》：「殺之而不怨，利之而不庸，民日遷善而不知為之者。」　甿（méng）：百姓。

〔九〕十室變九：十分之九，謂絕大多數。

〔一〇〕憲網：法網。

〔一一〕囹圄（líng yǔ）：監獄。《禮記・月令》：「（仲春之月）命有司，省囹圄，去桎梏。」孔穎達疏：「囹，牢也；圄，止也。所以止出入，皆罪人所舍也。」

〔一二〕法司：古代掌司法刑獄的官署。

〔一三〕惻愴（cè chuàng）：哀傷。　怡（yí）：悅。

〔一四〕寐（mèi）：入睡。《詩・衛風・氓》：「夙興夜寐，靡有朝矣。」

〔一五〕感物：感化萬物。漢班固《幽通賦》：「精通靈而感物兮，神動氣而入微。」

〔一六〕慙惕：羞愧惶恐。

〔一七〕冬律：指冬天的時令。古人以天時附會政事，認為政令措施須與季節相應，否則將生災異。漢應劭《風俗通義》卷六引劉歆《鐘律書》云：「春宮秋律，百卉必彫。秋宮春律，萬物必榮。夏宮冬律，雨雹必降。冬宮夏律，雷必發聲。」

〔一八〕陽和：春天的暖氣。《史記・秦始皇本紀》：「維二十九年，時在中春，陽和方起。」

〔一九〕更新：改過自新。

〔二〇〕前件：前所述及的處理方法。

其二〔一〕

門下〔二〕：春生夏養，天地之大德〔三〕；解網泣辜〔四〕，聖人之明訓。朕恭膺寶命〔五〕，撫臨四海〔六〕，承喪亂之後，當凋弊之辰〔七〕，憂勞庶務〔八〕，不遑寢食〔九〕。夜思政道，坐以待旦〔一〇〕，欲使人皆從化〔一一〕，家悉遷善，禮讓興行，刑罰勿用。而德慙感物〔一二〕，道有未弘，致使囹圄尚存〔一三〕，憲網不息〔一四〕。每法司敷奏〔一五〕，言及刑名〔一六〕，念彼淳風，良深愧歎。時惟開歲〔一七〕，陽和載始〔一八〕，宜順天布澤，與物更新〔一九〕，可大赦天下。自開皇十九年正月七日昧爽已前〔二〇〕，大辟罪已下〔二一〕，已發露未發露〔二二〕，繫囚見徒〔二三〕，悉從原放〔二四〕。

【校注】

〔一〕本篇僅見於《文館詞林》卷六七〇。作者明確題爲「薛道衡」。從詔書末句來看，寫作時間在開皇十九年正月初七，時道衡直內史省，已進位上開府。檢《隋書‧高祖紀》：「十九年春正月癸酉，大赦天下。」該年正月丁卯朔，癸酉爲正月初七，與本詔書時間吻合。

〔二〕門下：見《隋文帝大赦詔》其一「門下」注。

〔三〕天地之大德：天地最大的功德，指長育萬物。《易‧繫辭下》：「天地之大德曰生，聖人之大寶曰位。」

〔四〕解網：用商湯網開三面典，指帝王仁德、寬宥。《史記‧殷本紀》：「湯出，見野張網四面，祝曰：『自天下四方皆入吾網。』湯曰：『嘻，盡之矣！』乃去其三面，祝曰：『欲左，左。欲右，右。不用命，乃入吾網。』諸侯聞之，曰：『湯德至矣，及禽獸。』」 泣辜：用大禹憐恤罪人而哭泣事，指帝王憐恤罪人。漢劉向《說苑‧君道》：「禹出見罪人，下車問而泣之。」

〔五〕膺：承當；擔當。《書‧武成》：「誕膺天命。」孔傳：「大當天命。」 寶命：對天命的美稱。《書‧金縢》：「無墜天之降寶命，我先王亦永有依歸。」蔡沈集傳：「寶命，即帝庭之命也。謂之寶者，重其事也。」

〔六〕撫臨：據有，統治。《史記‧孝文本紀》：「以不敏不明而久撫臨天下，朕甚自愧。」

〔七〕凋弊：衰敗。

〔八〕憂勞：憂慮勞苦。《管子‧牧民》：「民惡憂勞，我佚樂之。」晉葛洪《抱

朴子・詰鮑》：「王者憂勞於上。」庶務：各種政務。

〔九〕不遑寢食：沒有時間睡覺、吃飯，形容處理政務緊張、辛勤。《書・無逸》：
「自朝至於日中昃，不遑暇食，用咸和萬民。」

〔一〇〕坐以待旦：坐等天亮，表示勤謹。《書・太甲上》：「先王昧爽丕顯，坐以
待旦，旁求俊彥，啓迪後人，無越厥命以自覆。」

〔一一〕從化：歸化，歸順。《漢書・匡衡傳》：「得其序，則海內自修，百姓從化。」

〔一二〕感物：見《隋文帝大赦詔》其一「感物」注。

〔一三〕囹圄：見《隋文帝大赦詔》其一「囹圄」注。

〔一四〕憲網：見《隋文帝大赦詔》其一「憲網」注。

〔一五〕法司：見《隋文帝大赦詔》其一「法司」注。　敷奏：陳奏，向君上報
告。《書・舜典》：「敷奏以言，明試以功，車服以庸。」孔傳：「敷，陳；
奏，進也。」

〔一六〕刑名：刑罰的名稱。《隋書・刑法志》：「（開皇元年）更定新律，奏上之。
其刑名有五：一曰死刑二，有絞，有斬。二曰流刑三，有一千里、千五
百里、二千里。應配者，一千里居作二年，一千五百里居作二年半，二
千里居作三年。應住居作者，三流俱役三年。近流加杖一百，一等加三
十。三曰徒刑五，有一年、一年半、二年、二年半、三年。四曰杖刑五，
自五十至于百。五曰笞刑五，自十至于五十。」

〔一七〕開歲：新的一年，本大赦詔時值正月，故稱。

〔一八〕陽和：見《隋文帝大赦詔》其一「陽和」注。

〔一九〕更新：見《隋文帝大赦詔》其一「更新」注。

〔二〇〕昧爽：早晨即將天明的時候。《書・牧誓》：「時甲子昧爽，王朝至於商郊
牧野。」

〔二一〕大辟罪：死刑。《書・呂刑》：「大辟疑赦，其罰千鍰。」孔傳：「死刑也。」

〔二二〕發露：揭露。《後漢書・陳忠傳》：「是以盜發之家，不敢申告，鄰舍比里，
共相壓迮，或出私財，以償所亡。其大章著不可掩者，乃肯發露。」

〔二三〕繫囚：在押的囚犯。《漢書・杜周傳》：「王氏世權日久，朝無骨鯁之臣，
宗室諸侯微弱，與繫囚無異。」　見（xiàn）徒：現被拘禁執役的囚犯。
《後漢書・光武帝紀上》：「其令中都官、三輔、郡、國出繫囚，罪非犯
殊死一切勿案，見徒免爲庶人。」

〔二四〕原放：免罪釋放回原籍所在地。

隋文帝拜東岳大赦詔〔一〕

　　門下〔二〕：朕以不德〔三〕，肅膺鼎運〔四〕，上承昊天之命〔五〕，仰述聖人之道，思使含生之人〔六〕，咸敦禮義；率土之內〔七〕，同致雍熙〔八〕。除囹圄而莫設〔九〕，棄刑書而不用〔一〇〕。顧惟虛寡，化慙感物〔一一〕，未能使在位之人〔一二〕，俱行聖教，編戶之眾〔一三〕，共洽淳風。加以上玄垂譴〔一四〕，多年水旱，興言念咎〔一五〕，載深祈懼〔一六〕。故恭至岱岳〔一七〕，上謝時靈〔一八〕，萬姓有罪，皆朕之過〔一九〕。時惟獻歲〔二〇〕，生育資始，宜應此陽和〔二一〕，布茲凱澤〔二二〕，可大赦天下。自開皇十五年正月十一日昧爽以前〔二三〕，大辟罪以下〔二四〕，已發露未發露〔二五〕、繫囚見徒〔二六〕，悉從原放〔二七〕。常赦所不免〔二八〕，不在赦例。

【校注】

〔一〕本篇僅見於《文館詞林》卷六六六。作者明確題為「薛道衡」。作於開皇十五年正月，時道衡直內史省。《隋書》、《北史》本傳並無道衡扈從隋文帝祠泰山的相關記載，本文的存在，補正史之闕，有一定史料價值。《隋書‧高祖紀》：「（十五年春正月）庚午，上以歲旱，祠太山，以謝愆咎。大赦天下。」該年正月庚申朔，庚午恰為正月十一日，與詔書相合。

〔二〕門下：見《隋文帝大赦詔》其一「門下」注。

〔三〕不德：缺乏德行，謙詞。《書‧伊訓》：「爾惟不德罔大，墜厥宗。」孔穎達疏：「謂不修德為惡也。」

〔四〕肅膺：敬受。　鼎運：帝王的命運。《左傳》宣公三年：「楚子伐陸渾之戎，遂至於雒，觀兵於周疆。定王使王孫滿勞楚子。楚子問鼎之大小輕重焉。」後以鼎指代國家政權與帝位。

〔五〕昊天：蒼天。昊，元气博大貌。《書‧堯典》：「乃命羲和，欽若昊天，曆象日月星辰，敬授人時。」

〔六〕含生：一切有生命者，多指人類。晉傅玄《傅子‧仁論》：「推己之不忍於饑寒以及天下之心，含生無凍餒之憂矣。」

〔七〕率土之內：即率土之濱，謂境域之內。《詩‧小雅‧北山》：「率土之濱，莫非王臣。」王引之《經義述聞‧毛詩中》：「《爾雅》曰：『率，自也。

自土之濱者，舉外以包內，猶言四海之內。』」

〔八〕雍熙：和樂昇平。《文選》卷三張衡《東京賦》：「百姓同於饒衍，上下共
　　　其雍熙。」薛綜注：「言富饒是同，上下咸悅，故能雍和而廣也。」

〔九〕囹圄：見《隋文帝大赦詔》其一注。

〔一○〕刑書：刑法的條文。《書‧呂刑》：「哀敬折獄，明啓刑書胥占，咸庶中
　　　正。」

〔一一〕感物：見《隋文帝大赦詔》其一「感物」注。

〔一二〕在位之人：居官位；做官的人。《書‧大禹謨》：「君子在野，小人在位。」

〔一三〕編戶之眾：編入戶籍的普通人家。《漢書‧高帝紀下》：「諸將故與帝爲編
　　　戶民。」顏師古注：「編戶者，言列次名籍也。」

〔一四〕上玄：上天。《文選》卷七揚雄《甘泉賦》：「惟漢十世，將郊上玄。」李
　　　善注：「上玄，天也。」

〔一五〕興言：語助詞。《詩‧小雅‧小明》：「念彼共人，興言出宿。」馬瑞辰《通
　　　釋》：「『興言』猶云『薄言』，皆語詞也。」念咎：反省過失。

〔一六〕祇（zhī）懼：敬懼，小心謹慎。《書‧泰誓上》：「予小子夙夜祇懼。」

〔一七〕岱岳：指泰山。

〔一八〕謝：道歉；認錯。《戰國策‧秦策一》：「嫂蛇行匍伏，四拜，自跪而謝。」

〔一九〕萬姓有罪皆朕之過：用商湯語。《論語‧堯曰》：「（湯曰：）萬方有罪，
　　　罪在朕躬。」

〔二○〕獻歲：進入新的一年，歲首正月。《楚辭‧招魂》：「獻歲發春兮，汨吾南
　　　征。」王逸注：「獻，進；征，行也。言歲始來進，春氣奮揚，萬物皆感
　　　氣而生。」

〔二一〕陽和：見《隋文帝大赦詔》其一「陽和」注。

〔二二〕凱澤：恩澤。

〔二三〕昧爽：見《隋文帝大赦詔》其二「昧爽」注。

〔二四〕大辟罪：見《隋文帝大赦詔》其二「大辟罪」注。

〔二五〕發露：見《隋文帝大赦詔》其二「發露」注。

〔二六〕繫囚：見《隋文帝大赦詔》其二「繫囚」注。　　見（xiàn）徒：見《隋
　　　文帝大赦詔》其二「見徒」注。

〔二七〕原放：見《隋文帝大赦詔》其二「原放」注。

〔二八〕常赦所不免：指「十惡不赦」。《隋書‧刑法志》：「（開皇元年）又置十惡

之條，多採後齊之制，而頗有損益。一曰謀反，二曰謀大逆，三曰謀叛，四曰惡逆，五曰不道，六曰大不敬，七曰不孝，八曰不睦，九曰不義，十曰內亂。犯十惡及故殺人獄成者，雖會赦，猶除名。」

表

奉使表〔一〕

　　江東蕞爾一隅〔二〕，僭擅逐久〔三〕。實由永嘉已後〔四〕，華夏分崩〔五〕，劉、石、苻、姚、慕容、赫連之輩〔六〕，妄竊名號〔七〕，尋亦滅亡。魏氏自北徂南〔八〕，未遑遠略。周、齊兩立，務在兼并，所以江表逋誅〔九〕，積有年祀〔一〇〕。陛下聖德天挺〔一一〕，光膺寶祚〔一二〕，比隆三代〔一三〕，平一九州〔一四〕，豈容使區區之陳久在天網之外〔一五〕？臣今奉使，請責以稱藩〔一六〕。

【校注】

〔一〕本篇以《隋書》卷五七《薛道衡傳》所載爲底本，以《七十二家集》、《百三名家集》、嚴輯本所載爲參校本。原無題，《七十二家集》、《百三名家集》並題作「《奉使表》」，嚴輯本題作「《因聘陳奏請責陳主稱藩》」。據《隋書・高祖紀》：「（開皇四年）冬十一月壬戌，遣兼散騎常侍薛道衡、通直散騎常侍豆盧寔使於陳。」本文當是此次使陳出發前所奏之表。

〔二〕江東：南朝陳定都建康（今南京），在長江南岸，此處以江東代指陳國。蕞爾：小貌。《左傳》昭公七年：「鄭雖無腆，抑諺曰『蕞爾國』，而三世執其政柄。」　一隅：一個角落。《論語・述而》：「舉一隅不以三隅反，則不復也。」

〔三〕僭擅：專制獨裁。

〔四〕永嘉：西晉懷帝年號（307～313）。此處特指永嘉之亂。永嘉五年（311），

匈奴劉曜等人攻陷都城洛陽，俘虜懷帝。中原士族爲避亂南渡長江。

〔五〕華夏分崩：指永嘉之亂後，匈奴、鮮卑、羯、氐、羌等少數民族南下，
紛紛建立政權，即「五胡十六國」，控制中原地區。

〔六〕苻：原作「符」，據《七十二家集》、《百三名家集》、嚴輯本改。　劉：
指劉淵及其子孫，匈奴族。十六國後漢之主。《魏書》卷九五、《晉書》
卷一〇一、一〇二有傳。　石：指石勒及其子孫，羌族。十六國後趙之
主。《魏書》卷九五、《晉書》卷一〇四至卷一〇七有傳。　苻：指苻洪
及其子孫，氐族。十六國前秦之主。《魏書》卷九五、《晉書》卷一一二
至卷一一四有傳。　姚：指姚萇及其子孫，羌族。十六國後秦之主。《魏
書》卷九五、《晉書》卷一一六至卷一一九有傳。　慕容：指慕容皝及其
子孫，鮮卑族。十六國燕主。《魏書》卷九五、《晉書》卷一二三、一二
四有傳。　赫連：指赫連勃勃及其子赫連昌，匈奴族。十六國大夏之主。
《晉書》卷一三〇有傳。

〔七〕妄竊名號：指五胡十六國之主稱帝的行爲是妄自尊大，竊取帝號。《韓非
子·詭使》：「夫立名號所以爲尊也。」

〔八〕魏氏：指北魏。統一華北地區，結束北方的分裂局面，與南朝對峙。　徂
（cú）：往，去。《詩·豳風·東山》：「我徂東山，慆慆不歸。」鄭玄箋：
「我往之東山，既久勞矣。」

〔九〕江表：江外，長江以南地區。此處指陳國。　逋誅：逃避誅罰。

〔一〇〕年祀：年歲。

〔一一〕天挺：指天生卓越超拔。《後漢書·黃瓊傳》：「光武以聖武天挺，繼統興
業。」

〔一二〕光膺：榮受。　寶祚：指帝王之位。

〔一三〕比隆三代：與夏、商、周同等興盛。

〔一四〕平一九州：統一天下。九州，古代把中國全域劃分爲九州，其名稱各代
略有不同。《尚書·禹貢》作：冀、兗、青、徐、揚、荊、豫、梁、雍九
州。

〔一五〕天網：喻朝廷的統治。三國魏曹植《與楊德祖書》：「吾王於是設天網以
該之，頓八紘以掩之。」

〔一六〕稱藩：自稱藩屬，向大國或宗主國承認自己的附庸地位。《漢書·宣帝紀
贊》：「遭值匈奴乖亂，推亡固存，信威北夷，單于慕義，稽首稱藩。」

【附】

高祖詔答

朕且含養，置之度外，勿以言辭相折，識朕意焉。（《隋書·薛道衡傳》）

書

弔延法師亡書〔一〕

八月二十三日，薛道衡和南〔二〕。俗界無常，延法師遷化〔三〕。情深悲怛〔四〕，不能已已〔五〕，唯哀慕摧割〔六〕，當不可任〔七〕。法師弱齡捨俗〔八〕，高蹈塵表〔九〕。志度恢弘〔一〇〕，理識精悟〔一一〕。靈臺神宇〔一二〕，可仰而不可窺；智海法源〔一三〕，可涉而不可測。同夫明鏡，屢照不疲〔一四〕；譬彼洪鐘，有來斯應。往逢道喪，玄維落紐。栖志幽巖，確乎不拔〔一五〕。高位厚禮，不能迴其慮；嚴威峻法，未足懼其心。經行宴坐〔一六〕，夷險莫二；戒德律儀〔一七〕，始終如一〔一八〕。聖皇啓運，像法重興〔一九〕。卓爾緇林〔二〇〕，鬱爲稱首。屈宸極之重〔二一〕，伸師資之義〔二二〕。三寶由其弘護〔二三〕，二諦藉以宣揚〔二四〕。信足以追蹤澄什〔二五〕，超邁安遠〔二六〕，而法柱忽傾〔二七〕，仁舟遽沒，匪直悲纏四部〔二八〕，固亦酸感一人〔二九〕。師杖錫挈瓶〔三〇〕，夙承訓導〔三一〕，升堂入室〔三二〕，具體而微〔三三〕。在三之情，理百恒慟。往矣奈何〔三五〕！無常奈何！疾礙，不獲展慰。但深悲結，謹白書慘愴不次〔三六〕。弟子薛道衡和南。

【校注】

〔一〕本篇以《廣弘明集》卷二四所載爲底本，以《續高僧傳》卷八、《佛祖統
　　　紀》卷三九、《七十二家集》、《百三名家集》、嚴輯本所載爲參校本。篇

名《七十二家集》、《百三名家集》、嚴輯本題作「《弔延法師書》」。　據
《續高僧傳》卷八《隋京師延興寺釋曇延傳》、《廣弘明集》卷二四以及
《佛祖統紀》卷三九，釋曇延卒於隋文帝開皇八年八月十三日，隋文帝
聞之哀慟，敕王公以下，并往臨弔。結合本篇首句，可推知本篇作於開
皇八年八月二十三日。

〔二〕和南：佛教術語。又云「婆南」，譯作稽首及敬禮。

〔三〕遷化：指人的死亡。原為儒典用語。《漢書·外戚·孝武李夫人傳》：「忽
遷化而不反兮，魄放逸以飛揚。」佛家引入為佛教術語，偏指釋氏之死。

〔四〕悲怛（dá）：哀痛。

〔五〕已已：已，休止。迭用以加重語氣。《三國志·魏書·劉曄傳》：「曄議曰：
『陛下孝思中發，誠無已已，然君舉必書，所以慎於禮制也。』」

〔六〕哀慕：謂因父母、君上之死而哀傷思慕。《梁書·處士·范元琰傳》：「父
靈瑜，居父憂，以毀卒。元琰時童孺，哀慕盡禮。」

〔七〕《續高僧傳》卷八所載脫開篇「八月」至「當不可任」一段，凡三十七字。

〔八〕法師：《續高僧傳》卷八作「延法師」。　弱齡：指弱冠之年。《禮記·曲
禮上》：「二十曰弱，冠。」

〔九〕高蹈：由遠行引申為超脫。　塵表：指世俗之外。《南史·隱逸傳下·阮
孝緒》：「乃著《高隱傳》，上自炎皇，終于天監末，斟酌分為三品：言行
超逸，名氏弗傳，為上篇；始終不耗，姓名可錄，為中篇；掛冠人世，
棲心塵表，為下篇。」

〔一○〕志度：氣度。　恢弘：博大寬宏。

〔一一〕理識：見解，見識。

〔一二〕靈臺：指心。《莊子·庚桑楚》「不可內於靈臺」。郭象注：「靈臺者，心
也。」　神宇：神情氣宇。南朝宋劉義慶《世說新語·雅量》：「王子猷、
子敬曾俱坐一室，上忽發火，子猷遽走避，不惶取屐；子敬神色恬然，
徐喚左右扶憑而出，不異平常。世以此定二王神宇。」

〔一三〕法源：佛教術語。法海真源，法性。

〔一四〕屢：《續高僧傳》卷八作「囑」。

〔一五〕確乎不拔：剛強堅決，不可動搖。語本《易·乾》：「確乎其不可拔。」

〔一六〕經行：佛教術語。佛教徒因養身、散除鬱悶，旋繞往返於一定之地稱經
行。晉法顯《佛國記》：「佛在世時，有翦髮爪作塔，及過去三佛并釋迦

文佛坐處、經行處及作諸佛形像處，盡有塔。」　宴坐：佛教術語。指坐禪。《維摩詰所說經・弟子品》：「宴坐樹下。」慧遠《維摩義記》二本曰：「宴猶嘿也，嘿坐樹下，名爲宴坐。宴晏相濫，晏是安義，宴是嘿義，全別，今影宴矣。」

〔一七〕律儀：僧侶遵守的戒律和立身的儀則。《大乘義章》卷十：「言律儀者，制惡之法，說名爲律。行依律戒，故號律儀。」

〔一八〕《佛祖統紀》卷三九所載脫開篇「八月」至「始終如一」一段，凡百四十一字。

〔一九〕重：《續高僧傳》卷八作「再」，《佛祖統紀》卷三九作「載」。　像法：佛教術語。正、像、末「三時」之一。謂佛去世久遠，與「正法」相似的佛法。其時道化訛替，雖有教有行而無證果者。「像法」的時限說法不一。一般認爲在佛去世五百年後的一千年之間。見《大集經》。

〔二〇〕林：《續高僧傳》卷八、《佛祖統紀》卷三九作「衣」。　緇林：僧界，僧衆。

〔二一〕宸極：本義爲北極星，喻指帝王。本句《佛祖統紀》卷三九作「屈宸極之威重」。

〔二二〕伸：《佛祖統紀》卷三九作「申」。義：《佛祖統紀》卷三九作「禮文」。

〔二三〕本句《佛祖統紀》卷三九作「三寶藉之弘通」。　三寶：佛教術語。指佛、法、僧。

〔二四〕本句《佛祖統紀》卷三九作「二諦由其宣暢」。　二諦：佛教術語。各經論所說，所指名稱不一。最爲通行者，指俗諦與眞諦。俗諦，迷情所見世間之事相。眞諦，聖智所見眞實之理性。二諦互相聯繫，爲大乘佛教基本原則之一。

〔二五〕本句《續高僧傳》卷八無「以」字。　澄什：晉之神僧佛圖澄與姚秦之譯師鳩摩羅什的並稱。

〔二六〕安遠：晉代高僧道安與慧遠的並稱。

〔二七〕而：《續高僧傳》卷八作「不意。」

〔二八〕四部：佛教術語。指比丘、比丘尼、优婆塞、优婆夷。《梁書・武帝紀下》：「（中大通三年十月）行幸同泰寺，高祖升法座爲四部衆說《大般若涅盤經》義。」

〔二九〕「信足以追蹤澄什」至「固亦鼓感一人」一段，《佛祖統紀》卷三九作「以

誘人爲善之德，爲助國行仁之方。豈謂法柱忽傾，慈舟遽覆？匪直悲纏
四眾，固亦酸感一人。」且《佛祖統紀》卷三九所載弔文至此結束。

〔三〇〕《續高僧傳》卷八、《七十二家集》、《百三名家集》、嚴輯本「師」字下有
「等」字。　杖錫：拄錫杖。謂僧人出行。錫，錫杖，雲遊僧所持法器。
晉廬山諸道人《遊石門詩》序：「釋法師以隆安四年仲春之月，因詠山水，
遂杖錫而遊。」　挈瓶：執持水瓶。瓶，指僧人出行時所持盛水的器皿。

〔三一〕夙承：《續高僧傳》卷八作「承風」。

〔三二〕升堂入室：古代宮室，前爲堂，後爲室。比喻學識或技能由淺入深，循
序漸進，逐步達到很高的成就。《論語・先進》：「子曰：『由也升堂矣，
未入於室也。』」

〔三三〕具體而微：指事物的各個組成部分大體具備，不過形狀和規模較小。《孟
子・公孫丑上》：「昔者竊聞之：子夏、子游、子張皆有聖人之一體，冉
牛、閔子、顏淵則具體而微。」趙岐注：「體者，四肢股肱也……具體者，
四肢皆具。微，小也。」

〔三四〕在三之情：對君、父、師的感情。此處指對延法師的感情。《國語・晉語
一》：「成聞之：『民生於三，事之如一。』父生之，師教之，君食之。非
父不生，非食不長，非教不知生之族也，故壹事之，唯其所在，則致死
焉。」韋昭注：「三，君、父、師也。」

〔三五〕《續高僧傳》卷八所載弔文至此句結束，無「無常」至「和南」凡二十八
字。

〔三六〕白書：稟告；陳述。　不次：書信結尾用語，意思是不詳說。晉王羲之
《道護帖》：「得二十三日書，爲慰。及還，不次。王羲之報。」

頌

高祖文皇帝頌〔一〕

太始太素〔二〕，荒茫造化之初〔三〕，天皇、地皇〔四〕，杳冥書契之外〔五〕。其道絕，其迹遠，言談所不詣〔六〕，耳目所不追〔七〕。至於入穴登巢，鷯居鷇飲〔八〕，不殊於羽族〔九〕，取類於毛群〔一○〕，亦何貴於人靈〔一一〕，何用於心識〔一二〕？羲、軒已降〔一三〕，爰暨唐、虞〔一四〕，則乾象而施法度〔一五〕，觀人文而化天下〔一六〕，然後帝王之位可重〔一七〕，聖哲之道爲尊。夏后、殷、周之國，禹、湯、文、武之主，功濟生民〔一八〕，聲流《雅》、《頌》〔一九〕，然陵替於三五〔二○〕，懃德於干戈。秦居閏位〔二一〕，任刑名爲政本〔二二〕，漢執靈圖〔二三〕，雜霸道而爲業〔二四〕。當塗興而三方峙〔二五〕，典午末而四海亂〔二六〕，九州封域，窟穴鯨鯢之群〔二七〕，五都遺黎〔二八〕，蹈踏戎馬之足。雖玄行定嵩、洛〔二九〕，木運據崤、函〔三○〕，未正滄海之流〔三一〕，詎息崑山之燎〔三二〕！協千齡之旦暮〔三三〕，當萬葉之一朝者〔三四〕，其在大隋乎？

【校注】

〔一〕本篇以《隋書》卷五七《薛道衡傳》所載爲底本，以《文苑英華》卷七七二、《七十二家集》、《百三名家集》、嚴輯本所載爲參校本。《文苑英華》題作「《隋高祖功德頌》」，《七十二家集》、《百三名家集》題作「《隋高祖

頌》」。嚴輯本題作「《隋高祖文皇帝頌》」。　本文疑當作於隋煬帝大業二
年（606）。《隋書》本傳云：「煬帝嗣位，轉番州刺史。歲餘，上表求致
仕。帝謂內史侍郎虞世基曰：『道衡將至，當以秘書監待之。』道衡既至，
上《高祖文皇帝頌》，其詞曰……帝覽之不悅，顧謂蘇威曰：『道衡致美
先朝，此《魚藻》之義也。』於是拜司隸大夫，將置之罪。」據《隋書·
煬帝紀》，煬帝於仁壽四年（604）七月即位。道衡「歲餘」上表致仕，
在大業元年（605）七月前後。而煬帝該年八月循水路幸江都，大業二年
（606）四月還東京。則道衡自番州（今廣州）至京，上《高祖文皇帝頌》，
煬帝御覽，當在大業二年。

〔二〕太始：天地開闢、萬物開始形成的時代。《列子·天瑞》：「太始者，形之
始也。」　太素：古人謂存在於茫茫宇宙中的最為原始的物質形態。《列
子·天瑞》：「太素者，質之始也。」

〔三〕茫：《七十二家集》、《百三名家集》作「淫」。　荒茫：荒昧，指上古之
時。《淮南子·詮言》：「故其身治者，可與言道矣。自身以上，至於荒芒
爾遠矣。」高誘注：「荒芒，上古時也。」　造化：創造化育。

〔四〕天皇地皇：古帝名，傳說中的遠古三皇之二。《史記·秦始皇本紀》：「古
有天皇，有地皇，有泰皇。」

〔五〕杳冥：玄遠渺茫。　書契：指文字。《易·繫辭下》：「上古結繩而治，後
世聖人易之以書契。」

〔六〕談：《文苑英華》卷七七二作「說」，小字注：「一作『談』」。《文苑英華》
卷七七二在《隋高祖功德頌》文末注明「『一作』皆《隋書》本傳」。

〔七〕迠：《文苑英華》卷七七二小字注：「或作『逮』」。

〔八〕鶉（chún）居鷇（kòu）飲：形容野居無常處，生活簡約。《莊子·天地》：
「夫聖人鶉居而鷇食」，陸德明《釋文》：「鶉居，謂無常處也。又云：如
鶉之居，猶言野處。」成玄英疏：「鶉，鷸鶉也，野居而無常處。鷇者，
鳥之子，食必仰母而足。聖人寢處儉薄，譬彼鷸鶉；供膳裁充，方茲鷇
鳥。既無心於侈靡，豈有情於滋味乎！」鶉，鷸鶉。鷇，由母哺食的幼
鳥。

〔九〕不：《文苑英華》卷七七二作「寧」，小字注：「一作『不』。」　羽族：
指鳥類。漢枚乘《忘憂館柳賦》：「出入風雲，去來羽族。」

〔一〇〕毛群：指獸類。漢班固《西都賦》：「毛羣內闐，飛羽上覆。」

〔一一〕人靈：人爲萬物之靈，故稱。《尙書‧周書‧泰誓》：「惟人萬物之靈。」

〔一二〕何用於心識：《文苑英華》卷七七二作「亦何用其心識」。 心識：才智。

〔一三〕已：《文苑英華》卷七七二作「以」。 羲軒：伏羲氏與軒轅氏（黃帝）的並稱。

〔一四〕唐虞：唐堯與虞舜的並稱。

〔一五〕則：取則，以……爲法則。 乾象：天象。古人認爲天象變化與人事有關。

〔一六〕人文：指禮樂教化。《易‧賁》：「觀乎天文以察時變，觀乎人文以化成天下。」孔穎達疏：「言聖人觀察人文，則詩書禮樂之謂，當法此教而化成天下也。」

〔一七〕位：《文苑英華》卷七七二作「任」，小字注「一作『位』。」本句《文苑英華》卷七七二無「後」字。

〔一八〕民：《文苑英華》卷七七二作「人」，小字注「一作『民』。」 生民：人民。《書‧畢命》：「道洽政治，澤潤生民。」

〔一九〕雅頌：先秦詩歌總集《詩經》分《風》、《雅》、《頌》三部分。《雅》爲朝廷正樂，《頌》爲宗廟祭祀所用。後以《雅》《頌》代指盛世廟堂之樂。《禮記‧樂記》：「故聽其雅頌之聲，志意得廣焉。」孔穎達疏：「雅以施正道，頌以贊成功。」

〔二〇〕陵替：指綱紀廢弛，上下失序。《左傳》昭公十八年：「於是乎下陵上替，能無亂乎？」 三五：指三十年和五百年。古謂天運三十年一小變，五百年一大變。《史記‧天官書論》：「爲國者必貴三五。」司馬貞索隱：「三五，謂三十歲一小變，五百歲一大變。」

〔二一〕秦居閏位：鄒衍提出「五德終始說」，將五行與王朝更替相聯繫。周爲木德，漢爲火德，木生火，秦以水德居周漢之間，故稱閏位。《史記‧秦始皇本紀》：「周曆已移，仁不代母。秦直其位，呂政殘虐。」《索隱》：「仁不代母，謂周得木德，木生火，周爲漢母也。言曆運之道，仁恩之情，子不代母而王，謂火不代木，言漢不合即代周也。秦值其閏位，得在木火之間也。此論者之辭也。」《漢書‧律曆志》：「秦以水德，在周、漢木火之間。」顏師古注：「《志》言秦爲閏位，亦猶共工不當五德之序。」

〔二二〕任：《文苑英華》卷七七二作「用」。 刑名：戰國時以申不害爲代表的學派倡導的治國學說，主張循名責實，愼賞明罰。

〔二三〕靈圖：指《河圖》。漢代讖緯家以爲王者受命之祥瑞。《書·顧命》：「大
玉、夷玉、天球、河圖，在東序。」孔傳：「伏犧王天下，龍馬出河，遂
則其文以畫八卦，謂之『河圖』。」《漢書·翟義傳》：「河圖雒書遠自昆
侖，出於重壄 ⋯⋯此乃皇天上帝所以安我帝室，俾我成就洪烈也。」

〔二四〕業：《文苑英華》卷七七二作「法」。　霸道：與「王道」相對，指君主
憑藉武力、刑法、權勢等進行統治。《荀子·王制》：「故明其不并之行，
信其友敵之道，天下無王霸主，則常勝矣。是知霸道者也。」

〔二五〕方：《文苑英華》卷七七二、《七十二家集》、《百三名家集》作「分」。　當
塗：代指三國曹魏。源自漢代讖書中的隱語「當塗高」。《三國志·蜀書·
周羣傳》：「時人有問：『《春秋讖》曰：代漢者當塗高。此何謂也？』（周）
舒曰：『當塗高者，魏也。』」《三國志·魏書·文帝紀》「肅承天命」句
裴松之注：「太史丞許芝條魏代漢見讖緯於魏王曰：『⋯⋯故白馬令李雲
上事曰：「許昌氣見於當塗高，當塗高者當昌於許。」當塗高者，魏也；
象魏者，兩觀闕是也；當道而高大者魏。魏當代漢。』」

〔二六〕典午：隱語。代指司馬氏或由司馬氏建立的晉朝。《三國志·蜀書·譙周
傳》：「（譙）周語次，因書版示（文）立曰：『典午忽兮，月酉沒兮。』
典午者謂司馬也；月酉者，謂八月也。至八月而文王（司馬昭）果崩。」
《晉書·安帝恭帝紀論》：「是以宋高非典午之臣，孫恩豈金行之寇。」

〔二七〕窟穴：比喻壞人、匪類盤踞的地方。《後漢書·南匈奴傳》：「命竇憲、耿
夔之徒，前後並進，皆用果譎，設奇數，異道同會，究掩其窟穴，躡北
追奔三千餘里。」　鯨鯢：比喻兇惡的敵人。《左傳》宣公十二年：「古
者明王伐不敬，取其鯨鯢而封之，以爲大戮。」杜預注：「鯨鯢，大魚名，
以喻不義之人吞食小國。」

〔二八〕五都：三國曹魏以長安、譙、許昌、鄴、洛陽爲五都。《三國志·魏書·
文帝紀》「改許縣爲許昌縣」句裴松之注引《魏略》：「改長安、譙、許昌、
鄴、洛陽爲五都。」　遺黎：歷經戰亂，劫後餘生的人民。

〔二九〕玄：黑色。北魏爲水德，服色尚黑。故本句「玄行」指北魏。　嵩洛：
嵩山和洛水的並稱，兩者都在東都洛陽附近。北魏統一北方之後，遷都
洛陽。

〔三〇〕木：《七十二家集》、《百三名家集》、嚴輯本作「水」，疑誤。　木運：木
德王朝的氣數。北周爲木德。　崤函：崤山和函谷，自古爲險要的關隘。

北周據此與北齊對峙。

〔三一〕正:《文苑英華》卷七七二作「止」。 滄海之流:海水到處氾濫,比喻
時世動亂不安。晉范甯《穀梁傳・序》:「孔子覩滄海之橫流,迺喟然而
歎曰:『文王既沒,文不在茲乎!』」

〔三二〕崑山之燎:昆山上玉石俱焚之火,比喻亂世。《書・胤征》:「火炎昆岡,
玉石俱焚。」

〔三三〕協:《文苑英華》卷七七二、《七十二家集》、《百三名家集》、嚴輯本作
「叶」。

〔三四〕葉:《文苑英華》卷七七二作「乘」,小字注「一作『葉』。」

　　粤若高祖文皇帝〔一〕,誕聖降靈則赤光照室〔二〕,韜神晦迹則紫
氣騰天〔三〕。龍顏日角之奇〔四〕,玉理珠衡之異〔五〕,著在圖籙〔六〕,
彰乎儀表。而帝系靈長〔七〕,神基崇峻,類邠、岐之累德〔八〕,異
豐、沛之勃起〔九〕。俯膺歷試,納揆賓門〔一〇〕,位長六卿〔一一〕,
望高百辟〔一二〕,猶重華之爲太尉〔一三〕,若文命之任司空〔一四〕。

【校注】

〔一〕粤若:發語詞,用於句首以起下文,無實義。 高祖文皇帝:指楊堅。
高祖爲廟號,文皇帝爲諡號。《隋書》卷一、二,《北史》卷十有傳。

〔二〕赤光照室:紅光照耀內室,爲帝王出生時祥瑞之兆。《後漢書・光武帝
紀論》:「皇考南頓君初爲濟陽令,以建平元年十二月甲子夜生光武於
縣舍,有赤光照室中。欽異焉,使卜者王長占之,長辟左右曰:『此兆
吉不可言。』」

〔三〕韜神晦迹:隱藏才智,不露踪迹。 紫氣:紫色雲氣。古代以爲祥瑞之
氣,附會爲帝王、聖賢等出現的預兆。

〔四〕日角:相術術語。額骨中央部分隆起,形狀如日。古時相術家認爲是大
貴之相。《後漢書・光武帝紀上》:「身長七尺三寸,美鬚眉,大口,隆準,
日角。」李賢注引鄭玄《尚書中候》注:「日角謂庭中骨起,狀如日。」

〔五〕玉理:玉的紋理。比喻肌膚紋理溫潤密緻。 珠衡:相術術語。謂人眉
間骨隆起如連珠,古人以爲帝王聖賢之相。《孝經援神契》:「伏羲大目山
準,日角而連珠衡。」宋均注:「珠衡,衡中有骨,表如連珠,象玉衡星。」

—91—

〔六〕圖籙：圖讖符命之書。

〔七〕靈長：廣遠綿長。晉袁宏《後漢紀・獻帝紀一》：「夫天地靈長，不能無否泰之變；父子自然，不能無天絕之異。」

〔八〕邠（bīn）岐：代指周朝的奠基者周太王古公亶父。因古公亶父帶領族人由邠州遷岐山下的周原，定國號爲周。本句指文帝之得天下譬如周幾世累德，終王天下。

〔九〕豐沛：代指漢高祖劉邦，因其爲沛縣豐邑人。本句指文帝之得天下，不同於劉邦之訴諸武力，突然興起。

〔一〇〕納揆：任用百官。《書・舜典》：「納於百揆，百揆時敘。」 賓門：指薦引賢才的機構。《書・舜典》：「賓於四門，四門穆穆。」孔傳：「四方諸侯來朝者，舜賓迎之，皆有美德，無凶人。」

〔一一〕六卿：指六官，即天官冢宰、地官司徒、春官宗伯、夏官司馬、秋官司寇、冬官司空。後泛稱朝廷重臣。

〔一二〕百辟：百官。據《隋書・高祖紀》，北周靜帝大象二年五月，拜楊堅左大丞相，「百官總己而聽」。九月授楊堅大丞相，罷左、右丞相。故稱「望高百辟」。

〔一三〕重華：指虞舜。《書・舜典》：「曰若稽古，帝舜曰重華，協於帝。」孔傳：「華，謂文德。言其光文重合於堯，俱聖明。」舜曾任太尉，後登大位，本句用以比附楊堅。

〔一四〕文命：指夏禹。《史記・夏本紀》：「夏禹名曰文命。」據《書・舜典》，禹曾任司空，後登大位，本句用以比附楊堅。

蒼歷將盡〔一〕，率土糜沸〔二〕，玉弩驚天〔三〕，金鋩照野〔四〕。奸雄挺禍〔五〕，據河朔而連海岱〔六〕；猾長縱惡〔七〕，杜白馬而塞成皋〔八〕。庸、蜀逆命〔九〕，憑銅梁之險〔一〇〕，郳、黃背誕〔一一〕，引金陵之寇〔一二〕。三川已震〔一三〕，九鼎將飛〔一四〕。

【校注】

〔一〕蒼：青色。指代秉承木德之北周。

〔二〕率土：境域之內，「率土之濱」的省稱。《詩・小雅・北山》：「率土之濱，莫非王臣。」王引之《經義述聞・毛詩中》：「《爾雅》曰：『率，自也。

自土之濱者，舉外以包內，猶言四海之內。」　麋沸：比喻世事混亂，如麋粥之沸於釜中。漢揚雄《長楊賦》：「豪俊麋沸雲擾，群黎爲之不康。」本句指北周靜帝大象二年，楊堅專權，相州總管尉遲迥舉兵反楊堅。滎州刺史宇文冑、申州刺史李慧、青州總管尉遲勤、東楚州刺史費也利進、東潼州刺史曹孝達、鄖州總管司馬消難、益州總管王謙等人先後舉兵響應尉遲迥，豫州、荊州、襄州境內諸蠻同時造反，天下大亂。

〔三〕玉弩：流星。古代認爲流星出現，是天下將亂的徵兆。《尚書緯・帝命驗》：「天鼓動，玉弩發，驚天下。」鄭玄注：「秦野有枉矢星，形如弩。其星西流，天下見之而驚呼。」

〔四〕鋩：《文苑英華》卷七七二作「芒」。　野：《文苑英華》卷七七二作「地」，小字注「一作『野』。」　鋩：刀劍等的尖鋒，代指刀劍。

〔五〕挺：《文苑英華》卷七七二作「結」，小字注「一作『挺』」。《七十二家集》、《百三名家集》、嚴輯本作「挺」。

〔六〕朔：《文苑英華》卷七七二作「洛」，小字注「一作『朔』。」　河朔：古代泛指黃河以北的地區。　海岱：指渤海至泰山之間的地帶。海，渤海。岱，泰山。

〔七〕猾長：奸猾的顯貴者。

〔八〕白馬：古津渡名。在今河南省滑縣北。　成皋：古地名。在今河南滎陽汜水關。自古以來爲戰略要地。本句指相州總管尉遲迥舉兵反楊堅。

〔九〕庸蜀：皆古國名，泛指四川。庸在川東夔州一帶，蜀在成都一帶。本句指益州總管王謙舉兵反楊堅。

〔一〇〕銅梁：山名。在今重慶市合川區南。山有石梁橫亙，色如銅。揚雄《蜀都賦》：「銅梁金堂，火井龍湫。」

〔一一〕鄖（yún）黃：泛指湖北。鄖，古國名。在今湖北腹地安陸。《左傳》桓公十一年：「鄖人軍於蒲騷。」楊伯峻注：「據《括地志》及《元和郡縣志》則當在今安陸縣。」黃，古地名。指黃州，北周靜帝大象元年改南司州爲黃州，治所在今湖北東部黃陂。　背誕：違命放誕，不受節制。《左傳》昭公元年：「子姑憂子晳之欲背誕也。」杜預注：「襄三十年，鄭子晳殺伯有，背命放誕，將爲國難。」本句指鄖州總管司馬消難舉兵反楊堅。

〔一二〕金陵：古邑名，南京的別稱，代指建都南京的南朝陳國。本句指鄖州總

管司馬消難投降陳國，請求援助。陳宣帝以其爲大都督水陸諸軍事，命魯廣達攻郭默城，淳于陵攻祐州城，陳紀、蕭摩訶攻廣陵。

〔一三〕三川：三條河流的合稱，西周以涇、渭、洛爲三川，代指中原地區。《國語·周語上》：「幽王二年，西周三川皆震。」韋昭注：「三川，涇、渭、洛，出於岐山。」

〔一四〕九鼎：相傳夏禹鑄九鼎，象徵九州。後代奉爲象徵國家政權的傳國之寶。

　　高祖龍躍鳳翔〔一〕，濡足援手〔二〕，應赤伏之符〔三〕，受玄狐之籙〔四〕，命百下百勝之將〔五〕，動九天九地之師〔六〕，平共工而殄蚩尤〔七〕，翦猰貐而戮鑿齒〔八〕。不煩二十八將〔九〕，無假五十二征〔一〇〕，曾未逾時〔一一〕，妖逆咸殄〔一二〕，廓氛霧於區宇〔一三〕，出黎元於塗炭〔一四〕。天柱傾而還正〔一五〕，地維絕而更紐〔一六〕，殊方稽顙〔一七〕，識牛馬之內向〔一八〕，樂師伏地，懼鍾石之變聲〔一九〕。萬姓所以樂推，三靈於是改卜〔二〇〕，壇場已備〔二一〕，猶弘五讓之心〔二二〕，億兆難違，方從四海之請。光臨寶祚，展禮郊丘，舞六代而降天神〔二三〕，陳四圭而饗上帝〔二四〕，乾坤交泰〔二五〕，品物咸亨〔二六〕。酌前王之令典，改易徽號〔二七〕，因庶萌之子來〔二八〕，移創都邑〔二九〕。天文上當朱鳥〔三〇〕，地理下據黑龍〔三一〕，正位辨方〔三二〕，揆影於日月〔三三〕，內宮外座〔三四〕，取法於辰象。懸政教於魏闕〔三五〕，朝羣后於明堂〔三六〕，除舊布新，移風易俗。

【校注】

〔一〕龍躍鳳翔：喻王者興起，縱橫馳騁，奮發有爲。語本《易·乾》：「見龍在田……或躍在淵。」

〔二〕授：《文苑英華》卷七七二、《百三名家集》作「援」。　濡足：沾污了腳。此處指涉足亂世。《後漢書·崔駰傳》：「與其有事，則褰裳濡足，冠掛不顧，人溺不拯，則非仁也。」　授手：授以援手，謂救援。《後漢書·崔駰傳》：「於是乎賢人授手，援世之災，跋涉赴俗，急斯時也。」

〔三〕赤伏之符：指隋朝的符命。隋爲火德，服色尚赤。

〔四〕受：《文苑英華》卷七七二作「授」。　受玄狐之籙：相傳黃帝討蚩尤，

西王母遣使者身著黑色狐裘，以符授黃帝。後爲帝王受命的符瑞。《太平廣記》卷五六「西王母」條云：「黃帝討蚩尤之暴……王母遣使者，被玄狐之裘，以符授帝曰：『太一在前，天一在後，得之者勝，戰則克矣。』符廣三寸，長一尺，青瑩如玉，丹血爲文。」

〔五〕下：《文苑英華》卷七七二、《百三名家集》作「戰」，《文苑英華》小字注「一作『下』」。　百下百勝：猶言百戰百勝。

〔六〕九天九地之師：能適應各種隱秘難測的地形作戰的攻守兼備的軍隊。《孫子・形》：「善守者藏於九地之下，善攻者動於九天之上。」

〔七〕共工：傳說中的人物，與顓頊爭爲帝，以頭觸不周山。　蚩尤：傳說中的古代九黎族首領。以金作兵器，與黃帝戰於涿鹿，失敗被殺。

〔八〕翦：《文苑英華》卷七七二作「剪」。　猰㺄（yà yǔ）：古代傳說中吃人的怪獸，比喻兇惡的人。　鑿齒：古代傳說中的野人，一說爲野獸。喻指殘暴作亂之徒。《山海經・海外南經》：「羿與鑿齒戰於壽華之野，羿射殺之。在昆侖虛東。羿持弓矢，鑿齒持盾。一曰持戈。」郭璞注：「鑿齒亦人也，齒如鑿，長五六尺，因以名云。」《淮南子・本經》：「堯乃使羿誅鑿齒於疇華之野。」高誘注：「鑿齒，獸名，齒長三尺，其狀如鑿。」

〔九〕二十八將：指佐助光武帝建立東漢政權的二十八個有功的武將。明帝永平中，繪「二十八將」像於南宮雲臺。鄧禹爲首，次爲馬成、吳漢、王梁、賈復、陳俊、耿弇、杜茂、寇恂、傅俊、岑彭、堅鐔、馮異、王霸、朱祐、任光、祭遵、李忠、景丹、萬脩、蓋延、邳彤、銚期、劉植、耿純、臧宮、馬武、劉隆。參見《後漢書》卷二二。

〔一〇〕二：《文苑英華》卷七七二作「一」，疑誤。　五十二征：用黃帝征伐天下典。《藝文類聚》卷一一帝王部一引《帝王世紀》載：「黃帝於是乃擾馴猛獸，與神農氏戰於版泉之野，三戰而克之。又徵諸侯，使力牧神皇直討蚩尤氏，擒之於涿鹿之野，使應龍殺之於凶黎之丘，凡五十二戰，而天下大服。」

〔一一〕未：《文苑英華》卷七七二作「不」，小字注「一作『未』。」

〔一二〕殄：《文苑英華》卷七七二作「盡」，小字注「一作『殄』。」

〔一三〕氛霧：霧氣。比喻亂世。　區宇：境域，天下。

〔一四〕黎元：百姓。《書・堯典》：「黎民於變時雍。」孔傳：「黎，眾。」　塗炭：爛泥和炭火，比喻身處危難境地。《書・仲虺之誥》：「有夏昏德，民

墜塗炭。」孔傳:「民之危險,若陷泥墜火。」

〔一五〕天柱傾:用共工怒觸不周山典。《淮南子・天文》:「昔者,共工與顓頊爭
　　　　爲帝,怒而觸不周之山,天柱折,地維絕。天傾西北,故日月星辰移焉;
　　　　地不滿東南,故水潦塵埃歸焉。」

〔一六〕地維絕:用共工怒觸不周山典。

〔一七〕殊方:遠方,異域。　稽顙(sǎng):古代一種跪拜禮,屈膝下拜,以額
　　　　觸地,表示極度的虔誠。顙,額頭。

〔一八〕牛馬之內向:喻指教化行於天下,四海來歸。《魏書・豆莫婁傳》:「史臣
　　　　曰:夷狄之於中國,羈縻而已。高麗歲修貢職,東藩之冠,榮哀之禮,
　　　　致自天朝,亦爲優矣。其他碌碌,咸知款貢,豈牛馬內向,東風入律者
　　　　也。」

〔一九〕鍾石之變聲:喻指改朝換代。《宋書・武帝紀贊》:「至於鍾石變聲,柴天
　　　　改物,民已去晉,異於延康之初,功實靜亂,又殊咸熙之末。」

〔二〇〕三靈:指日、月、星。《漢書・揚雄傳》:「方將上獵三靈之流,下決醴泉
　　　　之滋。」顏師古注引如淳曰:「三靈,日、月、星垂象之應也。」　改卜:
　　　　重新占卜,喻另行選擇。《文選》卷四七陸機《漢高祖功臣頌》:「波振四
　　　　海,塵飛五岳,九服徘徊,三靈改卜。」李周翰注:「言天將惡秦濁亂,
　　　　改卜清平之君也。」

〔二一〕壇場:古代設壇舉行祭祀、繼位大典的場所。

〔二二〕五讓:用楚昭王五次讓位典。《史記・楚世家》:「(昭王)讓其弟公子申
　　　　爲王,不可。又讓次弟公子結,亦不可。乃又讓次弟公子閭,五讓,乃
　　　　後許爲王。」

〔二三〕舞六代:指行六代之舞樂。六代,黃帝、唐、虞、夏、殷、周。《晉書・
　　　　樂志》:「周始二《南》,《風》兼六代。昔黃帝作《雲門》,堯作《咸池》,
　　　　舜作《大韶》,禹作《大夏》,殷作《大濩》,周作《大武》,所謂因前王
　　　　之禮,設俯仰之容,和順積中,英華發外。」

〔二四〕四圭:古代貴族祭天所用的禮器。由整塊玉雕成,中央爲璧,四面銳出
　　　　爲圭,故稱。《周禮・春官・典瑞》:「四圭有邸,以祀天,旅上帝。」鄭
　　　　玄注引鄭司農云:「於中央爲璧,圭著其四面,一玉俱成。」

〔二五〕乾坤交泰:天地之氣融通,萬物各遂其生。《易・泰》:「天地交,泰。」
　　　　王弼注:「泰者,物大通之時也。」

〔二六〕品物咸亨：萬物亨通。《易‧坤》：「含弘光大，品物咸亨。」

〔二七〕改易徽號：《文苑英華》卷七七二作「改號易稱」，小字注：「一作『徽號』。」　改易徽號：改變旗幟的名號，作爲新朝的標誌，喻指改變國號。此處指楊堅改國號爲「隋」，火德，服色尚赤。

〔二八〕庶萌之子來：謂民心歸附，如子女趨事父母，不召自來，竭誠效忠。《詩‧大雅‧靈臺》：「經始靈臺，經之營之。庶民攻之，不日成之。經始勿亟，庶民子來。」

〔二九〕移創都邑：據《隋書‧高祖紀》，隋文帝開皇二年六月下詔，於漢長安舊城東南築新城，十二月名新都曰「大興城」，次年遷都。在今西安城及城東、城南、城西一帶。

〔三〇〕朱鳥：星宿名。二十八宿中南方七宿（井、鬼、柳、星、張、翼、軫）的總稱。七宿相聯呈鳥形，朱色象火，隋爲火德，故稱。

〔三一〕黑龍：此處代指北方。《墨子‧貴義》：「且帝以甲乙殺青龍於東方，以丙丁殺赤龍於南方，以庚辛殺白龍於西方，以壬癸殺黑龍於北方。」

〔三二〕正位辨方：確定位置，辨別四方。《周禮‧天官冢宰》：「惟王建國，辨方正位。」鄭玄注：「辨，別也。鄭司農云：『別四方，正君臣之位。』」

〔三三〕日月：《文苑英華》卷七七二作「星日」，小字注「一作『日月』」。　揆（kuí）：度量，揣度。

〔三四〕宮：《文苑英華》卷七七二作「官」。

〔三五〕魏闕：古代宮門外兩邊高聳的樓觀，樓觀下常爲懸布法令之所。《莊子‧讓王》：「身在江海之上，心居乎魏闕之下。」

〔三六〕羣后：四方諸侯及九州牧伯，後泛指公卿。《書‧舜典》：「既月乃日，覲四岳羣牧，班瑞於羣后。」蔡沈《集傳》：「羣后，即侯牧也。」　明堂：古代帝王宣明政教的地方。凡朝會、祭祀、慶賞、選士、養老、教學等大典，都在此舉行。《孟子‧梁惠王下》：「夫明堂者，王者之堂也。」

　　天街之表〔一〕，地脈之外〔二〕，獯獫孔熾〔三〕，其來自久。橫行十萬，樊噲於是失辭〔四〕；提步五千，李陵所以陷沒〔五〕。周、齊兩盛，競結旄頭〔六〕，娉狄后於漠北〔七〕，未足息其侵擾，傾珍藏於山東〔八〕，不能止其貪暴。炎靈啓祚〔九〕，聖皇馭宇，運天策於

帷扆〔一〇〕，播神威於沙朔〔一一〕，柳室、氈裘之長〔一二〕，皆爲臣隸〔一三〕，瀚海、蹛林之地〔一四〕，盡充池苑。三吳、百越〔一五〕，九江五湖，地分南北，天隔內外，談黃旗紫蓋之氣〔一六〕，恃龍蟠獸據之嶮〔一七〕，恆有僭僞之君〔一八〕，妄竊帝王之號。時經五代〔一九〕，年移三百〔二〇〕，爰降皇情，永懷大道，愍彼黎獻〔二一〕，獨爲匪人〔二二〕。今上利建在唐〔二三〕，則哲居代〔二四〕，地憑宸極〔二五〕，天縱神武，受脤出車〔二六〕，一舉平定。於是八荒無外，九服大同〔二七〕，四海爲家〔二八〕，萬里爲宅，乃休牛散馬〔二九〕，偃武修文〔三〇〕。

【校注】

〔一〕天街：星名。主國界，天街之南爲華夏，北爲夷狄。《史記·天官書》：「昴畢間爲天街。」張守節《正義》：「天街二星，在畢昴間，主國界也。街南爲華夏之國，街北爲夷狄之國。」

〔二〕外：《文苑英華》卷七七二作「餘」，小字注「一作『外』。」 地脈：地的脈絡，此處泛指華夏自然疆域。

〔三〕獯獫（xūn xiǎn）：我國古代北方少數民族名。夏商時稱獯鬻，周時稱獫狁，秦漢稱匈奴。《孟子·梁惠王下》：「惟智者爲能以小事大，故太王事獯鬻，勾踐事吳。」趙岐注：「獯鬻，北狄強者，今匈奴也。」 孔熾：猖獗，囂張。《詩·小雅·六月》：「玁狁孔熾，我是用急。」毛傳：「熾，盛也。」

〔四〕樊噲句用樊噲逞口舌之勇典。匈奴單于在國書中輕侮呂后，樊噲進言：「臣願得十萬眾，橫行匈奴中。」季布指出當年高祖提兵四十萬，尚被困平城，樊噲「十萬」云云，自欺欺人，且輕啓戰端，動搖國本。參見《史記·季布傳》。樊噲，《史記》卷九五、《漢書》卷四一有傳。

〔五〕李陵句用漢將李陵寡不敵眾典。漢武帝天漢二年，貳師將軍李廣利擊匈奴右賢王於祁連天山，命李陵帶步兵五千誘敵，匈奴單于以兵八萬圍擊陵軍，李陵彈盡糧絕，遂降匈奴。參見《史記》卷一〇九、《漢書》卷五四。

〔六〕旄頭：見《昭君怨》「爲視旄頭星」句注。

〔七〕娉：《文苑英華》卷七七二作「聘」。 狄：《文苑英華》卷七七二作「國」，小字注「一作『狄』。」 娉狄后於漠北：北齊、北周諸帝爲

結好夷狄，迎娶夷狄公主爲后。如周武帝慾聯合突厥，對抗北齊，聘突厥可汗俟斤之女阿史那爲皇后。阿史那皇后傳見《周書》卷九、《北史》卷一四。

〔八〕傾珍藏於山東：指北齊、北周對強大的突厥採取賄賂政策。《周書・異域・突厥傳》：「自俟斤以來，其國富彊，有淩轢中夏志。朝廷既與和親，歲給繒絮錦綵十萬段。突厥在京師者，又待以優禮，衣錦食肉者，常以千數。齊人懼其寇掠，亦傾府藏以給之。」

〔九〕炎靈：隋應火德，故稱。　啓祚：開創帝業。

〔一〇〕天策：帝王的謀略。　帷扆（yǐ）：帷幔與屏風。指君主朝群臣之所。

〔一一〕沙朔：北方沙漠之地，指塞北。

〔一二〕室：《文苑英華》卷七七二作「塞」，小字注「一作『室』。」　柳室氈裘之長：代指北方遊牧民族的君長。柳室，泛指邊塞軍營。源自漢名將周亞夫駐軍細柳，號細柳營，後因稱嚴整的軍營爲「柳營」。

〔一三〕隸：《文苑英華》卷七七二作「僕」，小字注「一作『隸』。」

〔一四〕瀚：《文苑英華》卷七七二作「滄」，小字注「一作『瀚』。」　瀚海：蒙古高原大沙漠以北及其以西今準噶爾盆地一帶廣大地區的泛稱。　蹛（dài）林：匈奴秋社之處。匈奴土俗，秋社繞林木而會祭，故稱。《史記・匈奴列傳》：「秋，馬肥，大會蹛林，課校人畜計。」司馬貞《索隱》引服虔曰：「匈奴秋社八月中皆會祭處。」張守節《正義》引顏師古曰：「蹛者，遶林木而祭也。鮮卑之俗，自古相傳，秋祭無林木者，尙豎柳枝，眾騎馳遶三周乃止，此其遺法也。」

〔一五〕三吳：地名。指吳興、吳郡、會稽。泛指長江下游一帶。《水經注・漸江水》：「永建中，陽羨周嘉上書，以縣遠，赴會至難，求得分置，遂以浙江西爲吳，以東爲會稽。漢高帝十二年，一吳也，後分爲三，世號『三吳』。吳興、吳郡，會稽其一焉。」　百越：我國古代南方越人各部落的總稱。代指南方。《史記・李斯列傳》：「地非不廣，又北逐胡貉，南定百越。」

〔一六〕黃旗紫蓋之氣：本指出現在斗牛之間的雲氣，狀如黃旗紫蓋，古人以爲帝王之祥瑞。《三國志・吳書・孫皓傳》「建衡三年」句裴松之注引晉虞溥《江表傳》：「初丹楊刁玄使蜀，得司馬徽與劉廙論運命曆數事，玄詐增其文，以詿國人曰：『黃旗紫蓋見於東南，終有天下者，荊揚之君乎？』」

〔一七〕嶮：《文苑英華》卷七七二作「險」。　獸：《百三名家集》作「虎」。　龍
　　　　蟠獸據之嶮：形容地勢險要，可作帝王之都。《建康實錄》卷二引晉張
　　　　勃《吳錄》：「劉備曾使諸葛亮至京，因觀秣陵山阜，曰：『鍾山龍盤，
　　　　石頭虎踞，此乃帝王之宅也。』」

〔一八〕僭偽之君：割據一方的非正統王朝政權，冒用帝王稱號。

〔一九〕五代：此處指統一的漢王朝之後，經歷了曹魏、晉、北魏、西魏、北周
　　　　五代。

〔二〇〕年移三百：此處指南朝陳國運數將盡。《隋書・薛道衡傳》：「郭璞有云：
　　　　『江東偏王三百年，還與中國合。』」

〔二一〕黎獻：黎民中的賢者。《書・益稷》：「萬邦黎獻，共惟帝臣。」蔡沈集傳：
　　　　「黎民之賢者也。」

〔二二〕匪人：指征人。《詩・小雅・何草不黃》：「哀我征夫，獨爲匪民。」

〔二三〕利建：封土建侯。《易・屯》：「元亨利貞。勿用有攸往。利建侯。」　在
　　　　唐：堯以唐侯入爲天子，稱「唐堯」，楊堅以隋國公入爲天子，作者將二
　　　　者類比。

〔二四〕則哲：指知人善用。《書・皋陶謨》：「知人則哲，能官人。」

〔二五〕宸極：北極星，喻指帝位。

〔二六〕脤：《文苑英華》卷七七二作「服」，於義稍遜。　受脤（shèn）：古代出
　　　　兵祭社，祭畢，以社肉頒賜眾人，謂之受脤。後稱受命統軍爲受脤。《左
　　　　傳》閔公二年：「帥師者，受命於廟，受脤於社。」

〔二七〕九：《文苑英華》作「久」，疑音近而誤。　九服大同：指國家統一。九
　　　　服，本指王畿以外的九等地區，代指全國各地。《周禮・夏官・職方氏》：
　　　　「乃辨九服之邦國：方千里曰王畿，其外方五百里曰侯服，又其外方五
　　　　百里曰甸服，又其外方五百里曰男服，又其外方五百里曰采服，又其外
　　　　方五百里曰衛服，又其外方五百里曰蠻服，又其外方五百里曰夷服，又
　　　　其外方五百里曰鎮服，又其外方五百里曰藩服。」

〔二八〕四海爲家：四海之內，盡屬一家，指帝王擁有天下，引申爲天下一統。《史
　　　　記・高祖本紀》：「且夫天子以四海爲家」。

〔二九〕休牛散馬：放歸軍用的牛馬，表示停止戰事。《書・武成》：「乃偃武修文，
　　　　歸馬於華山之陽，放牛於桃林之野，示天下弗服。」

〔三〇〕偃武修文：停息武備，修明文教。

　　自華夏亂離，縣積年代，人造戰爭之具〔一〕，家習澆偽之風〔二〕，聖人之遺訓莫存，先王之舊典咸墜。爰命秩宗〔三〕，刊定「五禮」〔四〕，申敕大予〔五〕，改正六樂〔六〕，玉帛樽俎之儀〔七〕，節文乃備〔八〕，金石匏革之奏〔九〕，雅俗始分。而留心政術〔一○〕，垂神聽覽〔一一〕，早朝晏罷〔一二〕，廢寢忘食〔一三〕，憂百姓之未安，懼一物之失所。行先王之道，夜思待旦〔一四〕，革百王之弊，朝不及夕，見一善事，喜彰於容旨〔一五〕，聞一愆犯〔一六〕，歎深於在予。薄賦輕徭，務農重穀，倉廩有紅腐之積〔一七〕，黎萌無阻饑之慮〔一八〕。天性弘慈〔一九〕，聖心惻隱〔二○〕，恩加禽獸，胎卵於是獲全〔二一〕，仁沾草木，牛羊所以勿踐。至於憲章重典，刑名大辟〔二二〕，申法而屈情〔二三〕，決斷於俄頃，故能彝倫攸敘〔二四〕，上下齊肅〔二五〕。左右絕諂諛之路，縉紳無勢力之門〔二六〕，小心翼翼〔二七〕，敬事於天地，終日乾乾〔二八〕，誠慎於元極〔二九〕。陶黎萌於德化〔三○〕，致風俗於太康〔三一〕。

【校注】

〔一〕造：《文苑英華》卷七七二作「生」，小字注「一作『造』」。　具：《文苑英華》卷七七二作「日」，小字注「一作『具』。」

〔二〕澆偽之風：浮薄、虛偽的社會風氣。

〔三〕秩宗：古代掌宗廟祭祀的官。

〔四〕五禮：指吉禮、凶禮、賓禮、軍禮、嘉禮。《隋書・禮儀志》：「以吉禮敬鬼神，以凶禮哀邦國，以賓禮親賓客，以軍禮誅不虔，以嘉禮合姻好，謂之五禮。」據《隋書・高祖紀》，仁壽二年（六○二）詔楊素、蘇威、牛弘、薛道衡、許善心、虞世基、王劭等人修定五禮。

〔五〕大予：《文苑英華》卷七七二作「太常」，小字注「一作『太予』，後漢樂名。」《七十二家集》、《百三名家集》作「太史」，嚴輯本作「太子」。　大（tài）予：後漢樂名。《後漢書・明帝紀》：「（永平三年）秋八月戊辰，改大樂為大予樂。」

〔六〕六樂：謂黃帝、堯、舜、禹、湯、周武王六代的古樂。《周禮・地官・大司徒》：「以六樂防萬民之情，而教之和。」鄭玄注引鄭司農曰：「六樂，

謂《雲門》、《咸池》、《大韶》、《大夏》、《大濩》、《大武》。」

〔七〕樽：《百三名家集》、嚴輯本作「罇」。　玉帛：圭璋和束帛。古代祭祀、
　　　會盟、朝聘等均用之。《周禮·春官·肆師》：「立大祀用玉帛牲牷。」　樽
　　　俎（zǔ）：古代盛酒食的器皿。樽以盛酒，俎以盛肉。《莊子·逍遙遊》：
　　　「庖人雖不治庖，尸祝不越樽俎而代之矣。」本句代指祭祀、會盟、朝
　　　聘等禮儀。

〔八〕節文：禮節、儀式。

〔九〕金石匏革之奏：代指音樂。金石，鍾磬一類樂器。匏革，笙和鼓。

〔一○〕政：《文苑英華》卷七七二作「正」。

〔一一〕神：《文苑英華》卷七七二小字注「或作『拱』，非。」　聽覽：聽事覽
　　　文，謂處理政務。

〔一二〕早朝晏罷：很早上朝，很遲退朝。謂勤於政事。《呂氏春秋·孟秋紀·禁
　　　塞》：「早朝晏罷，以告制兵者。」

〔一三〕食：《文苑英華》卷七七二作「飧」。

〔一四〕夜思待旦：整夜思考，等待天亮。用以表示勤謹。《書·太甲上》：「先王
　　　昧爽丕顯，坐以待旦，旁求俊彥，啟迪後人，無越厥命以自覆。」

〔一五〕旨：《文苑英華》卷七七二、嚴輯本作「止」。　喜彰於容旨：喜悅表現
　　　在儀容舉止上。

〔一六〕愆（qiān）犯：因過失而觸犯刑律。

〔一七〕紅腐：指陳米，色紅。《漢書·賈捐之傳》：「孝武皇帝元狩六年，太倉之
　　　粟，紅腐而不可食；都內之錢，貫朽而不可校。」

〔一八〕黎萌：黎民。　阻饑：饑餓。《書·舜典》：「帝曰：『棄，黎民阻饑。』」
　　　孔傳：「阻，難。……眾人之難在於饑。」

〔一九〕弘慈：《文苑英華》卷七七二作「和恕」，小字注「一作『弘慈』」。

〔二○〕聖心：《文苑英華》卷七七二作「仁慈」。

〔二一〕胎卵：胎生與卵生。指鳥獸。漢王褒《四子講德論》：「恩及飛鳥，惠加
　　　走獸，胎卵得以成育，草木遂其零茂。」

〔二二〕大辟：見《隋文帝大赦詔》其二「大辟罪」句注。

〔二三〕申：《文苑英華》卷七七二作「伸」。

〔二四〕敘：《文苑英華》作「序」。　彝倫：常理，常道。《書·洪範》：「王乃言
　　　曰：『嗚呼，箕子！惟天陰騭下民，相協厥居，我不知其彝倫攸敘。』」

蔡沈集傳：「彝，常也；倫，理也。」

〔二五〕齊：《文苑英華》卷七七二作「各」，小字注「一作『齊』。」

〔二六〕縉紳：插笏於紳帶間，舊時官宦的裝束，代指士大夫。《漢書·郊祀志
　　　　上》：「其語不經見，縉紳者弗道。」李奇曰：「縉，插也，插笏於紳。
　　　　紳，大帶也。」顏師古曰：「插笏於大帶與革帶之間耳，非插於大帶也。」

〔二七〕小心翼翼：恭敬謹慎貌。《詩·大雅·大明》：「維此文王，小心翼翼。昭
　　　　事上帝，聿懷多福。」鄭玄箋：「小心翼翼，恭慎貌。」

〔二八〕乾乾：自強不息貌。《易·乾》：「君子終日乾乾，夕惕若。厲，無咎。」
　　　　孔穎達疏：「言每恒終竟此日，健健自強，勉力不有止息。」

〔二九〕元：原作「亢」。《文苑英華》卷七七二作「無」，小字注：「一作『元』，
　　　　是。」《七十二家集》、《百三名家集》作「尤」，嚴輯本作「無」。與上句
　　　　「敬事於天地」相對，本句末二字當作「元極」或「無極」，加之字形應
　　　　與「亢」、「尤」相近，且有《文苑英華》版本依據，此處校改作「元」
　　　　字。　元極：謂萬物的本原，亦用以指天。《漢書·敘傳下》：「闡元極，
　　　　步三光。」顏師古注引張晏曰：「元，始也。極，至也。」

〔三〇〕萌：《文苑英華》卷七七二、《百三名家集》作「民」。　德化：謂以德行
　　　　感化。《韓非子·難一》：「舜其信仁乎！乃躬藉處苦而民從之。故曰：聖
　　　　人之德化乎！」

〔三一〕太：《文苑英華》卷七七二作「大」。　太康：社會太平安寧。

　　公卿庶尹〔一〕，遐邇岳牧〔二〕，僉以天平地成〔三〕，千載之嘉會，
登封降禪〔四〕，百王之盛典，宜其金泥玉檢〔五〕，展禮介丘〔六〕，飛
聲騰實〔七〕，常為稱首。天子為而不恃〔八〕，成而不居〔九〕，沖旨凝
邈〔一〇〕，固辭弗許。而雖休勿休，上德不德〔一一〕，更乃潔誠岱岳〔一
二〕，遜謝愆咎〔一三〕。方知六十四卦，謙撝之道為尊〔一四〕，七十二
君〔一五〕，告成之義為小〔一六〕。巍巍蕩蕩〔一七〕，無得以稱焉。而
深誠至德，感達於穹壤〔一八〕，和氣薰風〔一九〕，充溢於宇宙〔二〇〕。
二儀降福〔二一〕，百靈薦祉〔二二〕，日月星象，風雲草樹之祥，山川
玉石，鱗介羽毛之瑞，歲見月彰，不可勝紀〔二三〕。至於振古所未
有，圖籍所不載，目所不見，耳所未聞〔二四〕。古語稱聖人作，萬

物睹，神靈滋，百寶用，此其效矣。

【校注】

〔一〕庶尹：眾官之長。《書・益稷》：「百獸率舞，庶尹允諧。」孔傳：「尹，正也，眾正官之長。」蔡沈集傳：「庶尹者，眾百官府之長也。」

〔二〕岳牧：傳說爲堯舜時四岳十二牧的省稱，後用以泛稱封疆大吏。語本《書・周官》：「唐虞稽古，建官惟百。內有百揆四岳，外有州牧侯伯。」

〔三〕僉（qiān）：都，皆。　天平地成：本指大禹治水成功，地正其勢，天循其時。形容天下太平。語出《左傳》僖公二十四年：「《夏書》曰『地平天成』，稱也。」杜預注：「《夏書》，逸書。地平其化，天成其施，上下相稱爲宜。」

〔四〕登封降禪：登山封禪，古代帝王祭天地的大典。在泰山上築土爲壇，報天之功，稱封；在泰山下的梁父山上闢場祭地，報地之德，稱禪。《史記・封禪書》：「（武帝）遂登封太山，至於梁父，而後禪肅然。」

〔五〕金泥：以水銀和金粉爲泥，作封印之用。《風俗通・正失》「封泰山禪梁父」條：「剋石紀號，著己績也。或曰：金泥銀繩，印之以璽。」　玉檢：玉牒書的封篋。《漢書・武帝紀》「登封泰山」句顏師古注引三國魏孟康曰：「王者功成治定，告成功於天。封，崇也，助天之高也。刻石紀號，有金策石函，金泥玉檢之封焉。」

〔六〕展禮：猶行禮，施禮。　介丘：大山。《史記・司馬相如列傳》：「以登介丘，不亦恧乎。」

〔七〕飛聲騰實：形容名實俱優。

〔八〕爲而不恃：任其自然，不自恃功勞。《老子》第二章：「萬物作焉而不辭，生而不有，爲而不恃，功成而弗居。」

〔九〕成而不居：本義指任其自然存在，不據爲己有。後指立了功而不把功勞歸於自己。《老子》第二章：「萬物作焉而不辭，生而不有，爲而不恃，功成而弗居。」

〔一〇〕沖旨：指聖旨。南朝齊王儉《褚淵碑文》：「暫遂沖旨，改授朝端。」　凝邈：深遠。

〔一一〕上德不德：最上乘的德是不自以爲有德。《老子》第三十八章：「上德不德，是以有德；下德不失德，是以無德。」

〔一二〕潔誠：態度眞誠。　岱岳：泰山的別稱。

〔一三〕愆咎：罪過。《後漢書・章帝紀》：「朕新離供養，愆咎眾著，上天降異，
　　　　大變隨之。」

〔一四〕撝（huī）謙：施行謙遜之德。《易・謙》：「無不利，撝謙。」王弼注：「指
　　　　撝皆謙，不違則也。」本句強調《易經》六十四卦之中，「謙」卦之德最
　　　　尊。《論語・泰伯》：「泰伯，其可謂至德也已矣。三以天下讓，民無得而
　　　　稱焉。」

〔一五〕七十二君：泛指古帝王。《史記・孝武本紀》：「封禪七十二王，唯黃帝得
　　　　上泰山封。」張守節《正義》引《河圖》云：「王者封太山，禪梁父，易
　　　　姓登崇，有七十二君也。」

〔一六〕告成：上報所完成的功業。本句義在盛讚謙遜之德，故以「告成之義」
　　　　為小。《詩・大雅・江漢》：「經營四方，告成於王。」

〔一七〕巍巍蕩蕩：本義為高大廣遠貌，喻指帝王道德崇高，恩澤博大。語出
　　　　《論語・泰伯》：「大哉堯之為君也！巍巍乎！唯天為大，唯堯則之。
　　　　蕩蕩乎，民無能名焉。」朱熹集注：「巍巍，高大之貌；蕩蕩，廣遠之
　　　　稱也。」

〔一八〕穹壤：天地。

〔一九〕和氣：本義為天地間陰氣與陽氣交合而成之氣，萬物由此「和氣」而
　　　　生。引申指能導致吉利的祥瑞之氣。《老子》：「萬物負陰而抱陽，沖氣
　　　　以為和。」漢王充《論衡・講瑞》：「瑞物皆起和氣而生。」　薰風：
　　　　和暖的風。《呂氏春秋・有始》：「東南曰熏風。」

〔二〇〕宇宙：《文苑英華》卷七七二作「寓縣」，小字注：「一作『宇宙』」。

〔二一〕二儀：指天地。

〔二二〕百靈：各種神靈。班固《東都賦》：「禮神祇，懷百靈。」　薦：進。
　　　　祉：福。《詩・小雅・巧言》：「君子如祉，亂庶遄已。」毛傳：「祉，
　　　　福也。」

〔二三〕不可勝紀：不能逐一記述，極言其多。《漢書・公孫弘卜式兒寬傳贊》：
　　　　「漢之得人，於茲為盛，儒雅則公孫弘、董仲舒、兒寬……受遺則霍光、
　　　　金日磾，其餘不可勝紀。」

〔二四〕目所不見耳所未聞：《文苑英華》卷七七二作「莫不見所未見，聞所未聞」，
　　　　小字注「二句一作『目所不見，耳所未聞』。」

　　既而游心姑射〔一〕，脫屣之志已深〔二〕；鑄鼎荊山〔三〕，升天之駕逐遠。凡在黎獻〔四〕，具惟帝臣〔五〕，慕深考妣〔六〕，哀纏弓劍〔七〕。塗山幽峻〔八〕，無復玉帛之禮，長陵寂寞〔九〕，空見衣冠之遊。若乃降精熛怒〔一〇〕，飛名帝籙〔一一〕，開運握圖〔一二〕，創業垂統，聖德也。撥亂反正〔一三〕，濟國寧人〔一四〕，六合八紘〔一五〕，同文共軌〔一六〕，神功也。玄酒陶匏〔一七〕，雲和孤竹〔一八〕，禋祀上帝〔一九〕，尊極配天〔二〇〕，大孝也。偃伯戢戈〔二一〕，正禮裁樂，納民壽域〔二二〕，驅俗福林〔二三〕，至政也。張四維而臨萬宇〔二四〕，侔三皇而並五帝〔二五〕，豈直鎦銖周、漢〔二六〕，么麼魏、晉而已〔二七〕。雖五行之舞〔二八〕，每陳於清廟〔二九〕，九德之歌〔三〇〕，無絕於樂府〔三一〕，而玄功暢洽〔三二〕，不局於形器〔三三〕，懿業遠大，豈盡於揄揚〔三四〕。

【校注】

〔一〕姑射：神山之名。《莊子・逍遙遊》：「藐姑射之山，有神人居焉，肌膚若冰雪，淖約若處子。」。

〔二〕脫屣：比喻看得很輕，無所顧戀，猶如脫掉鞋子。此處指隋文帝對塵世無所顧戀，離去如同脫鞋。《史記・封禪書》：「於是天子曰：『嗟乎！吾誠得如黃帝，吾視去妻子如脫躧耳。』」。

〔三〕鑄鼎荊山：指帝王駕崩。用黃帝鑄鼎於荊山乘龍上天典。《史記・封禪書》：「黃帝采首山銅，鑄鼎於荊山下。鼎既成，有龍垂胡䫇下迎黃帝。黃帝上騎，群臣後宮從上者七十餘人，龍乃上去。餘小臣不得上，乃悉持龍䫇，龍䫇拔，墮，墮黃帝之弓。百姓仰望黃帝既上天，乃抱其弓與胡䫇號，故後世因名其處曰鼎湖，其弓曰烏號。」

〔四〕黎獻：黎民中的賢者。《書・益稷》：「萬邦黎獻，共惟帝臣。」蔡沈集傳：「黎民之賢者也。」

〔五〕具：《七十二家集》、《百三名家集》、嚴輯本作「共」。當涉《書・益稷》：「萬邦黎獻，共惟帝臣」而誤。

〔六〕考妣：父母的別稱。《書・舜典》：「帝乃殂落，百姓如喪考妣。」《禮記・曲禮下》：「生曰父曰母曰妻，死曰考曰妣曰嬪。」最早提出考妣僅指去世的父母，後世多有辯說，參見《爾雅・釋親》郭璞注及郝懿行義疏。

〔七〕哀纏弓劍：以「弓劍」爲對已故帝王寄託哀思之詞。「弓」用黃帝乘龍墮弓，百姓抱弓號哭典。參見本段「鑄鼎荊山」條注。「劍」用黃帝葬橋山，棺空唯劍存典。《水經注‧河水三》「又南離石縣西」條下：「奢延水又東，走馬水注之，水出西南長城北陽周縣故城南橋山。……王莽更名上陵時，山上有黃帝塚故也。帝崩，惟弓劍存焉，故世稱黃帝仙矣。」

〔八〕塗山：山名。此處用禹大會諸侯於塗山典。《左傳》哀公七年：「禹合諸侯於塗山，執玉帛者萬國。」杜預注：「塗山在壽春東北。」

〔九〕長陵：漢高祖墓名曰「長陵」，此處代指帝王陵墓。

〔一〇〕降精：赤帝降下精華，感應生隋。《隋書‧王劭傳》：「赤應隋者，言赤帝降精，感應而生隋也。故隋以火德爲赤帝天子。」 熛（biāo）怒：赤熛怒的省稱，指五方帝之南方赤帝。隋應赤帝火德而王，故用此典。

〔一一〕帝籙：天帝的符命。指令爲天子。

〔一二〕開運：開始新的國運，指建立新的封建王朝。 握圖：指膺天命而有天下，即帝位。

〔一三〕撥亂反正：治理混亂的局面，使恢復正常。《公羊傳》哀公十四年：「撥亂世，反諸正，莫近諸《春秋》。」

〔一四〕濟：《文苑英華》卷七七二作「隆」，小字注「一作『齊』。」 濟國：對國家作出有益的貢獻。 寧人：安定民眾。《書‧大誥》：「予曷其不于前寧人圖功攸終？」孔傳：「我何其不於前文王安人之道謀立其功所終乎！」

〔一五〕六合：指天地四方。《莊子‧齊物論》：「六合之外，聖人存而不論；六合之內，聖人論而不議。」成玄英疏：「六合者，謂天地四方也。」 八紘（hóng）：指八方極遠之地，泛指天下。《淮南子‧墬形》：「九州之外，乃有八殥……八殥之外，而有八紘，亦方千里。」高誘注：「紘，維也。維落天地而爲之表，故曰紘也。」

〔一六〕同文共軌：比喻國家統一。語出《禮記‧中庸》：「今天下車同軌，書同文，行同倫。」

〔一七〕玄酒：古代祭禮中當酒用的清水。《禮記‧禮運》：「故玄酒在室，醴醆在戶。」孔穎達疏：「玄酒，謂水也。以其色黑，謂之玄。而太古無酒，此水當酒所用，故謂之玄酒。」 陶匏（páo）：古代祭禮中使用的陶製的尊、簋、俎豆和壺等器皿。《禮記‧郊特牲》：「掃地而祭，於其質也，器用陶匏，以象天地之性也。」孔穎達疏：「陶謂瓦器，謂酒尊及豆簋之屬，

故《周禮・旅人》爲籩。匏謂酒爵。」

〔一八〕雲和孤竹：代指祭祀用的樂器。雲和，山名。古取山上木材製作琴瑟。代指弦樂器。孤竹，獨生的竹，可製作管樂器。《周禮・春官・大司樂》：「孤竹之管，雲和之琴瑟，《雲門》之舞，冬日至，於地上之圓丘奏之。」鄭玄注：「孤竹，竹特生者。雲和、空桑、龍門，皆山名。」

〔一九〕禋（yīn）祀：古代祭天的一種禮儀。先燔柴升煙，再加牲體或玉帛於柴上焚燒。《周禮・春官・大宗伯》：「以禋祀祀昊天上帝。」

〔二〇〕尊極配天：古帝王祭天時以先祖配祭。尊極，猶至尊，多指帝后，亦指先祖。《詩・大雅・生民序》：「《生民》，尊祖也。后稷生於姜嫄，文武之功，起於后稷，故推以配天焉。」

〔二一〕伯：《文苑英華》卷七七二作「旆」。 偃伯：指休戰。《後漢書・馬融傳》：「臣聞昔命師於鞬橐，偃伯於靈臺，或人嘉而稱焉。」李賢注：「偃，休也。伯謂師節也。」 戢戈：息兵。

〔二二〕民：《文苑英華》卷七七二作「人」，小字注「一作『民』。」 納民壽域：將人民都納入到人人可盡天年的太平盛世中來。壽域，語出《漢書・禮樂志》：「願與大臣延及儒生，述舊禮，明王制，驅一世之民，濟之仁壽之域，則俗何以不若成康？壽何以不若高宗？」

〔二三〕福林：《文苑英華》卷七七二作「淳樸」，小字注「一作『福林』。」

〔二四〕四維：指東南、西南、東北、西北四隅。《淮南子・天文》：「帝張四維，運之以斗……日多至，日出東南維，入西南維……夏至，出東北維，入西北維。」 萬宇：天下。

〔二五〕侔（móu）三皇而並五帝：與傳說中的上古三皇五帝相當。侔，齊等，相當。《莊子・外物》：「海水震蕩，聲侔鬼神。」

〔二六〕直：《文苑英華》作「只」，小字注：「一作『直』。」 錙（zī）銖：古代計量單位，比喻微小的數量。《莊子・達生》：「五六月累丸二而不墜，則失者錙銖。」

〔二七〕么麼：細小。

〔二八〕五行：樂舞名。《史記・孝文本紀》：「舞者，所以明功也。高廟酎，奏《武德》、《文始》、《五行》之舞。」裴駰集解引孟康曰：「《五行》，周舞也。」

〔二九〕每：《文苑英華》卷七七二作「載」，小字注：「一作『每』。」 清廟：太廟。古代帝王宗廟。《詩・周頌・清廟》：「於穆清廟，肅雍顯相。」

〔三〇〕九德：歌頌九功之德的樂曲。《漢書·禮樂志》：「國子者，卿大夫之子弟也。皆學歌九德。」顏師古注：「水火金木土穀謂之六府。正德、利用、厚生謂之三事。六府三事謂之九功。九功之德皆可歌也，故言九德也。」

〔三一〕絕：《文苑英華》卷七七二作「紀」，小字注：「一作『絕』」。　樂府：《文苑英華》卷七七二作「雅樂」，小字注：「一作『樂府』」。　樂府：古代常設的音樂管理機構。參見《漢書·禮樂志》。

〔三二〕玄功：影響深遠的功績。　暢洽：通達周遍。

〔三三〕形器：物質，與精神相對。晉葛洪《抱朴子外篇·廣譬》：「澄精神於玄一者，則形器可忘。」

〔三四〕揄揚：宣揚。班固《兩都賦·序》：「雍容揄揚，著於後嗣，抑亦《雅》《頌》之亞也。」

　　臣輕生多幸〔一〕，命偶興運〔二〕，趨事紫宸〔三〕，驅馳丹陛〔四〕，一辭天闕〔五〕，奄隔鼎湖〔六〕，空有攀龍之心〔七〕，徒懷蔣蟻之意〔八〕。庶憑毫翰〔九〕，敢希贊述！昔墐海之禽不增於大地〔一〇〕，泣河之士非益於洪流〔一一〕，盡其心之所存，忘其力之所及，輒緣斯義，不覺斐然〔一二〕。乃作頌曰：

【校注】

〔一〕輕生：《文苑英華》卷七七二、嚴輯本作「生輕」。　輕生：微賤的人。《文選》卷三〇謝朓《始出尚書省》：「中區咸已泰，輕生諒昭灑。」劉良注：「輕生，謂下人也。」

〔二〕命偶：與好運為偶，形容命運好。

〔三〕宸：《文苑英華》卷七七二作「極」，小字注：「一作『宸』」。　趨事：侍奉。　紫宸：借指帝王。

〔四〕驅馳：奔走效力。《三國志·蜀書·諸葛亮傳》：「三顧臣於草廬之中，諮臣以當世之事，由是感激，遂許先帝以驅馳。」　丹陛：本指宮殿的臺階，借指朝廷。

〔五〕天闕：天子的宮闕，代指中央朝廷。據《隋書》本傳，隋文帝晚年不懲道衡久知機密，因出其為檢校襄州總管；而次年文帝駕崩，故有「一辭天闕，奄隔鼎湖」之語。

〔六〕奄隔鼎湖：指帝王駕崩。用黃帝於鼎湖鑄鼎乘龍升天典。參見本文「鑄
　　鼎荊山」條注。

〔七〕攀龍之心：甘願追隨去世的帝王。用黃帝乘龍升天，群臣攀龍典。參見
　　本文「鑄鼎荊山」條注。

〔八〕蓐蟻之意：指甘願捨身，爲帝王效勞於黃泉。蓐蟻，甘願爲草席以助帝
　　王避螻蟻。《戰國策・楚策一》：「安陵君泣數行而進曰：『臣入則編席，
　　出則陪乘。大王萬歲千秋之後，願得以身試黃泉，蓐螻蟻，又何如得此
　　樂而樂之。』」

〔九〕毫翰：毛筆，借指文字、文章。晉葛洪《抱朴子外篇・行品》：「精微之
　　求，存乎其人，固非毫翰之所備縷也。」

〔一〇〕堙海之禽：用精衛填海典。《山海經・北山經》：「是炎帝之少女名曰女
　　娃，女娃游於東海，溺而不返，故爲精衛，常銜西山之木石，以堙於東
　　海。」

〔一一〕泣河之士：用吳起泣河典。《呂氏春秋・觀表》：「吳起治西河之外，王錯
　　譖之於魏武侯，武侯使人召之。吳起至於岸門，止車而休，望西河，泣
　　數行而下。其僕謂之曰：『竊觀公之志，視舍天下若舍屣。今去西河而泣，
　　何也？』吳起雪泣而應之，曰：『子弗識也。君誠知我，而使我畢能，秦
　　必可亡，而西河可以王。今君聽讒人之議，而不知我，西河之爲秦也不
　　久矣，魏國從此削矣。』吳起果去魏入荊，而西河畢入秦，魏日以削，
　　秦日益大。此吳起之所以先見而泣也。」

〔一二〕斐然：穿鑿妄作貌，此處爲作者謙辭。

　　悠哉邃古〔一〕，邈矣季世〔二〕，四海九州，萬王千帝。三代之後，
其道逾替〔三〕，爰逮金行〔四〕，不勝其弊。戎狄猾夏〔五〕，群凶縱慝
〔六〕，竊號淫名〔七〕，十有餘國〔八〕。怙威逞暴，悖禮亂德，五嶽塵
飛〔九〕，三象霧塞〔一〇〕。玄精啓曆〔一一〕，發跡幽方，併呑寇僞，獨
擅雄強。載祀二百〔一二〕，比祚前王〔一三〕，江湖尙阻，區域未康。
句吳閩越〔一四〕，河朔渭涘〔一五〕，九縣瓜分〔一六〕，三方鼎跱〔一七〕。
狙詐不息〔一八〕，干戈競起，東夏雖平〔一九〕，亂離瘼矣〔二〇〕。五運
協期〔二一〕，千年肇旦〔二二〕，赫矣高祖，人靈攸贊。聖德迥生〔二三〕，

神謀獨斷，癉惡彰善〔二四〕，夷凶靜難〔二五〕。宗伯撰儀〔二六〕，太史練日〔二七〕，孤竹之管，雲和之瑟。展禮上玄〔二八〕，飛煙太一〔二九〕，珪璧朝會〔三〇〕，山川望秩〔三一〕。占揆星景〔三二〕，移建邦畿〔三三〕，下憑赤壤〔三四〕，上協紫微〔三五〕。布政衢室〔三六〕，懸法象魏〔三七〕，帝宅天府，固本崇威〔三八〕。匈河瀚海，龍荒狼望〔三九〕，種落陸梁〔四〇〕，時犯亭障〔四一〕。皇威遠憺，帝德遐暢〔四二〕，稽顙歸誠，稱臣內向。吳越提封〔四三〕，斗牛星象〔四四〕，積有年代，自稱君長〔四五〕。大風未繳〔四六〕，長鯨漏網〔四七〕，授鉞天人〔四八〕，豁然清蕩。戴日戴斗〔四九〕，太平太蒙〔五〇〕，禮教周被〔五一〕，書軌大同〔五二〕。復禹之跡，成舜之功，禮以安上，樂以移風。憂勞庶績〔五三〕，矜育黔首〔五四〕，三面解羅〔五五〕，萬方引咎〔五六〕。納民軌物〔五七〕，驅時仁壽〔五八〕，神化隆平〔五九〕，生靈熙阜〔六〇〕。虔心恭己〔六一〕，奉天事地〔六二〕，協氣橫流〔六三〕，休徵紹至〔六四〕。壇場望幸，云亭虛位〔六五〕，推而不居，聖道彌粹。齊跡姬文〔六六〕，登發嗣聖〔六七〕，道類漢光〔六八〕，傳莊寶命〔六九〕。知來藏往〔七〇〕，玄覽幽鏡〔七一〕，鼎業靈長，洪基隆盛〔七二〕。崆峒問道〔七三〕，汾射窅然〔七四〕，御辯遐逝〔七五〕，乘雲上仙〔七六〕。哀纏率土〔七七〕，痛感穹玄，流澤萬葉，用教百年。尚想睿圖，永惟聖則〔七八〕，道洽幽顯〔七九〕，仁沾動植。爻象不陳〔八〇〕，乾坤將息，微臣作頌，用申罔極〔八一〕。

【校注】

〔一〕邃古：遠古。《後漢書·班固傳下》：「伊考自邃古，乃降戾爰茲，作者七十有四人。」

〔二〕季世：末代，衰敗時期。《左傳》昭公三年：「叔向曰：『齊其何如？』晏子曰：『此季世也，吾弗知齊其爲陳氏矣！』……叔向曰：『然，雖吾公室，今亦季世也。』」

〔三〕道：《文苑英華》卷七七二作「風」。 替：陵替。指綱紀廢弛，上下失序。《左傳》昭公十八年：「於是乎下陵上替，能無亂乎？」

〔四〕金行：指晉朝。晉以金德王，故稱。《文選》卷五四劉孝標《辯命論》：「自金行不競，天地板蕩，左帶沸脣，乘閒電發。」李善注：「金行，謂晉也。

干寶《搜神記》曰：程猗《說石圖》曰：金者，晉之行也。」

〔五〕戎狄：古民族名。西方曰戎，北方曰狄，泛指西北少數民族。《詩·魯頌·
　　　閟宮》：「戎狄是膺，荊舒是懲。」　猾夏：擾亂華夏。《書·舜典》：「蠻
　　　夷猾夏。」孔傳：「猾，亂也。夏，華夏。」

〔六〕慝（tè）：邪惡。《書·大禹謨》：「（舜）負罪引慝，祗載見瞽瞍。」孔傳：
　　　「慝，惡。」孔穎達疏：「自負其罪，自引其惡。」

〔七〕竊號：僭用帝王尊號。《漢書·陳湯傳》：「郅支本亡逃失國，竊號絕域，
　　　非真單于。」　淫名：超越本分的稱號。《國語·吳語》：「今君掩王東海，
　　　以淫名聞於天子。」韋昭注：「淫，僭也。名，號也。」

〔八〕十有餘國：指從西晉末年到北魏統一北方期間，匈奴、鮮卑、羯、氐、
　　　羌等北方民族曾在中國北部建立的十六個政權：前涼、後涼、南涼、西
　　　涼、北涼、前趙、後趙、前秦、後秦、西秦、前燕、後燕、南燕、北燕、
　　　夏、成漢。稱「五胡十六國」。

〔九〕五嶽：我國五大名山的總稱：東嶽泰山、南嶽衡山、西嶽華山、北嶽恒
　　　山、中嶽嵩山。

〔一〇〕三象：日、月、星。

〔一一〕玄精：黑精，水德，此處指北魏。

〔一二〕載：《文苑英華》卷七七二作「享」，小字注云：「一作『戴』。　載祀：
　　　年。《左傳》宣公三年：「桀有昏德，鼎遷於商，載祀六百。」杜預注：
　　　「載、祀皆年。」

〔一三〕前：《文苑英華》作「三」，小字注云：「一作『前』。

〔一四〕句吳：古國名，此處因其地域範圍借指北齊。　閩越：古族名。此處因
　　　該族曾經分佈的地域範圍借指南朝陳國。

〔一五〕河朔渭湆：此處因其地域範圍借指北周。

〔一六〕九縣：九州，泛指天下。《後漢書·光武帝紀贊》：「九縣飆回，三精霧
　　　塞。」李賢注：「九縣，九州也。」

〔一七〕跱：《文苑英華》卷七七二作「峙」，小字注：「一作『跱』。　三方鼎
　　　跱：指當時北周與北齊、南朝陳三方鼎跱。

〔一八〕狙詐：伺機取詐。《漢書·諸侯王表序》：「秦據勢勝之地，騁狙詐之兵，
　　　蠶食山東，壹切取勝。」顏師古注引應劭曰：「狙，伺也。因間伺隙出兵
　　　也。」

〔一九〕東夏雖平：指北周武帝滅北齊。東夏，代指北齊。

〔二〇〕瘼：《文苑英華》卷七七二作「漠」，疑形近而誤。　亂離瘼矣：指天下亂離，困頓不堪。瘼，病痛，泛指困苦。《詩·小雅·四月》：「亂離瘼矣，爰其適歸。」

〔二一〕協：《文苑英華》卷七七二、《七十二家集》、《百三名家集》、嚴輯本作「叶」。　五運：古代據木、火、土、金、水五行生剋說推算出的王朝興替的氣運。晉爲金德，北魏承晉爲水德，北周爲木德，隋代周爲火德。

〔二二〕年：《文苑英華》卷七七二作「齡」，小字注云：「一作『年』」。

〔二三〕迴：《文苑英華》卷七七二作「挺」。

〔二四〕癉（dàn）惡彰善：憎恨壞人壞事，表彰善舉。《書·畢命》：「彰善癉惡，樹之風聲。」孔傳：「明其爲善，病其爲惡。」

〔二五〕靜：《七十二家集》、《百三名家集》、嚴輯本作「靖」。

〔二六〕撰：《文苑英華》卷七七二作「揆」，小字注：「一作『撰』」。　宗伯撰儀：禮部官員撰寫儀軌。宗伯，官名。周代六卿之一，掌宗廟祭祀等事，即後世禮部之職。因稱禮部尙書爲大宗伯或宗伯。《書·周官》：「宗伯掌邦禮，治神人，和上下。」

〔二七〕太史練日：太史選擇日期。太史，官名。西周、春秋時太史掌記載史事、編寫史書、起草文書，兼管國家典籍和天文曆法等。秦漢曰太史令，漢屬太常，掌天時星曆。魏晉以後，修史之職歸著作郎，太史專掌曆法。隋改稱太史監。練日，選擇日期。練，通「揀」。

〔二八〕展禮上玄：向上天行禮。

〔二九〕煙：《文苑英華》卷七七二作「禋」。　飛煙太一：祭祀太一天神。太一，天神名。戰國宋玉《高唐賦》：「醮諸神，禮太一。」

〔三〇〕珪璧：古代祭祀朝聘等所用的玉器。《墨子·尙同中》：「珪璧幣帛不敢不中度量。」　朝會：指諸侯、臣屬及外國使者朝見天子。

〔三一〕望秩：按等級望祭山川。《書·舜典》：「歲二月，東巡守，至於岱宗，柴，望秩於山川。」孔傳：「東嶽諸侯境內名山大川，如其秩次望祭之。謂五嶽牲禮視三公，四瀆視諸侯，其餘視伯子男。」

〔三二〕景：《文苑英華》卷七七二作「影」。

〔三三〕移建邦畿：指隋文帝遷都大興城。

〔三四〕赤壤：赤色的社土。古代天子封土立社，以五色土象徵四方及中央。南

方色赤，以赤壤象徵南方。

〔三五〕協：《文苑英華》卷七七二、《七十二家集》、《百三名家集》、嚴輯本作「叶」。紫微：即紫微垣。星官名，三垣（紫微垣、太微垣、天市垣）之一。《晉書‧天文志上》：「紫宮垣十五星，其西蕃七，東蕃八，在北斗北。一曰紫微，大帝之坐也，天子之常居也，主命主度也。」

〔三六〕衢室：本爲唐堯徵詢民意的處所，後用以泛指古代帝王聽政之所。《管子‧桓公問》：「黃帝立明臺之議者，上觀於賢也；堯有衢室之問者，下聽於人也。」

〔三七〕象魏：古代天子、諸侯宮門外的一對高建筑，爲懸示教令的地方。《周禮‧天官‧大宰》：「正月之吉，始和布治於邦國都鄙，乃縣治象之灋於象魏，使萬民觀治象，挾日而斂之。」

〔三八〕威：《文苑英華》卷七七二作「基」，小字注：「一作『威』」。

〔三九〕龍荒：指漠北，泛指處於荒漠之地的少數民族。龍，指匈奴祭天處龍城；荒，謂荒服。《漢書‧敘傳下》：「龍荒幕朔，莫不來庭。」 狼望：匈奴地名。《漢書‧匈奴傳下》：「且夫前世豈樂傾無量之費，役無罪之人，快心於狼望之北哉？」顏師古注：「匈奴中地名也。」

〔四○〕種落：種族部落。 陸梁：囂張，猖獗。《後漢書‧皇甫規傳》：「後先零諸種陸梁，覆沒營塢。」

〔四一〕亭障：古代邊塞要地設置的堡壘。《尉繚子‧守權》：「凡守者，進不郭圍，退不亭障以禦戰，非善者也。」

〔四二〕遐暢：遠揚。

〔四三〕吳：《文苑英華》卷七七二作「勾」，小字注：「一作『吳』」。 吳越：本爲春秋時期吳國與越國的並稱。後代指吳越故地（今江浙一帶）。 提封：版圖，疆域。

〔四四〕斗牛：本指二十八宿中的斗宿和牛宿。後代指吳越地區，因其當斗、牛二宿之分野，故稱。

〔四五〕稱：《文苑英華》卷七七二作「相」，小字注：「一作『稱』」。

〔四六〕大風：傳說中的惡鳥名。喻賊寇。《淮南子‧本經》：「逮至堯之時，十日竝出，焦禾稼，殺草木，而民無所食。猰貐、鑿齒、九嬰、大風、封豨、脩蛇，皆爲民害。堯乃使羿誅鑿齒於疇華之野，殺九嬰於凶水之上，繳大風於青丘之澤，上射十日而下殺猰貐，斷脩蛇於洞庭，禽封豨於桑林。」

繳（zhuó）：本指繫在箭上的生絲繩，射鳥用。此處用作動詞，射。《孟子·告子上》：「一心以爲有鴻鵠將至，思援弓繳而射之。」

〔四七〕長鯨：喻巨寇。

〔四八〕授鉞：古代大將出征，君主授以斧鉞，表示授以兵權。《文選》卷三張衡《東京賦》：「授鉞四七，共工是除。」薛綜注：「授，與也。鉞，斧鉞也。四七，二十八將也。……《六韜》曰：『凡國有難，君召將以授斧鉞。』」

〔四九〕戴日戴斗：猶言普天之下。語出《爾雅·釋地》：「岠齊州以南，戴日爲丹穴，北戴斗極爲空桐。」南朝梁簡文帝《大法頌序》：「戴日戴斗，靡不來王。」

〔五〇〕太平太蒙：古謂東方日出處與西方日落處，代指天下。《爾雅·釋地》：「東至日所出爲太平，西至日所入爲太蒙。」

〔五一〕被：《文苑英華》作「備」，小字注云：「一作『被』。」

〔五二〕書軌：《文苑英華》卷七七二作「車書」，小字注：「一作『車軌』。」 書軌大同：指車的軌轍相同，書的文字相同，表示文物制度劃一，天下一統。《禮記·中庸》：「今天下車同軌，書同文。」

〔五三〕庶績：各種事業。《書·堯典》：「允釐百工，庶績咸熙。」孔傳：「績，功也；言眾功皆廣。」

〔五四〕矜育：矜怜養育。晉李密《陳情表》：「凡在故老，猶蒙矜育，況臣孤苦，特爲尤甚！」 黔首：平民百姓。《禮記·祭義》：「明命鬼神，以爲黔首則。」鄭玄注：「黔首，謂民也。」孔穎達疏：「黔首，謂萬民也。黔，謂黑也。凡人以黑巾覆頭，故謂之黔首。」

〔五五〕三面解羅：見《奉和臨渭源應詔》「至德去湯羅」句注。

〔五六〕萬方引咎：指賢明的帝王把天下過失歸於自己。用商湯語。《論語·堯曰》：「（湯曰：）萬方有罪，罪在朕躬。」

〔五七〕軌物：規範事物。《左傳》隱公五年：「君將納民軌物者也。」

〔五八〕趨時：《文苑英華》卷七七二作「僉登」。

〔五九〕神：《文苑英華》卷七七二作「聖」。 平：《文苑英華》卷七七二作「隆」，小字注「一作『平』」。

〔六〇〕靈：《文苑英華》卷七七二作「人」，小字注：「一作『靈』。」 熙皋：興盛。

〔六一〕恭己：恭謹以律己。《論語·衛靈公》：「無爲而治者，其舜也與？夫何爲

哉？恭己正南面而已矣。」

〔六二〕事：《七十二家集》、《百三名家集》作「祀」。

〔六三〕協氣：和氣。司馬相如《封禪文》：「協氣橫流，武節飄逝。」

〔六四〕徵：《文苑英華》卷七七二作「風」，小字注「一作『徵』」。 休徵：吉祥
的徵兆。《書・洪範》：「曰休徵。」孔傳：「敘美行之驗。」

〔六五〕云亭：見《從駕幸晉陽》「簪筆上云亭」句注。

〔六六〕齊跡姬文：功業堪比周文王。

〔六七〕登發嗣聖：（如同）周武王發一樣繼承前代聖王。

〔六八〕道類漢光：像東漢光武帝一樣。

〔六九〕傳莊寶命：把大寶之位傳給明帝劉莊。

〔七〇〕知來藏往：對未來有所預見，對已往心中了然。《易・繫辭上》：「神以知
來，知以藏往。」

〔七一〕鏡：《七十二家集》、《百三名家集》、嚴輯本作「境」，形近而誤。 玄覽
幽鏡：指內心光明如鏡，能深察人心萬物。《老子》：「滌除玄覽，能無疵
乎！」高亨正詁：「『覽』、『鑒』古通用。玄者形而上也，鑒者鏡也。玄
鑒者，內心之光明，爲形而上之鏡，能照察事物，故謂之玄鑒。」

〔七二〕盛：《文苑英華》卷七七二作「永」，小字注「一作『盛』」。

〔七三〕崆峒問道：用黃帝問道於廣成子典。《莊子・在宥》：「（黃帝）聞廣成子
在於空同之上，故往見之。曰：『我聞吾子達於至道，敢問至道之精。』」

〔七四〕射：《文苑英華》小字注「一作『祀』」。 汾射：代指神仙居處。《莊子・
逍遙遊》：「堯治天下之民，平海內之政，往見四子藐姑射之山，汾水之陽，
窅然喪其天下焉」。

〔七五〕辯：《文苑英華》卷七七二作「辨」。逝：《文苑英華》卷七七二作「遊」，
小字注：「一作『逝』」。 御辯：駕馭世變。辯，通「變」。《莊子・逍遙遊》：
「若夫乘天地之正，而御六氣之辯。」郭象注：「御六氣之辯者，即是遊變
化之塗也。」

〔七六〕乘：《文苑英華》卷七七二作「垂」。

〔七七〕率土：境域之內。《詩・小雅・北山》：「率土之濱，莫非王臣。」

〔七八〕惟：《文苑英華》卷七七二作「維」。

〔七九〕顯：《文苑英華》卷七七二作「明」。 道洽幽顯：聖王之道在陰間與
陽間都得到普及。道洽，某種學說和教義得到普及。幽顯，猶陰陽。

〔八〇〕象：《文苑英華》卷七七二作「晝」，小字注「一作『象』」。　爻象：《周易》
　　　中六爻相交成卦所表示的事物形象。

〔八一〕用申罔極：用以表達對帝王無窮無盡的懷念。

論

與高熲論克定江東〔一〕

凡論大事成敗，先須以至理斷之。《禹貢》所載九州〔二〕，本是王者封域。後漢之季，群雄競起，孫權兄弟遂有吳、楚之地〔三〕。晉武受命〔四〕，尋即吞併。永嘉南遷〔五〕，重此分割。自爾已來，戰爭不息，否終斯泰〔六〕，天道之恆。郭璞有云〔七〕：「江東偏王三百年，還與中國合。」今數將滿矣。以運數而言，其必克一也。有德者昌〔八〕，無德者亡，自古興滅，皆由此道。主上躬履恭儉〔九〕，憂勞庶政，叔寶峻宇雕牆〔一〇〕，酗酒荒色，上下離心，人神同憤，其必克二也。爲國之體，在於任寄〔一一〕，彼之公卿，備員而已。拔小人施文慶委以政事〔一二〕，尙書令江總唯事詩酒〔一三〕，本非經略之才，蕭摩訶、任蠻奴是其大將〔一四〕，一夫之用耳〔一五〕。其必克三也。我有道而大，彼無德而小，量其甲士，不過十萬。西自巫峽，東至滄海，分之則勢懸而力弱，聚之則守此而失彼。其必克四也。席捲之勢，其在不疑。

【校注】

〔一〕本篇以《隋書》卷五七《薛道衡傳》所載爲底本。　據《隋書・高祖紀》開皇八年（588）十月伐陳，次年正月陳國平。本文疑當作於開皇八年年

－119－

末。《隋書‧薛道衡傳》:「八年伐陳,授淮南道行臺尙書吏部郎,兼掌文
翰。王師臨江,高熲夜坐幕下,謂之曰:『今段之舉,克定江東已不?君
試言之。』」高熲時任晉王楊廣元帥長史,「三軍諮稟,皆取斷於熲。」
(《隋書‧高熲傳》)道衡以「四必克」答之,提綱挈領,論證精當,屬
政論佳作。

〔二〕禹貢所載九州:《尙書‧禹貢》把中國全域劃分爲九州:冀、兗、青、徐、
揚、荊、豫、梁、雍九州。

〔三〕孫權兄弟:指孫權與其兄孫策。孫權(182~252),三國時期吳國之主。
字仲謀,吳郡富春(今浙江富陽)人。傳見《三國志》卷四七《吳書》
第二。孫策(175~200)字伯符,東漢末年割據江東,爲吳國的建立奠
定堅實的基礎。傳見《三國志》卷四六《吳書》第一。

〔四〕晉武:西晉武帝司馬炎(236~290),字世安,河內溫縣(今河南焦作
溫縣)人。於魏元帝咸熙二年(265)受禪,在洛陽稱帝,建立西晉。太
康元年(280)滅吳。結束了魏蜀吳三分天下的局面,實現統一。《晉書》
卷三有傳。

〔五〕永嘉南遷:西晉懷帝永嘉(307~313)年間,內遷的北方少數民族匈奴、
羯、氐、羌、鮮卑等相繼起兵。匈奴劉曜等人攻破洛陽,俘虜晉懷帝、
湣帝,滅亡西晉。東晉元帝率中原士族南渡長江,史稱「永嘉南渡」,建
都建鄴(今南京),是爲東晉。

〔六〕否(pǐ)終斯泰:指厄運終而好運至。「否」、「泰」本是《易》卦名。天
地交,萬物通謂之「泰」;不交閉塞謂之「否」。後常以指世事的盛衰,
命運的順逆。

〔七〕郭璞(276~324):人名。東晉文學家。字景純,河東聞喜人。精於陰陽
曆算五行卜筮之術,每筮必驗,在當時享有盛名。《晉書》卷七二有傳。

〔八〕有德者昌無德者亡:古諺語。符合道德的就可以昌盛,違逆道德的就遭
到滅亡。《漢書‧高帝紀上》:「臣聞『順德者昌,逆德者亡』」。

〔九〕主上:指隋文帝楊堅(541~604),弘農華陰(今陝西華陰)人,隋朝開
國之君。《隋書》卷一、《北史》卷十一有傳。　恭儉:恭謹謙遜。《書‧
周官》:「恭儉惟德,無載爾僞。」

〔一○〕叔寶:指陳後主(553~604),名叔寶,字元秀,陳宣帝嫡長子。太建元
年(569)立爲太子,十四年即位。親信佞臣,不理政事,恃長江天險,

疏於邊防。禎明三年（589）隋軍直入建康，被俘至長安，隋文帝仁壽四
年卒於洛陽，諡號煬。《陳書》卷六、《南史》卷十有傳。

〔一一〕任寄：委任，付託。此處指朝廷官員。

〔一二〕施文慶（？～589）：南朝陳中書舍人，與陳叔寶之幸臣沈客卿共掌機
　　　　密。隋軍南下，文慶因私欲隱瞞消息。群臣建議自京口（今江蘇鎮江）
　　　　至采石（今安徽馬鞍山南）沿江佈防，文慶又加以阻撓。隋滅陳，被
　　　　殺。《陳書》卷三一、《南史》卷七七有傳。

〔一三〕江總（519～594）：南朝陳尚書令，詩人。不持政務，日與陳後主遊宴後
　　　　宮。隋文帝開皇九年（589）滅陳，江總入隋為上開府，開皇十四年（594）
　　　　卒。《陳書》卷二七有傳。

〔一四〕蕭摩訶（532～604）：南朝陳名將。字元胤，蘭陵人，以驍勇善戰著稱。
　　　　《陳書》卷三一、《南史》卷六七有傳。　任蠻奴：即任忠，南朝陳大將。
　　　　字奉誠，小名蠻奴。隋軍渡江，降隋。《陳書》卷三一、《南史》卷六七
　　　　有傳。

〔一五〕一夫之用：謂僅能當一人之用，而無兼人之能。形容能力有限。《後漢
　　　　書・馮異傳》：「異一夫之用，不足為彊弱。」

【附】

高熲答

　　君言成敗，事理分明，吾今豁然矣。本以才學相期，不意籌略乃爾。（《隋
書・薛道衡傳》）

碑

老氏碑〔一〕

　　自太極權輿〔二〕，上元開闢〔三〕，舉天維而懸日月〔四〕，橫地角而載山河〔五〕，一消一息之精靈〔六〕，上生下生之氣候〔七〕，固以財成庶類〔八〕，亭毒羣品〔九〕，有人民焉，有君長焉。至若上皇邃古〔一〇〕，夏巢冬穴，靜神息智，鶉居鷇飲〔一一〕。大禮與天地同節，非折疑於俎豆〔一二〕；大樂與天地同和，豈考擊於鍾鼓？逮乎失道後德〔一三〕，失德後仁，皇王有步驟之殊〔一四〕，民俗有淳醨之變〔一五〕。於是儒墨爭鶩〔一六〕，名法並馳，禮經三百，不能檢其情性〔一七〕，刑典三千，未足息其奸宄〔一八〕。故知潔其流者澄其源，直其末者正其本。源源本本，其唯大道乎？

【校注】

〔一〕本篇以《文苑英華》卷八四八所載爲底本，以《七十二家集》、《百三名家集》、嚴輯本爲參校本。　本文疑當作於開皇六年（586）。碑文曰：「大隋馭天下之六載也，乃詔下臣，建碑作頌。」是爲明證。

〔二〕太極：最原始的混沌之氣。謂太極運動而分化出陰陽，由陰陽而產生四時變化，繼而出現各種自然現象，是宇宙萬物之本原。《易·繫辭上》：「易有太極，是生兩儀，兩儀生四象，四象生八卦。」孔穎達疏：「太極謂天地未分之前，元氣混而爲一，即是太初、太一也。」　權輿：起始。《詩·

秦風・權輿》：「今也每食無餘，於嗟乎！不承權輿。」

〔三〕上元：上天。

〔四〕天維：天的綱維。《文選》卷二張衡《西京賦》：「爾乃振天維，衍地絡。」薛綜注：「維，綱也。」

〔五〕地角：地的盡頭，喻極遠之處。

〔六〕一消一息：消長，盛衰。《易・豐》：「日中則昃，月盈則食，天地盈虛，與時消息，而況於人乎？況於鬼神乎？」高亨注：「消息猶消長也。」 精靈：精靈之氣。古人認爲是形成萬物的本原。《易・繫辭上》：「精氣爲物，遊魂爲變。」孔穎達疏：「陰陽精靈之氣，氤氳積聚而爲萬物也。」

〔七〕上生下生之氣候：變化的氣候。上生下生，本指古代定音律管的兩種產生方法。因古人相信風吹動律管定音，能夠反映陰陽二氣的變化，故而將音樂與氣候聯繫起來。《史記・律書》：「生黃鍾術曰：以下生者，倍其實，三其法。以上生者，四其實，三其法。」《索隱》引蔡邕曰：「陽生陰爲下生，陰生陽爲上生。子午已東爲上生，已西爲下生。」

〔八〕財成：裁度以成之。財，通「裁」。《易・泰》：「天地交，泰。后以財成天地之道。」孔穎達疏：「后，君也。於此之時，君當竭財成就天地之道。」庶類：萬物。《國語・鄭語》：「夏禹能單平水土，以品處庶類者也。」韋昭注：「禹除水災，使萬物高下各得其所。」

〔九〕亭毒：養育，化育。《老子》：「長之育之，亭之毒之，成之熟之。」 羣品：萬物。

〔一〇〕上皇：太古的帝皇。漢鄭玄《詩譜序》：「詩之興也，諒不於上皇之世。」孔穎達疏：「上皇，謂伏犧，三皇之最先者。」 邃古：遠古。《後漢書・班固傳》：「伊考自邃古，乃降戾爰茲，作者七十有四人。」

〔一一〕鶉（chún）居鷇（kòu）飲：已見《高祖文皇帝頌》「鶉居鷇飲」句注。

〔一二〕俎（zǔ）豆：古代祭祀、宴饗時盛食物用的兩種禮器名。《論語・衛靈公》：「俎豆之事則嘗聞之矣，軍旅之事未之學也。」

〔一三〕逮乎：發語詞。及至。 失道後德：語出《老子》第三十八章：「故失道後德，失德後仁，失仁後義，失義後禮。」

〔一四〕皇王有步驟之殊：皇與王還有緩行和疾走的區別。步，緩行。驟，疾走。《後漢書・曹褒傳》：「且三五步驟，優劣殊軌。」李賢注引《孝經鉤命決》：「三皇步，五帝驟，三王馳。」宋均注云：「步謂德隆道用，日月爲

步。時事彌順，日月亦驟。勤思不已，日月乃馳。」

〔一五〕淳醨：指風俗的淳厚與澆薄。醨，本義爲薄酒，引申爲風俗澆薄。

〔一六〕儒墨爭騖：儒家和墨家競相奔走。騖，通「鶩」，疾馳。

〔一七〕檢：約束，限制。《書‧伊訓》：「與人不求備，檢身若不及。」

〔一八〕奸宄（guǐ）：作亂或盜竊的壞人。《書‧舜典》：「蠻夷猾夏，寇賊奸宄。」孔傳：「在外曰奸，在內曰宄。」

　　老君感星載誕〔一〕，莫測受氣之由，指樹爲姓〔二〕，未詳吹律之本〔三〕，含靈在孕七十餘年〔四〕，生而白首，自以老子爲號〔五〕。其狀也，三門雙柱〔六〕，表耳鼻之奇；蹈五把十〔七〕，影手足之異。爰自伏羲，至於周氏，綿祀歷代，見質變名〔八〕。在文王武王之時，居藏史、柱史之職〔九〕。南朝屢易〔一〇〕，容貌不改。宣尼一睹〔一一〕，歎龍德之難知〔一二〕；關尹四望〔一三〕，識眞人之將隱。乃發揮衆妙，著書二篇。率性歸道，以無爲用。其辭簡而要，其旨深而遠。飛龍成卦〔一四〕，未足比其精微；獲麟筆削〔一五〕，不能方其顯晦。用之治身，則神清志靜；用之治國，則反朴還淳。既而鍊形物表〔一六〕，卷迹方外，蜺裳鶴駕〔一七〕，往來紫府〔一八〕；金漿玉酒〔一九〕，宴衍清都〔二〇〕。參日月之光華，與天地而終始。涉其流者，則擯落囂塵〔二一〕；得其門者，則騰驤雲霧〔二二〕。大椿凋茂〔二三〕，非蜉蝣之所知〔二四〕；溟渤淺深〔二五〕，豈馮夷之能測〔二六〕。盛矣哉！固無德之稱也〔二七〕。莊周云〔二八〕：老聃死，秦佚弔之，三號而出，是謂遁天之形。雖復傲吏之寓言〔二九〕，抑亦蟬蛻之微旨〔三〇〕。

【校注】

　〔一〕感星載誕：相傳老子之母感應星辰而孕老子。《法苑珠林》卷三一《潛遁篇‧感應緣》引《神仙傳》：「其母感大流星而有娠」。

　〔二〕指樹爲姓：相傳老子生於李樹下，因指樹以爲姓。《法苑珠林》卷三一引《神仙傳》：「老子母適到李樹下而生老子，老子生而言，指李樹曰：『以此爲我姓。』」

　〔三〕未詳吹律之本：指老子不知其姓。古人吹律定聲，以別其姓。漢班固《白

虎通・姓名》：「聖人吹律定姓以紀其族。」

〔四〕含靈在孕：《法苑珠林》卷三一引《神仙傳》：「或云老子先天地生。或云是天之魂，精靈之屬。或云其母懷之七十歲乃生，生時剖其母左腋出，出而白首，故謂之老子。」

〔五〕自：《文苑英華》卷八四八小字注「一作『因』」。《七十二家集》、《百三名家集》作「因」。

〔六〕三門：指老子耳有三漏門。即兩耳各有三孔，舊傳爲聖人的異相。《淮南子・修務》：「禹耳參漏，是謂大通。」高誘注：「參，三；漏，穴也。」雙柱：指老子鼻樑寬。《太平廣記》卷一「老子」條：「鼻純骨雙柱，耳有三漏門。」

〔七〕蹈五把十：指老子身有異相，足蹈二五，手把十文。《太平廣記》卷一「老子」條：「老子黃白色，美眉廣顙，長耳大目，疎齒方口厚脣，額有三五達理，日角月懸，鼻純骨雙柱，耳有三漏門，足蹈二五，手把十文，以周文王時爲守藏史。」

〔八〕見質變名：指老子在歷代不斷改換名字身份以延年度厄。《太平廣記》卷一引《神仙傳》：「或云上三皇時爲玄中法師，下三皇時爲金闕帝君，伏羲時爲鬱華子，神農時爲九靈老子，祝融時爲廣壽子，黃帝時爲廣成子，顓頊時爲赤精子，帝嚳時爲祿圖子，堯時爲務成子，舜時爲尹壽子，夏禹時爲眞行子，殷湯時爲錫則子，文王時爲文邑先生，一云守藏史，或云在越爲范蠡，在齊爲鴟夷子，在吳爲陶朱公。」《法苑珠林・潛遁》：「老子數易名字，非但聃而已。所以爾者，按《九宮》、《三五經》及《元辰經》：『人生各有厄會，到時易其名字，以隨生氣之音，則可以延年度厄。』今世有道者亦如此。老子在周乃二百餘年，二百餘年之中，必有厄會非一，是以名字稍多耳。」

〔九〕藏史：官名。據《史記・老子韓非列傳》，老子曾爲周守藏室之史。　柱史：官名。柱下史的省稱。老子曾爲周柱下史。

〔一〇〕南：《文苑英華》卷八四八小字注「疑」，有存疑之義。《七十二家集》、《百三名家集》作「市」。

〔一一〕宣尼：漢平帝元始元年追諡孔子爲襃成宣尼公，後因稱孔子爲宣尼。事見《漢書・平帝紀》。

〔一二〕歎龍德之難知：用孔子問禮於老子典。《史記・老子韓非列傳》：「孔子

去，謂弟子曰：『鳥，吾知其能飛。魚，吾知其能遊。獸，吾知其能走。走者可以爲罔，遊者可以爲綸，飛者可以爲矰。至於龍，吾不能知，其乘風雲而上天。吾今日見老子，其猶龍邪。』」

〔一三〕關尹四望：用關令尹喜命老子著書典。《史記·老子韓非列傳》：「至關，關令尹喜曰：『子將隱矣，彊爲我著書。』於是老子迺著書上下篇，言道德之意五千餘言而去，莫知其所終。」

〔一四〕飛龍成卦：指《易·乾卦》用龍的活動來打比方。如《易·乾卦》爻辭「九五：飛龍在天，利見大人。」

〔一五〕獲麟筆削：指孔子作《春秋》所用的隱晦而蘊含褒貶的筆法。獲麟，本指春秋時期魯哀公十四年獵獲麒麟事，相傳孔子作《春秋》至此輟筆，因以代指《春秋》。筆削，本指用筆書寫，刪改時用刀削刮簡牘。《史記·孔子世家》：「至於爲《春秋》，筆則筆，削則削，子夏之徒不能贊一辭。」

〔一六〕鍊形：道家謂修煉自身形體，以求超脫成仙。《文選》卷五左思《吳都賦》：「桂父練形而易色」，劉逵注引《列仙傳》：「桂父，象林人也。常服桂葉，以龜腦和之，顏色如童，時黑時白時赤，南海人尊事之累世。」晉張華《博物志》卷四：「《神農經》曰：上藥養命，謂五石之練形，六芝之延年也。」　物表：物外，世俗之外。

〔一七〕蜺裳：蜺做的下裳，指神仙的衣裳。蜺，本義爲彩虹的副虹。《楚辭·天問》：「白蜺嬰茀，胡爲此堂？」王逸注：「蜺，雲之有色似龍者也。」《楚辭·九歌·東君》：「青雲衣兮白霓裳，舉長矢兮射天狼。」　鶴駕：仙人的車駕。典出劉向《列仙傳·王子喬》，周靈王太子王子喬嘗乘白鶴駐緱氏山頭。

〔一八〕紫府：道教稱仙人所居。晉葛洪《抱朴子內篇·袪惑》：「及至天上，先過紫府，金牀玉几，晃晃昱昱，眞貴處也。」

〔一九〕金漿玉酒：仙藥名。《太平御覽》卷八六一引《漢武故事》：「西王母曰：太上之藥，有玉津金漿，其次藥有五雲之漿。」晉葛洪《抱朴子內篇·金丹》：「朱草狀似小棗，栽長三四尺，枝葉皆赤，莖如珊瑚，喜生名山巖石之下，刻之汁流如血，以玉及八石金銀投其中，立便可丸如泥，久則成水，以金投之，名爲金漿；以玉投之，名爲玉醴，服之皆長生。」

〔二〇〕清都：神話傳說中天帝居住的宮闕。《楚辭·遠遊》：「集重陽入帝宮兮，造旬始而觀清都。」《列子·周穆王》：「清都、紫微、鈞天、廣樂，帝之

所居。」

〔二一〕擯落囂塵：棄絕紛擾的塵世。南朝齊謝朓《之宣城郡出新林浦向板橋》
　　　　詩：「囂塵自茲隔，賞心於此遇。」

〔二二〕騰驤雲霧：騰雲駕霧。《文選》卷二張衡《西京賦》：「負筍業而餘怒，乃
　　　　奮翅而騰驤。」薛綜注：「騰，超也；驤，馳也。」

〔二三〕大椿：古寓言中的木名，生存期極長。《莊子・逍遙遊》：「上古有大椿者，
　　　　以八千歲為春，以八千歲為秋。」

〔二四〕蜉蝣：蟲名。相傳朝生夕死，生存期極短。《詩・曹風・蜉蝣》：「蜉蝣之
　　　　羽，衣裳楚楚。」毛傳：「蜉蝣，渠略也，朝生夕死。」

〔二五〕馮夷：傳說中的黃河之神，即河伯。《莊子・大宗師》：「馮夷得之，以遊
　　　　大川。」成玄英疏：「姓馮名夷，弘農華陰潼鄉堤首里人也。服八石，得
　　　　水仙。大川，黃河也。天帝錫馮夷為河伯，故遊處盟津大川之中也。」

〔二六〕溟渤：溟海和渤海，泛指大海。

〔二七〕之：《七十二家集》、《百三名家集》作「而」。

〔二八〕本句語出《莊子・養生主》：「老聃死，秦失弔之，三號而出。弟子曰：『非
　　　　夫子之友邪？』曰：『然。』『然則弔焉若此，可乎？』曰：『然。始也吾
　　　　以為其人也，而今非也。向吾入而弔焉，有老者哭之，如哭其子；少者
　　　　哭之，如哭其母。彼其所以會之，必有不蘄言而言，不蘄哭而哭者。是
　　　　遁天倍情，忘其所受，古者謂之遁天之刑。」

〔二九〕傲吏：指莊子。《史記・老莊申韓列傳》：「（莊）周嘗為蒙漆園吏。……
　　　　楚威王聞莊周賢，使使厚幣迎之，許以為相。莊周笑謂楚使者曰：『……
　　　　子亟去，無污我。我寧遊戲污瀆之中自快，無為有國者所羈，終身不仕，
　　　　以快吾志焉。』」

〔三〇〕蟬蛻：本義為蟬自幼蟲變為成蟲時蛻殼。喻脫胎換骨，多指修道成真或
　　　　羽化仙去。晉左思《吳都賦》：「桂父練形而易色，赤須蟬蛻而附麗。」

　　皇帝誕靈縱睿，接統膺期〔一〕，照春陵之赤光〔二〕，發芒山之紫
氣〔三〕。珠衡月角〔四〕，天表冠於百王〔五〕；明鏡衢罇〔六〕，聖德會
於千祀。周道云季〔七〕，多難在時，九鼎共海水同飛〔八〕，兩日與
洛川俱斷〔九〕。天齊地軸之所〔一〇〕，蛇食鯨吞；銅陵玉壘之區〔一一〕，

狼顧鴟跱〔一二〕。黃延姦宄〔一三〕，鄭阻兵禍〔一四〕，大縱毒螫，將遍函夏〔一五〕。神謀內斷，靈武外馳，應攙搶而掃除〔一六〕，仗旄鉞而斬伐〔一七〕。共工既翦〔一八〕，重立乾坤；蚩尤就戮〔一九〕，更調風雨。宰制同造化之功〔二〇〕，生靈荷魂魄之賜。萬方欣戴〔二一〕，九服謳歌〔二二〕。乃允答天人，祗膺揖讓〔二三〕，升泰壇而禮上帝〔二四〕，坐明堂而朝羣后〔二五〕。

【校注】

〔一〕接統膺期：指接續大統，承受期運，受天命爲帝王。

〔二〕春陵赤光：用東漢光武帝劉秀典。劉秀出生時，有赤光照室。春陵，劉秀起兵之地。參見《後漢書・光武帝紀》。

〔三〕芒山紫氣：用漢高祖劉邦典。劉邦隱於芒、碭山之間，斬蛇起義。紫氣，紫色雲氣，古代以爲祥瑞之氣，附會爲帝王、聖賢等出現的徵兆。參見《史記・高祖本紀》。

〔四〕珠衡：見《高祖文皇帝頌》「玉理珠衡之異」句注。　月角：相術術語。稱人的右額，在天庭的右邊。亦稱額骨隆起入左邊髮際爲「日角」，入右邊髮際爲「月角」。爲大貴之相。

〔五〕天表：天生的美好儀容。

〔六〕明鏡：喻執政嚴明，明察秋毫，公平無私。典出《西京雜記》卷三：「高祖初入咸陽宮，周行庫府，金玉珍寶，不可稱言。其尤驚異者……有方鏡，廣四尺，高五尺九寸，表裏有明，人直來照之，影則倒見。以手捫心而來，則見腸胃五臟，歷然無硋。人有疾病在內，則掩心而照之，則知病之所在。又女子有邪心，則膽張心動。秦始皇常以照宮人，膽張心動者則殺之。」　衢罇：在四通八達的道路上設酒，使行人自飲。喻仁政。《淮南子・繆稱》：「聖人之道，猶中衢而致尊邪？過者斟酌，多少不同，各得其所宜。是故得一人，所以得百人也。」高誘注：「道，六通謂之衢。尊，酒器也。」

〔七〕周：此處指北周。　季：衰微。

〔八〕飛：《文苑英華》卷八四八小字注：「一作『氣』。」　九鼎共海水同飛：喻指失去國家政權。九鼎，相傳禹鑄九鼎，象徵國家政權。

〔九〕兩日：指代未詳，俟考。

〔一〇〕天齊地軸：泛指大地。

〔一一〕銅陵：產銅的山陵。揚雄《蜀都賦》：「西有鹽泉鐵冶，橘林銅陵。」　玉
壘：指產玉的山。

〔一二〕狼顧鴟（chī）跱（zhì）：像狼一樣虎視眈眈，如鴟一般跱立，喻兇暴者
伺機欲動。

〔一三〕黃：所指未詳，俟考。　姦宄（guǐ）：作亂的人。《書·舜典》：「蠻夷猾
夏，寇賊姦宄。」孔傳：「在外曰姦，在內曰宄。」

〔一四〕鄭：所指未詳，俟考。

〔一五〕函夏：指全國。《漢書·揚雄傳》：「以函夏之大漢兮，彼曾何足與比功？」
顏師古注引服虔曰：「函夏，函諸夏也。」

〔一六〕欃搶：彗星名。古人認為是凶星，主兵禍。《爾雅·釋天》：「彗星為欃
槍。」張衡《東京賦》：「欃槍旬始，群凶靡餘。」

〔一七〕旄鉞：白旄和黃鉞，借指軍權。典出《書·牧誓》：「王左杖黃鉞，右秉
白旄以麾。」蔡沈集傳：「鉞，斧也，以黃金為飾……旄，軍中指麾，白
則見遠。」

〔一八〕共工句用共工怒觸不周山典。《淮南子·天文》：「昔者共工與顓頊爭為
帝，怒而觸不周之山，天柱折，地維絕。天傾西北，故日月星辰移焉；
地不滿東南，故水潦塵埃歸焉。」

〔一九〕蚩尤句用蚩尤興風雨典。《山海經·大荒北經》：「蚩尤作兵伐黃帝，黃帝
乃令應龍攻之冀州之野。應龍蓄水，蚩尤請風伯、雨師，縱大風雨。黃
帝乃下天女曰魃，雨止，遂殺蚩尤。」

〔二〇〕宰制：統轄；控制。《史記·禮書》：「宰制萬物，役使羣眾。」　造化：
自然界的創造者。《莊子·大宗師》：「今一以天地為大鑪，以造化為大冶，
惡乎往而不可哉？」

〔二一〕欣戴：欣悅擁戴。《逸周書·明堂》：「四海兆民，欣戴文武。」

〔二二〕九服：見《高祖文皇帝頌》「九服大同」句注。

〔二三〕祗膺：敬受。　揖讓：此處指禪讓。因隋文帝之帝位由北周靜帝禪讓而
來。《韓非子·八說》：「古者人寡而相親，物多而輕利易讓，故有揖讓而
傳天下者。然則行揖讓，高慈惠而道仁厚，皆推政也。」

〔二四〕泰壇：古代祭天之壇。在都城南郊。《禮記·祭法》：「燔柴於泰壇，祭天
也。」

〔二五〕明堂：見《高祖文皇帝頌》「朝羣后於明堂」句注。　羣后：見《高祖文皇帝頌》「朝羣后於明堂」注。

　　昔軒轅顓頊〔一〕，建國不同；大昊少昊〔二〕，邦畿各異〔三〕。舜改堯都，夏遷虞邑。歷選前辟〔四〕，義存創造。惜十家之產，愛兆民之力。經始帝居，不移天府；規摹紫極〔五〕，仍據皇圖。下宇上棟〔六〕，務存卑儉；右平左墄〔七〕，聿遵制度。朝夕正殿，不別起於鴛鸞〔八〕；升降靈臺〔九〕，豈更營於鵲鷊〔一〇〕？憂勞庶績〔一一〕，矜育蒼生〔一二〕，念茲在茲〔一三〕，發於寤寐〔一四〕。棘林肺石〔一五〕，特降皇情；祝網泣辜〔一六〕，深存寬簡。草纓知恥〔一七〕，畫服興慚〔一八〕，天無入牢之星〔一九〕，地絕城牛之氣〔二〇〕。延閣廣內〔二一〕，改集群典；石渠璧水〔二二〕，闡揚儒業。綴五禮於將壞〔二三〕，正六樂於已崩〔二四〕。總章溺志之音〔二五〕，太師咸功之頌〔二六〕。承華養德〔二七〕，作貳東朝〔二八〕，外正萬邦，內弘三善〔二九〕。兩離炳曜〔三〇〕，重日垂明〔三一〕，永固洪基，克隆鼎祚。重以維城盤石〔三二〕，多藝多才；良佐寶臣，允文允武〔三三〕。為王室之藩屏，成神化之丹青〔三四〕，致世俗於潤塗〔三五〕，納烝民於壽域〔三六〕。

【校注】

〔一〕軒轅：黃帝名。　顓頊（zhuān xū）：上古帝王名。「五帝」之一，相傳為黃帝之孫。

〔二〕大昊：伏羲氏。　少昊：見《出塞》其二「少昊騰金氣」句注。

〔三〕邦畿：王城及其所屬周圍千里的地域。《詩‧商頌‧玄鳥》：「邦畿千里，維民所止。」毛傳：「畿，疆也。」鄭玄箋：「王畿千里之內，其民居安，乃後兆域正天下之經界，言其為政自內及外。」

〔四〕歷選前辟：依序逐一地數前代君主。漢司馬相如《封禪文》：「伊上古之初，肇自昊穹兮生民，歷選列辟，以迄於秦 …… 紛綸葳蕤，堙滅而不稱者，不可勝數也。」

〔五〕紫極：本為星名，帝王造宮室以象之，後借指帝王宮殿。《文選》卷十潘岳《西征賦》：「厭紫極之閑敞，甘微行以遊盤。」李善注：「紫極，星名，

王者爲宮以象之。」

〔六〕下宇上棟：指宮室的基本結構形式。《易·繫辭下》：「上古穴居而野處，後世聖人易之以宮室，上棟下宇，以待風雨，蓋取諸《大壯》。」

〔七〕右平左墄（cè）：平臺和臺階。《文選》卷一班固《西都賦》：「於是左墄右平，重軒三階。」李善注引摯虞《決疑要注》：「平者，以文磚相亞次也。墄者，爲陛級也。」

〔八〕鴛鸞：漢宮殿名。張衡《西京賦》：「後宮則昭陽、飛翔、增成、合驩、蘭林、披香、鳳皇、鴛鸞。」

〔九〕靈臺：古時帝王觀察天文星象、妖祥災異的建築。《詩·大雅·靈臺》「經始靈臺，經之營之。庶民攻之，不日成之。」鄭玄《箋》：「天子有靈臺者，所以觀祲象，察氣之妖祥也。文王受命而作邑於豐，立靈臺。」《文選》卷三張衡《東京賦》：「左制辟雍，右立靈臺。」薛綜注：「司歷紀候節氣者曰靈臺。」

〔一〇〕鳷（zhī）鵲：漢武帝時宮觀名。在長安甘泉宮外，漢武帝建元中建。司馬相如《上林賦》：「過鳷鵲，望露寒，下棠梨，息宜春。」郭璞注引張揖曰：「此四觀，武帝建元中作，在雲陽甘泉宮外。」

〔一一〕庶績：見《高祖文皇帝頌》「憂勞庶績」句注。

〔一二〕矜育：見《高祖文皇帝頌》「矜育黔首」句注。

〔一三〕念茲在茲：形容念念不忘於某一事情。語出《書·大禹謨》：「帝念哉！念茲在茲，釋茲在茲。名言茲在茲，允出茲在茲，惟帝念功。」孔傳：「茲，此；釋，廢也。念茲人，在此功；廢茲人，在此罪。言不可誣。」

〔一四〕寤寐：醒與睡，引申爲日夜思念。《詩·周南·關雎》：「窈窕淑女，寤寐求之。」毛傳：「寤，覺；寐，寢也。」

〔一五〕棘林：古代斷獄的處所。《文選》卷三六王融《永明九年策秀才文》：「自萌俗澆弛，法令滋彰，肺石少不冤之人，棘林多夜哭之鬼。」李善注引《春秋元命苞》：「樹棘槐，聽訟於其下。」 肺石：古時設於朝廷門外的赤石。民有不平，可擊石鳴冤，石形如肺，故名。《周禮·秋官·大司寇》：「以肺石達窮民，凡遠近惸獨老幼之欲有復於上，而其長弗達者，立於肺石三日，士聽其辭，以告於上，而罪其長。」

〔一六〕祝網泣辜：見《奉和臨渭源應詔》「至德去湯羅」句注。

〔一七〕草：原作「非」。《文苑英華》卷八四八小字注：「疑作『艸』，古『草』

字，『草纓』見《愼子》。」《七十二家集》、《百三名家集》作「草」，因
據改。　草纓：古代罪犯冠上加草帶，以示羞辱。相傳是虞舜時的一種
象徵性刑罰，用以代替割鼻的酷刑。《太平御覽》卷六四五引《愼子》：「以
幪巾當墨，以草纓當劓，以菲履當刖，以艾韠當宮，布衣無領當大辟，
此有虞之誅也。」

〔一八〕畫服：古時罪犯的衣服畫有五刑之象，以示警戒。《藝文類聚》卷五四引
南朝梁任昉《爲梁公請刊改律令表》：「畫衣象服，以致刑厝。」

〔一九〕入牢之星：指貫索星，主牢獄。該星座屬天市垣，共九星。《晉書・天文
志上》：「貫索九星在其前，賤人之牢也。一曰連索，一曰連營，一曰天
牢，主法律，禁暴強也。牢口一星爲門，欲其開也。九星皆明，天下獄
煩；七星見，小赦；六星、五星，大赦。動則斧鑕用，中空則更元。」

〔二〇〕牛：《文苑英華》卷八四八小字注：「一作『牢』。」　地絕城牛之氣：未
詳，俟考。

〔二一〕延閣廣內：均爲漢代宮廷藏書之所。《漢書・藝文志》「於是建藏書之策」
句顏師古注引如淳曰：「劉歆《七略》曰：『外則有太常、太史、博士之
藏，內則有延閣、廣內、秘室之府。』」

〔二二〕璧：原作「壁」。據《七十二家集》、《百三名家集》、嚴輯本改。　石渠：
石渠閣的省稱，閣名。西漢皇室藏書之處，在長安未央宮殿北。漢宣帝
甘露三年，詔命諸儒於此論五經。參見《漢書・宣帝紀》、《漢書・儒林
傳》。　璧水：指太學。南朝梁何遜《七召・治化》：「璧水庠序之風，
石渠啓珪璋之盛。」

〔二三〕五禮：見《高祖文皇帝頌》「刊定五禮」句注。據《隋書・高祖紀》，隋
文帝於仁壽二年（602）詔楊素、蘇威、牛弘、薛道衡、許善心、虞世基、
王劭等人修定五禮。

〔二四〕六樂：見《高祖文皇帝頌》「改正六樂」句注。

〔二五〕總章：樂官名。《後漢書・獻帝紀》：「八年冬，十月己巳，公卿初迎冬於
北郊，總章始復備八佾舞。」李賢注：「總章，樂官名。」

〔二六〕太師：古代樂官之長。《國語・魯語下》：「昔正考父校商之名頌十二篇於
周太師。」韋昭注：「太師，樂官之長，掌教詩、樂。」

〔二七〕承華：太子宮門名，代指太子。《文選》卷二四陸機《贈馮文羆遷斥丘
令》：「閶闔既闢，承華再建。」李善注引陸機《洛陽記》曰：「太子宮

在太宮東薄室門外，中有承華門。」

〔二八〕作貳：太子爲儲君，故稱「作貳」。《魏書·世祖紀上》：「詔曰……公卿因茲，稽諸天人之會，請建副貳。」　東朝：太子所居東宮，代指太子。《文選》卷二〇顏延之《應詔讌曲水作詩》：「帝體麗明，儀辰作貳。君彼東朝，金昭玉粹。」李善注：「東朝，東宮也。」

〔二九〕三善：指臣事君，子事父，幼事長的三種道德規範。《禮記·文王世子》：「行一物而三善皆得者，唯世子而已……父子、君臣、長幼之道得而國治。」

〔三〇〕兩離：喻德行高尚的二人。此處指隋文帝與太子。離，一說通「螭」，古代傳說中的無角龍。一說爲靈鳥，即長離，傳說中的鳳鳥。《文選》卷二五傅咸《贈何劭王濟》：「雙鸞遊蘭渚，二離揚清暉。」李善注：「鸞、離喻王、何也。王逸《楚辭序》曰：『虬龍鸞鳳以託君子。』」呂延濟注：「離之精爲鸞鳳，喻君子也。」　炳曜：文采煥發；光輝燦爛。《後漢書·劉瑜傳》：「蓋諸侯之位，上法四七，垂文炳燿，關之盛衰者也。」

〔三一〕重日：喻指隋文帝與太子。

〔三二〕維城：本指連城以衛國，借指皇室宗族。《詩·大雅·板》：「懷德維甯，宗子維城。」　盤石：即磐石。喻分封的宗室，穩定堅固如磐石。《史記·孝文本紀》：「高帝封王子弟，地犬牙相制，此所謂盤石之宗也。」

〔三三〕允文允武：謂文事與武功兼備。《詩·魯頌·泮水》：「允文允武，昭假烈祖。」孔穎達疏：「信有文矣，信有武矣，文則能脩泮宮，武則能伐淮夷，既有文德，又有武功。」

〔三四〕丹青：史籍。古代丹冊紀勳，青史紀事。漢王充《論衡·書虛》：「俗語不實，成爲丹青；丹青之文，賢聖惑焉。」

〔三五〕潤塗：人人富足的康莊大道。潤，本義爲滋潤，《易·說卦》：「風以散之，雨以潤之」，引申爲富足。

〔三六〕烝（zhēng）民：百姓。《書·益稷》：「烝民乃粒，萬邦作乂。」　壽域：見《高祖文皇帝頌》「納民壽域」句注。

旄頭垂象〔一〕，窮髮成形〔二〕，獫狁作患〔三〕，其來久矣，無上籌以制之〔四〕，用下策而難服〔五〕。自我開運〔六〕，耀德戢兵〔七〕，

感義懷仁，稱藩請朔〔八〕，稽顙款塞〔九〕，匍匐投掌〔一〇〕。牂柯夜郎之所〔一一〕，靡漢桑乾之地〔一二〕，咸被聲教〔一三〕，並入提封〔一四〕。閩越勾吳〔一五〕，不愆貢職〔一六〕；夫餘肅慎〔一七〕，無絕夷邸〔一八〕。遐邇禔福〔一九〕，文軌大同〔二〇〕。

【校注】

〔一〕旄頭：已見《昭君怨》「爲視旄頭星」句注。

〔二〕髮：《七十二家集》、《百三名家集》作「變」，形近而誤。　窮髮：遠方不毛之地。《莊子·逍遙遊》：「窮髮之北有冥海者，天池也。」成玄英疏：「地以草爲毛髮，北方寒沍之地，草木不生，故名窮髮，所謂不毛之地。」

〔三〕獯獫（xūn xiǎn）：已見《高祖文皇帝頌》「獯獫孔熾」句注。

〔四〕算：《七十二家集》、《百三名家集》作「算」。　算（suàn）：計謀。《文選》卷六十陸機《弔魏武帝文》：「長算屈於短日，遠迹頓於促路。」李善注：「算，計謀也。」

〔五〕下策：指漢代在處理匈奴問題上不高明的計策。《漢書·匈奴傳》：「嚴尤諫曰：『臣聞匈奴爲害，所從來久矣，未聞上世有必征之者也。後世三家周、秦、漢征之，然皆未有得上策者也。周得中策，漢得下策，秦無策焉。』」

〔六〕開運：已見《高祖文皇帝頌》「開運握圖」句注。

〔七〕耀德：顯揚德化。《國語·周語上》：「先王耀德不觀兵。」　戢兵：息兵。停止軍事行動。《左傳》宣公十二年：「夫武，禁暴、戢兵、保大、定功、安民、和眾、豐財者也。」

〔八〕請朔：謂附庸國請求奉行宗主國的正朔，願爲藩屬。朔，指正朔，開國帝王新頒行的曆法。

〔九〕稽顙：已見《高祖文皇帝頌》「殊方稽顙」句注。　款塞：叩塞門。謂外族前來通好。《史記·太史公自序》：「海外殊俗，重譯款塞。」裴駰《集解》引應劭曰：「款，叩也。皆叩塞門來服從也。」

〔一〇〕匍匐：謂倒僕伏地。　投掌：即據掌，古代行禮的一種方式，用左手按在右手上。《禮記·玉藻》：「君賜，稽首，據掌，致諸地。」鄭玄注：「據掌，以左手覆按右手也。」孔穎達疏：「左手按於右手之上至地也。」

〔一一〕牂（zāng）柯：嚴輯本作「牁柯」。　牂柯：本義爲船隻停泊時用以繫纜

繩的木樁，此處指夜郎國附近的偏遠小國。晉常璩《華陽國志・南中志》：「周之季世，楚威王遣將軍莊蹻，溯沅水出且蘭以伐夜郎，植牂柯繫舡。……因名且蘭爲牂柯國。」 夜郎：漢時我國西南地區古國名。在今貴州省西北部及雲南、四川二省部分地區。漢司馬相如《難蜀父老》：「今罷三郡之士，通夜郎之塗，三年於茲，而功不竟，士卒勞倦，萬民不贍。」

〔一二〕漠：《百三名家集》作「漢」，形近而誤。 桑乾：原作「桑榆」。《文苑英華》卷八四八「桑」字下有小字注曰「疑」，可見宋時即疑有誤字，因「桑榆」無地理方位義，於上下文義不通，今據《七十二家集》、《百三名家集》改。桑乾，河名，即今永定河上游，代指北方。

〔一三〕聲教：聲威教化。《書・禹貢》：「東漸于海，西被于流沙，朔南暨聲教訖于四海。」

〔一四〕提封：已見《高祖文皇帝頌》「吳越提封」句注。

〔一五〕閩越：古族名。古代越人的一支。秦漢時分佈在今福建北部、浙江南部的部分地區。《文選》卷四四司馬相如《喻巴蜀檄》：「移師東指，閩越相誅。」劉良注：「閩越，南夷國名也。」 勾吳：即吳國。《史記・吳太伯世家》：「太伯之犇荊蠻，自號句吳。」

〔一六〕不愆（qiān）貢職：不錯過上交貢賦的時間。

〔一七〕夫餘：古國名。漢代夫餘族所建，在今東北地區。《後漢書・東夷・夫餘傳》：「夫餘國，在玄菟北千里。南與高句驪，東與挹婁，西與鮮卑接。北有弱水。地方二千里，本濊地也。」 肅慎：古民族名。古代居於我國東北地區，一般認爲漢以後的挹婁、勿吉、靺鞨、女眞都和它有淵源關係。《左傳》昭公九年：「肅慎、燕、亳，吾北土也。」

〔一八〕夷邸：「蠻夷邸」的省稱。古代供來朝鄰族、鄰國的使者所住的館舍。《漢書・元帝紀》：「（建昭三年）秋，使護西域騎都尉甘延壽、副校尉陳湯撟發戊己校尉屯田吏士及西域胡兵攻郅支單于。冬，斬其首，傳詣京師，縣蠻夷邸門。」顏師古注：「蠻夷邸，若今鴻臚客館。」

〔一九〕禔（zhī）福：安寧幸福。《漢書・司馬相如傳下》：「遐邇一體，中外禔福，不亦康乎？」顏師古注：「禔，安也。」

〔二〇〕文軌大同：文字和車軌統一，古代以文軌大同爲國家統一的標誌。語本《禮記・中庸》：「今天下車同軌，書同文。」

　　自三代之餘，六雄競逐〔一〕，秦居閏位〔二〕，漢雜霸道〔三〕，魏氏則虐深華夏，有晉則化成戎狄。降斯以後，粹駁不分，帝迹皇風〔四〕，寂寥千載。天命聖德，會昌神道，變億兆之視聽，復三五之規模〔五〕。固以幽明贊協〔六〕，符瑞彪炳〔七〕。千年靈蔡〔八〕，著天性以效徵；三足神烏〔九〕，感陽精而表質〔一〇〕。春泉如醴，出自京師；秋露凝甘，遍於竹葦。星光若月，雲氣飛煙。三農應銅爵之鳴〔一一〕，五緯葉珠囊之度〔一二〕。信可以揚鑾動蹕〔一三〕，肆覲東后〔一四〕，玉檢金繩〔一五〕，登封岱岳〔一六〕。而謙以自牧〔一七〕，為而不宰〔一八〕，尚寢馬卿之書〔一九〕，未允梁松之奏〔二〇〕。在青蒲之上〔二一〕，常若乘奔〔二二〕；處黃屋之下〔二三〕，無忘夕惕〔二四〕。雖蒼璧黃琮〔二五〕，事天事地，南正火正〔二六〕，屬神之褆〔二七〕。猶恐祀典未弘〔二八〕，秩宗廢禮〔二九〕。永言仁里〔三〇〕，尚想玄極〔三一〕。壽宮靈座〔三二〕，麋鹿徙倚〔三三〕；華蓋闃壇〔三四〕，風霜凋弊。乃詔上開府儀同三司、亳州刺史、武陵公元冑〔三五〕，考其故迹，營建祠堂。

【校注】

〔一〕六雄：指戰國時韓、趙、魏、燕、齊、楚六國。

〔二〕秦居閏位：已見《高祖文皇帝頌》「秦居閏位」句注。

〔三〕霸道：已見《高祖文皇帝頌》「漢執靈圖雜霸道而為業」句注。

〔四〕帝迹：帝王的功業。《文選》卷二十顏延之《應詔讌曲水作詩》：「帝迹懸衡，皇流共貫。」李善注：「《春秋合誠圖》曰：『黃帝有迹，必稽功務法。』宋均曰：『迹，行迹。謂功績也。』」　皇風：皇帝的教化。漢班固《東都賦》：「觀明堂，臨辟雍；揚緝熙，宣皇風。」

〔五〕三五：指三皇五帝時的盛世。《楚辭·九歎·思古》：「背三五之典刑兮，絕《洪範》之辟紀。」王逸注：「言君施行，背三皇五帝之常典。」

〔六〕幽明：指善惡；賢愚。《書·舜典》：「三載考績，三考黜陟幽明。」孔傳：「三年有成，故以考功；九歲，則能否、幽明有別，黜退其幽者，升進其明者。」　贊協：輔佐協助。

〔七〕符：原作「荷」。《文苑英華》卷八四八小字注：「疑作『符』」。《七十二

家集》、《百三名家集》作「苻」。　符瑞：吉祥的徵兆。多指帝王受命的徵兆。《管子·水地》：「是以人主貴之，藏以爲寶，剖以爲符瑞。」

〔八〕靈蔡：卜卦用的大龜。蔡，本大龜產地名，後代指大龜。《文選》卷三五張協《七命》：「皆象刻於百工，兆發乎靈蔡。」呂延濟注：「靈，靈龜也。蔡，謂龜出蔡地。」

〔九〕三足神鳥：古代傳說中的神鳥，爲祥瑞之鳥。《水經注·濕水》：「《瑞應圖》有三足鳥、赤鳥、白鳥之名。」

〔一〇〕陽精：指太陽。《禮記·月令》「月令第六」孔穎達疏：「月是陰精，日爲陽精。」漢王充《論衡·說日》：「儒者曰：日中有三足鳥，月中有兔、蟾蜍。」

〔一一〕三農：指春、夏、秋三個農時。　銅爵：即「銅雀」，銅製的鳥雀。《三輔黃圖·建章宮》：「古歌云：『長安城西有雙闕，上有雙銅雀，一鳴五穀成，再鳴五穀熟。』」

〔一二〕五緯：金、木、水、火、土五星。《周禮·春官·大宗伯》「以實柴祀日月星辰」鄭玄注：「星謂五緯，辰謂日月。」賈公彥疏：「五緯，即五星：東方歲星，南方熒惑，西方太白，北方辰星，中央鎮星。言緯者，二十八宿隨天左轉爲經，五星右旋爲緯。」　珠囊之度：指五星的躔度。《尚書考靈曜》：「天失日月，遺其珠囊。」鄭玄注：「珠，謂五星也。遺其囊者，盈縮失度也。」

〔一三〕揚鑾動蹕：指帝王出行。鑾，皇帝的車駕。蹕，帝王出行時，禁止行人以清道。《周禮·天官·閽人》：「大祭祀、喪紀之事，設門燎，蹕宮門廟門。」鄭玄注：「蹕，止行者。」

〔一四〕肆覲東后：原指以禮見東方諸國之君，後泛指以禮見天子或諸侯。東后，東方的諸侯。《書·舜典》：「歲二月，東巡守，至於岱宗，柴。望秩於山川，肆覲東后。」

〔一五〕玉檢：已見《高祖文皇帝頌》「宜其金泥玉檢」句注。　金繩：黃金或其他金屬製的繩索，用以編連策書。

〔一六〕登封：已見《高祖文皇帝頌》「登封降禪」句注。　岱岳：泰山的別稱。

〔一七〕自牧：自我修養。《易·謙》：「謙謙君子，卑以自牧也。」孔穎達疏：「恒以謙卑自養其德也。」

〔一八〕爲而不宰：長育萬物而不主宰。《老子》第五十一章：「生而不有，爲而

不恃，長而不宰。是謂玄德。」

〔一九〕寢：擱置不用。　馬卿之書：指西漢司馬相如《封禪文》。馬卿，司馬相
如字長卿，故稱。

〔二〇〕梁松之奏：用梁松奏請光武帝封禪典。梁松，人名。尚光武帝舞陽長公
主。參見《後漢書・祭祀志》。

〔二一〕青蒲：指天子內庭。《漢書・史丹傳》：「丹以親密臣得侍視疾，候上間獨
寢時，丹直入臥內，頓首伏青蒲上。」顏師古注引應劭曰：「以青規地曰
青蒲，自非皇后不得至此。」

〔二二〕常若乘奔：經常好像乘坐在奔馳的快馬上，比喻時刻小心翼翼。《鄧析子・
轉辭》：「明君之御民，若乘奔而無轡。」張衡《東京賦》：「常翹翹以危
懼，若乘奔而無轡。」

〔二三〕黃屋：帝王所居宮室。《太平御覽》卷四三一引漢應劭《風俗通》：「殷湯
寐寢黃屋，駕而乘露輿。」

〔二四〕夕惕：朝夕戒懼，如臨危境，不敢稍懈。《易・乾》：「君子終日乾乾，夕
惕若，厲，無咎。」

〔二五〕蒼璧黃琮：青色、黃色的瑞玉。古代祭祀用。《周禮・春官・大宗伯》：「以
蒼璧禮天，以黃琮禮地。」

〔二六〕南正：上古時官名，負責會聚羣神，并使之秩序井然。《國語・楚語
下》：「顓頊受之，乃命南正重司天以屬神，命火正黎司地以屬民。」韋
昭注：「南，陽位。正，長也。司，主也。屬，會也。所以會羣神，使各
有分序，不相干亂也。」　火正：上古時官名，負責會聚萬民，并使之
秩序井然。

〔二七〕屬神：會聚羣神。

〔二八〕祀典：祭祀的儀禮。

〔二九〕秩宗：古代掌宗廟祭祀的官。《書・舜典》：「咨！伯，汝作秩宗。」

〔三〇〕永言：長言，吟詠。《書・舜典》：「詩言志，歌永言。」孔傳：「謂詩言
志以導之歌，詠其義以長其言。」　仁里：仁者居住的地方。語本《論
語・里仁》：「里仁為美。」何晏集解引鄭玄曰：「里者，民之所居，居於
仁者之里，是為美。」後泛稱風俗淳美的鄉里。

〔三一〕玄極：極其玄妙深微。

〔三二〕壽宮：奉神之宮，指老子祠。《楚辭・九歌・雲中君》：「蹇將憺兮壽宮，

與日月兮齊光。」王逸注：「壽宮，供神之處也。祠祀皆欲得壽，故名為壽宮也。」　靈座：指老子座像。

〔三三〕靡：《七十二家集》、《百三名家集》作「麋」。　徙倚：徘徊，逡巡。《楚辭‧遠遊》：「步徙倚而遙思兮，怊惝怳而乖懷。」王逸注：「彷徨東西，意愁憒也。」

〔三四〕華蓋：帝王或貴官車上的傘蓋。晉崔豹《古今注‧輿服》：「華蓋，黃帝所作也，與蚩尤戰於涿鹿之野，常有五色雲氣，金枝玉葉，止於帝上，有花葩之象，故因而作華蓋也。」　罽（jì）壇：鋪有毛織物的祭壇。罽，毛織物。

〔三五〕元冑：河南洛陽人，魏昭成帝之六代孫。北周趙王宇文招擺鴻門宴慾殺楊堅，元冑護衛楊堅脫身。楊堅登基，封冑武陵郡公。參與謀劃廢房陵王楊勇。蜀王秀之禍，元冑遭連坐，除名。後因議政，為煬帝所殺。傳見《隋書》卷四十、《北史》卷七三。

　　皇上往因歷試〔一〕，總斯蕃部，猶漢光司隸之所〔二〕，魏武兗州之地〔三〕。對苦相之兩城〔四〕，繞渦穀之三水〔五〕。芝田柳路〔六〕，北走梁園〔七〕；沃野平皋，東連譙國〔八〕。望水置槷〔九〕，揆景瞻星〔一○〕。擬玄圃以疏基〔一一〕，橫玉京而建宇〔一二〕。雕楹畫栱，磊砢相扶〔一三〕，方井圓淵〔一四〕，參差交映。尊容肅穆，儼衛儀而無聲〔一五〕；神館虛閑〔一六〕，滴瀝降而成響。清心潔行之事〔一七〕，存玄守一之儔〔一八〕，四方輻湊〔一九〕，千里波屬〔二○〕。知如在之敬〔二一〕，申醮祀之禮〔二二〕，顯仁助於王者，冥福資於黎獻〔二三〕。允所謂天大道大〔二四〕，難幾者矣！若夫名言頓絕〔二五〕，幽泉之路莫開〔二六〕；形器不陳〔二七〕，妙物之功難著〔二八〕。騰茂實〔二九〕，飛英聲〔三○〕，圖丹青〔三一〕，鏤金石〔三二〕，不可以已，而在茲乎？歲次敦牂〔三三〕，律中姑洗〔三四〕，大隋馭天下之六載也，乃詔下臣，建碑作頌。其詞曰：

【校注】

〔一〕歷試：多次考驗或考察。《孔叢子‧論書》：「堯既得舜，歷試諸難。」

〔二〕漢光司隸之所：指東漢光武帝時，司隸校尉部轄河南、河內、右扶風、左馮翊、京兆、河東、弘農七郡於河南洛陽，故稱東京爲「司隸」。本句通過講光武帝統治的核心區域，談帝王功業。

〔三〕魏武兗州之地：指曹操以兗州爲爭雄天下的根據地。

〔四〕苦相之兩城：指老子籍貫。《史記・老子韓非列傳》云「楚苦縣屬鄉曲仁里人」。東漢邊韶《老子銘》云：「老子楚相縣人也。相縣虛荒，今屬苦，故城猶在，在賴鄉之東，渦水處其陽。」

〔五〕渦穀之三水：渦水與穀水交界處的曲渦間。渦水即今豫東、皖北淮河支流渦河。

〔六〕芝田：傳說中仙人種靈芝的地方。三國魏曹植《洛神賦》：「爾迺稅駕乎蘅皋，秣駟乎芝田。」

〔七〕梁園：西漢梁孝王所建的東苑，故址在今河南省開封東市東南。園林規模宏大，方三百餘里，宮室相連屬，供遊賞馳獵。梁孝王在其中廣納賓客，當時名士司馬相如、枚乘、鄒陽等均爲座上客。參見《史記・梁孝王世家》。

〔八〕譙國：隋所封譙國轄境在今河南東部、安徽北部之鹿邑、渦陽一帶。老子籍貫屬譙國。

〔九〕槷（niè）：通「臬」。古代觀測日影的標桿。《周禮・考工記・匠人》：「置槷以縣，視以景，爲規，識日出之景與日入之景。」鄭玄注：「槷，古文『臬』假借字。於所平之地中央，樹八尺之臬，以縣正之。視之以其景，將以正四方也。」

〔一〇〕揆：嚴輯本作「撥」，形近而誤。　揆景：測量日影，以定時間或方位。

〔一一〕玄圃：傳說中昆侖山頂的神仙居處。玄，通「懸」。《文選》卷三張衡《東京賦》：「左瞰暘谷，右睨玄圃。」李善注：「《淮南子》曰：『懸圃在崑崙閶闔之中。』『玄』與『懸』古字通。」《水經注・河水一》：「崑崙之山三級：下曰樊桐，一名板桐；二曰玄圃，一名閬風；上曰層城，一名天庭，是爲太帝之居。」

〔一二〕玉京：道家稱天帝所居之處。《魏書・釋老志》：「道家之原，出於老子。其自言也，先天地生，以資萬類，上處玉京，爲神王之宗。」

〔一三〕磊砢（luǒ）：壯大貌，高聳貌。《文選》卷一一王延壽《魯靈光殿賦》：「萬楹叢倚，磊砢相扶。」李善注：「磊砢，壯大之貌。」

〔一四〕圓：《七十二家集》、《百三名家集》作「員」。 方井圓淵：古代宮殿繪
有圓形水池圖案狀如井形的天花板。漢王延壽《魯靈光殿賦》：「圓淵方
井，反植荷蕖」。

〔一五〕衛：嚴輯本作「衡」，形近而誤。 衛：指儀衛。

〔一六〕神館：神仙或神靈所居的館所。晉陸雲《愁霖賦》：「劾豐隆於嶽陽兮，
執赤松於神館。」北魏溫子昇《舜廟碑》：「嶷山永逝，湘水長違，靈宮
肅肅，神館微微。」

〔一七〕清心：心地恬靜，無思無慮。《後漢書·西域傳論》：「詳其清心釋累之訓，
空有兼遣之宗，道書之流也。」 潔行：保持清白的操行。《史記·魏公
子列傳》：「臣脩身絜行數十年，終不以監門困故而受公子財。」晉葛洪《抱
朴子外篇·逸民》：「今隱者潔行蓬蓽之內，以詠先王之道。」

〔一八〕守一：道家修養之術，謂專一精思以通神。語出《莊子·在宥》：「我守
其一以處其和，故我修身千二百歲矣，吾形未常衰。」 儔（chóu）：輩，
同類。漢王符《潛夫論·忠貴》：「此等之儔，雖見貴於時君，然上不順
天心，下不得民意。」

〔一九〕輻湊：集中，聚集。漢班固《東都賦》：「平夷洞達，萬方輻湊。」

〔二〇〕波屬：如波之相接，比喻連續不斷。《宋書·謝靈運傳論》：「自建武暨乎
義熙，歷載將百，雖綴響聯辭，波屬雲委，莫不寄言上德，託意玄珠。」

〔二一〕如在：謂祭祀神靈、祖先時，好像受祭者就在面前。形容祭祀誠敬。《論
語·八佾》：「祭如在，祭神如神在。」

〔二二〕醮（jiào）祀：齋醮，祭祀。《文選》卷一九宋玉《高唐賦》：「醮諸神，
禮太一。」李善注：「醮，祭也。」

〔二三〕冥：暗中，與「顯」相對。 黎獻：見《高祖文皇帝頌》「愍彼黎獻」句
注。

〔二四〕天大道大：語出《老子》：「有物混成，先天地生。寂兮寥兮，獨立而不
改，周行而不殆，可以爲天地母。吾不知其名，強字之曰道，強爲之名
曰大。大曰逝，逝曰遠，遠曰反。故道大，天大，地大，人亦大。」

〔二五〕名言：承載深刻道理的言論或話語。《世說新語·言語》：「庾公嘗入佛圖，
見臥佛，曰：『此子疲於津梁。』於時以爲名言。」

〔二六〕幽泉之路：幽深隱僻之路，喻指求道之路。

〔二七〕形器：物質，物體，與精神相對。晉葛洪《抱朴子外篇·廣譬》：「澄精

神於玄一者，則形器可忘。」

〔二八〕妙物之功：指創造萬物之功。《文選》卷五九王巾《頭陀寺碑文》：「是故
　　　三才既辨，識妙物之功；萬象已陳，悟太極之致。」李善注：「《易》曰：
　　　神者，妙萬物而爲言者也。」

〔二九〕茂實：盛美的德業。漢司馬相如《封禪文》：「俾萬世得激清流，揚微波，
　　　蜚英聲，騰茂實。」

〔三〇〕英聲：美好的名聲。

〔三一〕圖丹青：畫像。

〔三二〕鏤金石：在鐘鼎碑碣上鐫刻文字，頌功紀事。《墨子·兼愛下》：「以其所
　　　書於竹帛，鏤於金石，琢於槃盂，傳遺後世子孫者知之。」

〔三三〕敦牂（zāng）：古稱太歲在午之年爲「敦牂」，意爲是年萬物盛壯。《爾雅·
　　　釋天》：「（太歲）在午曰敦牂。」《史記·曆書》：「商橫敦牂後元元年。」
　　　張守節正義：「孫炎注《爾雅》云：敦，盛也。牂，壯也。言萬物盛壯也。」

〔三四〕姑洗：十二律之一，爲陽律第三，此指農曆三月。《周禮·春官·大司樂》：
　　　「乃奏姑洗。」《史記·律書》：「三月也，律中姑洗。姑洗者，言萬物洗
　　　生。」漢班固《白虎通·五行》：「三月謂之姑洗何？姑者故也，洗者鮮
　　　也，言萬物皆去故就其新，莫不鮮明也。」

　　悠哉振古〔一〕，邈矣帝先〔二〕。四夷紀地〔三〕，八柱承天〔四〕。
叢生類聚，廣谷大川。至道靈運，神功自然。五精應感〔五〕，三微
相繼〔六〕。樹以司牧〔七〕，執其象契〔八〕。帝迹懃皇〔九〕，王猷謝帝
〔一〇〕。上德逾遠〔一一〕，淳風漸替〔一二〕。時乖澹泊〔一三〕，俗異沖和
〔一四〕。尚賢飾智〔一五〕，懸法張羅。內修樽俎〔一六〕，外事干戈。
魚驚網密，鳥亂弓多。眞人出世〔一七〕，星精下斗〔一八〕。龍德在躬
〔一九〕，鶴髮垂首〔二〇〕。解紛挫銳〔二一〕，去薄歸厚〔二二〕。日角月角
〔二三〕，天長地久〔二四〕。小茲五嶽，隘此九州。逝將高蹈〔二五〕，超
然遠遊。青牛已駕〔二六〕，紫氣光浮〔二七〕。玄門洞啓〔二八〕，神化
潛流〔二九〕。賴鄉舊里〔三〇〕，渦川遺迹〔三一〕。古往今來，時移世易。
靈廟凋毀，祠壇虛寂。九井生桐〔三二〕，雙碑碎石〔三三〕。惟皇受命

〔三四〕，迺神迺聖。響發地鍾，光垂天鏡〔三五〕。宇宙開朗，妖氛蕩定。曜魄同尊〔三六〕，紊神取正〔三七〕。流沙蟠木〔三八〕，鳳穴龜林〔三九〕。異類歸款〔四○〕，萬方宅心〔四一〕。鴻臚納賝〔四二〕，王會書琛〔四三〕。青雲干呂〔四四〕，薰風入琴〔四五〕。化致鼎平〔四六〕，家興禮讓。永言柱下〔四七〕，猶慚太上〔四八〕。乃建清祠，式圖靈狀。原隰爽塏〔四九〕，亭皋彌望〔五○〕。梅梁桂棟〔五一〕，曲檻叢楹〔五二〕。煙霞舒卷，風霧凄清〔五三〕。仙官就位，羽客來庭〔五四〕。穰穰簡簡〔五五〕，降福明靈。至神不測〔五六〕，理存繫象〔五七〕。大音希聲〔五八〕，時振高響。遐邇讚頌，幽明資仰〔五九〕。敬刊金石，永蟠天壤〔六○〕。

【校注】

〔一〕振古：遠古。《詩・周頌・載芟》：「匪今斯今，振古如茲。」

〔二〕帝先：三皇五帝之前，指遠古。

〔三〕四夷紀地：《文苑英華》卷八四八小字注：「一作『四紀維地』」。《七十二家集》、《百三名家集》作「四紀維地」。 四夷紀地：用東夷、西戎、南蠻、北狄等分佈在華夏四方的少數民族來代稱地有四方。

〔四〕八柱承天：古代神話傳說，地有八柱，用以承天。《楚辭・天問》：「八柱何當？東南何虧？」王逸注：「言天有八山爲柱。」洪興祖補注：「《河圖》言：崑崙者，地之中也，地下有八柱，柱廣十萬里，有三千六百軸，互相牽制，名山大川，孔穴相通。」

〔五〕五精：五方之星。即東方歲星（木星）、南方熒惑（火星）、中央鎮星（土星）、西方太白（金星）、北方辰星（水星）。《文選》卷三張衡《東京賦》：「辨方位而正則，五精帥而來摧。」薛綜注：「五精，五方星也。」

〔六〕三微：即三正，代指夏殷周三代。夏正建寅，殷正建丑，周正建子。三正之始，萬物皆微，故稱。《漢書・律曆志上》：「三微之統既著，而五行自青始。」《後漢書・陳寵傳》：「三微成著，以通三統。」李賢注引《三禮義宗》：「三微，三正也。言十一月陽氣始施，萬物動於黃泉之下，微而未著，其色皆赤，赤者陽氣。故周以天正爲歲，色尚赤，夜半爲朔。十二月萬物始牙，色白，白者陰氣。故殷以地正爲歲，色尚白，雞鳴爲朔。十三月萬物始達，其色皆黑，人得加功以展其業。夏以人正爲歲，色尚黑，平旦爲朔，故曰三微。」

〔七〕司牧：古代視治民如牧牛羊，故稱統治管理人民的帝王、官員爲司牧。
南朝齊蕭道成《即位告天文》：「肇自生民，樹以司牧。」

〔八〕象契：未詳。俟考。

〔九〕帝迹：已見本碑「帝迹皇風」句注。

〔一〇〕王猷：王道。《詩・大雅・常武》：「王猷允塞，徐方既來。」朱熹《集
傳》：「猷，道。」

〔一一〕上德：至德；盛德。《老子》：「上德不德，是以有德；下德不失德，是以
無德。」《韓非子・解老》：「德盛之謂上德。」

〔一二〕淳風：敦厚古樸的風俗。晉葛洪《抱朴子外篇・逸民》：「淳風足以濯百
代之穢，高操足以激將來之濁。」 替：消亡，泯滅。《國語・魯語上》：
「今先君儉而君侈，令德替矣。」韋昭注：「替，滅也。」

〔一三〕澹泊：恬淡寡欲。《漢書・敘傳上》：「若夫嚴子者，絕聖棄智，修生保眞，
清虛澹泊，歸之自然。」

〔一四〕沖和：淡泊平和。語本《老子》「沖氣以爲和。」

〔一五〕尙賢飾智：推崇賢才、以智慧矯飾，均爲老子所反對。《老子》：「不尙賢，
使民不爭；不貴難得之貨，使民不爲盜；不見可欲，使民心不亂。是以
聖人之治，虛其心，實其腹，弱其志，強其骨。常使民無知、無欲。使
夫智者不敢爲也，爲無爲，則無不治。」

〔一六〕樽俎（zūn zǔ）：古代祭祀、燕饗時盛酒肉的禮器。樽以盛酒，俎以盛肉。
此處代指儒家之儀節，爲老子所反對。《老子》：「夫禮者，忠信之薄，而
亂之首。」

〔一七〕眞人：道家稱存養本性或修眞得道的人。《莊子・大宗師》：「古之眞人，
不逆寡，不雄成，不謨士。若然者，過而弗悔，當而不自得也。若然者，
登高不慄，入水不濡，入火不熱。是知之能登假於道者也若此。古之眞
人，其寢不夢，其覺無憂，其食不甘，其息深深。眞人之息以踵，眾人
之息以喉。屈服者，其嗌言若哇。其耆欲深者，其天機淺。古之眞人，
不知說生，不知惡死；其出不訢，其入不距；翛然而往，翛然而來而已
矣。不忘其所始，不求其所終；受而喜之，忘而復之，是之謂不以心捐
道，不以人助天。是之謂眞人。」

〔一八〕星精下斗：指星之靈氣離開星宿，凝結爲精華而出世。斗，星宿名，因
象斗形，故稱。

〔一九〕龍德在躬：指老子有龍德。《史記·老子韓非列傳》：「孔子去，謂弟子曰：
　　　　『鳥，吾知其能飛；魚，吾知其能遊；獸，吾知其能走。走者可以爲罔，
　　　　遊者可以爲綸，飛者可以爲矰。至於龍吾不能知，其乘風雲而上天。吾
　　　　今日見老子，其猶龍邪！」

〔二〇〕鶴髮：白髮。

〔二一〕解紛挫銳：排解紛擾，挫去銳氣。語出《老子》：「知者不言，言者不知；
　　　　塞其兌，閉其門；挫其銳，解其紛；和其光，同其塵，是謂玄同。」

〔二二〕去薄歸厚：語出《老子》：「是以大丈夫處其厚，不居其薄；處其實，不
　　　　居其華。故去彼取此。」

〔二三〕日角月角：相術家稱額骨隆起入左邊髮際爲「日角」，入右邊髮際爲「月
　　　　角」，乃大貴之相。《文選》卷五四劉孝標《辯命論》：「龍犀日角，帝王
　　　　之表。」李善注引朱建平《相書》：「額有龍犀入髮，左角日，右角月，
　　　　王天下也。」《太平廣記》卷一「老子」條引《神仙傳》：「老子黃白色，
　　　　美眉廣額，長耳大目，疏齒方口厚唇，額有三五達理，日角月懸。」

〔二四〕天長地久：語出《老子》：「天長地久，天地所以能長且久者，以其不自
　　　　生，故能長生。」

〔二五〕高蹈：遠行。據《史記·老子韓非列傳》，老子見周之衰，迺去，莫知其
　　　　所終。

〔二六〕青牛：用老子騎青牛典。《史記·老子韓非列傳》「於是老子迺著書上下
　　　　篇，言道德之意五千餘言而去，莫知其所終。」司馬貞《索隱》引劉向
　　　　《列仙傳》：「老子西遊，關令尹喜望見有紫氣浮關，而老子果乘青牛而
　　　　過也。」

〔二七〕紫氣：古代以爲祥瑞之氣，附會爲聖賢出現的預兆。老子過關，關令尹
　　　　喜見紫氣。

〔二八〕玄門：指道教學說。語出《老子》：「玄之又玄，眾妙之門。」

〔二九〕神化：神妙地潛移默化。語出《易·繫辭下》：「神而化之，使民宜之。」

〔三〇〕賴鄉：《文苑英華》卷八四八小字注：「一作『相城』」。馬敘倫《老子校
　　　　詁》之《老子姓氏名字鄉里仕宦生卒考》一節，認爲老子是「宋國相人」。
　　　　賴鄉：老子籍貫。《史記·老子韓非列傳》：「老子者，楚苦縣屬鄉曲仁里
　　　　人也。」張守節《正義》：「《朱韜玉札》及《神仙傳》云：『老子，楚國
　　　　苦縣瀨鄉曲仁里人。」

〔三一〕渦川：老子籍貫在渦水之陽。東漢邊韶《老子銘》云：「老子楚相縣人也。
相縣虛荒，今屬苦，故城猶在，在賴鄉之東，渦水處其陽。」

〔三二〕桐：《百三名家集》作「祠」，形近而誤。　九井：《正統道藏·猶龍傳》
載老子出生時，「萬鶴翔空，九龍吐水，以浴聖姿，龍出之處，因成九井。」
《史記·老子韓非列傳》「老子者楚苦縣厲鄉曲仁里人也」張守節《正義》
引《括地志》云：「苦縣在亳州谷陽縣界。有老子宅及廟，廟中有九井尚
存，在今亳州真源縣也。」《初學記》卷七引《賴鄉記》：「廟中有九井，
汲一井，餘水皆動。」

〔三三〕雙碑：老子廟前有雙碑。《水經注》卷二三「（陰溝水）東南至沛，為渦
水」條下注：「渦水又北逕老子廟東，廟前有二碑，在南門外。」

〔三四〕受命：受天之命。古帝王自稱受命於天以鞏固其統治。《書·召誥》：「惟
王受命，無疆惟休，亦無疆惟恤。」

〔三五〕天鏡：比喻監察天下的權力。《南齊書·高帝紀上》：「披金繩而握天鏡，
開玉匣而總地維。」

〔三六〕曜魄：指北極星。

〔三七〕取正：用作典範。《後漢書·蔡邕傳》：「（蔡邕等）奏求正定《六經》文
字，靈帝許之。邕乃自書丹於碑，使工鐫刻立於太學門外。於是後儒晚
學，咸取正焉。」

〔三八〕流沙：代指西域地區。　蟠木：東海中仙山上的大桃樹，代指東邊。一
說即扶桑。《史記·五帝本紀》：「（顓頊）北至於幽陵，南至於交阯，西
至於流沙，東至於蟠木。」裴駰《集解》：「《地理志》曰：流沙在張掖居
延縣。《海外經》曰：東海中有山焉，名曰度索。上有大桃樹，屈蟠三千
里。」章炳麟《封建考》：「昔在顓頊，地東至蟠木，南至交阯。蟠木者，
一曰榑木，則扶桑也。」

〔三九〕龜林：指北方邊遠之地。庾信《周上柱國齊王憲神道碑銘》：「悠哉朔方，
逖矣窮陰，山連鳥道，地盡龜林。」倪璠注：「地盡龜林，言地直通西
域之遠也。」本句「流沙蟠木，鳳穴龜林」，流沙在西，蟠木在東，鳳
穴在南，故龜林在北。

〔四〇〕異類：古時稱外族。《孔子家語·好生》：「舜之為君也……德若天地而靜
虛，化若四時而變物也。是以四海承風，暢於異類。」王肅注：「異類，
四方之夷狄也。」　歸款：投誠，歸順。

〔四一〕萬方宅心：天下各方心悅誠服而歸附。《文選》卷三七劉琨《勸進表》：
「純化既敷，則率土宅心；義風既暢，則遐方企踵。」

〔四二〕鴻臚納贐（jìn）：掌管鴻臚寺的官員，接收諸侯、四夷、藩屬進貢的財物。
鴻臚，官署名。《周禮》官名有大行人之職，秦及漢初稱典客，景帝六年，
更名大行令，武帝太初元年，改稱大鴻臚，主掌接待賓客之事。東漢以
後，大鴻臚主要職掌為朝祭禮儀之贊導。北齊始置鴻臚寺。《隋書·百官
志》：「鴻臚寺，掌蕃客朝會，吉凶弔祭。」

〔四三〕王會書琛（chēn）：諸侯、四夷、藩屬在朝貢天子聚會時，獻上珍寶。《詩·
魯頌·泮水》：「憬彼淮夷，來獻其琛。」毛傳：「琛，寶也。」漢張衡《東
京賦》：「藩國奉聘，要荒來質，具惟帝臣，獻琛執贄。」王會，舊時諸
侯、四夷、藩屬朝貢天子的聚會。《逸周書·王會》：「成周之會，墠上張
赤帟陰羽。」孔晁注：「王城既成，大會諸侯四夷也。」

〔四四〕干呂：猶入呂。古稱律為陽，呂為陰，故以「干呂」謂陰氣調和。《海內
十洲記·聚窟洲》：「臣國去此三十萬里，國有常占，東風入律，百旬不
休，青雲干呂，連月不散者，中國時有好道之君。」

〔四五〕薰風：相傳舜唱《南風歌》，有「南風之薰兮」句，因以「薰風」指《南
風歌》。《孔子家語·辨樂解》：「昔者舜彈五弦之琴，造《南風》之詩。
其詩曰：『南風之薰兮，可以解吾民之慍兮；南風之時兮，可以阜吾民之
財兮。』」

〔四六〕鼎平：政治清明，社會安定。

〔四七〕柱下：代指老子。老子曾為周柱下史，故稱。《後漢書·王充王符等傳
論》：「貴清靜者，以席上為腐議；束名實者，以柱下為誕辭。」李賢注：
「柱下，老子也。」

〔四八〕太上：「太上老君」之稱最早見於《魏書·釋老志》：「（寇）謙之守志嵩
岳，精專不懈，以神瑞二年十月乙卯，忽遇大神，乘雲駕龍，導從百靈，
仙人玉女，左右侍衛，集止山頂，稱太上老君。謂謙之曰：『往辛亥年，
嵩岳鎮靈集仙宮主，表天曹，稱自天師張陵去世已來，地上曠誠，修善
之人，無所師授。嵩岳道士上谷寇謙之，立身直理，行合自然，才任軌
範，首處師位，吾故來觀汝，授汝天師之位，賜汝《雲中音誦新科之誡》
二十卷。』」

〔四九〕原隰（xí）：廣平與低濕之地。《書·禹貢》：「原隰底績，至於豬野。」《國

語·周語上》:「猶其原隰之有衍沃也。」韋昭注:「廣平曰原,下濕曰隰。」

爽塏(kǎi):高爽乾燥之地。《左傳》昭公三年:「子之宅近市,湫隘囂塵,不可以居,請更諸爽塏者。」杜預注:「爽,明;塏,燥。」

〔五○〕亭皋:水邊的平地。《漢書·司馬相如傳上》:「亭皋千里,靡不被築。」王先謙補注:「亭當訓平……亭皋千里,猶言平皋千里。皋,水旁地。」

彌望:充滿視野;滿眼。《漢書·元后傳》:「大治第室,起土山漸臺,洞門高廊閣道,連屬彌望。」

〔五一〕梅梁:大樑。《太平御覽》卷九七○引漢應劭《風俗通》:「夏禹廟中有梅梁,忽一春生枝葉。」 桂棟:桂木作的梁棟,極言其華麗。《楚辭·九歌·湘夫人》:「桂棟兮蘭橑,辛夷楣兮藥房。」

〔五二〕曲檻:曲折的欄杆。 楹:廳堂的前柱。《詩·小雅·斯干》:「殖殖其庭,有覺其楹。」孔穎達疏:「有覺然高大者,其宮寢之楹柱也。」

〔五三〕風霧:《文苑英華》卷八四八小字注:「疑作『風露』」。嚴輯本作「風露」。

〔五四〕羽客:指神仙。《山海經·海外南經》:「羽民國在其東南。其為人長頭,身生羽。一曰在比翼鳥東南,其為人長頰。」郭璞注:「羽民國人能飛,不能遠,卵生,畫似仙人也。」

〔五五〕穰穰:眾多。簡簡:盛大貌。《詩·周頌·執競》:「降福穰穰,降福簡簡。」毛傳:「穰穰,眾也。簡簡,大也。」

〔五六〕至神不測:形容難以意料。《易·繫辭上》:「陰陽不測之謂神。」王弼注:「神也者變化之極,妙萬物而為言,不可以形詰者也。」

〔五七〕繫象:《周易》中的《繫辭》和《象辭》的並稱。

〔五八〕大音希聲:至大至美之音,不辨宮商,猶如無聲。《老子》:「大音希聲,大象無形。」王弼注:「聽之不聞名曰希,不可得聞之音也。有聲則有分,有分則不宮而商矣。分則不能統眾,故有聲者非大音也。」

〔五九〕幽明資仰:人神共同敬仰。

〔六○〕永蟠天壤:永遠存在於天地之間。蟠,遍及,充滿。《莊子·刻意》:「精神四達並流,無所不極,上際於天,下蟠於地。」

後周大將軍楊紹碑銘一首 (並序)〔一〕

若夫天地之大德,聖人之大寶,其惟生位乎〔二〕。生有終而位

有極，道恒存而名不朽。故雲臺驎閣〔三〕，所以圖其形；工哥史頌〔四〕，所以播其聲。

【校注】

〔一〕本篇以僅見於《文館詞林》卷四五二，作者明確題爲「隋薛道衡」。文中稱碑主「第二子司空公廣平王雄」，據《隋書·高祖紀》，「（開皇九年）八月壬戌，以廣平王雄爲司空。」據《隋書·觀德王雄傳》，雄爲司空，「尋改封清漳王」，仁壽初，又改封安德王。由此推之，本文當作於開皇九年（589）八月壬戌楊雄爲司空後不久。碑主楊紹，《周書》卷二九、《北史》卷六八有傳。

〔二〕生位：語出《易·繫辭下》：「天地之大德曰生，聖人之大寶曰位。」

〔三〕雲臺：本爲漢宮中高臺名。漢明帝時因追念前世功臣，圖畫鄧禹等二十八將於南宮雲臺。　驎閣：疑當作「麟閣」，麒麟閣的簡稱。漢代閣名，在未央宮中。漢宣帝時曾圖霍光等十一功臣像於閣上，以表揚其功績。後遂以畫像於「麒麟閣」表示卓越功勳和最高的榮譽。

〔四〕工：指樂官。《書·益稷》：「工以納言，時而颺之。」孔傳：「工，樂官。」孔穎達疏：「《禮》通謂樂官爲工，知工是樂官，則《周禮》大師、瞽矇之類也。」《左傳》襄公二十九年：「吳公子札來聘……請觀於周樂。使工爲之歌《周南》、《召南》。曰：『美哉！始基之矣。』」　頌：《詩》中的一類，包括《周頌》、《魯頌》、《商頌》，均爲廟堂祭祀時用的舞曲歌辭。《詩大序》：「故詩有六義焉：一曰風，二曰賦，三曰比，四曰興，五曰雅，六曰頌……頌者，美盛德之形容，以其成功，告於神明者也。」

公諱紹字某〔一〕，弘農華陰人也。靈源發於姬水〔二〕，丕緒分於晉國〔三〕。西京丞相〔四〕，承朱輪者十人〔五〕；東漢公輔〔六〕，服袞衣者四葉〔七〕。本枝日盛，景福潛流〔八〕，逮我皇隋，鬱爲天族〔九〕。祖國〔一〇〕，鎮西將軍，父定，新興太守。或擁旄杖節〔一一〕，式遏寇戎〔一二〕；或剖竹要銀〔一三〕，撫導甿俗〔一四〕。文猷武略〔一五〕，煥乎縑簡〔一六〕，而洪河帶地〔一七〕，砥柱發其英靈〔一八〕；太華干天〔一九〕，高掌騰其秀氣〔二〇〕。誕茲魁士〔二一〕，是稱間出。月角

山庭〔二二〕，幼彰奇表；遠情正骨〔二三〕，本異常人。連城三五〔二四〕，未足比其內潤〔二五〕；照車十二〔二六〕，不能方其外朗〔二七〕。鳥策魚圖〔二八〕，莫不覽閱；珠韜金匱〔二九〕，偏所留心。既有拔俗逸群之姿〔三〇〕，常懷激水搏風之志〔三一〕。

【校注】

〔一〕字某：《周書・楊紹傳》：「楊紹字子安」。《北史・楊紹傳》同。

〔二〕姬水：水名。在今河南新鄭一帶。《國語・晉語四》：「黃帝以姬水成，炎帝以姜水成。故黃帝姓姬，炎帝姓姜」。

〔三〕丕緒：世系的開端。本句意爲弘農華陰故地在先秦時期屬於晉國。

〔四〕西京丞相：指弘農楊氏在漢昭帝時曾出過一位丞相楊敞。被弘農楊氏奉爲一世祖。

〔五〕朱輪：高官顯貴所乘的車子。因用朱紅漆輪，故稱。《文選》卷四一楊惲《報孫會宗書》：「惲家方隆盛時，乘朱輪者十人。位在列卿，爵爲通侯。」李善注：「二千石皆得乘朱輪。」

〔六〕公輔：指古代三公、四輔，均爲天子之佐。本句指弘農楊氏之楊震（漢安帝時歷任司徒、太尉）、楊秉（漢桓帝時太尉）、楊賜（漢靈帝時歷任司徒、司空、太尉）、楊彪（漢獻帝時太尉）。

〔七〕袞衣：古代帝王及上公穿的繪有卷龍的禮服。《詩・豳風・九罭》：「我覯之子，袞衣繡裳。」毛傳：「袞衣，卷龍也。」陸德明《釋文》：「天子畫升龍於衣上，公但畫降龍。」　四葉：四代。指弘農楊氏自東漢楊震起「四世三公」，即連續四代皆有位至三公者：楊震、子楊秉、孫楊賜、曾孫楊彪。

〔八〕景福：洪福，大福。《詩・周頌・潛》：「以享以祀，以介景福。」

〔九〕天族：皇族。隋開國之君楊堅即爲弘農華陰人。

〔一〇〕祖國：《周書・楊紹傳》云：「祖興，魏新平郡守。父國，中散大夫。」《北史・楊紹傳》同。據碑文，國乃紹之祖，疑《周書》、《北史》誤。

〔一一〕擁旄：持旄，借指統率軍隊。《文選》卷四三丘遲《與陳伯之書》：「朱輪華轂，擁旄萬里，何其壯也。」李善注：「班固《涿邪山祝文》：『杖節擁旄，征人伐鼓。』」　杖節：即仗節，已見《入郴江》詩「仗節遵嚴會」句注。

〔一二〕式遏：遏制；制止。《詩・大雅・民勞》：「式遏寇虐，無俾民憂。」鄭玄箋：「式，用；遏，止也。」

〔一三〕剖竹：古代授官封爵，以竹符爲信。剖分爲二，一給本人，一留朝廷，相當於後來的委任狀。《戰國策・秦策三》：「穰侯使者操王之重，決裂諸侯，剖符於天下，征敵伐國，莫敢不聽。」　要銀：在腰上佩戴銀印青綬。要，通「腰」。《後漢書・張奐傳》：「吾前後仕進，十要銀艾」句李賢注：「銀印綠綬也，以艾草染之，故曰艾也。」秦漢制，吏秩比二千石以上皆銀印青綬。故此處「要銀」代指高官。

〔一四〕撫導：安撫化育。　甿俗：民俗；風尙。

〔一五〕猷（yóu）：謀略。《書・盤庚上》：「各長于厥居，勉出乃力，聽予一人之作猷。」孔穎達疏：「聽從我遷徙之謀。」　武略：軍事謀略。

〔一六〕縑簡：古代用來書寫的絹帛和竹簡，常指代書冊，此處引申爲歷史。

〔一七〕洪河：大河，古時多指黃河。漢班固《西都賦》：「右界褒、斜、隴首之險，帶以洪河、涇、渭之川。」

〔一八〕砥柱：山名。在今河南省三門峽市，當黃河中流，以山在激流中矗立如柱，故名。今因整治河道，山已炸毀。北魏酈道元《水經注・河水四》：「砥柱，山名也，昔禹治洪水，山陵當水者鑿之，故破山以通河，河水分流，包山而過，山見水中若柱然，故曰砥柱也。」

〔一九〕太華：山名。即西岳華山，在陝西省華陰縣南，因其西有少華山，故稱太華。《書・禹貢》：「西傾、朱圉、鳥鼠，至於太華。」《山海經・西山經》：「又西六十里，曰太華之山，削成而四方，其高五千仞，其廣十里，鳥獸莫居。」　干（gàn）天：參天，指高出空際。《水經注・溱水》：「崖峻險阻，巖嶺干天，交柯雲蔚，霾天晦景，謂之瀧中。」

〔二〇〕高掌：指華山東峰仙人掌。潘岳《西征賦》：「眺華岳之陰崖，覿高掌之遺蹤。」

〔二一〕魁士：大學者。《呂氏春秋・勸學》：「聖人生於疾學，不疾學，而能爲魁士名人者，未之嘗有也。」高誘注：「魁大之士，名德之人。」

〔二二〕月角：已見《老氏碑》「珠衡月角」句注。　山庭：指鼻子。《文選》卷四六任昉《王文憲集序》：「況乃淵角殊祥，山庭異表。」李善注：「《摘輔像》曰：『子貢山庭斗繞口。』謂面有三庭，言山在中，鼻高有異相也。」

〔二三〕遠情：深情。　正骨：喻正直剛毅的氣質。南朝宋劉義慶《世說新語・

賞譽》：「王右軍目陳玄伯：『壘塊有正骨。』」

〔二四〕連城三五：指價值連城的和氏璧。《史記・廉頗藺相如列傳》：「趙惠文王
時，得楚和氏璧。秦昭王聞之，使人遺趙王書，願以十五城請易璧。」
三五，指十五城。

〔二五〕內潤：與「外朗」相對，指聰明內蘊。《三國志・魏書・荀彧傳》「（荀彧）
叔父爽，司空」句裴松之注引晉皇甫謐《逸士傳》：「或問許子將，靖與
爽孰賢？子將曰：『二人皆玉也，慈明外朗，叔慈內潤。』」

〔二六〕照車十二：指照耀車輛的寶珠。《史記・田敬仲完世家》：「若寡人國小也，
尚有徑寸之珠，照車前後各十二乘者十枚。」

〔二七〕外朗：與「內潤」相對，指聰明外露。《三國志・魏書・荀彧傳》「（荀彧）
叔父爽，司空」句裴松之注引晉皇甫謐《逸士傳》：「或問許子將，靖與
爽孰賢？子將曰：『二人皆玉也，慈明外朗，叔慈內潤。』」

〔二八〕鳥策：用鳥篆書寫的簡策。《文選》卷五左思《吳都賦》：「鳥策篆素，玉
牒石記」句李善注：「鳥策，鳥書於策也。」張銑注：「鳥，謂鳥迹書也。
策，竹簡也。」

〔二九〕珠韜：書的美稱。《莊子・徐無鬼》：「女商曰：『先生獨何以說吾君乎？
吾所以說吾君者，橫說之則以《詩》《書》《禮》《樂》，從說之則以《金
板》《六弢》。』」成玄英疏：「《金版》《六弢》，《周書》篇名也，或言祕
讖也。本有作『韜』字者，隨字讀之，云是太公兵法，謂文武虎豹龍犬
六弢也。」　金匱：銅製的櫃，古時用以收藏文獻或文物，此處代指藏
書。

〔三〇〕拔俗：超出凡俗；超越流俗。《後漢書・仲長統傳》：「至人能變，達士拔
俗。」　逸群：超群出眾。漢蔡邕《太尉橋公碑》：「岐嶷而超等，總角
而逸羣。」

〔三一〕激水摶（tuán）風之志：遠大志向。《莊子・逍遙遊》：「鵬之徙於南冥也，
水擊三千里，摶扶搖而上者九萬里，去以六月息者也。」

　　天柱太原王肇開霸道〔一〕，廣招俊傑，深揖高名，引居麾下。
於時魏綱落紐〔二〕，群凶競逐。葛榮虵食鯨吞〔三〕，拔燕滅趙，類
蚩尤之徵風召雨〔四〕，若共工之絕地傾天〔五〕。太原王親勒熊貔〔六〕，

直指漳滏〔七〕。公提戈橫厲〔八〕，躍馬先登〔九〕，凶衆瓦解。預有其力，授監軍都督。既而秦隴妖寇〔一○〕，鴟張蝟起〔一一〕，始則孤鳴惑人，終乃獸飛噬物。賀拔岳一時雄武〔一二〕，出制天泉，公別統支軍，任當群帥，算無遺策〔一三〕，戰必先鳴〔一四〕。既展破竹之功〔一五〕，允膺折珪之典〔一六〕。封饒陽縣開國伯，邑三百戶，尋授征西將軍，金紫光祿大夫，轉衛將軍右光祿大夫〔一七〕。侯莫陳悅〔一八〕，內懷姦伏〔一九〕，潛運凶謀，變起轅門〔二○〕，害加上將〔二一〕。周太祖昔經委質〔二二〕，深情發憤，越自藩部，星馳赴難，建旗誓衆，志殄仇讎〔二三〕。公亦叶贊英圖〔二四〕，同茲義舉。凶魁剿戮，誠効兼宣〔二五〕。授大都督皷節，尋封荊州冠軍縣開國公〔二六〕，邑五百戶，加通直散騎常侍，進車騎將軍左光祿大夫。齊神武遷鼎河朔〔二七〕，包括山東，傾韓魏齊楚之兵，引漁陽上谷之騎，千里不絕，百萬爲群。濟自臨晉，長驅馮翊。周文潛師沙菀〔二八〕，以寡對衆，公猛氣縱橫，奇謀間發，或縈左拂右〔二九〕，或撫背衝心〔三○〕。鄰敵大崩，隻輪莫反〔三一〕。策功飲至〔三二〕，誠力居多〔三三〕，授儀同三司〔三四〕。蕭繹據有渚宮〔三五〕，續梁僞位〔三六〕，耽左江右湖之樂〔三七〕，悅朝雲暮雨之神〔三八〕，貢職不脩〔三九〕，政刑日紊〔四○〕。燕文公受柯執律〔四一〕，弔人伐罪〔四二〕。公分勒戎麾，共爲犄角，蝥狐競上〔四三〕，梁櫐爭前〔四四〕。楚君所以衛璧〔四五〕，郢都於是底定〔四六〕。拜開府儀同三司，封儻城郡公，邑三千戶〔四七〕。天和元年進位大將軍〔四八〕，歷任燕、敷、圝三州刺史〔四九〕。憑風雲而舉八翅，垂雨露而撫千圻〔五○〕。服冕彰其寵榮〔五一〕，洗幘表其清愼〔五二〕。而麥丘咒齊侯之壽〔五三〕，終自妄言；句芒錫秦伯之年〔五四〕，徒虛語耳。春秋七十有五，以周建德元年薨於圝州〔五五〕，贈成、文、扶、鄧、洮五州諸軍事，成州刺史〔五六〕。越某年月厝於某所〔五七〕。易名考行〔五八〕，諡曰信公，禮也。

【校注】

〔一〕天柱太原王：指尒朱榮（493～530），字天寶，北秀容人。軍事天才，先

後擒葛榮，誅元顥，戮邢杲，翦韓婁，破萬俟醜奴、蕭寶夤。沉靈太后與幼主於江，擁莊帝即位，把持朝政，永安二年（529），太原王尒朱榮受封天柱大將軍，次年被莊帝手刃於宮內，時年三十八。《魏書》卷七四、《北史》卷四八有傳。　霸道：與「王道」相對，指憑藉武力、權勢等進行統治。《荀子・王制》：「故明其不並之行，信其友敵之道，天下無王霸主，則常勝矣。是知霸道者也。」

〔二〕魏綱落紐：形容北魏的中央政權衰微。

〔三〕葛榮（？～528）：北魏河北一帶少數民族武裝首領。事跡散見《魏書》、《北齊書》、《周書》、《北史》。北魏孝昌二年（526）正月，原懷朔鎮兵鮮于修禮起兵，葛榮參與其中。八月，叛將元洪業殺鮮于修禮，請降於魏。葛榮殺元洪業自立，後自稱天子，國號齊，年號廣安。武泰元年（528）九月，魏柱國大將軍尒朱榮率精騎攻葛榮，葛榮恃眾輕敵，被俘殺。

〔四〕蚩尤之徵風召雨：已見《老氏碑》「蚩尤就戮更調風雨」句注。

〔五〕共工之絕地傾天：已見《高祖文皇帝頌》「天柱傾而還正，地維絕而更紐」句注。

〔六〕熊貔：熊和貔貅（即獅子）。用猛獸形容勇武之師。

〔七〕漳滏：漳水、滏水的並稱。漳水，山西省東部有清漳、濁漳兩河，東南流至今河北、河南省邊境，合爲漳河。滏水，即今滏陽河，在河北省西南部。

〔八〕橫厲：縱橫淩厲。形容氣勢盛猛。《漢書・杜欽傳》：「方進終不舉白，專作威福，阿黨所厚，排擠英俊，託公報私，橫厲無所畏忌，欲以熏轑天下。天下莫不望風而靡。」顏師古注：「縱橫陵厲也。」

〔九〕躍馬：策馬馳騁騰躍，借指從軍。晉袁宏《後漢紀・光武帝紀八》：「馬援才氣志略，足爲風雲之器；躍馬委質，編名功臣之錄，遇其時矣。」先登：先於眾人而登。《左傳》隱公十一年：「潁考叔取鄭伯之旗蝥弧以先登。」《韓非子・內儲說上》：「明日且攻亭，有能先登者，仕之國大夫，賜之上田上宅。」

〔一〇〕秦隴妖寇：指萬俟醜奴（？～530），北魏秦隴一帶少數民族武裝首領。高平鎮人，鮮卑族。魏孝莊帝建義元年（528）自稱天子，控制了涇水、岐水之間的廣大地區。永安三年（530），尒朱榮以尒朱天光爲統帥，賀拔岳、侯莫陳悅爲左右大都督擊之，醜奴兵敗被殺。

〔一一〕鴟張：像鴟鳥張翼一樣，比喻囂張，兇暴。《三國志·吳書·孫堅傳》：「卓不怖罪而鴟張大語，宜以召不時至，陳軍法斬之。」 蝟起：如刺蝟之毛一般紛然而起。漢賈誼《新書·益壤》：「高皇帝瓜分天下，以王功臣，反者如蝟毛而起。」

〔一二〕賀拔岳（？～534）：北周名將。字阿斗泥，神武尖山人。初從父兄鎮壓破六韓拔陵起義，後轉投尒朱榮，勇而善謀，深得器重。曾參與鎮壓葛榮，後諫阻尒朱榮稱帝，擁立莊帝。並隨尒朱天光破萬俟醜奴，擒蕭寶夤。魏孝武即位，密令圖齊神武高歡，永熙三年（534），侯莫陳悅受高歡密旨，誘殺之。《周書》卷一四、《北史》卷四九有傳。

〔一三〕算無遺策：形容謀劃周密，從不失誤。《三國志·魏書·荀彧荀攸賈詡傳論》：「荀攸、賈詡，庶乎算無遺策，經達權變，其良、平之亞歟！」

〔一四〕先鳴：自比於雞，鬥勝則先鳴叫。《左傳》襄公二十一年：「平陰之役，先二子鳴」杜預注：「十八年，晉伐齊，及平陰。州綽獲殖綽、郭最。故自比於雞，鬥勝而先鳴。」

〔一五〕破竹：劈竹子。喻循勢而下，作戰節節勝利，毫無阻礙。《晉書·杜預傳》：「昔樂毅藉濟西一戰以并強齊，今兵威已振，譬如破竹，數節之後，皆迎刃而解，無復著手處也。」

〔一六〕允膺：承當。 折珪：古代封爵授土，賜珪以爲信，後因以代指授予官位。《左傳》哀公十四年：「司馬牛致其邑與珪焉，而適齊。」杜預注：「珪，守邑符信。」

〔一七〕本句所載與《周書·楊紹傳》不同。《周書·楊紹傳》：「普泰初，封平鄉男，邑一百戶，加征西將軍，金紫光祿大夫。魏孝武初，遷衛將軍右光祿大夫，進爵冠軍縣伯，邑百戶。」碑文云「封饒陽縣開國伯，邑三百戶」，在授征西將軍之前。又，《周書·楊紹傳》先已封「平鄉男」，邑一百戶，進爵「冠軍縣伯」，應增食邑，《周書》仍云「邑百戶」，疑有缺字。

〔一八〕侯莫陳悅：代郡人。北周將領。早年歸附尒朱榮。北魏莊帝初，除征西將軍、金紫光祿大夫。後與尒朱天光、賀拔岳共討萬俟醜奴。東海王元曄立，除車騎大將軍、渭州刺史。節閔帝元恭立，除驃騎大將軍、儀同三司、秦州刺史。孝武帝元修永熙三年（534），賀拔岳召侯莫陳悅共討靈州曹泥，悅誘殺賀拔岳，未能及時撫納岳之舊部。夏州刺史宇文泰收賀拔岳殘部追擊侯莫陳悅。悅心不能安，猜忌旁人，致使部眾離散，逃

亡中猶疑不決，遂伏誅。《魏書》卷八十、《周書》卷一四、《北史》卷四
九有傳。

〔一九〕姦伏：指隱伏未露的壞人壞事。《後漢書‧法雄傳》：「善政事，好發擿姦
伏，盜賊稀發，吏人畏愛之。」

〔二〇〕轅門：領兵將帥的營門。《六韜‧分合》：「大將設營而陳，立表轅門。」
《史記‧項羽本紀》：「於是已破秦軍，項羽召見諸侯將，入轅門，無不
膝行而前，莫敢仰視。」

〔二一〕加害上將：指侯莫陳悅誘殺賀拔岳事。

〔二二〕周太祖：指宇文泰（505～556），字黑獺，代武川人。始隨鮮于修禮、葛
榮起兵，兵敗歸尒朱榮。隨尒朱天光、賀拔岳破萬俟醜奴。永熙三年（534）
賀拔岳卒，宇文泰收其部眾。次年，殺孝武帝，立元寶炬爲帝，改元大
統，是爲西魏，把持朝政。周孝閔帝受禪，追遵爲文王，廟號太祖。《周
書》卷一、《北史》卷九有傳。　委質：向君主獻禮，表示獻身臣服。《國
語‧晉語九》：「臣聞之：委質爲臣，無有二心，委質而策死，古之法也。」
韋昭注：「言委贄於君，書名於冊，示必死也。」

〔二三〕殄（tiǎn）：滅絕。《書‧畢命》：「商俗靡靡，利口惟賢，餘風未殄，公其
念哉？」孔穎達疏：「餘風至今未絕，公其念絕之哉？」　仇讎（chóu）：
仇人。此指侯莫陳悅。《左傳》哀公元年：「（越）與我同壤而世爲仇讎。」

〔二四〕叶（xié）贊：協同翊贊。

〔二五〕誠劾：忠誠和效力。　宣：彰顯。《書‧顧命》：「昔君文王武王，宣重光，
奠麗陳教，則肄肄不違，用克達殷，集大命。」孔傳：「言昔先君文武，
布其重光。」孫星衍疏：「宣者，《詩‧淇澳》釋文引《韓詩》云：顯也。」

〔二六〕本句所載與《周書‧楊紹傳》不同。《周書‧楊紹傳》：「魏孝武初，遷衛
將軍右光祿大夫，進爵冠軍縣伯，邑百戶。大統元年，進爵爲公，增邑
六百戶。」據《周書》楊紹以「冠軍縣伯」進爵爲公；據碑文則以「饒
陽縣開國伯」進封「冠軍縣開國公」，食邑亦不同。

〔二七〕齊神武：高歡（496～547），字賀六渾，渤海蓨人。先後投杜洛周、葛榮、
尒朱榮。北魏節閔帝普泰元年（531），高歡起兵討尒朱氏，擁立元朗爲
帝。次年攻入洛陽，廢帝，另立孝武帝元修，把持朝政。孝武帝欲用宇
文泰滅高歡，事敗，永熙三年（534）逃奔長安。高歡另立孝靜帝元善見，
遷都於鄴，是爲東魏。孝靜帝武定四年（546），高歡攻西魏兵敗而返，

次年卒。北齊天統元年，改諡神武皇帝，廟號高祖。《北齊書》卷一、卷二、《北史》卷六有傳。　遷鼎：指高歡遷都於鄴之事。

〔二八〕周文：指周太祖宇文泰（507～556），字黑獺，代郡武川人。北魏末年六鎮起義，宇文泰從鮮于修禮，葛榮殺修禮，委泰將帥之任。尒朱榮滅葛榮，宇文泰隸屬尒朱榮部將岳麾下。永安三年（530）尒朱天光、賀拔岳滅萬俟醜奴，宇文泰從岳平定關隴。永熙三年（534）侯莫陳悅誘殺賀拔岳，宇文泰繼統岳部眾，擊敗侯莫陳悅，進據長安。後魏孝武帝與高歡不睦，入關就宇文泰，任命其為大將軍、雍州刺史兼尚書令。次年，宇文泰擁立元寶炬為帝，是為西魏。與東魏爭霸，為北周的建立奠定基礎。廟號太祖，武成元年（559）追尊為文帝。《周書》卷一、卷二、《北史》卷九有傳。

〔二九〕縈左拂右：形容聲東擊西，擾亂敵人視線的軍事策略。

〔三〇〕撫背衝心：擊其背，攻其心。喻攻擊要害。撫背，語本《史記・劉敬叔孫通列傳》：「夫與人鬥，不搤其亢，拊其背，未能全其勝也。」

〔三一〕隻輪莫反：形容敵人全軍覆沒。

〔三二〕策功：即策勳。記功勳於策書之上。《左傳》桓公二年：「凡公行，告於宗廟；反行，飲至、舍爵、策勳焉，禮也。」杜預注：「既飲置爵，則書勳勞於策，言速紀有功也。」　飲至：已見《歲窮應教》「飲至入西京」句注。

〔三三〕誠力：忠誠與能力。

〔三四〕本句所載授官情況太過簡略，可與《周書》本傳對讀。《周書・楊紹傳》云：「（大統）十三年，錄前後功，增邑通前二千二百戶，除燕州刺史。累遷大都督、車騎大將軍、儀同三司。」

〔三五〕蕭繹（508～554）：南朝梁武帝蕭衍第七子，字世誠。承聖元年（552）即皇帝位於江陵，是為梁元帝。承聖三年（554）魏克江陵，被俘殺。傳見《梁書》卷五、《南史》卷八。　渚宮：春秋時期楚國的宮名，故址在今湖北省江陵縣。後用以代指江陵。《左傳》文公十年：「（子西）沿漢泝江，將入郢。王在渚宮，下，見之。」

〔三六〕纘（zuǎn）：繼承。《禮記・中庸》：「武王纘大王、王季、文王之緒，壹戎衣而有天下。」鄭玄注：「纘，繼也。」　偽位：隋朝以正統自居，認為蕭繹僭越而竊據上位，故稱其為「偽位」。

〔三七〕躭左江右湖之樂：指蕭繹沉迷於遊觀之樂。語出《文選》卷三四枚乘《七發》：「客曰：『既登景夷之臺，南望荊山，北望汝海，左江右湖，其樂無有。』」李善注：「《戰國策》：魯君曰：楚王登京臺，南望獵山，左江右湖，其樂之忘死無有，天下無有。」

〔三八〕悅朝雲暮雨之神：指蕭繹沉迷於男女歡會。典出戰國宋玉《高唐賦》：「昔者先王嘗遊高唐。怠而晝寢，夢見一婦人曰：『妾，巫山之女也，為高唐之客，聞君遊高唐，願薦枕席。』王因幸之，去而辭曰：『妾在巫山之陽，高丘之阻，且為朝雲，暮為行雨，朝朝暮暮，陽臺之下。』」

〔三九〕貢職：古代稱藩屬或外國對於朝廷按時的貢納。《左傳》襄公二十九年：「魯之於晉也，職貢不乏，玩好時至。」

〔四〇〕政刑：政令和刑罰。《左傳》隱公十一年：「君子謂鄭莊公『失政刑矣。政以治民，刑以正邪。』」

〔四一〕燕文公：指于謹（493～568），字思敬，河南洛陽人。先後參與鎮壓葛榮、邢杲，隨尒朱天光破萬俟醜奴。後為宇文泰心腹，獻計挾天子以令諸侯，泰遂立元寶炬為帝，是為西魏。西魏恭帝元年（554），宇文泰遣于謹、宇文護等攻江陵，俘殺梁元帝蕭繹。宇文泰卒，于謹助宇文護，擁立泰子建立北周政權。北周孝閔帝元年（557年），進封燕國公。北周武帝天和三年（568），卒於任。《周書》卷一五、《北史》卷二三有傳。　柯：本義為斧柄，此喻政柄。《詩·豳風·伐柯》：「伐柯如何？匪斧不克。」毛傳：「柯，斧柄也。禮義者，治國之柄。」鄭箋：「克，能也。伐柯之道，唯斧乃能之。」晉葛洪《抱朴子外篇·良規》：「嚴操柯斧，正色拱繩，明賞必罰，有犯無赦。」

〔四二〕弔人伐罪：謂討伐有罪的君主，撫慰受難的百姓。《孟子·梁惠王下》：「誅其君而弔其民，若時雨降，民大悅。」

〔四三〕蝥狐：即「蝥弧」。春秋諸侯鄭伯旗名。後借指軍旗。《左傳》隱公十一年：「穎考叔取鄭伯之旗蝥弧以先登，子都自下射之，顛。」孔穎達疏：「《周禮》諸侯建旂，孤卿建旜。而《左傳》鄭有蝥弧，齊有靈姑銔，皆諸侯之旗也……其名當時為之，其義不可知也。」

〔四四〕梁欐：房屋的棟樑。指代棟樑之才。《莊子·秋水》：「梁麗可以衝城，而不可以窒穴，言殊器也。」成玄英疏：「梁，屋梁也；麗，屋棟也。」

〔四五〕銜璧：指國君投降。《左傳》僖公六年：「許男面縛銜璧，大夫衰絰，士

輿櫬。」杜預注:「縛手於後,唯見其面,以璧爲贄,手縛故銜之。」

〔四六〕底定:平定,安定。《書・禹貢》:「三江既入,震澤底定。」蔡沈集傳:
「底定者,言底於定而不震蕩也。」

〔四七〕本句所載與《周書・楊紹傳》可以互補。《周書・楊紹傳》:「又從柱國、
燕國公于謹圍江陵。紹鬥於枇杷門,流矢中股而力戰不衰。事平,賞奴
婢一百口,進驃騎大將軍、開府儀同三司,除衡州刺史,賜姓叱利氏。」
本傳不言封「儻城郡公」,而《隋書・觀德王雄傳》云楊紹封「儻城縣公」,
皆與碑文不同。

〔四八〕天和元年進位大將軍:《周書・楊紹傳》:「孝閔帝踐祚(557),進位大將
軍。」與碑文所云「天和元年(566)」相差九年。

〔四九〕歷任燕敷衡三州刺史:《周書・楊紹傳》:「除衡州刺史,賜姓叱利氏。」
衡州屬齊地,在今麻城,見《北齊書・文宣帝紀》天保十年、《隋書・地
理志下》「永安郡」條。碑文則未提及「衡州」。又,關於「賜姓叱利氏」,
《北史・楊紹傳》作「賜姓叱呂引氏」。碑文則無賜姓一事。《魏書・官
氏志》既有「叱利氏」又有「叱呂氏」,「叱呂引氏」或爲「叱呂氏」之
省稱,但與「叱利氏」不是一姓,未知孰是,俟考。

〔五〇〕千圻(qí):方圓千里之地。《左傳》昭公二十三年:「今土數圻,而郢是
城,不亦難乎!」杜預注:「方千里爲圻。」

〔五一〕服冕:身穿卿大夫的禮冠與服飾。《左傳》哀公十五年:「苟使我入獲國,
服冕乘軒,三死無與。」杜預注:「冕,大夫服。」

〔五二〕洗慎:未詳,俟考。　清慎:清廉謹慎。《三國志・魏書・李通傳》「以
寵異焉」裴松之注引晉王隱《晉書》:「(李秉)嘗答司馬文王問,因以爲
《家誡》曰:『昔侍坐於先帝,時有三長吏俱見。臨辭出,上曰:爲官長
當清,當慎,當勤,修此三者,何患不治乎?』」

〔五三〕麥丘咒齊侯之壽:用麥丘叟爲齊桓公禱祝之典。《韓詩外傳》卷十:「齊
桓公逐白鹿,至麥丘見邦人,曰:『爾何謂者也?』對曰:『臣麥丘之邦
人。』桓公曰:『叟年幾何?』對曰:『臣年八十有三矣。』桓公曰:『美
哉壽也!』與之飲。曰:『叟盍爲寡人壽也?』對曰:『野人不知爲君王
之壽。』桓公曰:『盍以叟之壽祝寡人矣?』邦人奉觴再拜曰:『使吾君
固壽,金玉之賤,人民是寶。』桓公曰:『善哉祝乎!寡人聞之矣:至德
不孤,善言必再。叟盍復之?』邦人奉觴再拜曰:『使吾君好學而不惡下

問，賢者在側，諫者得入。』桓公曰：『善哉祝乎！寡人聞之：至德不孤，善言必三。叟盍復之？』邦人奉觶再拜曰：『無使群臣百姓得罪於吾君，亦無使吾君得罪於群臣百姓。』桓公不說，曰：『此一言者，非夫前二言之祝，叟其革之矣！』邦人瀾然而涕下，曰：『願君熟思之，此一言者，夫前二言之上也。臣聞子得罪於父，可因姑姊妹而謝也，父乃赦之。臣得罪於君，可使左右而謝也，君乃赦之。昔者，桀得罪湯，紂得罪於武王，此君得罪於臣也，至今未有爲謝者。』桓公曰：『善哉！寡人賴宗廟之福，社稷之靈，使寡人遇叟於此。』扶而載之，自御以歸，薦之於廟而斷政焉。」

〔五四〕句芒錫秦伯之年：用句芒賜秦穆公福壽、國家昌盛、子孫萬代之典。《墨子・明鬼》：「昔者鄭穆公（即秦穆公），當晝日中處乎廟。有神入門而左，鳥身，素服三絕，面狀正方。鄭穆公見之，乃恐懼奔。神曰：『無奔。帝享女明德，使予錫女壽，十年有九，使若國家蕃昌，子孫茂，毋失』。鄭穆公再拜稽首曰：『敢問神名？』曰：『予爲句芒』。句芒，既是木神又有主宰人類命運的職能。《山海經・海外東經》記載「東方句芒，鳥身人面，乘兩龍」，「木神也，方面素服」。《隨巢子》謂句芒「司命益年而不夭」。

〔五五〕本句所載卒年與《周書》不同。《周書・楊紹傳》：「保定二年（562）卒，贈成文等八州刺史。」卒年當以碑爲準，在周建德元年（572）。

〔五六〕本句所載贈官與《周書》、《隋書》不同。《周書・楊紹傳》：「贈成、文等八州刺史。」《隋書・觀德王雄傳》云紹「仕周歷八州刺史」。而據碑文，楊紹歷任燕、敷、豳三州刺史，卒贈成、文、扶、鄧、洮五州諸軍事，成州刺史。

〔五七〕厝（cuò）：停柩待葬。

〔五八〕易名：指古時帝王、公卿、大夫死後朝廷爲之立諡號。《禮記・檀弓下》：「公叔文子卒，其子戍請諡於君，曰：『日月有時，將葬矣，請所以易其名者。』」

惟公志度寥廓〔一〕，風儀儁之偉〔二〕；運屬連橫〔三〕，辰生逢用武之日。控權奇之馬〔四〕，精貫鉤鈴；帶豪曹之劍〔五〕，氣侵牛斗〔六〕。

析衝禦侮〔七〕，除暴靜亂〔八〕。奇正比於孫、吳〔九〕，功業同於衛、霍〔一〇〕。輕財貴義〔一一〕，好賢下士〔一二〕。指困內之米〔一三〕，曾不介懷；散廄下之金〔一四〕，聊無悋意〔一五〕。呼船不棄〔一六〕，彈鋏更重〔一七〕。故能氣蓋三輔〔一八〕，聲振一時。鍾慶有徵〔一九〕，克光後葉。

【校注】

〔一〕志度寥廓：氣度寬宏豁達。《漢書・鄒陽傳》：「今欲使天下寥廓之士，籠於威重之權，脅於位勢之貴。」顏師古注：「寥廓，遠大之度也。」

〔二〕風儀儻之偉：疑此句有脫字。

〔三〕運屬連橫：指楊紹生於戰亂時代，該當使用武力的命運。連橫，戰國時張儀遊說六國共同事奉秦國，此處形容生逢戰亂的形勢。

〔四〕權奇之馬：奇譎非凡之良馬。《漢書・禮樂志》記載《郊祀歌》十九章，《日出入》九：「太一況，天馬下，霑赤汗，沫流赭。志俶儻，精權奇，籋浮雲，晻上馳。」王先謙補注：「權奇者，奇譎非常之意。」

〔五〕豪曹：古劍名，代指利劍。《越絕書・外傳・記寶劍》：「昔者越王句踐有寶劍五，聞於天下，客有能相劍者名薛燭。王召而問之，曰：『吾有寶劍五，請以示之。』……乃召掌者，王使取毫曹。薛燭對曰：『毫曹非寶劍也。夫寶劍，五色並見，莫能相勝。毫曹已擅名矣，非寶劍也。』」《吳越春秋・闔閭內傳》：「風湖子曰：『臣聞吳王得越所獻寶劍三枚：一曰魚腸，二曰磐郢，三曰湛盧。……一名磐郢，亦曰豪曹，不法之物，無益於人，故以送死。』」《博物志》卷四：「寶劍名純鈎、湛盧、豪曹、魚腸、巨闕，五劍皆歐冶子所作。」

〔六〕氣侵牛斗：形容劍氣衝天。牛斗，星座名，牛宿和斗宿。《晉書・張華傳》載吳滅晉興之際，牛斗間常有紫氣。雷煥云寶劍之氣上徹於天，在豫章豐城。張華遂以雷煥為豐城令，「煥到縣，掘獄屋基，入地四丈餘，得一石函，光氣非常，中有雙劍，並刻題，一曰龍泉，一曰太阿。其夕，斗牛間氣不復見焉。」

〔七〕析衝：疑當作「折衝」。本義為使敵人的戰車後撤，引申為制敵取勝。衝，戰車的一種。《呂氏春秋・召類》：「夫脩之於廟堂之上，而折衝乎千里之外者，其司城子罕之謂乎？」高誘注：「衝車所以衝突敵之軍，能陷破之

也。有道之國，不可攻伐，使欲攻己者折還其衝車於千里之外，不敢來也。」

〔八〕靜亂：平定變亂，使安定寧靜。《三國志‧魏書‧三少帝紀‧陳留王奐紀》：「昔聖帝明王，靜亂濟世，保大定功，文武殊塗，勳烈同歸。」《隋書‧經籍志三》：「兵者，所以禁暴靜亂者也。」

〔九〕奇正：古代兵法術語。古代作戰以對陣交鋒爲正，設伏掩襲等爲奇。《孫子‧勢》：「三軍之眾，可使必受敵而無敗者，奇正是也。」又：「戰勢不過奇正，奇正之變，不可勝窮也。」　孫吳：指戰國軍事家孫武與吳起。

〔一〇〕衛霍：指漢代名將衛青與霍去病。

〔一一〕輕財貴義：輕視財利而看重道義。《漢書‧公孫弘傳》：「漢興以來，股肱在位，身行儉約，輕財重義，未有若公孫弘者。」《三國志‧吳書‧朱桓傳》：「然輕財貴義，兼以彊識，與人一面，數十年不忘。」

〔一二〕好賢下士：尊敬賢者，屈身交接士人。《史記‧魏公子列傳》：「公子爲人仁而下士，士無賢不肖皆謙而禮交之，不敢以其富貴驕士。」《漢書‧谷永傳》：「敬賢下士，樂善不倦。」

〔一三〕指囷（qūn）內之米：周瑜爲居巢長，向魯肅求資糧。肅家有兩囷米，各三千斛，乃指一囷與周瑜。後以此爲慷慨資助之典。事見《三國志‧吳書‧魯肅傳》。囷，圓形穀倉。

〔一四〕散廡下之金：漢景帝拜竇嬰爲大將軍，賜金千金，嬰置帝所賜金於廊廡，任軍吏取用。後以此爲輕財好施之典。事見《史記‧魏其武安侯列傳》。

〔一五〕悋（lìn）：同「吝」。吝嗇。

〔一六〕呼船不棄：用華歆乘船，危難之中，不棄依附之人典。此處以華歆比楊紹。《世說新語‧德行》：「華歆、王朗俱乘船避難，有一人欲依附，歆輒難之。朗曰：『幸尚寬，何爲不可？』後賊追至，王欲捨所攜人。歆曰：『本所以疑，正爲此耳。既以納其自託，寧可以急相棄邪？』遂攜拯如初。」

〔一七〕彈鋏更重：用馮諼彈鋏而歌，得孟嘗君器重之典。此處指楊紹如同孟嘗君一般重視馮諼這類雖然處境窘迫，卻有才華的人。《戰國策‧齊策四》：「齊人有馮諼者，貧乏不能自存，使人屬孟嘗君，願寄食門下。孟嘗君曰：『客何好？』曰：『客無好也。』曰：『客何能？』曰：『客無能也。』孟嘗君笑而受之曰：『諾。』左右以君賤之也，食以草具。居有頃，倚柱

彈其劍,歌曰:『長鋏歸來乎!食無魚。』左右以告。孟嘗君曰:『食之,
比門下之客。』居有頃,復彈其鋏,歌曰:『長鋏歸來乎!出無車。』左
右皆笑之,以告。孟嘗君曰:『爲之駕,比門下之車客。』於是乘其車,
揭其劍,過其友曰:『孟嘗君客我。』後有頃,復彈其劍鋏,歌曰:『長
鋏歸來乎!無以爲家。』左右皆惡之,以爲貪而不知足。孟嘗君問:『馮
公有親乎?』對曰:『有老母。』孟嘗君使人給其食用,無使乏。於是馮
諼不復歌。」

〔一八〕三輔:本是西漢治理京畿地區的三個職官的合稱,後代指京畿地區。《太
平御覽》卷一六四引《三輔黃圖》:「太初元年以渭城以西屬右扶風,長
安以東屬京兆尹,長陵以北屬左馮翊,以輔京師,謂之三輔。」

〔一九〕鍾慶:積福。

第二子司空公廣平王雄〔一〕,藩屏皇家,鹽梅鼎餗〔二〕,仰惟
過庭之訓〔三〕,永結陟岵之哀〔四〕。故府佐姓名等〔五〕,以爲陳太丘
一介邑宰,尙有改名之碣〔六〕;郭有道儒生者耳,猶興無愧之詞〔七〕。
況乎盛業鴻勳,瑰才偉器,而可翠石徒寢,丹筆空栖。乃勒此豐
碑,樹之來裔。垂芳猷與懿範〔八〕,共穹壤而俱弊。其詞曰:

【校注】

〔一〕司空公廣平王雄:指楊雄(542～612)。歷仕北周、隋。隋文帝登基,任
左衛將軍,兼任宗正卿。俄遷右衛大將軍,參預朝政,進封廣平王,食
邑五千戶,與高熲、虞慶則、蘇威並稱「四貴」。楊雄深得人心,文帝忌
憚之,不慾其典兵馬,遂於開皇九年(589)拜爲司空。煬帝朝遼東之役,
雄於出征途中病卒,年七十一。傳見《隋書》卷四三。

〔二〕鹽梅:鹽和梅子。鹽味鹹,梅味酸,均爲調味所需。喻指國家所需的賢
才。《書・說命下》:「若作和羹,爾惟鹽梅。」孔傳:「鹽鹹梅醋,羹須
鹹醋以和之。」 鼎餗(sù):本義爲鼎中的食物。《易・鼎》:「九四,
鼎折足,覆公餗,其形渥,凶。」孔穎達疏:「施之於人,知小而謀大,
力薄而任重,如此必受其至辱,災及其身也,故曰其形渥,凶。」本句
反用「鼎折覆餗」之典,比喻能夠勝任繁重的政事。

〔三〕過庭之訓:指父訓。典出《論語・季氏》:「鯉趨而過庭,曰:『學《詩》

乎？』對曰：『未也。』『不學《詩》，無以言。』鯉退而學《詩》。他日
又獨立，鯉趨而過庭，曰：『學《禮》乎？』對曰：『未也。』『不學《禮》，
無以立。』鯉退而學《禮》。」

〔四〕陟岵（hù）之哀：此處借指父親逝世。語出《詩・魏風・陟岵》：「陟彼
岵兮，瞻望父兮。」

〔五〕府佐：指高級官署中的佐治官吏。《隋書・百官志下》：「三師、三公置府
佐，與柱國同。」　姓名等：此指省略的府佐姓名。

〔六〕改名之碣：用鄧艾見陳寔碑文，慕其德行遂改名典。《三國志・魏書・鄧
艾傳》：「（艾）年十二，隨母至潁川，讀故太丘長陳寔碑文，言『文爲世
範，行爲士則』，艾遂自名範，字士則。」陳太丘，指陳寔，因曾任太丘
（今河南永城西北三十里）長，故稱。傳見《後漢書》卷六二。

〔七〕無愧之詞：《後漢書・郭太傳》載蔡邕云：「吾爲碑銘多矣，皆有慚德，
唯郭有道無愧色耳。」郭有道，指郭泰，因曾被舉薦爲「有道」，故稱。
傳見《後漢書》卷六八（按：《後漢書》作「郭太」，范曄避父諱而改）。

〔八〕芳猷：指美德。

〔九〕穹壤：指天地。

　　嶽靈集祉〔一〕，合宿垂光。高門右地〔二〕，蟬聯克昌〔三〕。緇衣
朱紱〔四〕，玉鉉金章〔五〕。曰祖曰禰〔六〕，令聞令望〔七〕。爰降菁華，
挺茲瑰傑〔八〕。志識開爽〔九〕，心神昭徹〔一〇〕。幼摽壯氣〔一一〕，早
著奇節〔一二〕。好覽兵韜〔一三〕，能明軍決。河朔挺禍，凶寇橫行。
宸居旰食〔一四〕，霸后專征〔一五〕。奮茲虓勇〔一六〕，摧彼妖鯨〔一七〕。
武安瓦落〔一八〕，神巖石鳴〔一九〕。二雄交爭〔二〇〕，三方未一〔二一〕。
陣雲不解〔二二〕，兵星屢出〔二三〕。策預廟謨〔二四〕，功宣戎律〔二五〕。
圖庸命賞，加榮進秩〔二六〕。彤戈棨戟〔二七〕，獸節龍旂〔二八〕。六轡
耳耳〔二九〕，四驪騑騑〔三〇〕。出喧《朱鷺》〔三一〕，入敞黃扉〔三二〕。
班條按部〔三三〕，布德申威。人類鶬鸑〔三四〕，壽非龜鶴〔三五〕。孔壺
漏盡金〔三六〕，高摽景落。葆吹龍吟〔三七〕，繡荒魚躍〔三八〕。鑄金模
範〔三九〕，爲山葬霍〔四〇〕。前基已峻，後胤彌隆〔四一〕。作藩論道，

既王且公。踐霜濡露〔四二〕，追遠慎終〔四三〕。敬刊琬琰〔四四〕，播美無窮。

【校注】

〔一〕嶽靈：山嶽的靈氣、精氣。《詩·大雅·崧高》：「維岳降神，生甫及申。」漢蔡邕《太尉楊秉碑》：「於戲！公唯嶽靈，天挺德，翼赤精，氣絪縕，仁哲生。」　祉（zhǐ）：福。《詩·小雅·巧言》：「君子如祉，亂庶遄已。」毛傳：「祉，福也。」

〔二〕高門：門閭高大，指顯貴之家。《莊子·達生》：「有張毅者，高門縣薄，無不走也，行年四十而有內熱之病以死。」《漢書·于定國傳》：「始定國父于公，其閭門壞，父老方共治之。于公謂曰：『少高大閭門，令容駟馬高蓋車。我治獄多陰德，未嘗有所冤，子孫必有興者。』至定國為丞相，永為御史大夫，封侯傳世云。」　右地：尊貴的要地。《史記·廉頗藺相如列傳》：「既罷歸國，以相如功大，拜為上卿，位在廉頗之右。」司馬貞索隱：「王劭按：董勛《答禮》曰『職高者名錄在上，於人為右；職卑者名錄在下，於人為左，是以謂下遷為左』。」張守節正義：「秦漢以前，用右為上。」

〔三〕蟬聯：綿延不斷。　克昌：子孫昌盛。《詩·周頌·雝》：「燕及皇天，克昌厥後。」鄭玄箋：「文王之德安及皇天……又能昌大其子孫。」

〔四〕緇（zī）衣：古代用黑色帛做的朝服。《詩·鄭風·緇衣》：「緇衣之宜兮，敝予又改為兮。」毛傳：「緇，黑也，卿士聽朝之正服也。」　朱紱（fú）：古代禮服上的紅色蔽膝，後多借指官服。《易·困》：「困于酒食，朱紱方來。利用享祀，征凶，無咎。」程頤傳：「朱紱，王者之服，蔽膝也。」

〔五〕玉鉉：本義為玉製的舉鼎之具，狀如鉤，用以提鼎之兩耳。《易·鼎》：「上九，鼎玉鉉，大吉，無不利。」喻處於高位的大臣。三國魏曹丕《報王朗讓位詔》：「朕求賢於君而未得，君乃翻然稱疾，非徒不得賢，更開失賢之路，增玉鉉之傾。」　金章：官印。南朝宋鮑照《建除》詩：「開壞襲朱紱，左右佩金章。」

〔六〕曰祖曰禰（nǐ）：祖廟與父廟。《周禮·春官·甸祝》：「舍奠于祖禰，乃斂禽，禂牲，禂馬，皆掌其祝號。」《史記·五帝本紀》：「歸，至於祖禰廟，用特牛禮。」

〔七〕令聞：美好的聲譽。《書‧微子之命》：「爾惟踐修厥猷，舊有令聞。」孔傳：「汝微子言，能踐湯德，久有善譽，昭聞遠近。」

〔八〕瑰傑：俊美奇偉。晉葛洪《抱朴子外篇‧漢過》：「猝突萍鷟，驕矜輕倪者，謂之巍峨瑰傑。」《晉書‧阮籍傳》：「籍容貌瓌傑，志氣宏放。」

〔九〕開爽：豁達爽朗。《晉書‧祖逖傳》：「逖少孤，兄弟六人。兄該、納等並開爽有才幹。」

〔一〇〕昭徹：明徹，清亮。

〔一一〕摽：通「標」。顯示。　壯氣：豪邁、勇壯的氣概。《三國志‧吳書‧甘寧傳》：「寧厲聲問鼓吹何以不作，壯氣毅然，權尤嘉之。」

〔一二〕奇節：奇特的節操。《史記‧蕭相國世家論》：「蕭相國何於秦時為刀筆吏，錄錄未有奇節。」

〔一三〕兵韜：兵書。《六韜》，兵書名，舊題周呂望撰。分文韜、武韜、龍韜、虎韜、豹韜、犬韜六卷。《莊子‧徐無鬼》：「女商曰：『吾所以說吾君者，橫說之則以《詩》《書》《禮》《樂》，從說之則以《金板》《六弢》。』」成玄英疏：「《金版》《六弢》，《周書》篇名也，或言祕讖也。本有作『韜』字者，隨字讀之，云是太公兵法，謂文武虎豹龍犬六弢也。」

〔一四〕宸居：帝王居處，借指帝王。《文選》卷四八班固《典引》：「是以高光二聖，宸居其域。」蔡邕注：「言高祖、光武如北辰居其所，而眾星拱之。」旰（gàn）食：晚食，事務繁忙不能按時吃飯，引申為勤於政事。《左傳》昭公二十年：「奢聞員不來，曰：『楚君大夫其旰食乎！』」

〔一五〕后：此處係對郡守、將領的尊稱。漢李翕《西狹頌》：「赫赫明后，柔嘉維則。」《晉書‧應詹傳》：「其後天下大亂，詹境獨全。百姓歌之曰：『亂離既普，殆為灰朽。僥倖之運，賴茲應后。』」參閱清顧炎武《日知錄‧后》。　專征：受命自主征伐。漢班固《白虎通‧考黜》：「好惡無私，執義不傾，賜以弓矢，使得專征。」

〔一六〕虓（xiāo）勇：勇猛。晉左思《吳都賦》：「料其虓勇，則鵰悍狼戾。」虓，虎怒吼。

〔一七〕妖鯨：代指國賊巨寇。

〔一八〕武安瓦落：形容軍威之盛，聲勢浩大。典出《史記‧廉頗藺相如列傳》：「秦軍軍武安西，秦軍鼓譟勒兵，武安屋瓦盡振。」

〔一九〕神巖石鳴：代指戰事。《漢書‧五行志》：「成帝鴻嘉三年五月乙亥，天水

冀南山大石鳴……民俗名曰石鼓。石鼓鳴，有兵。」

〔二〇〕交爭：互相爭戰。《史記・張儀列傳》：「凡天下彊國，非秦而楚，非楚而秦，兩國交爭，其勢不兩立。」

〔二一〕未一：未能統一。《後漢書・陳元傳》：「方今四方尙擾，天下未一，百姓觀聽，咸張耳目。」

〔二二〕陣雲：濃重厚積形似戰陣的雲，古人以爲戰爭之兆。《史記・天官書》：「陣雲如立垣。」

〔二三〕兵星屢出：指戰爭頻繁。古人以天象附會人事，即以觀察星辰的運行、位置、顏色、亮度、芒角以及星辰之間的關係，來推測人事變化。天星主刀兵者，稱「兵星」。如《史記・天官書》所載「天欃」、「天槍」星，裴駰《集解》：「京房云：『天欃爲兵，赤地千里，枯骨籍籍。』《天文志》云：天欃主兵亂也。」張守節《正義》：「《天文志》云：『孝文時，天槍夕出西南，占日爲兵喪亂，其六年十一月，匈奴入上郡、雲中，漢起兵以衛京師。』」

〔二四〕廟謨：即廟謀，朝廷或帝王對戰事進行的謀劃。《後漢書・光武帝紀贊》：「明明廟謨，赳赳雄斷。」謨，《文選》卷五十《後漢書光武紀贊》作「謀」。

〔二五〕戎律：軍機，軍務。《魏書・酷吏・羊祉傳》：「祉志存埋輪，不避強禦；及贊戎律，熊武斯裁。」

〔二六〕加榮進秩：不斷升級的榮耀與官階。《後漢書・陳龜傳》：「過受國恩，榮秩兼優。」

〔二七〕彫戈：鐫有花紋的戈。《國語・晉語三》：「穆公衡彫戈，出見使者。」韋昭注：「彫，鏤也。戈，戟也。」 棨（qǐ）戟：有繪衣或油漆的木戟。古代官吏所用的儀仗，出行時作爲前導，後亦列於門庭。《後漢書・輿服志上》：「公以下至二千石，騎吏四人，千石以下至三百石，縣長二人，皆帶劍，持棨戟爲前列。」

〔二八〕獸節：以猛獸圖案裝飾的節仗。 龍旂（qí）：得專征伐的將帥之旗。

〔二九〕六轡耳耳：手執六轡駕馭車馬，眾盛之貌。語本《詩・魯頌・閟宮》：「龍旂承祀，六轡耳耳。」毛傳：「耳耳然，至盛也。」六轡，古代一車四馬，馬各二轡，其兩邊驂馬之內轡繫於軾前，謂之紖，御者只執六轡。

〔三〇〕驖（tiě）：赤黑色的馬。《詩・秦風・駟驖》：「駟驖孔阜，六轡在手。」騑騑：馬行走不止貌。《詩・小雅・四牡》：「四牡騑騑。」毛傳：「騑騑，

行不止之貌。」

〔三一〕朱鷺：樂曲名。《晉書・樂志》：「漢時有短簫鐃歌之樂，其曲有《朱鷺》、《思悲翁》、……《釣竿》等曲，列於鼓吹，多序戰陣之事。」

〔三二〕黃扉：古代丞相、三公、給事中等高官辦事的地方，以黃色塗門，故稱。

〔三三〕班條按部：按照條理或遵循一定的程式。陸機《文賦》：「觀古今於須臾，撫四海於一瞬。然後選義按部，考辭就班。」

〔三四〕鵷（yuān）鸞：鳳一類的鳥，比喻賢人。

〔三五〕龜鶴：古人以爲長壽之物。晉葛洪《抱朴子內篇・對俗》：「知龜鶴之遐壽，故效其道引以增年。」《文選》卷二一郭璞《遊仙詩》：「借問蜉蝣輩，寧知龜鶴年？」李善注：「《養生要論》曰：龜鶴壽有千百之數，性壽之物也。道家之言，鶴曲頸而息，龜潛匿而噎，此其所以爲壽也。服氣養性者法焉。」

〔三六〕孔壺漏盡金：指時間流逝。孔壺，古代滴水計時器，因底部有小孔，故稱。「金」字疑衍。

〔三七〕葆：此指羽葆，古時葬禮儀仗的一種，以鳥羽聚於柄頭如蓋。《禮記・喪大記》：「君葬用輴，四綍二碑，御棺用羽葆。」孔穎達疏：「御棺用羽葆者，《雜記》云：諸侯用匠人執羽葆以鳥羽。注：於柄末如蓋，而御者執之居前，以指麾爲節度也。」後世卿大夫葬禮亦可使用羽葆。《文選》卷四六任昉《王文憲集序》：「追贈太傅，侍中、中書監如故，給節，加羽葆、鼓吹，增班劍爲六十人。」　吹：鼓吹，此指葬禮上的樂隊。《後漢書・楊震傳》：「（楊賜）及葬，又使侍御史持節送喪，蘭臺令史十人發羽林騎輕車介士，前後部鼓吹，又勅驃騎將軍官屬司空法駕，送至舊塋。」

〔三八〕黼荒：棺飾。覆蓋在天子棺上周圍繡有白黑相間斧形花紋的布。荒，原作「慌」，据《禮記・喪大記》改。《禮記・喪大記》：「飾棺：君龍帷，三池，振容，黼荒。……大夫畫帷，二池，不振容，畫荒。」鄭玄注：「荒，蒙也，在旁曰帷，在上曰荒，皆所以衣柳也。『士布帷，布荒』者，白布也。君、大夫加文章焉。黼荒，緣邊爲黼文。畫荒，緣編爲雲氣。」孔穎達疏：「黼荒者，荒，蒙也，謂柳車上覆，謂鱉甲也。緣荒邊爲白黑斧文，故云黼荒。……畫荒者，不爲斧而爲雲氣也。」「黼荒」爲天子之棺飾，本文碑主身份爲大夫，當用「畫荒」之雲氣狀花紋，而非「黼荒」之斧形花紋。　魚躍：棺飾。「魚躍拂池」之省稱。柩車上部有「荒」，「荒」

下有池。池，竹製，外邊套有青色布套，象徵死者生前所居宮室之承霤
（屋簷下承接雨水的槽）。天子四面有池；大夫前後有池，左右無池。池
下懸掛銅魚，隨柩車的行進晃動，即可上躍碰池。《禮記・喪大記》：「（飾
棺）大夫畫帷，二池，不振容，畫荒，火三列，黼三列，素錦褚，纁紐
二，玄紐二，齊，三采，三貝，黼翣二，畫翣二，皆戴綏，魚躍拂池。」

〔三九〕鑄金模範：用越王鑄金「象范蠡之形」典。《吳越春秋・勾踐伐吳外傳》：
「越王乃使良工鑄金，象范蠡之形，置之坐側，朝夕論政。」

〔四〇〕爲山葬霍：用霍去病卒，漢武帝「爲冢象祁連山」典。表彰其卓越的軍
功。《史記・衛將軍驃騎列傳》：「（驃騎將軍）元狩六年而卒。天子悼之，
發屬國玄甲軍，陳自長安至茂陵，爲冢象祁連山。」

〔四一〕後胤：後裔。

〔四二〕踐霜濡露：指對父母或祖先的懷念。《禮記・祭義》：「霜露既降，君子履
之，必有悽愴之心，非其寒之謂也。」鄭玄注：「非其寒之謂，謂悽愴及
怵惕，皆爲感時念親也。」

〔四三〕追遠慎終：謂居父母喪，祭祀祖先，需依禮盡哀，恭敬虔誠。終，指父
母喪。遠，指祖先。《論語・學而》：「慎終追遠，民德歸厚矣。」何晏《集
解》：「慎終者，喪盡其哀；追遠者，祭盡其敬。」

〔四四〕琬琰：碑石美稱。

大將軍趙芬碑銘一首〔一〕

若夫搏扶搖而上九萬者〔二〕，必有垂天之羽翼〔三〕。苞島嶼而
納百川者〔四〕，必有出日之波瀾。斯乃大器所以懷遠圖〔五〕，宏才
所以膺重任〔六〕。故有出地出洛之佐〔七〕，爲梅爲礪之臣〔八〕，弼
諧帝道〔九〕，緝熙庶績〔一〇〕，亦何代無其人哉〔一一〕！淮安定公繼
之矣〔一二〕。

【校注】

〔一〕本篇以《文館詞林》卷四五二所載爲底本，以清人王昶《金石萃編》卷
三八《趙芬碑》（以下簡稱「萃編本」）、1995 年西安碑林的新拓本《趙
芬殘碑》（以下簡稱「碑林本」）爲參校本。清乾隆間朱楓編、李錫齡輯
《雍州金石記》卷一記載了趙芬殘碑的情況：「今在西安府城東二十里中

兆村。碑上牛已亡，其下牛裂而爲三，今僅存前後二塊。土人砌於堡門
內，碑銜已亡，僅存一『碑』字，其下已無書撰人姓名，存字三百餘。」
可證此碑被發現時，已斷爲四段。萃編本《趙芬碑》題下有雙行小字：「殘
碑兩段，皆高二尺餘，廣一尺，共二十四行，字數不計，正書今在西安
府中兆村。」可知萃編本僅錄殘存兩石部分文字。據西安碑林博物館樊
波《西安碑林藏〈隋趙芬殘碑〉復原》（見《紀念西安碑林九百二十周年
華誕國際學術研討會論文集》，文物出版社 2008 年版，第 535～543 頁）
介紹，趙芬殘碑在初出土時未能盡除石面上的土鏽，拓字不全，造成萃
編本有關兩石的錄文并不完整，甚至國家圖書館藏早期拓本也不完整（見
《北京圖書館藏中國歷代石刻拓片彙編》第九冊，北京圖書館金石組編，
中州古籍出版社 1989 年版）。後出之碑林本爲迄今爲止最完善之拓本，
比萃編本多出 209 字。碑主趙芬，《隋書》卷四六、《北史》卷七五有傳。
清人王昶曾將史傳與萃編本《趙芬碑》進行比勘，然此版碑文殘泐太甚，
王昶提出關於趙芬卒年、謚號等的推論僅爲臆測。《文館詞林》所載碑文
爲完篇，可補史傳之闕，可證王昶之疑，如明確記載碑主趙芬開皇十四
年薨於京師，十五年厝於小陵原，故碑銘之作當在開皇十五年前後不久。

〔二〕萃編本、碑林本缺「若夫摶扶搖而上九萬者必有垂天之羽」十六字。　摶
　　　扶搖而上九萬者：指大鵬，喻青雲直上的能人。《莊子·逍遙遊》：「鵬之
　　　徙於南冥也，水擊三千里，摶扶搖而上者九萬里。」

〔三〕垂天之羽翼：如同天邊雲朵一樣巨大的翅膀，喻傑出才幹。《莊子·逍遙
　　　遊》：「鵬之背，不知其幾千里也。怒而飛，其翼若垂天之雲。」

〔四〕萃編本「者」字殘，記作「□」（以下云「殘」者同）。　納百川：能容
　　　納百川，喻胸襟廣闊。漢焦延壽《易林·謙之無妄》：「百川朝海，流行
　　　不止，道雖遼遠，無不到者。」《文選》卷四七袁宏《三國名臣序贊》：「形
　　　器不存，方寸海納。」李周翰注：「方寸之心，如海之納百川也。言其包
　　　含廣也。」

〔五〕萃編本「大器所以懷」五字殘，且缺「遠圖」至下句「緝熙」二十九字。
　　　碑林本缺「圖」字。　大器：喻有大才、能擔當大事的人。《管子·小匡》：
　　　「管仲者，天下之賢人也，大器也。」

〔六〕碑林本缺「才所以膺重任」至下句「緝熙」二十六字。

〔七〕出地出洛之佐：像周公一樣的賢臣。周公輔佐成王拓展疆土，營建洛邑。

〔八〕爲梅爲礪之臣：喻治理國家所需的賢臣。梅味酸，乃調味所需。《書・說命下》：「若作和羹，爾惟鹽梅。」孔傳：「鹽鹹梅醋，羹須鹹醋以和之。」礪，本義爲磨刀石，喻封爵長存的國家棟樑之臣。《史記・高祖功臣侯者年表序》：「封爵之誓曰：『使河如帶，泰山若厲。國以永寧，爰及苗裔。』」裴駰《集解》引應劭曰：「封爵之誓，國家欲使功臣傳祚無窮。帶，衣帶也。厲，砥石也。河當何時如衣帶，山當何時如厲石，言如帶厲，國乃絕耳。」

〔九〕弼諧：輔佐協調。《書・皋陶謨》：「允迪厥德，謨明弼諧。」孔傳：「言人君當信蹈行古人之德，謀廣聰明，以輔諧其政。」孔穎達疏：「聰明者自是己性，又當受納人言，使多所聞見，以博大此聰明，以輔弼和諧其政。」

〔一〇〕緝熙：光明。《詩・大雅・文王》：「穆穆文王，於緝熙敬止。」毛傳：「緝熙，光明也。」　庶績：各種事業。《書・堯典》：「允釐百工，庶績咸熙。」孔傳：「績，功也；言眾功皆廣。」

〔一一〕本句原作「亦何代無人哉」，據萃編本、碑林本補「其」字。

〔一二〕定公：指碑主趙芬。諡「定」，故稱。

公諱芬，字士茂〔一〕，天水上邽人也〔二〕。自瑤池御験〔三〕，鈞天射熊〔四〕，歷王澤而逢神〔五〕，登常山而得寶〔六〕，縣積載祀〔七〕，英靈不絕。十一世祖融字稚長〔八〕，所謂「荀令君、趙盪寇足爲蓋時乎」〔九〕，即其人也〔一〇〕。高祖逸〔一一〕，壯思高才，雲飛飈豎〔一二〕，已挂人搖史筆〔一三〕，不復架屋施牀〔一四〕。曾祖琰〔一五〕，祖賓育〔一六〕，或頻贊藩維〔一七〕，或屢腰銀艾〔一八〕，立言展事〔一九〕，歿而不朽〔二〇〕。父脩演〔二一〕，分符賜札〔二二〕，樹德於名邦；朱鷺丹帷〔二三〕，褒終於蒿里〔二四〕。

【校注】

〔一〕「士茂」原作「土茂」，據碑林本改，萃編本此二字殘。《隋書》、《北史》之《趙芬傳》並作「士茂」。

〔二〕天水上邽（guī）人：《隋書》、《北史》之《趙芬傳》並作「天水西人」。

萃編本之「天」字殘，且缺「水」至「綿積載」二十九字。　天水上邽在今甘肅天水西。

〔三〕碑林本缺「瑤池御騄」至「綿積載」二十三字。　瑤池御騄：追述趙氏始祖造父之功業。《史記·趙世家》：「造父取驥之乘匹，與桃林盜驪、驊騮、綠耳，獻之繆王。繆王使造父御，西巡狩，見西王母，樂之忘歸。」瑤池，西王母居處。騄，綠耳，良馬名。

〔四〕鈞天射熊：追述趙氏先祖趙簡子之功業。《史記·趙世家》：「簡子寤。語大夫曰：『我之帝所甚樂，與百神遊於鈞天，廣樂九奏萬舞，不類三代之樂，其聲動人心。有一熊欲來援我，帝命我射之，中熊，熊死。又有一羆來，我又射之，中羆，羆死。』……當道者曰：『晉國且有大難，主君首之。帝令主君滅二卿，夫熊與羆皆其祖也。』」

〔五〕歷王澤而逢神：追述趙氏先祖趙襄子毋卹逃亡途經王澤遇三神之事。《史記·趙世家》：「趙襄子懼，乃奔保晉陽。原過從，後，至於王澤，見三人，自帶以上可見，自帶以下不可見。與原過竹二節，莫通。曰：『為我以是遺趙毋卹。』原過既至，以告襄子。襄子齊三日，親自剖竹，有朱書曰：『趙毋卹，余霍泰山山陽侯天使也。三月丙戌，余將使女反滅知氏。女亦立我百邑，余將賜女林胡之地。至於後世，且有尤王，赤黑，龍面而鳥噣，鬢麋髭䫇，大膺大胸，脩下而馮，左衽界乘，奄有河宗，至於休溷諸貉，南伐晉別，北滅黑姑。』襄子再拜，受三神之令。」

〔六〕登常山而得寶：追述趙襄子毋卹常山得寶，受封太子事。《史記·趙世家》：「簡子乃告諸子曰：『吾藏寶符於常山上，先得者賞。』諸子馳之常山上，求，無所得。毋卹還，曰：『已得符矣。』簡子曰：『奏之。』毋卹曰：『從常山上臨代，代可取也。』簡子於是知毋卹果賢，乃廢太子伯魯，而以毋卹為太子。」

〔七〕載祀：已見《高祖文皇帝頌》「載祀二百」句注。

〔八〕本句原作「十一葉祖融」，據萃編本、碑林本改「葉」為「世」，補「字稚長」三字。羅振玉《雪堂金石文字跋尾》指出《文館詞林》編者許敬宗為高宗時人，「世」作「葉」是因為「避高宗諱改」。　趙融，正史無傳。據《後漢書·孝靈帝紀》、《後漢書·何進傳》，漢靈帝中平五年（188）八月，置西園八校尉，趙融為助軍左校尉。據《三國志·吳書·陸遜傳》，趙融參加了吳主孫權黃武元年（222）劉備與孫權之戰。

〔九〕萃編本「令」、「趙蕩寇足爲」六字殘，且缺「蓋」至下句「不復架屋施」二十九字。碑林本缺「蓋時」二字。　本句語出《典略》。《藝文類聚》卷二二引《典略》曰：「禰衡，建安初，自荊州北遊許都，書一刺懷之，漫滅而無所遇。或問之曰：『何不從陳長文、司馬伯達乎？』衡曰：『卿欲使我從屠沽兒輩耶。』又問曰：『當今復誰可者？』衡曰：『大兒孔文舉，小兒楊德祖。』又問：『荀令君、趙盪寇，皆足蓋世乎？』衡見荀有容儀，趙有腹，乃答曰：『文若可借面弔喪，稚長可使監廚請客。』其意以爲荀但有貌，趙健啖肉也。」《後漢書‧文苑‧禰衡傳》作：「又問：『荀文若、趙稚長云何？』衡曰：『文若可借面弔喪，稚長可使監廚請客。』」李賢注云：「趙爲盪寇將軍，見《魏志》。《典略》曰：『衡見荀儀容但有貌耳，故可弔喪。趙有腹大，健噉肉，故可監廚也。』」

〔一〇〕「即其人也」碑林本作「其□人也」。由於碑林本「其」字緊承上句「乎」字，疑《文館詞林》本有誤。

〔一一〕碑林本缺「高祖逸」至「不復架屋施」二十二字。　高祖逸：趙逸字思群，初仕姚興，爲中書侍郎。後爲赫連屈丐所虜，拜著作郎。仕魏爲中書侍郎、拜寧朔將軍、赤城鎮將。《魏書》卷五二、《北史》卷三四有傳。《魏書‧趙逸傳》云：「趙逸，字思群，天水人也。十世祖融，漢光祿大夫。」考察本碑所記趙芬世系，逸爲芬之高祖，而芬之十一世祖爲融，則融不可能爲逸之十世祖，疑《魏書》誤。參見岑仲勉《隋書求是》卷四六。

〔一二〕雲飛颷（biāo）豎：憑藉風雲騰飛，喻奮發有爲。颷，暴風。《大風歌》：「大風起兮雲飛揚。」班固《西都賦》：「遂乃風舉雲搖，浮遊溥覽。」

〔一三〕史筆：歷史記載的代稱。指史冊。三國魏曹植《求自試表》：「使名挂史筆，事列朝策，雖身分蜀境，首縣吳闕，猶生之年也。」

〔一四〕架屋施牀：喻重複累贅。北齊顏之推《顏氏家訓‧序致》：「魏晉已來所著諸子，理重事複，遞相模斅，猶屋下架屋，牀上施牀耳。」

〔一五〕琰：萃編本作「御名」，避清仁宗顒琰諱。　趙琰，字叔起。初爲兗州司馬，轉團城鎮副將。還京，爲淮南王他府長史。以孝行聞名於世。《魏書》卷八六有傳。

〔一六〕祖賓育：趙煦，字賓育。趙琰子。《魏書‧孝感‧趙琰傳》：「（趙）應弟煦，字賓育。好音律，以善歌聞於世。位秦州刺史。」

〔一七〕藩維：喻保衛疆土邊防要地的重任。語出《詩·大雅·板》：「价人維藩，大師維垣。」毛傳：「藩，屏也。」

〔一八〕本句原作「屢腰銷艾」，據萃編本、碑林本補「或」字，改「銷艾」爲「銀艾」。「碑林本」缺「屢」字。　銀艾：銀印和綠綬。漢制，吏秩比二千石以上皆銀印綠綬，泛指高官。《後漢書·張奐傳》：「吾前後仕進，十要銀艾。」李賢注：「銀印綠綬也，以艾草染之，故曰艾也。」

〔一九〕萃編本「立言展事歿而」六字殘，且缺「不朽」至下句「皋繇」二十九字。　立言：指著書立說，託書傳名，以求不朽。《左傳》襄公二十四年：「大上有立德，其次有立功，其次有立言，雖久不廢，此之謂不朽。」孔穎達疏：「立言，謂言得其要，理足可傳，其身既沒，其言尚存。」　展事：行事，辦事。《周禮·地官·鄉師》：「若國大比，則攷教、察辭、稽器、展事，以詔誅賞。」鄭玄注：「展猶整具。」賈公彥疏：「云展事者，謂行事。展，省視之。」

〔二〇〕碑林本缺「朽」字。

〔二一〕父脩演：萃編本全句缺，碑林本缺「脩」字。《隋書·趙芬傳》作「父演」，《北史·趙芬傳》作「父諒」。錢仲聯輯錄沈曾植《海日樓文鈔佚跋》之「碑誌敍錄跋語」部分第三十三條有《隋趙芬碑跋》云：「史稱芬父諒，碑稱父脩演。脩演蓋諒字，《周書》稱父諒者舉其名，《隋書》稱父演者舉其字而脫脩字也。」據西安新出土的《尉遲元偉墓誌》（《社會科學戰線》2011年第3期刊布《新見北周尉遲元偉墓誌》）：「祖演，儀同三司、秦州刺史。」此墓主尉遲元偉乃趙芬之子，北周初賜姓尉遲，墓誌所云「祖演」，可證趙芬之父名「演」，《隋書·趙芬傳》所載不誤，《文館詞林》本碑文稱「脩演」，當爲趙演之表字。

〔二二〕碑林本缺「分符賜札」至「皋繇」二十四字。　分符：即剖符。帝王分封諸侯、功臣時，以竹符爲信證，剖分爲二，君臣各執其一，遂以「分符」爲分封、授官之稱。《戰國策·秦策三》：「穰侯使者操王之重，決裂諸侯，剖符於天下，征敵伐國，莫敢不聽。」　賜札：帝王給臣下書函。

〔二三〕朱鷺：本爲樂曲名，漢鼓吹鐃歌十八曲的第一曲。此處代指鼓吹。因脩演位至儀同三司，受賜鼓吹。　丹帷：赤色帳幕。此指脩演深受天子信任，有謀劃之任。《後漢書·郎顗傳》：「豈獨陛下倦於萬機，帷幄之政有所闕

歟？」李賢注：「帷幄，謂謨謀之臣也。」陶淵明《詠三良》「出則陪文輿，入必侍丹帷」。或說即「赤帷」，古代帝王特派的使節乘赤帷車，後以「赤帷」表示委以重任。《後漢書·輿服志上》：「大使者，立乘，駕駟，赤帷。」

〔二四〕襃（bāo）：嘉獎，稱讚。與「貶」相對。《公羊傳》隱公元年：「『與公盟者眾矣，曷爲猶襃乎此？』『因其可襃而襃之。』」《漢書·藝文志》：「有所襃諱貶損，不可書見，口授弟子，弟子退而異言。」 蒿里：本爲山名，相傳在泰山之南，爲死者葬所，後因以泛指墓地。《漢書·廣陵厲王劉胥傳》：「蒿里召兮郭門閱，死不得取代庸，身自逝。」顏師古注：「蒿里，死人里。」

而獸雲起〔一〕，皋繇出〔二〕；龍宿感〔三〕，周勃生〔四〕。公炳靈特挺〔五〕，氣稟純粹。殊武仲之木性偏實，異文舉之金精太多〔六〕。孝窮行本〔七〕，仁爲己任〔八〕。崇讓去伐〔九〕，絕矜尚之心；豁情順理〔一○〕，無喜慍之色。先聖微言〔一一〕，味之而不倦；雕蟲小道〔一二〕，能之而不爲。物望坐高〔一三〕，聲譽藉甚〔一四〕。

【校注】

〔一〕獸雲：此指祥瑞，昭示聖賢之人誕生。明言皋繇，實指碑主趙芬。

〔二〕皋繇：傳說中虞舜時的司法官。本句以皋繇暗喻趙芬，彰顯趙芬在律法方面的貢獻。據《隋書·趙芬傳》，開皇初「（趙芬）與郢國公王誼修律令」。

〔三〕龍宿：星宿名。角、亢、氐、房、心、尾、箕合稱「東方七宿」，成蒼龍之形。本句以周勃應龍宿之祥瑞而生暗喻趙芬。

〔四〕周勃（？～前169）：秦末漢初名將，隨劉邦起兵。漢高祖六年（前201）封絳侯。繼因討平韓王信叛亂，爲太尉。呂后崩，與陳平等智奪呂氏兵權，誅呂氏諸王，擁立文帝，官至右丞相。司馬遷云其「雖伊尹、周公，何以加哉！」《史記》卷五七、《漢書》卷四十有傳。本句因趙芬官至大將軍，故以周勃作比，彰顯其軍功。

〔五〕「炳靈」原作「資靈」，據萃編本、碑林本改。炳，因避唐高祖李淵之父李昞諱而改作「資」。 炳靈：煥發靈氣。班固《幽通賦》：「系高頊之玄冑兮，氏中葉之炳靈。」左思《蜀都賦》：「近則江漢炳靈，世載其英。」

〔六〕萃編本「殊武仲之木性偏」七字殘，且缺「實」至下句「豁情順」二十
　　　九字。碑林本缺「實」、「異常」、「舉」字，且缺「金精太多」至下句「豁
　　　情順」二十四字。　魏晉南北朝盛行品評人物之才性，常以對五行之氣
　　　的稟賦不同來分析人物性情。傅毅字武仲，《後漢書》卷八十有傳。孔融
　　　字文舉，《後漢書》卷七十、《三國志・魏書》卷一二有傳。《意林》卷四
　　　引姚信《士緯》：「孔文舉金性太多，木性不足，背陰向陽，雄倬孤立。」
　　　《太平御覽》卷三六〇引任嘏《道論》：「木氣人勇，金氣人剛。」劉邵
　　　《人物志・九徵》：「是故溫直而擾毅，木之德也。剛塞而弘毅，金之德
　　　也。」

〔七〕孝窮行本：語出《孝經》：「子曰：『夫孝，天之經也，地之義也，民之行
　　　也。……人之行，莫大於孝。』」《後漢書・江革傳》：「夫孝，百行之冠，
　　　眾善之始也。」

〔八〕仁爲己任：語出《論語・泰伯》：「曾子曰：『士不可以不弘毅，任重而道
　　　遠。仁以爲己任，不亦重乎？死而後已，不亦遠乎？』」

〔九〕去伐：不矜伐，即不恃才夸功，不驕矜自大。

〔一〇〕豁情：開豁情懷。南朝宋劉義慶《世說新語・雅量》：「於是豁情散哀，
　　　顏色自若。」

〔一一〕微言：精深微妙的言辭。漢劉歆《移書讓太常博士》：「及夫子沒而微言
　　　絕，七十子卒而大義乖。」

〔一二〕萃編本「雕蟲小道能之而不」八字殘，且缺「爲」至下句「轉外兵遷內」
　　　二十九字。　雕蟲小道：指文學創作。漢揚雄《法言》：「或問：『吾子少
　　　而好賦?』曰：『然。童子雕蟲篆刻。』俄而曰：『壯夫不爲也!』」

〔一三〕碑林本缺「物」字，且缺「坐高」至「轉外兵遷內書」二十七字。　物
　　　望：人望，聲望。

〔一四〕藉甚：卓著。《史記・酈生陸賈列傳》：「陸生以此遊漢廷公卿間，名聲藉
　　　甚。」

　　　周太祖肇開相府，盛選僚佐，引爲記室〔一〕。轉外兵，遷內書
舍人、尙書兵部郎。職乃應星〔二〕，人同披霧〔三〕，豈直張燈流稱〔四〕，
固亦覆被見知〔五〕。周受禪〔六〕，除多官府司邑大夫，又爲陝州總

管府長史。天府地軸〔七〕，二國並興〔八〕，伊洛崤函〔九〕，百樓相對〔一○〕。金星火宿〔一一〕，芒角恒動〔一二〕，牙璋羽檄〔一三〕，晝夜交馳〔一四〕。公參贊戎機〔一五〕，運籌幕府〔一六〕，三川之地〔一七〕，呼吸而併吞〔一八〕；九國之師，逡巡而不進〔一九〕。加儀同三司，仍長史。徵入朝，歷御伯納言，進位開府儀同三司〔二○〕，稍遷內外府掾、吏部內史御正三大夫、天官府司會、春官府司宗〔二一〕，治夏官府司馬〔二二〕，封淮安縣開國子〔二三〕。前後任熊、淅二州刺史〔二四〕。

【校注】

〔一〕《隋書》本傳作：「周太祖引爲相府鎧曹參軍，歷記室。」《北史》同。

〔二〕應星：應驗星象。古時星占認爲星象與人的生死榮辱、歷官授職相關。

〔三〕萃編本、碑林本「霧」字殘。　披霧：撥開雲霧，得見青天。比喻人的神情清朗。《世說新語·賞譽》：「衛伯玉爲尚書令，見樂廣與中朝名士談議，奇之……命子弟造之，曰：『此人，人之水鏡也，見之若披雲霧，覩青天。』」

〔四〕萃編本「豈直張燈流稱」六字殘。　張燈流稱：大張旗鼓地傳頌。漢應劭《風俗通·窮通》：「明府所在流稱，今以公徵，往便原除，不宜深入以介意。」

〔五〕萃編本「固」字殘，且缺「亦」至下句「天府地軸」二十九字。碑林本缺「亦覆」二字。　覆被見知：即使被遮蔽、被壓制，也能受到知遇。漢王符《潛夫論·明忠》：「歷觀古來愛君憂主敢言之臣，忠信未達，而爲左右所鞠按，當世而覆被。」

〔六〕碑林本缺「受禪」至「天府地軸」二十三字。

〔七〕天府：指土地肥沃、物產富饒之域。《史記·劉敬叔孫通列傳》：「因秦之故，資甚美膏腴之地，此所謂天府者也。」　地軸：大地之中心樞要。趙芬任陝州總管府長史，陝州確實居於中心。

〔八〕二國：此指北周與北齊。

〔九〕伊洛：伊水與洛水，泛指伊洛流域。毗鄰北周與北齊交界地帶。　崤函：崤山和函谷，自古爲險要的關隘。北周據此與北齊對峙。

〔一○〕百樓：古代瞭望敵情的高臺。百，極言樓之高。《三國志·魏書·公孫瓚傳》：「兵法，百樓不攻。」

〔一一〕本句原作「金星大宿」，據萃編本、碑林本改。錢仲聯輯錄沈曾植《海日樓文鈔佚跋》之《隋趙芬碑跋》，認爲此處當「以碑爲正」，作「金星火宿」。　金星：即太白星，古人認爲其主殺伐，多喻兵戎。　火宿：即熒惑。《史記・天官書》：「火犯守角，則有戰。」《正義》：「熒惑犯守箕、尾，氐星自生芒角，則有戰陣之事。」

〔一二〕萃編本「角恒動」三字殘。碑林本缺「角」字。　芒角恒動：指金星火宿之光芒動搖，喻有戰事。

〔一三〕萃編本「牙璋羽」三字殘，且缺「檄」字至下句「逡巡」二十九字。碑林本缺「檄」字。　牙璋：古代的一種兵符。《周禮・春官・典瑞》：「牙璋以起軍旅，以治兵守。」鄭玄注引鄭司農曰：「牙璋瑑以爲牙。牙齒，兵象，故以牙璋發兵，若今時以銅虎符發兵。」　羽檄：已見《出塞》其二「插羽夜征兵」句注。

〔一四〕交馳：交相奔走，往來不斷。三國魏吳質《答魏太子箋》：「軍書輻至，羽檄交馳。」

〔一五〕碑林本缺「贊戎機」至下句「逡巡」二十二字。　參贊：協助謀劃。《晉書・姚泓載記》：「君等參贊朝化，弘昭政軌。」　戎機：戰事，軍事機要。

〔一六〕運籌：制定策略；籌畫。《漢書・高帝紀下》：「夫運籌帷幄之中，決勝千里之外，吾不如子房。」　幕府：本義爲將帥在外的營帳。後亦泛指軍政大吏的府署。《史記・李將軍列傳》：「大將軍使長史急責廣之幕府對簿。」

〔一七〕三川之地：指北齊境內之河、洛、伊流域。《戰國策・秦策一》：「親魏善楚，下兵三川。」《文選》卷二一鮑照《詠史》：「五都矜財雄，三川養聲利。」李善注引韋昭曰：「有河、洛、伊，故曰三川。」

〔一八〕本句形容周師攻城略地易如反掌。《三國志・魏書・呂布傳》裴松之注引《英雄記》載呂布與蕭建書曰：「昔樂毅攻齊，呼吸下齊七十餘城。」

〔一九〕此二句用戰國時期九國（韓、魏、燕、楚、齊、趙、宋、衛、中山）與秦相爭故事。因北齊方位與九國相合，且結局類似，故以九國暗喻北齊；因北周方位與秦相合，且結局類似，故以秦暗喻北周。《史記・秦始皇本紀》：「並韓、魏、燕、楚、齊、趙、宋、衛、中山之眾……常以十倍之地，百萬之眾，叩關而攻秦。秦人開關延敵，九國之師逡巡遁逃而不敢

進。秦無亡矢遺鏃之費，而天下諸侯已困矣。」

〔二〇〕萃編本「進位開府」四字殘，且缺「儀」至「春官府司宗」二十九字。

〔二一〕碑林本缺「稍遷」至「春官府司宗」二十五字。　天官府司會：官名。《周禮》天官之屬，掌財政經濟，考察群官政績。北周仿《周禮》官制，其天官府亦置司會中大夫。參見《周禮‧天官‧司會》、王仲犖《北周六典》卷二。　春官府司宗：官名。《周禮》春官之屬，掌禮法、祭祀。

〔二二〕「治」原作「領」，據萃編本、碑林本改。因避唐諱而改「治」作「領」。然錢仲聯輯錄沈曾植《海日樓文鈔佚跋》之《隋趙芬碑跋》認爲：「『領』字是。」　夏官府司馬：《周禮》夏官之屬，掌軍政和軍賦。

〔二三〕萃編本「淮」字殘。　封淮安縣開國子：《隋書‧趙芬傳》曰：「封淮安縣男，邑五百戶。」《北史》同。

〔二四〕「淅」原作「析」，據碑林本、《隋書》本傳改。萃編本「淅」、「刺史」三字殘。《隋書‧趙芬傳》載「復出爲淅州刺史。」

公志識高瞻〔一〕，幹翮優長〔二〕，遍歷群司，咸居要重。文墨堆几，主者環階〔三〕，照理若鏡明〔四〕，剖滯如劍割〔五〕。及擁旄杖節〔六〕，按部班條〔七〕，家承禮教，化致清靜。東夏平〔八〕，授相州天官府司會，進爵爲侯。大象元年，置六府於洛陽〔九〕，除少宗伯，攝夏官府事。二年，拜上開府，進爵爲公。

【校注】

〔一〕萃編本「公志」二字殘，且缺「識」至下段「巨魚縱壑」二百餘字，中間僅「滯如」二字可辨識。　志識：志向與思想意識。

〔二〕碑林本缺「翮優長」至下段「巨魚縱壑」二百餘字，中間僅「滯如」二字、「相州天官府司會」之「天」字、「攝夏官府事」之「官」字，共四字可辨識。　幹翮：即主翮，喻指理事才能。翮，羽的主莖。《三國志‧蜀書‧糜竺傳》：「竺雍容敦雅，而幹翮非所長。」

〔三〕主者：此指各下屬職能部門的主管人。《史記‧陳丞相世家》：「上曰：『主者謂誰？』平曰：『陛下即問決獄，責廷尉；問錢穀，責治粟內史。』」

〔四〕本句以明鏡作比，形容趙芬處理政事明察秋毫。「明鏡」典出《西京雜記》卷三：「高祖初入咸陽宮，周行庫府，金玉珍寶，不可稱言。其尤驚異者……

有方鏡，廣四尺，高五尺九寸，表裏有明，人直來照之，影則倒見。以手捫心而來，則見腸胃五臟，歷然無硋。人有疾病在內，則掩心而照之，則知病之所在。又女子有邪心，則膽張心動。秦始皇常以照宮人，膽張心動者則殺之。」

〔五〕本句以操劍而割喻趙芬處理政事利落高效。操割喻處理政事，典出《左傳》襄公三十一年：「子皮欲使尹何爲邑。子產曰：『少，未知可否。』子皮曰：『願，吾愛之，不吾叛也。使夫往而學焉，夫亦愈知治矣。』子產曰：『不可。人之愛人，求利之也。今吾子愛人則以政，猶未能操刀而使割也。』」

〔六〕擁旄：持旄，借指統率軍隊。《文選》卷四三丘遲《與陳伯之書》「擁旄萬里」句李善注引班固《涿邪山祝文》：「杖節擁旄，征人伐鼓。」 仗節：已見《入郴江》「仗節遵嚴會」句注。

〔七〕按部：帶領部屬。《東觀漢記‧祭遵傳》：「將軍連年拒難，衆兵即卻，復獨按部，功勞爛然。」

〔八〕東夏平：指北周武帝於建德六年（577）平北齊事。

〔九〕六府：此指六官。《周禮》以天官冢宰、地官司徒、春官宗伯、夏官司馬、秋官司寇、冬官司空分掌邦國之政。《周書‧文帝紀》：「（魏恭帝）三年春正月丁丑，初行《周禮》，建六官。」北周代魏，閔帝繼續沿用六官制。《隋書‧趙芬傳》：「（大象元年）移相州六府於洛陽，稱東京六府。……河陽、幽、相、豫、亳、青、徐七總管，受東京六府處分。」

大隋飛名帝籙〔一〕，允叶天序〔二〕，火木異行〔三〕，鳥龍殊號〔四〕。開皇元年，拜大將軍、東京尚書左僕射，封淮安郡開國公〔五〕。東京罷，授京省尚書右僕射〔六〕。三年，兼內史令、僕射如故。自金運窮圮〔七〕，華夏陸沉〔八〕，聖人之軌則罕存，先王之風格咸盡。皇上撥亂反正〔九〕，康俗振人，標明政典，興復禮教。公內掌綸弗〔一○〕，外司端揆〔一一〕，若四嶽之遵行堯道〔一二〕，猶八元之輔成舜德〔一三〕。方驗大水憑舟〔一四〕，良臣見任，巨魚縱壑〔一五〕，聖主得賢。開皇五年〔一六〕，除蒲州刺史〔一七〕，加金紫光祿大夫。以公年時耆邁〔一八〕，故優以外任也〔一九〕。蒞事四周，風化大洽〔二○〕。

屢辭以疾，解職還京。九年，抗表乞骸〔二一〕，聽，以大將軍淮安公歸第〔二二〕。仍降璽書〔二三〕，兼賜几杖、衣服、被褥、板輿等〔二四〕。皇太子遣使致書〔二五〕，賚巾帔等七種〔二六〕。春秋七十有七，以十四年二月十二日寢疾薨於京師之太平里第〔二七〕。王人弔祭〔二八〕，諡曰定公，禮也。粵十五年厝於小陵原〔二九〕。

【校注】

〔一〕飛名帝籙：已見《高祖文皇帝頌》「若乃降精熛怒，飛名帝籙」句注。

〔二〕允叶（xié）：和洽。

〔三〕火木異行：陰陽五行家用五德終始比附歷史上各王朝命運的興亡更替。隋認定北周爲木德，木生火，故隋應火德，代周而起。

〔四〕鳥龍殊號：鳥指南方朱雀，象徵火德。龍指東方青龍，象徵木德。本句指隋應火德，代木德之北周而起，與「火木異行」同義。

〔五〕本句趙芬升官封爵之原委，據《隋書·趙芬傳》：「高祖爲丞相，尉迥與司馬消難陰謀往來，芬察知之，密白高祖。由是深見親委，遷東京左僕射，進爵郡公。」《北史》同。

〔六〕京省尚書右僕射：據《隋書·趙芬傳》，「開皇初，罷東京官，拜尚書左僕射。」《北史》作「尚書右僕射」。

〔七〕金運：謂金德當運的王朝，此處指晉。　窮圮（pǐ）：困厄，不亨通。

〔八〕華夏陸沉：神州大地無水而沉，喻國土淪陷於敵手。此指西晉末年，匈奴劉聰、劉曜先後攻陷洛陽、長安，俘殺懷、愍二帝，中原大亂。《世說新語·輕詆》：「桓公入洛，過淮泗，踐北境，與諸僚屬登平乘樓，眺矚中原，慨然曰：『遂使神州陸沉，百年丘墟，王夷甫諸人，不得不任其責！』」

〔九〕撥亂反正：已見《高祖文皇帝頌》「撥亂反正濟國寧人」句注。

〔一〇〕內掌綸弗：執掌起草詔誥。《禮記·緇衣》：「王言如絲，其出如綸。」趙芬兼任內史令（即中書令，避隋文帝父楊忠諱改），代皇帝草擬詔旨稱爲掌綸。弗，筆。

〔一一〕端揆：指相位。宰相居百官之首，總攬國政，故稱。趙芬身兼內史令，屬於宰相職。

〔一二〕四嶽：堯臣羲、和四子，分掌四方之諸侯。《書·堯典》：「帝曰：『咨！四嶽。』」孔傳：「四嶽，即上羲、和之四子，分掌四嶽之諸侯，故稱焉。」

〔一三〕八元：古代傳說中的有才德之人。《左傳》文公十八年：「昔高陽氏有才
　　　　子八人：蒼舒、隤敳、檮戭、大臨、尨降、庭堅、仲容、叔達，齊、聖、
　　　　廣、淵、明、允、篤、誠，天下之民謂之『八愷』。高辛氏有才子八人：
　　　　伯奮、仲堪、叔獻、季仲、伯虎、仲熊、叔豹、季貍，忠、肅、共、懿、
　　　　宣、慈、惠、和，天下之民謂之『八元』。此十六族也，世濟其美，不隕
　　　　其名。以至於堯，堯不能舉。舜臣堯，舉八愷，使主后土，以揆百事，
　　　　莫不時序，地平天成。舉八元，使布五教于四方，父義、母慈、兄友、
　　　　弟共、子孝，內平外成。」據此知「八愷」、「八元」當即《舜典》二十
　　　　二人之數，因此將「四嶽」與「八元」并言。南朝梁劉勰《文心雕龍・
　　　　章表》：「故堯諮四嶽，舜命八元。」

〔一四〕大水憑舟：喻宰輔之臣。《書・說命上》：「若濟巨川，用汝作舟楫。」

〔一五〕巨魚縱壑：縱遊於大壑中的大魚，身處順境，自在如意，喻君臣相得。
　　　　典出漢王褒《聖主得賢臣頌》：「千載一會，論說無疑，翼乎如鴻毛遇順
　　　　風，沛乎若巨魚縱大壑。」

〔一六〕本句原作「某年」，據萃編本、碑林本補。

〔一七〕萃編本、碑林本缺「蒲」字。　《隋書・趙芬傳》云「未幾，以老病出
　　　　拜蒲州刺史，加金紫光祿大夫，仍領關東運漕，賜錢百萬、粟五千石而
　　　　遣之。」《北史》同。

〔一八〕萃編本缺「耆邁」二字。　耆（qí）：古稱六十歲曰耆，後泛指高壽。

〔一九〕萃編本、碑林本缺「外任也」至「抗表」二十三字。

〔二〇〕風化：風俗。　大洽：廣布。《後漢書・王丹傳》：「行之十餘年，其化大
　　　　洽，風俗以篤。」

〔二一〕本句「骸」字後原有「骨」字，據萃編本、碑林本刪。錢仲聯輯錄沈曾
　　　　植《海日樓文鈔佚跋》之《隋趙芬碑跋》指出：「『骨』字衍也。」　抗
　　　　表：向皇帝上奏章。《三國志・蜀書・諸葛亮傳》「受任於敗軍之際」句
　　　　南朝宋裴松之注：「亮以建興五年抗表北伐，自傾覆至此整二十年。」　乞
　　　　骸：古時官吏老邁，自請辭職，意在使骸骨歸葬故鄉。《晏子春秋・外篇
　　　　上二十》：「臣愚不能復治東阿，願乞骸骨，避賢者之路。」《漢書・趙充
　　　　國傳》：「充國乞骸骨，賜安車駟馬，黃金六十斤，罷就第。」

〔二二〕歸第：回家。《漢書・佞幸・董賢傳》：「高安侯賢未更事理，為大司馬，
　　　　不合眾心，非所以折衝綏遠也。其收大司馬印綬，罷歸第。」

〔二三〕璽書：指皇帝的詔書。《史記・秦始皇本紀》：「上病益甚，乃爲璽書賜公子扶蘇曰：『與喪會咸陽而葬。』」

〔二四〕板輿：碑林本作「轝輿」，且「轝」爲異體字。萃編本缺「兼」、「几杖衣服被褥板輿等」十字。　板輿：古代一種用人抬的代步工具。多爲老人乘坐。《漢書・王莽傳下》「朝見挈茵輿行」句顏師古注引晉灼曰：「《漢儀注》皇后、婕妤乘輦，餘者以茵，四人舉以行。豈今之板輿而鋪茵乎？」

〔二五〕碑林本「皇」字前有明顯空格，且缺「太子」至「十四年」二十二字。萃編本缺「皇太子」至「十四年」二十三字。

〔二六〕賚（lài）：賞賜。　巾帔：頭巾和披肩。

〔二七〕本句原無「二月十二日寢疾」、「第」八字，據萃編本、碑林本補。錢仲聯輯錄沈曾植《海日樓文鈔佚跋》之《隋趙芬碑跋》，所錄碑無「第」字。

〔二八〕萃編本缺「王人」至下段「方正礭」七十五字。　王人：國君。《書・君奭》：「王人罔不秉德，明恤小臣。」孔穎達疏引王肅云：「王人者，猶君人也。」據《隋書趙芬傳》：「（芬卒），上遣使致祭，鴻臚監護喪事。」

〔二九〕碑林本缺「五年厝於小陵原」七字。　厝：已見《後周大將軍楊紹碑銘》「越某年月厝於某所」句注。　小陵原：即少陵原。宋人程大昌《雍錄》「少陵原」條曰：「在長安縣南四十里。漢宣帝陵在杜陵縣，許后葬杜陵南園。師古曰：『即今之謂小陵原者也，去杜陵十八里。』它書皆作『少陵』。」碑石原存中兆村，即位於少陵原。此外，據《隋唐五代墓誌彙編》（陝西卷第三冊第13頁，天津古籍出版社1991年版），陝西藍田曾出土一塊墓誌蓋，上題「大隋大將軍尚書□僕射淮安定公墓銘」字樣，當爲趙芬墓誌蓋，然此墓誌蓋出土地在藍田，與碑石存地不符，俟考。

　　惟公靈府內融〔一〕，虛舟玄運〔二〕，有禮有法〔三〕，可大可久〔四〕。從政立朝五十餘載，垂纓拖玉卅餘官〔五〕，文馬華軒〔六〕，不改素士之操〔七〕；當軸據要〔八〕，彌懷恬淡之心〔九〕。方正礭然〔一〇〕，風塵不染〔一一〕。清白自守，脂膏莫潤〔一二〕。故能名行兩全〔一三〕，始終俱美。扶陽濟濟，豈得獨稱韋相〔一四〕；東都藹藹，自可繼軌疎公〔一五〕。而隨武可作〔一六〕，餘風未泯；公業不亡〔一七〕，析薪有寄〔一八〕。府佐杜寬等〔一九〕，仰惟盛範，畢世不追〔二〇〕。雖良史得跡

〔二一〕，藏於東觀〔二二〕；尙書故事，留在南宮〔二三〕。而風煙已合，莫辨成樓之氣〔二四〕；松柏且摧〔二五〕，誰知夏屋之所〔二六〕。乃勒此高碑，樹之幽隧〔二七〕，同扶風之下馬〔二八〕，若襄陽之墮淚〔二九〕。其詞曰：

【校注】

〔一〕碑林本缺「惟公靈」三字，「府」字僅下半部「付」可見。　靈府：指心。《莊子・德充符》：「故不足以滑和，不可入於靈府。」成玄英疏：「靈府者，精神之宅，所謂心也。」

〔二〕虛舟：喩指精神，與「形」相對。南朝梁陶弘景編著《眞誥》，論述形神關係曰：「神爲度形舟」。　玄運：此處以天體的運行喩精神的運轉。《淮南子・覽冥》：「日行月動，星燿而玄運。」高誘注：「玄，天也；運，行也。」

〔三〕有禮有法：《三國志・魏書・陳矯傳》陳登曰：「淵清玉絜，有禮有法，吾敬華子魚。」

〔四〕可大可久：語出《易・繫辭上》：「可久則賢人之德，可大則賢人之業。」

〔五〕碑林本缺「官」至下句「方正礭」二十四字。　垂纓：垂下冠帶。古代臣下朝見君王時的裝束。後借指出任官職。《管子・小匡》：「管仲詘纓捷衽，使人操斧而立其後。公辭斧三，然後退之。公曰：『垂纓下衽，寡人將見。』」　拖玉：衣襟下垂帶玉佩。喩指顯貴。語出晉潘岳《西征賦》：「飛翠緌，拖鳴玉，以出入禁門者眾矣。」　卅（sà）：三十。

〔六〕文馬：毛色有文采的馬。《左傳》宣公二年：「宋人以兵車百乘，文馬百駟以贖華元於鄭。」　華軒：富貴者所乘坐的華美車馬。南朝梁江淹《效左思〈詠史〉》：「金張服貂冕，許史乘華軒。」

〔七〕素士：寒素士人，布衣之士。《三國志・魏書・賈詡傳》：「文帝使人問詡自固之術，詡曰：『願將軍恢崇德度，躬素士之業，朝夕孜孜，不違子道。』」

〔八〕當軸：正處在車軸中心的位置。喩官居要職。漢桓寬《鹽鐵論・雜論》：「車丞相即周呂之列，當軸處中，括囊不言，容身而去，彼哉！彼哉！」

〔九〕恬淡：清靜淡泊，不熱衷於名利。《老子》：「恬惔爲上，勝而不美。」《庄子・天道》：「夫虛靜恬淡寂漠無爲者，天地之平而道德之至。」《三國志・蜀書・彭羕傳》：「偃息於仁義之途，恬惔於浩然之域。」

〔一〇〕礭（què）然：水激石險峻不平貌，引申爲堅定貌。《隸續·晉右軍將軍鄭烈碑》：「踐逸軌之遠迹，秉礭然之大節。」

〔一一〕風塵：風塵易污人，染風塵喻沾染塵俗。南朝梁劉義慶《世說新語·賞譽》：「王戎云：『太尉神姿高徹，如瑤林瓊樹，自然是風塵外物。』」《世說新語·輕詆》：「庾公權重，足傾王公。庾在石頭，王在冶城坐，大風揚塵，王以扇拂之曰：『元規塵污人。』」北齊顏之推《顏氏家訓·省事》：「而爲執政所患，隨而伺察，既以利得，必以利殆，微染風塵，便乖肅正。」以上「風塵」之義，與本句同。又，晉人郭璞《遊仙詩》有句云「高蹈風塵外」，南朝梁劉孝標《辨命論》有句云「不雜風塵」，可知「風塵」爲六朝習用語。

〔一二〕脂膏莫潤：喻爲官清廉，不貪財貨。典出《後漢書·孔奮傳》：「奮在職四年，財產無所增。事母孝謹，雖爲儉約，奉養極求珍膳。躬率妻子，同甘菜茹。時天下未定，士多不修節操，而奮力行清絜，爲眾人所笑，或以爲身處脂膏，不能以自潤，徒益苦辛耳。」

〔一三〕萃編本缺「能名行兩全始終俱美」九字。　名行：名聲與品行。漢王粲《酒賦》：「賊功業而敗事，毀名行以取誣。」

〔一四〕萃編本「扶陽濟濟」四字殘，且缺「豈得」至下句「餘風未泯」二十五字。碑林本缺「豈得」至下句「餘風未泯」二十五字。　扶陽：古地名，在今安徽淮北市東北。　濟濟：此指人才眾多貌。《詩·大雅·旱麓》：「瞻彼旱麓，榛楛濟濟。」毛傳：「濟濟，眾多也。」　韋相：指韋賢，漢宣帝本始三年（前 71）爲丞相，封扶陽侯。《漢書》卷七三有傳。因趙芬曾任「內史令」，屬於宰相職，且最後以「大將軍淮安公」歸第，故本句以韋賢作比。

〔一五〕東都：洛陽。　藹藹：此指人才眾多貌。《詩·大雅·卷阿》：「藹藹王多吉士。」　疏公：指西漢人疏廣。官至漢宣帝太子太傅，以賢稱，有辭官散金故事。《漢書》卷七一有傳。因趙芬曾在洛陽「除少宗伯，攝夏官府事」、拜「東京尚書左僕射」，兼之爲官清廉，故本句以東都疏廣作比。

〔一六〕隨武：人名。指士會，春秋時晉國大夫，曾任執政，專務教化，是晉稱霸中原的功臣之一。因食邑在隨，稱隨會；後又食邑於范，稱范會。卒諡武，史稱范武子、隨武子。事見《國語·晉語》、《左傳》。

〔一七〕公業：人名。指鄭太，字公業。於漢靈帝末年，結交豪傑，名聞山東。

大將軍何進以其爲尙書侍郎，遷侍御史。後反抗董卓，以智略稱。《後漢書》卷七十有傳。

〔一八〕萃編本「析薪」二字殘。 析薪：喻繼承先人之業。《左傳》昭公七年：「古人有言曰：『其父析薪，其子弗克負荷。』施將懼不能任其先人之祿。」

〔一九〕本句原作「佐官姓名等」，據萃編本、碑林本改。 府佐：指高級官署中的佐治官吏。據《隋書·百官志下》，「三師、三公置府佐，與柱國同。」此處之杜寬，爲趙芬府佐。唐人許敬宗編《文館詞林》所輯錄的當爲薛道衡應邀起草的碑文，道衡不熟悉趙芬府佐的具體情況，故用「姓名」二字暫代。碑文刊刻上石時，再由執事將具體姓名補上。

〔二〇〕世：原作「志」，據碑林本改。萃編本「惟盛範畢世不逮」七字殘。 畢世：猶畢生。晉支遁《還東山上哀帝書》：「貧道野逸東山，與世異榮……縕縷畢世，絕窺皇階。」

〔二一〕得：原作「德」，據碑林本改。萃編本「雖良史得跡」五字殘。

〔二二〕萃編本「藏」字殘，且缺「於」至下句「松柏」二十四字。碑林本缺「於東觀」至下句「松柏且」二十五字。 東觀：東漢洛陽南宮內觀名。明帝詔班固等修撰《漢記》於此，書成名曰《東觀漢記》。章、和二帝時爲皇宮藏書之府。

〔二三〕南宮：尙書省的別稱。因尙書省象列宿之南宮，故稱。《後漢書·鄭弘傳》：「建初，爲尙書令……弘前後所陳有補益王政者，皆著之南宮，以爲故事。」

〔二四〕成樓之氣：古人認爲海市蜃樓爲蜃吐氣而成，故稱。《史記·天官書》：「海旁蜄氣象樓臺；廣野氣成宮闕然。雲氣各象其山川人民所聚積。」

〔二五〕摧：原作「榷」，據碑林本改。

〔二六〕夏屋：此指爲魂靈所造的大屋。《楚辭·大招》：「夏屋廣大，沙堂秀只。」王逸注：「言乃爲魂造作高殿峻屋，其中廣大。」

〔二七〕萃編本「幽隧同扶風之下馬若襄陽之墮」十三字殘，且缺「淚」至下段「綿紀」二十二字。

〔二八〕本句用扶風張湛下馬典。張湛字子孝，扶風平陵（在今陝西咸陽市附近）人，注重禮儀，雖官高位顯，回鄉時仍於平陵縣門前下馬，以示尊敬。《後漢書》卷二七有傳。

〔二九〕碑林本缺「墮淚」至下段「綿紀歷」二十四字。 本句用羊祜墮淚碑典。
晉羊祜都督荊州諸軍事，駐襄陽，高風亮節。死後，部屬在其生前遊息
之地建碑立廟。百姓望其碑者，莫不流涕，杜預因名爲「墮淚碑」。《晉
書》卷三四有傳。

長源遠胄，出翳分秦〔一〕。文祠二客〔二〕，襄祭三神〔三〕。綿紀
歷代，鍾慶累仁〔四〕。不常厥土〔五〕，所在稱珍。潘美家風〔六〕，陸
陳祖德〔七〕。粵惟盛緒〔八〕，播此淳則〔九〕。代襲衣纓〔一〇〕，門傳儒
墨〔一一〕。用仁成里〔一二〕，以信爲國。

【校注】

〔一〕本句追述趙氏先祖的起源。《史記・趙世家》：「趙氏之先，與秦共祖。」

〔二〕二客：指趙氏先祖惡來與季勝二人。《史記・趙世家》：「趙氏之先，與秦
共祖。至中衍，爲帝大戊御。其後世蜚廉有子二人，而命其一子曰惡來，
事紂，爲周所殺，其後爲秦。惡來弟曰季勝，其後爲趙。」

〔三〕三神：指趙氏直接的祖先孟增、衡父、造父三人。據《史記・趙世家》，
季勝生孟增，孟增生衡父，衡父生造父。周繆王賜造父以趙城，由此爲
趙氏。

〔四〕萃編本「鍾慶累」三字殘。碑林本缺「累」字。 鍾慶：積福。

〔五〕不常厥土：指趙氏祖先屢次遷徙。不常，不固定。據《史記・趙世家》，
自造父已下六世至奄父，事周宣王；奄父生叔帶，時値周幽王無道，去
周如晉，事晉文侯，始建趙氏於晉國。漢張衡《西京賦》：「此何與於殷
人屢遷，前八而後五，居相圮耿，不常厥土？」

〔六〕萃編本「潘家風陸陳祖德」七字殘。 潘美家風：晉人潘岳作《家風詩》
（詩見《藝文類聚》卷二十三），盛讚潘氏家風。

〔七〕陸陳祖德：晉人陸機（與潘岳齊名）作《祖德賦》（賦見《藝文類聚》卷
二十）。

〔八〕萃編本「粵惟盛緒」四字殘。 盛緒：盛美的世系。

〔九〕萃編本、碑林本并缺「播此淳則」至「雅量遠情」三十二字。 淳則：
淳厚的道德規範。《後漢書・楊震傳》：「贊曰：楊氏載德，仍世柱國。震
畏四知，秉去三惑。賜亦無諱，彪誠匪忒。脩雖才子，渝我淳則。」

〔一○〕衣纓：衣冠簪纓，爲古代仕宦的服裝，代指官宦世家。南朝陳徐陵《在
　　　　北齊與梁太尉王僧辯書》：「固以衣纓仰訓，黎庶投懷。」

〔一一〕本句「墨」字日藏弘仁本《文館詞林》脫，據《古逸叢書》本補。

〔一二〕用仁成里：用「仁」的理念來作爲居處的根本。《論語・里仁》：「里仁爲
　　　　美。」何晏《集解》引鄭玄曰：「里者，民之所居，居於仁者之里，是爲
　　　　美。」

　　惟公降誕，早標風槩〔一〕。雅量遠情〔二〕，動無近對〔三〕。研尋
百氏〔四〕，下上千載〔五〕。立行寡尤〔六〕，出言可佩。繁數縟禮〔七〕，
報德酬庸〔八〕。頻移人爵〔九〕，屢荷天龍〔一○〕。黃扉置府〔一一〕，赤
社分封〔一二〕。堂高陛峻〔一三〕，實著賓從〔一四〕。鼎命歸火〔一五〕，謳
歌去木〔一六〕。五運載新〔一七〕，三靈改卜〔一八〕。蕩滌區宇〔一九〕，澄
清墋黷〔二○〕。任切股肱〔二一〕，誠深啓沃〔二二〕。漢委四奇〔二三〕，
魏憑五俊〔二四〕。居今望古，綽有遊刃〔二五〕。應物英明〔二六〕，持身
淑慎〔二七〕。名教斯在〔二八〕，風猷坐鎭〔二九〕。麥丘祝壽〔三○〕，句芒
賜年〔三一〕。三達已具〔三二〕，五福無愆〔三三〕。高情知止〔三四〕，大
璞能全〔三五〕。蘭陵金散〔三六〕，沛邑車懸〔三七〕。千月易往，一生
俄度。白日滕城〔三八〕，黃腸霍墓〔三九〕。石麟詎起〔四○〕，金雞豈
呼〔四一〕。銘贊恒存，聲塵永布〔四二〕。

【校注】

　　〔一〕風槩：亦作「風概」，節操，風骨氣概。晉人袁宏《三國名臣頌》：「英英文
　　　　若，靈鑒洞照。……始救生靈，終明風概。」

　　〔二〕雅量遠情：氣度寬宏，情致高遠。《三國志・魏書・陳思王（曹）植傳》
　　　　「植益內不自安」句裴松之注引《典略》載楊修《答臨淄侯箋》曰：「若
　　　　乃不忘經國之大美，流千載之英聲，銘功景鍾，書名竹帛，此自雅量素
　　　　所蓄也，豈與文章相妨害哉？」《三國志・吳書・周瑜傳》「惟與程普不
　　　　睦」句裴松之注引《江表傳》：「幹（蔣幹）還，稱瑜雅量高致，非言辭
　　　　所閒。」

　　〔三〕動無近對：與物無忤。《太平御覽》卷四四七引袁宏《七賢序》曰：「阮

公瑰傑之量，不移於俗，然獲免者，豈不以虛中犖節，動無近對乎？」

〔四〕研：萃編本作「斫」，誤，當從碑林本與詞林本作「研」。錢仲聯輯錄沈曾植《海日樓文鈔佚跋》之《隋趙芬碑跋》云：「『斫尋百氏』文作『研尋百氏』，審碑刻，實是『研』字，《萃編》誤釋耳。」 研尋：研究探索。南朝宋劉義慶《世說新語・文學》：「諸葛宏年少不肯學問，始與王夷甫談，便已超詣。王歎曰：『卿天才卓出，若復小加研尋，一無所愧。』」百氏：猶言諸子百家。《漢書・敘傳下》：「緯六經，綴道綱，總百氏，贊篇章。」

〔五〕載：萃編本作「古」，誤，當從碑林本與詞林本作「研」。

〔六〕萃編本「立行寡尤出言可佩」八字殘。「寡尤」，碑林本誤作「德尤」。 寡尤：少犯過錯。《論語・為政》：「子張學干祿。子曰：『多聞闕疑，慎言其餘，則寡尤；多見闕殆，慎行其餘，則寡悔。言寡尤，行寡悔，祿在其中矣。」

〔七〕萃編本、碑林本并缺「繁數縟禮」至下句「赤社分封堂高」二十六字。繁數縟禮：繁瑣的儀式或禮節。

〔八〕酬庸：猶酬功，酬勞。《後漢書・謝弼傳》載謝弼《上封事陳得失》曰：「臣又聞爵賞之設，必酬庸勛。」

〔九〕人爵：爵祿，指人所授予的爵位。《孟子・告子上》：「孟子曰：有天爵者，有人爵者。仁義忠信，樂善不倦，此天爵也。公卿大夫，此人爵也。古之人，脩其天爵，而人爵從之。今之人，脩其天爵，以要人爵。既得人爵而棄其天爵。則惑之甚者也。」

〔一〇〕天龍：星名。房宿之星。本句以房宿天龍喻趙芬輔佐天子布政。《晉書・天文志》：「房四星，為明堂，天子布政之宮也，亦四輔也。」

〔一一〕黃扉：已見《後周大將軍楊紹碑》「出喧《朱鷺》，入敞黃扉」句注。

〔一二〕赤社：指赤色的社土。古代天子封土立社，以五色土象徵四方及中央。赤色象南方，因以赤社分賜南方諸侯。《史記・三王世家》：「皇帝使御史大夫湯廟立子胥為廣陵王。曰：『於戲，小子胥，受茲赤社！朕承祖考，維稽古建爾國家，封於南土，世為漢藩輔。』」

〔一三〕萃編本缺「陛峻」二字。

〔一四〕萃編本、碑林本并缺「實著賓從」四字。

〔一五〕萃編本「鼎」字殘。 鼎命歸火：指天命在火德之隋。鼎為傳國重器，

代指國家命運。

〔一六〕謳歌去木：歌頌火德之隋應天命代替木德之周。謳歌，歌頌天命所在。
《孟子・万章上》：「謳歌者，不謳歌堯之子而謳歌舜，故曰天也。」

〔一七〕萃編本「五運載新三靈改卜」八字殘。　五運：已見《高祖文皇帝頌》
「五運協期」句注。

〔一八〕三靈改卜：已見《高祖文皇帝頌》「三靈於是改卜」句注。

〔一九〕萃編本缺「蕩滌區宇澄清墋黷」至下句「應物英明持」三十七字。碑林
本缺「宇澄清墋黷」至下句「應物英明持」三十四字。　蕩滌區宇：掃
除天下。

〔二〇〕墋黷（chěn dú）：混沌不清貌。《文選》卷四七陸機《漢高祖功臣頌》：「芒
芒宇宙，上墋下黷。」李善注：「天以清爲常，地以靜爲本，今上墋下黷，
言亂常也。墋，不清澄之貌也。」

〔二一〕忉（dāo）：憂勞，憂思。《詩・齊風・甫田》：「無思遠人，勞心忉忉。」
毛傳：「忉忉，憂勞也。」孔穎達疏：「憂也，以言勞心，故云憂勞也。」
股肱：大腿和胳膊，比喻帝王左右輔佐之臣。《書・說命下》：「股肱惟人，
良臣惟聖。」孔傳：「手足具乃成人，有良臣乃成聖。」

〔二二〕啓沃：指竭誠開導、輔佐君王。《書・說命上》：「啓乃心，沃朕心。」孔
穎達疏：「當開汝心所有，以灌沃我心，欲令以彼所見，教己未知故也。」

〔二三〕四奇：指西漢初「商山四皓」。即隱居商山的東園公、綺里季、夏黃公、
角里先生。漢高祖欲廢太子，呂后用張良計，迎四皓，使輔太子。高祖
以太子羽翼已成，乃消除改立太子之意，穩固了漢室基業。事見《史記・
留侯世家》、《漢書・張良傳》。

〔二四〕五俊：指三國時期魏國名將張遼、樂進、于禁、張郃、徐晃。《三國志・
魏書》卷一七，將五人合傳，評曰：「時之良將，五子爲先。」

〔二五〕遊刃：運刀自如，比喻做事從容，輕鬆利落。《莊子・養生主》：「彼節者
有閒，而刀刃者無厚；以無厚入有閒，恢恢乎其於遊刃必有餘地矣。」

〔二六〕應物：待人接物。《莊子・知北遊》：「邀於此者，四肢彊，思慮恂達，耳
目聰明，其用心不勞，其應物無方。」《史記・太史公自序》：「與時遷移，
應物變化，立俗施事，無所不宜。」《晉書・外戚・王濛傳》：「虛己應物，
恕而後行。」

〔二七〕淑慎：賢良謹慎。《詩・邶風・燕燕》：「終溫且惠，淑慎其身。」鄭玄箋：

「淑，善也。」孔穎達疏：「又終當顏色溫和，且能恭順，善自謹愼其身。」

〔二八〕名教：指以正名定分爲主的禮教，注重名聲與教化。三國魏嵇康《釋私論》：「矜尙不存乎心，故能越名教而任自然。」

〔二九〕萃編本缺「風猷坐鎮」至「白日朕」四十七字。 風猷：風教德化。《文選》卷三八南朝梁任昉《爲范始興作求立太宰碑表》：「原夫存樹風猷，沒著徽烈，既絕故老之口，必資不刊之書。」呂向注：「猷，道……言風教道德，死當著其美業，故老既沒必資於銘記。」 坐鎮：安坐而以德威服人。《文選》卷三八南朝梁任昉《爲蕭揚州薦士表》：「陳坐鎮雅俗，弘益已多；僧孺訪對不休，質疑斯在。」

〔三〇〕麥丘祝壽：已見《後周大將軍楊紹碑》「麥丘咒齊侯之壽」句注。

〔三一〕碑林本缺「年」至下句「白日朕」三十六字。 句芒賜年：已見《後周大將軍楊紹碑》「句芒錫秦伯之年」句注。

〔三二〕三達：佛教謂能知宿世爲宿命明，知未來爲天眼明，斷盡煩惱爲漏盡明。徹底通達三明謂之三達。南朝梁沈約《彌勒佛銘》：「七珍非羨，三達斯仰。」

〔三三〕五福：五種幸福。《書·洪範》：「五福：一曰壽，二曰富，三曰康寧，四曰攸好德，五曰考終命。」漢桓譚《新論》：「五福：壽、富、貴、安樂、子孫眾多。」 無愆：沒有喪失。

〔三四〕高情：高雅的情懷，超然物外。晉孫綽《遊天台山賦》：「釋域中之常戀，暢超然之高情。」 知止：謂志在達到至善的境地。語本《禮記·大學》：「大學之道，在明明德，在親民，在止於至善。知止而後有定，定而後能靜。」

〔三五〕本句反用「大璞不完」典。出自《戰國策·齊策四》：「夫玉生於山，制則破焉。非弗寶貴矣，然大璞不完。」以山中璞玉既經雕琢失其本心，比喻士人做官之後，喪失原本志向。本句反用此典，稱頌趙芬能不失本心。

〔三六〕蘭陵金散：用蘭陵疏廣致仕散金之典，代指趙芬致仕。疏廣字仲翁，東海蘭陵人，漢宣帝時爲太子太傅，告老還鄉，宣帝賜黃金二十斤，太子贈五十斤，廣盡散其金與鄉黨宗族。《漢書》卷七一有傳。

〔三七〕車懸：即懸車，代指致仕。古人一般至七十歲辭官家居，廢車不用，故稱。漢班固《白虎通·致仕》：「臣年七十懸車致仕者，臣以執事趨走爲

職，七十陽道極，耳目不聰明，跂踦之屬，是以退老去避賢者……懸車，示不用也。」

〔三八〕白日滕城：用西漢夏侯嬰墓地典。滕，指夏侯嬰，因其曾爲滕令奉車，故稱滕公。《史記》卷九五有傳。城，喻指墓地。《西京雜記》卷四：「滕公駕至東都門，馬鳴踘不肯前，以足跑地久之。滕公使士卒掘馬所跑地，入三尺所，得石槨。滕公以燭照之，有銘焉。乃以水洗寫其文，文字皆古異，左右莫能知。以問叔孫通，通曰：『科斗書也，以今文寫之，曰：『佳城鬱鬱，三千年見白日。籲嗟滕公居此室！』滕公曰：『嗟乎天也！吾死其即安此乎？』死遂葬焉。」

〔三九〕萃編本「腸霍」二字殘。　黃腸霍墓：用漢名臣霍光墓使用「黃腸」典。據《漢書・霍光傳》，光薨，賜「黃腸題湊」。顏師古注引蘇林曰：「以柏木黃心致累棺外，故曰黃腸。木頭皆內向，故曰題湊。」黃腸即柏木的木心，顏色發黃。「題湊」指木枋的頭一律向內排列。「黃腸題湊」本是帝王專用葬制，但經朝廷特賜，個別勳臣貴戚也可使用。

〔四〇〕石麟：即石麒麟，古代帝王將相陵墓前或有石雕麒麟。《宋書・禮志二》：「漢以後，天下送死奢靡，多作石室、石獸、碑銘等物。」

〔四一〕碑林本缺「雞豈呼銘贊恒存聲塵永布」十一字。

〔四二〕聲塵：名聲。南朝梁劉孝標《自序》：「余聲塵寂寞，世不吾知，魂魄一去，有同秋草。」

墓　誌

隋故使持節上儀同三司泉州刺史劉君墓誌〔一〕

君諱弘，字子光〔二〕，彭城彭城人〔三〕，楚元王之後也〔四〕。望雲就日〔五〕，遠系發於陶唐〔六〕；感電聚星，本枝分於隆漢〔七〕。晉丞相王導云「劉王喬若渡江，司徒公之美選」者〔八〕，即君之六世也〔九〕。大父芳〔一〇〕，魏侍內、內書令、青徐二州刺史、太常、文貞侯〔一一〕。碩學巨儒〔一二〕，道高德懋〔一三〕，成縉紳之師鏡〔一四〕，爲禮樂之宗主〔一五〕。父悅〔一六〕，金紫光祿大夫、沛郡太守，風神亮拔〔一七〕，理識淹遠〔一八〕，物我一致〔一九〕，舒卷隨時〔二〇〕。

【校注】

〔一〕本篇錄自朱滸《徐州出土薛道衡所撰隋代劉弘墓誌考釋及研究》（《文獻》2012 年第 1 期第 49～53 頁）。此墓誌係新出土材料，末列刻有「吏部侍郎邛州刺史薛道衡製文」字樣。各版本《薛道衡集》、嚴可均《全隋文》、韓理洲《全隋文補遺》無收。2009 年冬，江蘇省徐州市在修建高速公路時，出土一方隋代墓誌銘刻石。據朱滸撰文介紹，該刻石呈方形，無墓誌蓋，青石質，素面無紋飾，長 83 厘米，寬 68.3 厘米，厚 8 厘米。墓誌以小楷書之，共 33 列，滿列 29 字，共計 914 字。今藏徐州師範大學漢文化研究院。據本《墓誌》，墓主劉弘「（開皇）十三年五月十六日，厝於本鄉之舊兆」，由此推知，墓誌當作於開皇十三年五月或稍後。劉弘，

《隋書》卷七十一、《北史》卷八十五有傳，然二傳文字簡約，僅爲碑文的四分之一，且不錄劉弘生卒年。本《墓誌》詳盡記載了劉弘的表字、籍貫、家族世系、仕宦爵位、生卒年等，可補正史之闕；略有抵牾處，亦可資參證，具有較高的文獻價值。

〔二〕字子光：《隋書·劉弘傳》、《北史·劉弘傳》并作「劉弘字仲遠」。古人之名與字往往有意義關聯。「弘」有「光大」義，如《書·康誥》：「汝惟小子，乃服惟弘王，應保殷民。」《論語·衛靈公》「人能弘道，非道弘人。」故劉弘之字，似當從《墓誌》，作「字子光」。

〔三〕彭城彭城人：《隋書·劉弘傳》、《北史·劉弘傳》并作「彭城叢亭里人」。《墓誌》接連出現二「彭城」，并非衍文，南北朝時有此提法。北朝魏收《魏書·島夷·劉裕傳》、南朝沈約《宋書·劉鍾傳》載劉裕、劉鍾皆爲「彭城彭城人」。《宋書·劉延孫傳》云：「延孫與帝室雖同是彭城人，別屬呂縣。劉氏居彭城縣者，又分爲三里，帝室居綏興里，左將軍劉懷肅居安上里，豫州刺史劉懷武居叢亭里，及呂縣凡四劉。雖同出楚元王，由來不序昭穆。」據此可知，《墓誌》第一個「彭城」當指古徐州；第二個「彭城」特指彭城劉氏其中一支「叢亭里」。《墓誌》記載與《隋書·劉弘傳》、《北史·劉弘傳》相合。

〔四〕本句所云叢亭里劉氏爲「楚元王之後」的問題，尚有異議。上條引《宋書·劉延孫傳》、《魏書·劉芳傳》、初唐房玄齡等撰《晉書·劉隗傳》均認爲「彭城叢亭里劉氏」爲漢高祖劉邦之弟楚元王劉交後裔；從《墓誌》來看，薛道衡也持此看法。可推知兩晉南北朝直至唐初，對此結論並無異議。此結論的主要依據很可能是《世說新語·品藻》「劉令言始入洛」條劉孝標注引《劉氏譜》。然此譜《隋書·經籍志》、《舊唐書·經籍志》、《新唐書·藝文志》均無著錄，可推知已於隋唐亡佚。直到唐中宗時期，劉知幾首次提出新說。《舊唐書·劉子玄傳》：「（劉知己）別撰《劉氏家史》十五卷、《譜考》三卷。推漢氏爲陸終苗裔，非堯之後。彭城叢亭里諸劉，出自宣帝子楚孝王囂曾孫司徒居巢侯劉愷之後，不承楚元王交。」此說影響較大，《舊唐書》評其「按據明白，正前代所誤。雖爲流俗所譏，學者服其該博。」此後林寶《元和姓纂》卷五「彭城劉」條兩說俱存，記述彭城叢亭里劉氏之先祖，明言據劉知幾所論。

〔五〕望雲就日：聖明君主如日之照臨，人民如仰望白雲一般依就之。喻指對

天子的崇仰或思慕。此處因墓主姓氏發源自上古聖王陶唐，故用此典烘
托墓主家族地位。語出《史記・五帝本紀》：「帝堯者，放勳。其仁如天，
其知如神。就之如日，望之如雲。」

〔六〕陶唐：古帝名。即唐堯，帝嚳之子，姓伊祁，名放勳。初封於陶，後徙
　　　於唐，故稱陶唐。本句云劉姓發源於陶唐，較早見於《左傳》昭公二十
　　　九年：「有陶唐氏既衰，其後有劉累。」《史記・夏本紀》、《漢書・高帝
　　　紀贊》均仍其說。

〔七〕本句謂彭城叢亭里劉氏爲漢宗室之後。照應前文所云「楚元王之後」。

〔八〕本句典出《世說新語・賞譽》：「王丞相拜司徒而歎曰：『劉王喬若過江，
　　　我不獨拜公。』」南朝梁劉孝標注引曹嘉之《晉紀》曰：「疇有重名，永
　　　嘉中爲閭鼎所害。司徒蔡謨每歎曰：『若使劉王喬得南渡，司徒公之美選
　　　也。』」

〔九〕本句指出劉王喬爲墓主劉弘之六世祖，疑誤；劉王喬似當爲劉弘之七世
　　　祖。據《元和姓纂》、《新唐書・宰相世系表》「彭城劉氏條」，可列出彭
　　　城叢亭里劉氏從劉疇（字王喬）到劉弘一脈世系如下：劉疇—劉憲—劉
　　　羨—劉該—劉邕—劉芳—劉悅—劉弘，可證劉王喬乃劉弘七世祖。叢亭
　　　里劉氏之詳細譜系，可參見田餘慶、滕昭宗撰《南北對立時期的彭城叢
　　　亭里劉氏》一文（載湯一介編《國故新知：中國傳統文化的再詮釋》，北
　　　京大學出版社一九九三年版第 167 頁。）

〔一〇〕大父：祖父。《韓非子・五蠹》：「今人有五子不爲多，子又有五子，大父
　　　未死而有二十五孫。」　劉芳：《魏書》卷五五、《北史》卷四二有傳。

〔一一〕侍內：即侍中，避隋文帝父楊忠諱改。據《魏書》、《北史》之《劉芳傳》
　　　芳先後兩次出使徐州，皆有升遷：第一次「徙兼侍中」，第二次「正侍
　　　中」。檢《通典・職官三》：「北魏尤重門下，多以侍中輔政。」可見劉
　　　芳之重要地位。　內書令：即中書令。據《魏書》、《北史》之《劉芳傳》
　　　芳曾官至中書令。　青徐二州刺史：據《魏書》、《北史》之《劉芳傳》，
　　　芳遷中書令之後，出除安東將軍、青州刺史。北魏延昌二年（513）芳
　　　卒，詔贈鎮東將軍、徐州刺史。　太常：據《魏書》、《北史》之《劉芳
　　　傳》，芳出除青州刺史之後，轉太常卿。　文貞侯：劉芳卒，諡「文貞」，
　　　故稱。

〔一二〕據《魏書》、《北史》之《劉芳傳》，時人稱其爲「劉石經」。曾與王肅論

「古者男子婦人俱有笄」，肅歡服；授世宗經；上表請立「四郊之學」；上疏論「五郊及日月之位不當」、「靈星、周公之祀，不應隸太常」；修理金石及八音之器。劉芳撰「鄭玄所注《周官》、《儀禮音》、干寶所注《周官音》、王肅所注《尚書音》、何休所注《公羊音》、范寧所注《穀梁音》、韋昭所注《國語音》、范曄《後漢書音》各一卷，《辨類》三卷，《徐州人地錄》四十卷，《急就篇續注音義證》三卷，《毛詩箋音義證》十卷，《禮記義證》十卷，《周官》、《儀禮義證》各五卷。」

〔一三〕懋（mào）：盛大。《書・大禹謨》：「予懋乃德，嘉乃丕績。」蔡沈集傳：「懋、楙古通用。楙，盛大之意。」

〔一四〕縉紳：插笏於紳帶間，古代官宦裝束，代指士大夫。縉，插。紳，古代士大夫束於腰間，一頭下垂的大帶。　師鏡：以之為師為鏡。鏡，鑒。以他人為鑒，語出《墨子・非攻》：「古者有語曰：『君子不鏡於水而鏡於人。鏡於水，見面之容；鏡於人，則知吉與凶。』」

〔一五〕宗主：眾所景仰的歸依者；某一方面的代表與權威。《三國志・魏書・傅嘏傳》「嘏弱冠知名」句裴松之注引《傅子》：「是時何晏以材辯顯於貴戚之間，鄧颺好變通，合徒黨，鬻聲名於閭閻，而夏侯玄以貴臣子少有重名，為之宗主，求交於嘏而不納也。」

〔一六〕劉悅：劉芳第三子。生平事跡不詳，《魏書・劉芳傳》僅載「永安中，開府記室。」

〔一七〕風神：風采、神態。《世說新語・賞譽》「張天錫世雄涼州」條曰：「王彌有儁才美譽，當時聞而造焉。既至，天錫見其風神清令，言話如流，陳說古今，無不貫悉；又諳人物氏族，中來皆有證據。天錫訝服。」　亮拔：明達事理，才能出眾。晉孫綽《潁州府君碑》：「君天縱傑邁，奇逸卓犖，茂才亮拔，雅度恢廓。」

〔一八〕理識：為政之見識。《三國志・魏書・鄭渾傳》裴松之注引《晉諸公贊》曰：「（鄭）默子球，清直有理識，尚書右僕射、領選。」　淹遠：深遠。《晉書・謝鯤傳》：「溫嶠嘗謂鯤子尚曰：『尊大君豈惟識量淹遠，至於神鑒沈深，雖諸葛瑾之喻孫權不過也。』」

〔一九〕舒卷隨時：根據時勢決定人事的進退、出處。晉潘岳《西征賦》：「孔隨時以行藏，蘧與國而舒卷。」

　　君幼稱奇偉〔一〕，早標氣骨〔二〕，倜儻懷不羈之才〔三〕，卓蕫有絕群之操〔四〕。廣窺墳籍〔五〕，遍好兵韜〔六〕，未曾掃除一室〔七〕，唯欲建功萬里，略小道而苞遠量〔八〕，插利齒而噉高名〔九〕。

【校注】

〔一〕奇偉：奇特壯美；奇異不凡。《史記・留侯世家》：「余以爲其人計魁梧奇偉，至見其圖，狀貌如婦人好女。」

〔二〕氣骨：氣概，風骨。六朝時論人、論文習用「氣」、「骨」、「風」等概念。

〔三〕倜儻：卓異，不同尋常，瀟灑不羈。漢司馬遷《報任安書》：「古者富貴而名摩滅，不可勝記，唯倜儻非常之人稱焉。」　不羈：才行高遠，不可以世俗禮法拘限。《文選》卷三九漢鄒陽《獄中上書自明》：「今人主沈諂諛之辭，牽於帷墻之制，使不羈之士，與牛驥同皁。」李善注：「不羈，謂才行高遠，不可羈繫也。」

〔四〕卓蕫：未詳。疑朱滸迻錄墓誌有誤字。或爲「卓犖」。

〔五〕墳籍：古代典籍。墳，「三墳」的簡稱，古書名。《左傳》昭公十二年：「是能讀三墳、五典、八索、九丘。」

〔六〕兵韜：兵法韜略。傳說周代呂望撰兵書《六韜》，分文韜、武韜、龍韜、虎韜、豹韜、犬韜六卷。《莊子・徐無鬼》：「吾所以說吾君者，橫說之則以《詩》《書》《禮》《樂》，從說之則以《金板》《六弢》。」成玄英疏：「《金版》《六弢》，《周書》篇名也，或言祕讖也。本有作韜字者，隨字讀之，云是太公兵法，謂文武虎豹龍犬六弢也。」

〔七〕本句用漢代陳蕃典，指墓主劉弘有安邦定國之大志。典出《後漢書・陳蕃傳》：「大丈夫處世，當埽除天下，安事一室乎？」《世說新語・德行》「陳仲舉言爲士則」條劉孝標注引《汝南先賢傳》：「陳蕃字仲舉，汝南平輿人。有室荒蕪不掃除，曰：『大丈夫當爲國家掃天下。』值漢桓之末，閹豎用事，外戚豪橫。及拜太傅，與大將軍竇武謀誅宦官，反爲所害。」

〔八〕小道：禮樂政教之外的學說、技藝。《論語・子張》：「子夏曰：雖小道，必有可觀者焉。致遠恐泥，是以君子不爲也。」

〔九〕噉（dàn）高名：追求名望。噉，食。利齒噉名，典出《世說新語・排調》：「簡文在殿上行，右軍與孫興公在後。右軍指簡文語孫曰：『此噉名客。』簡文顧曰：『天下自有利齒兒。』」

　　齊天統初〔一〕，解褐開府行參軍〔二〕，尋加折衝將軍。黽穴群妖〔三〕，陸梁淮泗〔四〕。靜民威寇，理資雄傑。武平四年〔五〕，行臺呼延族乃以君爲本州四面大都督〔六〕，式遏奸虞〔七〕，肅清疆宇。故知魯連在趙，功重千金〔八〕；劇孟居漢，隱如一國〔九〕。尋表爲谷陽鎮將帶谷陽太守，轉襄城鎮將帶沛郡太守〔一○〕。樹績宣風〔一一〕，內安氓俗〔一二〕，推鋒擐甲〔一三〕，外摧醜虜，勛庸既茂〔一四〕，榮數斯繁。武平七年，行臺表授假儀同三司、西楚州刺史。

【校注】

〔一〕天統：北齊後主高緯年號，公元565年至569年。

〔二〕解褐：脫去平民布衣，喻始任官職。褐，粗布衣，貧賤者所服。漢揚雄《解嘲》：「夫上世之士，或解縛而相，或釋褐而傅。」

〔三〕黽（měng）穴：蛙的洞穴，喻敵寇的巢穴。黽，蛙的一種。《山海經·北山經》：「涴水出焉，而東流注於河，其中有鰼、黽。」

〔四〕陸梁：橫行無阻。《後漢書·馬融傳》：「狗馬角逐，鷹鸇競鷙，驍騎旁佐，輕車橫厲，相與陸梁，聿皇於中原。」《三國志·魏書·高貴鄉公髦紀》：「朕以寡德，不能式遏寇虐，乃令蜀賊陸梁邊陲。」

〔五〕武平：北齊後主高緯年號。武平四年爲公元573年。

〔六〕行臺：行政機構名。臺省在外者稱行臺。魏晉始置，爲出征時隨其所駐之地設立的代表中央的政務機構。北朝後期，行臺尚書令，爲視正二品，設置官屬無異於中央，自成行政系統。詳見《隋書·百官志》。　呼延族：人名。北齊高昂之部曲將。曾與高孝珩、莫多婁敬顯、尉相愿同謀斬殺高阿那肱，未果。又與斛律光、韓貴孫、王顯等合擊北周宇文憲部下梁景興，大勝。正史無傳，事蹟散見《北齊書》之《文襄六王·廣寧王孝珩傳》、《斛律光傳》、《高昂傳》。據此墓誌方知其曾官於行臺。　四面大都督：官名。北魏後期始置，《魏書·尒朱度律傳》載尒朱度律曾任四面大都督。

〔七〕式遏：遏止。語出《詩·大雅·民勞》：「式遏寇虐，無俾民憂。」鄭玄箋：「式，用；遏，止也。」

〔八〕魯連句用事典：秦圍趙之邯鄲，魯連說服魏將新垣衍不尊秦爲帝，迫使秦將後撤五十里，解邯鄲之困，推辭平原君之千金封賞。事見《史記》

卷八三《魯仲連鄒陽列傳》。

〔九〕劇孟句用事典：漢代雒陽劇孟以任俠顯名於諸侯。吳楚反叛，周亞夫爲太尉，得劇孟，喜曰：「吳楚舉大事而不求孟，吾知其無能爲已矣。」天下騷動，宰相得之若得一敵國云。事見《史記》卷一二四《遊俠列傳》。

〔一〇〕本句《隋書》卷七一《劉弘傳》作「襄城、沛郡、谷陽三郡太守」，碑文所載職官詳盡明晰，可補正史之闕。

〔一一〕宣風：宣揚風教德化。《後漢書・隗囂傳》：「今山東之兵二百餘萬，已平齊楚，下蜀漢，定宛洛，據敖倉，守函谷，威名四布，宣風中岳。」

〔一二〕氓俗：民俗。南朝齊王融《永明九年策秀才文》之三：「自氓俗澆弛，法令滋彰。」

〔一三〕推鋒：摧挫敵人的兵刃。推，通「摧」。謂衝鋒，泛指進兵。《史記・秦本紀》：「三百人者聞秦擊晉，皆求從，從而見繆公窘，亦皆推鋒爭死，以報食馬之德。」　擐（huàn）甲：穿上甲胄。《左傳》成公二年：「擐甲執兵，固即死也；病未及死，吾子勉之。」

〔一四〕勛庸：即勳庸，指功勳。《後漢書・荀彧傳》：「曹公本興義兵，以匡振漢朝，雖勳庸崇著，猶秉忠貞之節。」

　　周平東夏〔一〕，以爲徐州屯田總監。殷世大夫，徒傷麥壟〔二〕；秦時侯服〔三〕，空對衣田〔四〕。暨木運告終〔五〕，金鼎將逝〔六〕。念齊舊魯之域，咸被鯨吞；蒙羽淮沂之地〔七〕，垂餌虎口。君誠義奮發，占募驍雄，叶契州牧〔八〕，翦撲兇黨。徐部之一方獲存，繄君是賴。

【校注】

〔一〕本句指北周武帝宇文邕於建德六年（577）滅北齊。

〔二〕本句用殷大夫箕子作《麥秀》詩感歎國破家亡之典。《史記・宋微子世家》：「箕子朝周，過故殷虛，感宮室毀壞，生禾黍，箕子傷之，欲哭則不可，欲泣爲其近婦人，乃作《麥秀之詩》以歌詠之。其詩曰：『麥秀漸漸兮，禾黍油油。彼狡僮兮，不與我好兮！』所謂狡童者，紂也。殷民聞之，皆爲流涕。」

〔三〕侯服：王畿以外五百里之地稱侯服。《史記・秦始皇本紀》：「昔者五帝地

方千里，其外侯服夷服，諸侯或朝或否，天子不能制。」《周禮·夏官·職方氏》：「乃辨九服之邦國：方千里曰王畿，其外方五百里曰侯服，又其外方五百里曰甸服，又其外方五百里曰男服，又其外方五百里曰采服，又其外方五百里曰衛服，又其外方五百里曰蠻服，又其外方五百里曰夷服，又其外方五百里曰鎮服，又其外方五百里曰藩服。」

〔四〕衣田：未詳，俟考。

〔五〕木運告終：指北齊運數已盡。北齊自稱木德，承北魏之水德而來。《隋書·五行志》明載「齊以木德王」。

〔六〕金鼎：指九鼎。傳說夏禹鑄九鼎，以象九州，奉爲象徵國家政權的傳國之寶。

〔七〕蒙羽淮沂之地：指古徐州地區，含淮水、沂水、蒙山、羽山一帶。《尚書·禹貢》：「海、岱及淮惟徐州。淮沂其乂，蒙羽其藝。」時屬北齊疆界。

〔八〕叶契：協和，協調。

開皇元年〔一〕，詔授使持節上儀同三司、曹州永昌郡太守。三年，郡廢，除齊州長史。七年，封澤州濩澤縣開國男，邑二百戶。儀臺書社〔二〕，贊務理民〔三〕，位望彌隆，聲實兼著。晉王出車受脈〔四〕，問罪金陵。君率執殳之士〔五〕，預銜刀之眾，江東應定，首膺刺舉〔六〕。九年，除使持節泉州諸軍事、泉州刺史。卉服文身〔七〕，蟻聚蜂扇〔八〕，城邑爲之殘毀，長吏染其鋒鍔。君宿標恩信，誠感士民，保人一蕃，綿歷四序。屬妖徒孔熾〔九〕，外寇馮凌〔一〇〕，攻逼半年，風雲路絕，糧無燋麥〔一一〕，箭盡秋蒿〔一二〕，斷臂之操不虧〔一三〕，衘鬚之禍遂及〔一四〕。以十一年冬十二月九日，城陷，與第二子大都督長立俱卒，時年六十三。唯父及子，捨身蹈義，純臣純孝，著在一門。豈直悲纏邦族，固亦悼深宸扆〔一五〕。越十三年五月十六日，厝於本鄉之舊兆〔一六〕。素車遠赴，空悲元伯之靈〔一七〕；黃鶴不呼，誰知子安之墓〔一八〕。乃爲銘曰：

【校注】

〔一〕開皇：隋文帝楊堅開國之年號。開皇元年爲公元 581 年。

〔二〕儀臺：即容臺，本義爲行禮之高臺，此處代指禮部。《淮南子・覽冥》「容
　　　臺振而掩覆」句高誘注：「容臺，行禮容之臺。『儀』與『容』異名同實，
　　　蓋是行禮儀之臺，故曰儀臺也。」俞樾《群經平議・禮記三》：「禮以容
　　　儀爲主，故行禮之臺謂之容臺。」《史記・殷本紀》「（周武王）釋箕子之
　　　囚，封比干之墓，表商容之閭。」司馬貞索隱引漢鄭玄云：「商家典樂之
　　　官，知禮容，所以禮署稱容臺。」　書社：古制二十五家立社，將社內
　　　人名登錄簿冊，謂之「書社」，亦指按社登記入冊的人口及其土地。《左
　　　傳》哀公十五年：「因與衛地，自濟以西，禚、媚、杏以南，書社五百。」
　　　杜預注：「二十五家爲一社，籍書而致之。」《呂氏春秋・慎大》：「三日
　　　之內，與謀之士封爲諸侯，諸大夫賞以書社。」《史記・孔子世家》：「昭
　　　王將以書社地七百里封孔子。」司馬貞索隱：「古者二十五家爲里，里則
　　　各立社，則書社者，書其社之人名於籍。」「書社」之詳說，可參閱閻若
　　　璩《四書釋地》。

〔三〕贊務：協助處理事務。隋代州郡長官的助理稱「贊務」。《隋書・百官志
　　　下》：「雍州，置牧。屬官有別駕，贊務。」

〔四〕出車：出動兵車。《詩・小雅・出車》：「出車彭彭，旗旐央央。」此處指
　　　晉王楊廣領軍滅南朝陳國之役。　受脤（shèn）：原作「受脈」，疑形近
　　　而誤，今以理校之。古代出兵祭社，其名爲宜。祭畢，以社肉頒賜眾人，
　　　謂之受脤。《左傳》閔公二年：「帥師者，受命於廟，受脤於社。」杜預
　　　注：「脤，宜社之肉，盛以脤器也。」後稱受命統軍爲「受脤」。《後漢書・
　　　皇甫嵩朱儁傳論》：「皇甫嵩、朱儁並以上將之略，受脤倉卒之時。」

〔五〕執殳之士：爲皇室效力之士兵。《詩・衛風・伯兮》：「伯也執殳，爲王前
　　　驅。」毛傳：「殳，長丈二而無刃。」關於劉弘參加平陳之役，《隋書・
　　　劉弘傳》云：「平陳之役，表請從軍，以行軍長史從總管吐萬緒度江。」
　　　可與《墓誌》記載互補。

〔六〕膺：接受，擔當。《書・武成》：「誕膺天命。」孔傳：「大當天命。」　刺
　　　舉：檢舉奸惡。《史記・田叔列傳》：「天下郡太守多爲姦利，三河尤甚，
　　　臣請先刺舉三河。」

〔七〕卉服：用絺葛做的衣服，借指邊遠地區少數民族或島居之人。《尚書・禹
　　　貢》：「島夷卉服。」孔傳：「南海島夷，草服葛越。」孔穎達疏：「舍人
　　　曰：『凡百草一名卉』，知卉服是草服。葛越，南方布名，用葛爲之。」

《漢書‧地理志上》：「島夷卉服。」顏師古注：「卉服，絺葛之屬。」劉
弘任泉州刺史，據《隋書‧地理志》「陳置閩州，仍廢，後又置豐州。平
陳，改曰泉州。」可知泉州在今福建，當時較爲偏遠，故稱「卉服」。　文
身：原作「父身」，疑形近而誤，今以理校之。邊遠地區少數民族常在身
體上刺畫有色的花紋或圖案。《禮記‧王制》：「東方曰夷，被髮文身，有
不火食者矣。」孔穎達疏：「越俗斷髮文身，以辟蛟龍之害，故刻其肌，
以丹青涅之。」

〔八〕蟻聚蜂扇：如螞蟻聚合，蜂翅扇動。喻人數雖眾但起不了大作用。《隋
書‧房彥謙傳》載房彥謙《諭張衡書》云：「況乎蕞爾一隅，蜂扇蟻聚，
楊諒之愚鄙，羣小之凶愿，而欲憑陵畿甸，覬幸非望者哉！」

〔九〕妖徒：此指王國慶等人，自稱大都督，起兵反隋。《隋書‧楊素傳》：「泉
州人王國慶，南安豪族也，殺刺史劉弘，據州爲亂，諸亡賊皆歸之。」
孔熾：囂張，猖獗。《詩‧小雅‧六月》：「玁狁孔熾，我是用急。」毛傳：
「熾，盛也。」

〔一○〕外寇：此指會稽高智慧等人。開皇十年（590），高智慧起兵，自稱天子。
楊素率軍征討，高智慧退守閩越，勾結泉州王國慶等人反隋。《隋書‧劉
弘傳》：「會高智慧作亂，以兵攻州，弘城守百餘日，救兵不至。前後出
戰，死亡太半，糧盡無所食，與士卒數百人煮犀甲腰帶，及剝樹皮而食
之，一無離叛。賊知其饑餓，欲降之，弘抗節彌厲。賊悉眾來攻，城陷，
爲賊所害。」　馮凌：進迫，侵陵。《左傳》襄公八年：「焚我郊保，馮
陵我城郭。」

〔一一〕燋：通「焦」。

〔一二〕秋蒿（gǎo）：即蒿矢，箭的一種。因箭杆用禾稈製成，故稱。《後漢書‧
儒林‧劉昆傳》：「王莽世，教授弟子恒五百餘人。每春秋饗射，常備列
典儀，以素木瓠葉爲俎豆，桑弧蒿矢，以射『菟首』。」

〔一三〕斷臂之操：用晉交州刺史王諒面臨叛將梁碩的威逼，斷臂仍不改節操之
典。《晉書‧忠義‧王諒傳》：「碩逼諒奪其節，諒固執不與，遂斷諒右臂。
諒正色曰：『死且不畏，臂斷何有！』十餘日，憤恚而卒。」

〔一四〕鬚：原作「瀆」，疑朱澔迻錄墓誌有誤字。據上下文義校正之。　衛鬚之
禍：用東漢溫序大義凜然，臨難不屈之典。《後漢書‧獨行‧溫序傳》：
溫序爲隗囂別將苟宇所拘劫，守節不移，宇賜劍使自裁。「序受劍，銜鬚

於口，顧左右曰：『既爲賊所迫殺，無令鬚汙土。』遂伏劍而死。」

〔一五〕宸扆（yǐ）：借指帝廷、君位。宸，北極星所居，借指帝王。扆，帝王御
座後的屏風。晉葛洪《抱朴子外篇・博喻》：「故縈抑淵渟，則遺慍悶之
心；振耀宸扆，而無得意之色。」《隋書・劉弘傳》：「上聞而嘉歎者久之，
賜物二千段。」

〔一六〕厝：已見《後周大將軍楊紹碑銘》「越某年月厝於某所」句注。　兆：指
墓地。《儀禮・士喪禮》：「既朝哭，主人皆往兆南，北面，免絰。」《左
傳》哀公二年：「素車樸馬，無入於兆，下卿之罰也。」杜預注：「兆，
葬域。」

〔一七〕用東漢范式（字巨卿）素車吊唁好友張劭（字元伯）之典。《後漢書・獨
行・范式傳》：元伯卒，託夢於范式，告知死訊。「（式）便服朋友之服，
投其葬日，馳往赴之。式未及到，而喪已發引，即至壙，將窆，而柩不
肯進。其母撫之曰：『元伯，豈有望耶？』遂停柩，移時，乃見有素車白
馬，號哭而來。其母望之曰：『是必范巨卿也。』巨卿既至，叩喪言曰：
『行矣元伯！死生路異，永從此辭。』會葬者千人，咸爲揮涕。式因執
紼而引，柩於是乃前。式遂留止冢次，爲修墳樹，然後乃去。」

〔一八〕傳說陵陽子明釣白龍，得服食之法而成仙。百年後問子安舊時釣車在否。
子安卒，葬陵陽山下，黃鶴栖其冢樹，鳴呼子安。事見漢劉向《列仙傳》
卷下「陵陽子明」條。

　　皇矣盛漢，纘堯之續〔一〕。并建茂親，分封於楚〔二〕。惟楚之
裔，嬋聯不替〔三〕。後民貴仕，重光弈世〔四〕。惟君之生，克振家
聲。文稱筆健〔五〕，談號口清〔六〕。彎弧相圃〔七〕，擊劍曲城〔八〕。
解紛辟砰〔九〕，出諾金輕〔一〇〕。戎馬交馳，長蛇荐食〔一一〕。梁麗
屢動〔一二〕，餘皇不息〔一三〕。外攘寇難，內盡心力。仗節蕃方〔一四〕，
儀形袞職〔一五〕。時移世易，龍戰鹿走〔一六〕。展效泗濱〔一七〕，克
寧徐部〔一八〕。運鍾火曆〔一九〕，長爲稱首〔二〇〕。命賞圖庸〔二一〕，
分珪結綬〔二二〕。褰帷嶺表〔二三〕，秉茲誠概。妖黨寔繁，生民以潰。
負戶而汲〔二四〕，岡梁爲礪〔二五〕。壯志縱橫，雄心慷慨。江長山峻，
城危路懸。身亡義立，吉往凶旋。荒涼丘隴，悽慘風煙。相如生

氣〔二六〕，懔懔千年。

　　吏部侍郎邛州刺史薛道衡製文〔二七〕

【校注】

〔一〕本句講漢室劉姓之遠祖爲堯。照應開篇「遠系發於陶唐」之說。

〔二〕本句講叢亭里劉氏乃漢高祖劉邦之弟楚元王劉交後裔。照應開篇云「本枝分於隆漢」、「楚元王之後也」。　茂親：指皇室宗親。茂，言其美盛。西晉惠帝永寧元年四月癸亥詔曰：「鎮東大將軍、齊王冏，征北大將軍、成都王穎，征西大將軍、河間王顒，並以明德茂親，忠規允著，首建大策，匡救國難。」

〔三〕本句照應開篇記載叢亭里劉氏之世系。　嬋聯：綿延不斷，連續相承。

〔四〕重（chóng）光：喻累世盛德，輝光相承。《書·顧命》：「昔君文王、武王，宣重光。」孔傳：「言昔先君文武，布其重光累聖之德。」　弈世：累世，世世代代。弈，通「奕」。《後漢書·輿服志序》：「或殺身以爲之，盡其情也；弈世以祀之，明其功也。」

〔五〕筆健：行文筆力雄健，謂善於爲文。南朝陳徐陵《讓五兵尚書表》：「雖復陳琳健筆，未盡愚懷。」

〔六〕口清：善於清談。

〔七〕彎弧相（xiàng）圃：用孔子習射於矍相圃之典。《禮記·射義》：「孔子射於矍相之圃。」

〔八〕擊劍曲城：用漢曲城圉侯蟲達精於劍術之典。《史記·高祖功臣侯者年表》：「（蟲達）入漢，定三秦，以都尉破項羽軍陳下，功侯，四千戶。爲將軍，擊燕、代，拔之。」《史記·日者列傳》褚先生曰：「齊張仲、曲成侯以善擊刺學用劍，立名天下。」漢王充《論衡·別通》：「劍伎之家，鬬戰必勝者，得曲城、越女之學也。」

〔九〕解紛：排解糾紛。語出《老子》：「挫其銳，解其紛。」　辟砰：象聲詞。

〔一○〕出諾金輕：形容爲人極有信用。《史記·季布欒布列傳》：「楚人諺曰：『得黃金百斤，不如得季布一諾。』」

〔一一〕長蛇荐食：喻貪暴者不斷征伐。荐，屢次。語出《左傳》定公四年：「吳爲封豕、長蛇，以荐食上國。」

〔一二〕梁麗屢動：代指攻城不休。梁麗，本義爲房屋的棟梁，大木也可以用來
　　　　撞擊城門，進行攻城。《莊子・秋水》：「梁麗可以衝城，而不可以窒穴，
　　　　言殊器也。」成玄英疏：「梁，屋梁也。麗，屋棟也。」

〔一三〕餘皇不息：代指水戰不休。餘皇，春秋吳國船名。《左傳》昭公十七年：
　　　　「子魚先死，楚師繼之，大敗吳師，獲其乘舟餘皇。」杜預注：「餘皇，
　　　　舟名。」

〔一四〕仗節：手執符節。古代大將出師，皇帝授予符節，作爲憑證及權力的象
　　　　徵。《漢書・敘傳下》：「博望仗節，收功大夏。」墓主劉弘曾兩度「仗節」，
　　　　一是開皇元年「詔授使持節上儀同三司、曹州永昌郡太守」；二是開皇九
　　　　年「除使持節泉州諸軍事、泉州刺史」。

〔一五〕儀形：效法。《漢書・王莽傳》：「唯陛下深惟祖宗之重，敬畏上天之戒，
　　　　儀形虞周之盛。」顏師古注：「儀形，謂則而象之。」　袞（gǔn）職：
　　　　三公的職位，代指三公。漢蔡邕《陳太丘碑文》：「弘農楊公，東海陳公，
　　　　每在袞職，群僚賀之。」《三國志・魏書・崔林傳》：「（崔林）誠臺輔之
　　　　妙器，袞職之良才也。」

〔一六〕龍戰：喻群雄爭奪天下。《易・坤》：「上六，龍戰于野，其血玄黃。」晉
　　　　潘岳《楊荊州誄》：「天猒漢德，龍戰未分。」　鹿走：喻爭奪統治權。《史
　　　　記・淮陰侯列傳》：「秦失其鹿，天下共逐之，於是高材疾足者先得焉。」
　　　　裴駰《集解》引張晏曰：「以鹿喻帝位也。」

〔一七〕展效：出力報效。《三國志・魏書・田疇傳》：「今慾奉使展效臣節，安得
　　　　不辱命之士呼？」　濱泗：泗水流域，在今山東，泰沂山區南麓，時屬
　　　　北齊疆域。

〔一八〕克寧：平定。《三國志・蜀書・先主傳》：「將安國家，克寧舊都。」　徐
　　　　部：指古徐州。時屬北齊疆域。照應《墓誌》前文所云：「徐部之一方獲
　　　　存，翳君是賴。」

〔一九〕運鍾火曆：指天命在隋。火曆，以火德爲象徵的王朝曆數，此指隋。

〔二〇〕稱首：第一。《史記・司馬相如列傳》：「前聖之所以永保鴻名而常爲稱首
　　　　者用此，宜命掌故悉奏其義而覽焉。」

〔二一〕圖庸：爲功臣畫像以表彰其卓著功勛。庸，功勳。《左傳》昭公十三年：
　　　　「告之以文辭，董之以武師，雖齊不許，君庸多矣。」杜預注：「庸，功
　　　　也。」

〔二二〕分珪：帝王以圭分授受封者，泛指帝王封賜官爵。《南齊書・高帝十二王傳》史臣曰：「分珪命社，實寄宗城。」　結綬：佩繫印綬。謂出仕爲官。《漢書・蕭育傳》：「（蕭育）少與陳咸、朱博爲友，著聞當世。往者有王陽、貢公，故長安語曰：『蕭朱結綬，王貢彈冠』，言其相薦達也。」

〔二三〕襃（qiān）帷：用漢冀州刺史賈琮深入百姓實施廉政之典。《後漢書・賈琮傳》：「更選清能吏，乃以琮爲冀州刺史。舊典，傳車驂駕，垂赤帷裳，迎於州界。及琮之部，升車言曰：『刺史當遠視廣聽，糾察美惡，何有反垂帷裳以自掩塞乎？』乃命御者襃之。百城聞風，自然竦震。其諸臧過者，望風解印綬去。」後用「襃帷」之典代指清廉且有治理之才的官吏。《梁書・劉孝綽傳》：「方且襃帷自屬，求瘼不休。」

〔二四〕負戶而汲：背著門板去打水，以便阻擋弓箭。形容百姓在戰爭狀態下岌岌可危的生活。語出《後漢書・光武帝紀上》：「或爲地道，衝輣橦城。積弩亂發，矢下如雨，城中負戶而汲。」

〔二五〕礧（lèi）：自高處用木、石投擊敵人。《史記・司馬相如列傳》：「礧石相擊，硠硠磕磕，若靁霆之聲，聞乎數百里之外。」

〔二六〕「相如生氣」二句，謂墓主劉弘如藺相如一般，雖死猶生，精神不朽。語出《世說新語・品藻》：「庾道季云：『廉頗、藺相如雖千載上死人，懍懍恒有生氣；曹蜍、李志雖見在，厭厭如九泉下人。人皆如此，便可結繩而治，但恐狐狸狢貒噉盡。』」

〔二七〕墓誌所題作者薛道衡職官「吏部侍郎、邛州刺史」值得注意。本篇墓誌當作於開皇十三年（公元 593 年）五月或稍後，而當時薛道衡並不在吏部侍郎、邛州刺史任上。據《隋書・薛道衡傳》：「大定中，授儀同，攝邛州刺史。」北周靜帝「大定」年號僅使用一年，即公元 581 年；當年二月，隋高祖受禪，改號「開皇」，薛道衡「坐事除名」。可知薛道衡任「邛州刺史」在公元 581 年初。據《隋書・薛道衡傳》，開皇九年（589）薛道衡隨楊廣伐陳還，任「吏部侍郎」；而開皇十二年（592）「坐抽擢人物，有言其黨蘇威，任人有意故者，除名，配防嶺表。……尋有詔徵還，直內史省。」可知，開皇十三年，薛道衡實際上是「直內史省」。墓誌屬名所列職官當爲薛道衡在開皇十三年之前的最高歷官。

【附】

《隋書》卷七一《劉弘傳》

　　劉弘字仲遠，彭城叢亭里人，魏太常卿芳之孫也。少好學，有行檢，重節概。仕齊行臺郎中，襄城、沛郡、穀陽三郡太守，西楚州刺史。及齊亡，周武帝以爲本郡太守。尉迥之亂也，遣其將席毗掠徐、兗。弘勒兵拒之，以功授儀同、永昌太守、齊州長史。志在立功，不安佐職。平陳之役，表請從軍，以行軍長史從總管吐萬緒度江。以功加上儀同，封濩澤縣公，拜泉州刺史。會高智慧作亂，以兵攻州，弘城守百餘日，救兵不至。前後出戰，死亡太半，糧盡無所食，與士卒數百人煮犀甲腰帶，及剝樹皮而食之，一無離叛。賊知其饑餓，欲降之，弘抗節彌厲。賊悉衆來攻，城陷，爲賊所害。上聞而嘉歎者久之，賜物二千段。子長信，襲其官爵。

祭　文

祭淮文〔一〕

　　元帥晉王謹以清滌制幣太牢之奠〔二〕，敬祭於東瀆大淮之靈〔三〕。蓋聖德應期〔四〕，神功宰物〔五〕，上齊七政〔六〕，下括四海。自晉人喪道，彝倫攸斁〔七〕，天隔內外，地毀東南，三吳成危亂之邦，百越為逋逃之藪〔八〕。皇帝肇開鼎業〔九〕，光有神器〔一〇〕，圖出龜龍〔一一〕，鏡懸金玉〔一二〕，憂勞庶績〔一三〕，無忘寤寐〔一四〕，言念蒼生，情深矜養。河源、海外，莫不來庭〔一五〕；冒頓、呼韓〔一六〕，歲時拜謁〔一七〕。僞陳蕞爾〔一八〕，尚阻聲教〔一九〕。妖賊叔寶〔二〇〕，僭竊遺緒〔二一〕。毒流江左，冤結人神。上軫皇情〔二二〕，義申弔伐〔二三〕。猥蒙朝寄〔二四〕，撫寧淮甸〔二五〕。仰惟導源桐柏〔二六〕，長邁蓬萊〔二七〕。標四瀆而引百川〔二八〕，擅五材而含七德〔二九〕。庶憑流惡之靈，克成除暴之舉。使水陸旌旗，所向無前〔三〇〕；吳會君長〔三一〕，束手歸服。謹申薦禮〔三二〕，惟神尚饗〔三三〕。

【校注】

〔一〕本篇以《初學記》卷六所載爲底本，以《七十二家集》、《百三名家集》、嚴輯本爲參校本。　本篇疑當作於隋文帝開皇八年年末。據《隋書・高祖紀》，該年十一月，晉王廣爲元帥大舉伐陳。又據《隋書・薛道衡傳》，其時，道衡爲淮南道行臺尚書吏部郎，兼掌文翰。隨晉王廣伐陳，渡淮

水，作本文。因《隋書·高祖紀》載次年正月渡江入建鄴，則渡淮水當在開皇八年年底。

〔二〕晉王：指楊廣（569～618）。隋文帝楊堅次子，初封晉王。開皇九年率兵平陳，二十年，文帝廢太子勇，立其爲皇太子，仁壽四年即皇帝位。隋恭帝義寧二年（618）遇兵變爲臣所弑。《隋書》卷三、卷四、《北史》卷一二有傳。　清滌：祭祀用的水。《禮記·曲禮下》：「凡祭宗廟之禮……水曰清滌，酒曰清酌。」孔穎達疏：「古祭用水當酒，謂之玄酒也。而云『清滌』，言其甚清皎潔也。」　制幣：祭祀時所供之繒帛。帛的長寬皆有定制，因稱「制幣」。《儀禮·既夕禮》：「贈用制幣玄纁束。」鄭玄注：「丈八尺曰制。」　太牢：祭祀所用牛羊豕三牲。《公羊傳》桓公八年：「冬曰蒸」，漢何休注：「禮，天子諸侯卿大夫，牛羊豕凡三牲曰大牢。」

〔三〕東瀆：指淮河。《爾雅·釋水》：「江、河、淮、濟爲四瀆。四瀆者，發原注海者也。」東瀆爲大淮，南瀆爲大江，西瀆爲大河，北瀆爲大濟。

〔四〕應期：順應期運。《後漢書·伏湛傳附子隆傳》：「皇天祐漢，聖哲應期。」

〔五〕宰物：謂從政治民，掌理萬物。晉陸雲《吳故丞相陸公誄》：「和美未揚，宰物下邑；康年屢登，惠風時協。」

〔六〕七政：古天文術語。指日、月及金、木、水、火、土五星。《書·舜典》：「在璿璣玉衡，以齊七政。」孔傳：「七政，日月五星各異政。」《史記·武帝本紀》「舜乃在璿璣玉衡，以齊七政。」《集解》引鄭玄曰：「七政，日月五星也。」

〔七〕彝倫攸斁（dù）：敗壞道理倫常。《書·洪範》：「王乃言曰：『嗚呼，箕子！惟天陰騭下民，相協厥居，我不知其彝倫攸敘。』」蔡沈集傳：「彝，常也；倫，理也。」斁，敗壞。

〔八〕百越：我國古代南方越人居住之處。在今浙、閩、粵、桂等地，因部落眾多，故總稱百越。《史記·李斯列傳》：「地非不廣，又北逐胡貉，南定百越，以見秦之彊。」　逋逃：逃亡；流亡。《書·費誓》：「馬牛其風，臣妾逋逃。」

〔九〕肇開鼎業：指隋文帝開創帝王大業。肇，始。鼎業，帝王之業。鼎，喻帝位。相傳夏禹鑄九鼎，歷商至周，爲傳國重器。《左傳》宣公三年：「定王使王孫滿勞楚子。楚子問鼎之大小、輕重焉。對曰：『在德不在鼎。……桀有昏德，鼎遷于商，載祀六百。商紂暴虐，鼎遷于周，德之休明，雖

小，重也。其姦回昏亂，雖大，輕也。』」

〔一〇〕光有：廣有。《左傳》昭公二十八年：「昔武王克商，光有天下。」杜預
　　　　注：「光，大也。」　　神器：代表國家政權的實物，如鼎；借指帝位、政
　　　　權。《漢書・敘傳上》：「世俗見高祖興於布衣，不達其故，以爲適遭暴亂，
　　　　得奮其劍，遊說之士至比天下於逐鹿，幸捷而得之，不知神器有命，不
　　　　可以智力求也。」

〔一一〕圖出龜龍：指河圖洛書，爲帝王受命之祥瑞。《易・繫辭上》：「河出
　　　　圖，洛出書，聖人則之。」據漢儒孔安國、劉歆等解說：伏羲時有龍
　　　　馬出於黃河，馬背有旋毛如星點，稱作「龍圖」，伏羲取法以畫八卦。
　　　　夏禹治水時有神龜出於洛水，背上有裂紋，紋如文字，禹取法而作《尚
　　　　書・洪範》「九疇」。參見《書・顧命》、《洪範》之孔傳、《漢書・五行
　　　　志》。《漢書・翟義傳》：「河圖雒書遠自昆侖，出於重壄……此乃皇天
　　　　上帝所以安我帝室，俾我成就洪烈也。」

〔一二〕鏡懸金玉：比喻執政行清明之正道。《太平御覽》卷七一七引《尚書帝命
　　　　驗》曰：「桀失其玉鏡，用之噬虎。」鄭玄注：「鏡喻清明之道。」引《尚
　　　　書考靈耀》曰：「秦失金鏡，魚目入珠。」鄭玄注：「金鏡喻明道也。」

〔一三〕憂勞庶績：已見《高祖文皇帝頌》「憂勞庶績」句注

〔一四〕無忘寤寐：日夜不忘。寤寐，醒與睡，引申爲日夜。《詩・周南・關雎》：
　　　　「窈窕淑女，寤寐求之。」毛傳：「寤，覺；寐，寢也。」

〔一五〕來庭：即來朝，朝覲天子。《詩・大雅・常武》：「四方既平，徐方來庭。」
　　　　孔傳：「來王庭也。」

〔一六〕冒頓：已見《出塞》其一「龍城擒冒頓」句注。　　呼韓：已見《出塞》
　　　　其一「長坂納呼韓」句注。

〔一七〕拜謁：《七十二家集》、《百三名家集》本作「拜誦」。　　拜謁：拜見。

〔一八〕蕞爾：已見《奉使表》「江東蕞爾一隅」句注。

〔一九〕聲教：已見《老氏碑》「麛漠桑乾之地咸被聲教」句注。

〔二〇〕叔寶：已見《與高熲論克定江東》「叔寶峻宇雕牆」句注。

〔二一〕僭竊遺緒：僭越本分而竊取前人留下的功業。遺緒，前人留下來的功業。
　　　　《書・君牙》：「惟予小子，嗣守文武成康遺緒。」

〔二二〕軫（zhěn）：顧念，憫惜。

〔二三〕弔伐：慰問受害的百姓，討伐有罪的人。《孟子・滕文公下》：「誅其罪，

弔其民，如時雨降，民大悅。」

〔二四〕猥蒙朝寄：謙詞，承蒙朝廷的委託。猥蒙，辱蒙。《後漢書‧張奮傳》：「司
空無功於時，猥蒙爵土，身死之後，勿議傳國。」

〔二五〕撫寧淮甸：安撫平定淮河流域。

〔二六〕導源桐柏：指淮水發源於桐柏。《尚書‧禹貢》：「導淮自桐柏，東會於泗、
沂，東入於海。」

〔二七〕長邁蓬萊：指淮水入海。蓬萊，海上仙山名，代指海。

〔二八〕標：《七十二家集》、《百三名家集》作「摽」。　四瀆：指長江、淮河、
黃河、濟水四水。《爾雅‧釋水》：「江、河、淮、濟為四瀆。四瀆者，發
原注海者也。」

〔二九〕五材：原作「五林」，據《七十二家集》、《百三名家集》改。　五材：指
將帥應具有的勇、智、仁、信、忠五種德性。《六韜‧龍韜》：「所謂五材
者，勇、智、仁、信、忠也。勇則不可犯，智則不可亂，仁則愛人，信
則不欺，忠則無二心。」　七德：指武功的七種德行。《左傳》宣公十二
年：「夫武，禁暴、戢兵、保大、定功、安民、和眾、豐財者也。」

〔三〇〕所向無前：所指向的地方，誰也阻擋不住。《太平御覽》卷四六一引《東
觀漢記》曰：「青、徐之賊，銅馬、赤眉之屬數十輩，輩數十萬眾，皆東
至海，所向無前。」

〔三一〕吳會：東漢分會稽郡為吳、會稽二郡，並稱「吳會」，後泛稱此兩郡故地，
時屬南朝陳疆域。

〔三二〕薦禮：《七十二家集》、《百三名家集》作「薦醴」。　薦禮：以物祭神。《漢
書‧倪寬傳》：「陛下躬發聖德，統楫羣元，宗祀天地，薦禮百神。」

〔三三〕尚饗：祭文的結語，表示希望祭祀對象前來享用祭品。《儀禮‧士虞禮》：
「卒辭曰：哀子某，來日某隮祔爾於爾皇祖某甫。尚饗！」鄭玄注：「尚，
庶幾也。」

祭江文〔一〕

　　維開皇九年〔二〕，行軍元帥、晉王謹以太牢之奠〔三〕，敬祭南瀆
大江之神〔四〕。仰惟靈性包平智，德擅靈長，上膺東井〔五〕，下紀
南國，引雙流而分九派〔六〕，長四瀆而納百川〔七〕。自晉永嘉〔八〕，

乾靈落綱〔九〕，蕞爾吳越〔一〇〕，僭僞相承〔一一〕。陳賊叔寶〔一二〕，
世濟其凶，士庶爲其塗炭〔一三〕，人神所以怨憤。恭司九伐〔一四〕，
清彼一方，分命將士，乘流南渡，仰憑靈祐〔一五〕，咸蒙利涉〔一六〕。
今申命蒼兕〔一七〕，躬總精銳，直趨金陵，行登石首〔一八〕，庶蛟螭
竄於洲渚，帷蓋靜於波濤，江表克平，海內清泰。謹申禮薦〔一九〕，
惟神尙享〔二〇〕。

【校注】

〔一〕本篇以《初學記》卷六所載爲底本，以《七十二家集》、《百三名家集》、
　　嚴輯本爲參校本。　疑當作於隋文帝開皇九年正月。作者爲行軍元帥晉
　　王廣伐陳渡江而作。檢《隋書·高祖紀》、《隋書·煬帝紀》，開皇八年（588）
　　十一月始誓師伐陳，先渡淮河，後渡長江，開皇九年（589）正月入建鄴
　　俘獲陳叔寶。

〔二〕開皇九年：原作「開皇元年」，《七十二家集》、《百三名家集》并作「開
　　皇元年」，與史實不符。據嚴輯本改。

〔三〕晉王：已見《祭淮文》「元帥晉王謹以清滌制幣太牢之奠」句注。　太牢：
　　同前。

〔四〕南瀆：指長江。《爾雅·釋水》：「江、河、淮、濟爲四瀆。四瀆者，發原
　　注海者也。」東瀆爲大淮，南瀆爲大江，西瀆爲大河，北瀆爲大濟。

〔五〕東井：星宿名。即井宿，二十八宿之一，因在玉井之東，故稱。《詩·小
　　雅·大東》：「維南有箕。」孔穎達疏：「鄭稱參傍有玉井，則井星在參東，
　　故稱東井。」

〔六〕九派：長江在湖北、江西一帶，分爲很多支流，因以九派稱這一帶的長
　　江。漢劉向《說苑·君道》：「禹鑿江以通於九派，灑五湖而定東海。」
　　晉郭璞《江賦》：「源二分於崏崍，流九派乎潯陽。」

〔七〕四瀆：已見《祭淮文》「標四瀆而引百川」句注。

〔八〕永嘉：已見《奉使表》「實由永嘉已後，華夏分崩」句注。

〔九〕乾靈落綱：上天的綱紀廢弛。乾靈，指上天。三國魏曹植《漢二祖優劣
　　論》：「世祖體乾靈之休德，稟貞和之純精。」

〔一〇〕蕞爾：已見《奉使表》「江東蕞爾一隅」句注。

〔一一〕僭僞：指割據一方的非正統的王朝政權。

〔一二〕叔寶：已見《與高熲論克定江東》「叔寶峻宇雕牆」句注。

〔一三〕士庶：嚴輯本作「甿庶」。　塗炭：已見《高祖文皇帝頌》「出黎元於塗炭」句注。

〔一四〕九伐：對九種罪惡行徑的討伐，泛指征伐。《周禮·夏官·大司馬》：「以九伐之法正邦國：馮弱犯寡則眚之，賊賢害民則伐之，暴內陵外則壇之，野荒民散則削之，負固不服則侵之，賊殺其親則正之，放弒其君則殘之，犯令陵政則杜之。外內亂，鳥獸行，則滅之。」

〔一五〕靈祐：《七十二家集》、《百三名家集》作「靈佑」。

〔一六〕利涉：順利渡河。《易·需》：「貞吉，利涉大川。」

〔一七〕蒼兕：本義爲傳說中的水獸名，善奔突，能覆舟。後以蒼兕名官，職掌舟楫。此處借指水軍。《史記·齊太公世家》：「文王崩，武王即位。九年，欲修文王業，東伐以觀諸侯集否。師行，師尚父左杖黃鉞，右把白旄以誓，曰：『蒼兕蒼兕，總爾眾庶，與爾舟楫，後至者斬！』」

〔一八〕石首：城名。即石頭城。《文選》卷二六謝靈運《初發石首城詩》李善注引伏韜《北征記》：「石頭城，建康西界臨江城也。」

〔一九〕禮薦：即薦禮，見《祭淮文》「謹申薦禮」句注。

〔二〇〕尙享：已見《祭淮文》「惟神尙饗」句注。

徵引文獻

B

1. 《白虎通疏證》，漢班固等纂，陳立疏證，中華書局一九九四年版。

2. 《抱朴子外篇校箋》，晉葛洪撰，楊明照校箋，中華書局一九九一年版。

3. 《抱朴子内篇校釋》，晉葛洪撰，王明校釋，中華書局一九八五年版。

4. 《北齊書》，唐李百藥撰，中華書局一九七二年版。

5. 《北史》，唐李延壽撰，中華書局一九七四年版。

6. 《北戶錄》，唐段公路撰，《叢書集成初編》本，中華書局一九八五年版。

7. 《北京圖書館藏中國歷代石刻拓片彙編》，北京圖書館金石組編，中州古籍出版社一九八九年版。

8. 《八代詩史》，葛曉音撰，陝西人民出版社一九八九年版。

C

1. 《楚辭補注》，宋洪興祖補注，白化文等點校，中華書局一九八三年版。

2. 《春秋左傳正義》，晉杜預注，唐孔穎達等正義，《十三經注疏本》，上海古籍出版社一九九七年版。

3. 《才調集》，後蜀韋縠編，上海掃葉山房民國三年（一九一四）據宋本重印的石印本。

4. 《初學記》，唐徐堅編，中華書局一九六二年據清古香齋刻本排印本。

5. 《陳書》，唐姚思廉撰，中華書局一九七二年版。

6. 《辭彙訓詁論稿》，王雲路著，北京語言文化大學出版社二〇〇二年版。

D

1. 《對床夜語》，宋范曦文編，中華書局一九八五年版《叢書集成初編》本。

2. 《大正新修大藏經》，淨空法師倡印，財團法人佛陀教育基金會出版部一九九〇年版。

3. 《敦煌寶藏》，黃永武主編，台灣新文豐出版公司。

E

1. 《爾雅注疏》，晉郭璞注，宋邢昺疏，《十三經注疏本》，上海古籍出版社一九九七年版。

2. 《二十史朔閏表》，陳垣撰，中華書局一九六二年版。

F

1. 《風俗通義校注》，漢應劭撰，王利器校注，中華書局二〇一〇年版。

2. 《法苑珠林校注》，唐釋道世撰，周叔迦、蘇晉仁校注，中華書局二〇〇三年版。

3. 《佛祖統紀》，宋釋志磐撰，《大正新修大藏經》第四十九冊。

G

1. 《國語集解》，徐元誥集解，中華書局二〇〇二年版。

2. 《管子校注》，黎翔鳳校注，中華書局二〇〇四年版。

3. 《古本竹書紀年輯證》（修訂本），方詩銘、王修齡著，上海古籍出版社二〇〇五年版。

4. 《古今注》，晉崔豹撰，中華書局據《叢書集成初編》所收《陽山顧氏文房古今逸史祕書二十一種》本排印。

5. 《廣弘明集》，唐釋道宣撰，《四部叢刊初編》本，上海書店一九八九年版。

6. 《古今歲時雜詠》，宋蒲積中編，徐敏霞校點，三秦出版社二〇〇九年版。

7. 《古今姓氏書辯證》，宋鄧名世撰，王力平校點，江西人民出版社二〇〇六年版。

8. 《古詩紀》，明馮惟訥編，台灣商務印書館一九八六年影印文淵閣《四庫全書》本。

9. 《古詩源》，清沈德潛撰，中華書局二〇〇六年版。

10. 《管錐編》，錢鍾書撰，三聯書店二〇〇一年版。

H

1. 《韓非子集解》，清王先慎集解，鍾哲點校，中華書局一九九八年版。

2. 《淮南鴻烈集解》，劉文典集解，中華書局一九八九年版。

3. 《漢書》，漢班固撰，唐顏師古注，中華書局一九六二年版。

4. 《後漢書》，南朝宋范曄撰，唐李賢等注，中華書局一九六五年版。

5. 《海內十洲記》，舊題漢東方朔撰，明吳琯輯《古今逸史》本，上海商務印書館一九三七年據明本影印。

6. 《華陽國志譯注》，晉常璩撰，汪啓明、趙靜譯注，四川大學出版社二〇〇七年版。

7. 《漢魏六朝百三名家集》，明張溥輯，清光緒五年（一八七九）彭懋謙信述堂刊本

8. 《漢魏六朝百三名家集選》，清吳汝綸編，都門書局一九一七年版。

9. 《漢魏六朝百三名家集題詞注》，殷孟倫注，人民文學出版社一九六〇年版。

10. 《漢唐歷史與出土文獻》，王素撰，故宮出版社二〇一一年版。

11. 《漢魏南北朝墓誌彙編》，趙超編，天津古籍出版社一九九二年版。

12. 《漢魏六朝樂府文學史》，蕭滌非撰，人民文學出版社一九八四年版。

13. 《漢魏六朝的思想和文學》，日本岡村繁著，上海古籍出版社二〇〇二年版。

J

1. 《荊楚歲時記校注》，南朝梁宗懍著，王毓榮校注，台北文津出版社一九八八年版。

2. 《晉書》，唐房玄齡等撰，中華書局一九七四年版。

3. 《建康實錄》，唐許嵩，上海古籍出版社一九八七年版。

4. 《舊唐書》，後晉劉昫撰，中華書局一九七五年版。

5. 《錦繡萬花谷》，宋無名氏編，台灣商務印書館一九八六年影印文淵閣《四庫全書》本。

6. 《金石萃編》，清王昶編，中國書店一九八五年影印掃葉山房本。

7. 《紀念西安碑林九百二十周年華誕國際學術研討會論文集》，文物出版社二〇〇八年版。

8. 《江山歷史文獻輯略》，方志出版社二〇〇九年版。

L

1. 《禮記正義》，漢鄭玄注，唐孔穎達等正義，《十三經注疏本》，上海古籍出版社一九九七年版。

2. 《論語注疏》，魏何晏等注，宋邢昺疏，《十三經注疏本》，上海古籍出版

社一九九七年版。

3. 《老子校釋》，朱謙之撰，中華書局一九八四年版。

4. 《六韜譯注》，唐書文譯注，上海古籍出版社二〇〇六年版。

5. 《列子集釋》，楊伯峻集釋，中華書局一九七九年版。

6. 《呂氏春秋校釋》，陳奇猷校釋，上海古籍出版社二〇〇二年版。

7. 《隸釋》、《隸續》，宋洪適編著，中華書局二〇〇二年版。

8. 《歷代詩話》，清何文煥撰，中華書局一九八一年版。

9. 《歷代詩話續編》，丁福保編，中華書局一九八三年版。

10. 《六朝墓誌檢要》（修訂本），王狀弘、馬成名，上海書店出版社二〇〇八年版。

11. 《〈歷代卅四家文集〉的影印和現代出版狀況》，日本磯步彰撰，載章培恒、梅新林編《中國文學古今演變研究論集》，上海古籍出版社二〇〇二年版，第四七九頁至五一七頁。

M

1. 《毛詩正義》，漢鄭玄箋，唐孔穎達等正義，《十三經注疏本》，上海古籍出版社一九九七年版。

2. 《孟子注疏》，漢趙岐注，宋孫奭疏，《十三經注疏本》，上海古籍出版社一九九七年版。

3. 《墨子間詁》，清孫詒讓著，孫啓治、孫以楷點校，中華書局二〇〇一年版。

4. 《穆天子傳》，晉郭璞注，《四部叢刊初編》本，上海涵芬樓影印天一閣范氏刊本。

5. 《墨池編》，宋朱長文撰，浙江人民美術出版社二〇一二年版。

N

1. 《南北朝文學史》，曹道衡、沈玉成撰，人民文學出版社一九九一年版。

2. 《南北朝文學編年史》，曹道衡、劉躍進，人民文學出版社二〇〇〇年版。

3. 《南北對立時期的彭城叢亭里劉氏》，田餘慶、滕昭宗撰，載《國故新知：中國傳統文化的再詮釋》，湯一介編，北京大學出版社一九九三年版。

P

1. 《佩文韻府》，清張玉書撰，上海古籍書店一九八三年版。

Q

1. 《啓顏錄》，隋侯白著，曹林娣、李泉輯注，上海古籍出版社一九九〇年版。

2. 《七十二家集》，明張燮編，《續修四庫全書》本，上海古籍出版社據國家圖書館藏明末刻本影印。

3. 《欽定四庫全書總目》，清紀昀等撰，四庫全書研究所整理，中華書局一九九七年版。

4. 《全上古三代秦漢三國六朝文》，清嚴可均編，中華書局一九五八年版。

5. 《全三國晉南北朝詩》，丁福保編，中華書局一九五九年版。

6. 《清詩話》，丁福保編，上海古籍出版社一九九九年版。

7. 《清詩話續編》，郭紹虞，上海古籍出版社一九八三年版。

8. 《乾陵稽古》，廖彩樑著，黃山書社一九八六年版。

9. 《全隨文補遺》，韓理洲編，三秦出版社二〇〇四年版。

R

1. 《日藏弘仁本〈文館詞林〉校證》，唐許敬宗編，羅國威校證，中華書局二〇〇一年版。

2. 《容齋續筆》，宋洪邁編，北京圖書館出版社二〇〇三年據國家圖書館藏宋嘉定五年章貢郡齋刻本影印本。

3. 《人間詞話》，清王國維撰，上海古籍出版社一九九八年版。

S

1. 《尚書正義》，漢孔安國傳，唐孔穎達等正義，《十三經注疏本》，上海古籍出版社一九九七年版。

2. 《山海經校注》，袁珂校注，上海古籍出版社一九八〇年版。

3. 《史記》，漢司馬遷傳，唐司馬貞索隱，唐張守節正義，宋裴駰集解，中華書局一九八二年第二版。

4. 《拾遺記》，晉王嘉撰，南朝梁蕭綺錄，齊治平校注，中華書局一九八一年版。

5. 《神仙傳校釋》，晉葛洪撰，胡守爲校釋，中華書局二〇一〇年版。

6. 《世說新語校箋》，南朝宋劉義慶撰，梁劉孝標注，楊勇校箋，中華書局二〇〇六年版。

7. 《述異記》，南朝梁任昉撰，《叢書集成初編》本，中華書局一九九一年版。

8. 《宋書》，南朝梁沈約撰，中華書局一九七四年版。

9. 《三輔黃圖校釋》，何清谷校釋，中華書局二〇〇五年版。

10. 《水經注》，北魏酈道元著，陳橋驛校證，中華書局二○○七年版。

11. 《隋書》，唐魏徵等撰，中華書局一九七三年版。

12. 《隋唐嘉話》，唐劉餗撰，中華書局一九七九年版。

13. 《詩藪》，明胡應麟撰，上海古籍出版社一九七九年版。

14. 《詩源辨體》，明徐學夷撰，人民文學出版社一九八一年版。

15. 《隋書求是》，岑仲勉撰，商務印書館一九五八年版。

16. 《石刻史料新編》，台灣新文豐出版社一九八二年影印本。

17. 《隋唐五代墓誌彙編》（陝西卷），天津古籍出版社一九九一年版。

18. 《隋唐五代正史訂補文獻彙編》，徐蜀編，北京圖書館出版社二○○四年版。

19. 《孫子十三篇綜合研究》，李零著，中華書局二○○六年版。

T

1. 《太平御覽》，宋李昉等編，中華書局一九六○年影印本。

2. 《太平廣記》，宋李昉等編，中華書局一九六一年版本。

3. 《通志》，宋鄭樵編，中華書局一九八七年版。

4. 《唐文拾遺》，清陸心源編，台北文海出版社一九七九年版。

5. 《通鑒隋唐紀比事質疑》，岑仲勉，中華書局一九六四年版。

6. 《吐魯番出土文書》（第五冊），國家文物局古文獻研究所、新疆維吾爾自治區博物館、武漢大學歷史系編，文物出版社，一九八三年版。

7. 《唐代墓誌彙編》，周紹良、趙超編，上海古籍出版社一九九二年版。

8. 《吐魯番出土文書》（貳），中國文物研究所、新疆維吾爾自治區博物館、武漢大學歷史系編，唐長孺主編，文物出版社，一九九四年版。

W

1. 《魏書》，北齊魏收撰，中華書局一九七四年版。

2. 《文心雕龍注》，南朝梁劉勰著，范文瀾注，人民文學出版社一九五八年版。

3. 《文選》，南朝梁蕭統編，唐李善注，中華書局一九七七年影印胡克家嘉慶十四年（一八○九）重刻南宋淳熙八年（一一八一）尤袤刊本。

4. 《文選》，南朝梁蕭統編，唐呂延濟、劉良、張銑、呂向、李周翰、李善注，人民文學出版社二○○八年據日本足利學校藏宋刊明州本六臣注《文選》影印。

5. 《文苑英華》，宋李昉等編，中華書局一九六六年據北京圖書館藏宋刊殘

本（以明刊本配補）影印本。

6. 《文房四譜》，宋蘇易簡撰，中華書局二〇一一年版。

7. 《魏晉南北朝賦史》，程章燦著，江蘇古籍出版社一九九二年版。

8. 《魏晉南北朝文學思想史》，羅宗強著，中華書局一九九六年版。

9. 《魏晉南北朝文學史料述略》，穆克宏著，中華書局一九九七年版。

X

1. 《荀子集解》，清王先謙集解，沈嘯寰、王星賢點校，中華書局一九八八年版。

2. 《西京雜記譯注》，晉葛洪撰，呂狀譯注，上海三聯書店二〇一三年版。

3. 《續高僧傳》，唐釋道宣撰，郭紹林點校，中華書局二〇一四年版。

4. 《新唐書》，北宋歐陽修等撰，中華書局一九七六年版。

5. 《先秦漢魏晉南北朝詩》，逯欽立編，中華書局一九八三年版。

6. 《新出土魏晉南北朝墓誌疏證》，羅新、葉煒著，中華書局二〇〇五年版。

7. 《徐州出土薛道衡所撰隋代劉弘墓誌考釋及研究》，朱滸撰，《文獻》二〇一二年第一期。

Y

1. 《意林彙校集注》，漢焦延壽撰，徐傳武、胡眞點校集注，上海古籍出版社二〇一二年版。

2. 《顏氏家訓集解》，北朝顏之推撰，王利器集解，上海古籍出版社一九八〇年版。

3. 《藝文類聚》，唐歐陽詢撰，汪紹楹校，上海古籍出版社一九八二年版。

4. 《元和郡縣圖志》，唐李吉甫纂，中華書局一九八三年版。

5. 《元和姓纂》，唐林寶撰，中華書局一九九四年版。

6. 《樂府詩集》，宋郭茂倩編，文學古籍刊行社一九五五年影印傅增湘藏配補宋本。

7. 《雍錄》，宋程大昌撰，黃永年點校，中華書局二〇〇二年版。

Z

1. 《周易正義》，魏王弼等注，唐孔穎達等正義，《十三經注疏本》，上海古籍出版社一九九七年版。

2. 《周禮》，漢鄭玄注，唐賈公彥疏，《十三經注疏本》，上海古籍出版社一九九七年版。

3. 《莊子集釋》，清郭慶藩集釋，王孝魚點校，中華書局二〇〇四年版。

4. 《周書》，唐令狐德棻等撰，中華書局一九七一年版。

5. 《資治通鑒》，宋司馬光編著，元胡三省音注，中華書局一九五六年版。

6. 《直齋書錄解題解題》，宋陳振孫著，上海古籍出版社一九八七年版。

7. 《增定漢魏六朝別解》，明葉紹泰編，明崇禎十五年采隱山居刻本。

附　錄

集外第一

　　「集外」指本集之外的作品：或出自薛道衡別著；或爲薛道衡之殘篇斷句；或作者存疑，不可遽然定爲薛道衡之作品；或舊題薛道衡的僞作。

典言〔一〕

殘片一

　　典言第二　薛道衡撰　孝行篇〔二〕　中節篇〔三〕（下缺）

　　愼罰篇〔四〕　求賢篇　納諫篇　孝行（？）〔五〕（下缺）

【校注】

〔一〕本書殘卷釋讀文字錄自國家文物局古文獻研究室、新疆維吾爾自治區博物館、武漢大學歷史系編《吐魯番出土文書》（第 5 冊），文物出版社 1983年版第 94～96 頁。四塊殘片圖版見中國文物研究所、新疆維吾爾自治區博物館、武漢大學歷史系編，唐長孺主編《吐魯番出土文書》（貳），文物出版社 1994 年版第 217～218 頁。　1969 年新疆吐魯番阿斯塔那一三四號墓出土了四片被剪成鞋樣但內容可銜接的古籍殘寫本，其中有「典言第二薛道衡撰」字樣，整理者據此將殘寫本定名爲《古寫本隋薛道衡〈典言〉殘卷》，收入《吐魯番出土文書》。據同墓所出土的《趙善德妻墓誌》，知墓主葬於唐龍朔二年（公元 662 年），可知寫本時間不晚於此年。　關於《典言》一書的性質、成書時間、編者等關鍵問題，王素《關於隋薛道衡所撰〈典言〉殘卷的幾個問題》一文（載王素《漢唐歷史與出土文獻》，故宮出版社，2011 年版第 374～382 頁）有詳盡考證，可供參考。王素

認爲「《典言》是北齊後主武平三年十月至武平七年間詔由薛道衡主編，李穆叔、荀士遜、李若等分撰的一部旨在裨益君道的小型類書。」

〔二〕孝行：孝敬父母的德行。《周禮‧地官‧師氏》：「教三行：一曰孝行，以親父母；二曰友行，以尊賢良；三曰順行，以事師長。」

〔三〕中節：守節秉義，中正不變。《易‧蹇》：「《象》曰：大蹇，朋來，以中節也。」孔穎達疏：「得位居中，不易其節，故致朋來，故云以中節也。」

〔四〕慎罰：謹慎處理刑罰之事。《書‧康誥》：「惟乃丕顯考文王，克明德慎罰。」

〔五〕《吐魯番出土文書》（第 5 冊）第 94 頁釋讀「行」字外加□，表示字跡殘缺，推測爲「行」字。然上一行已存在清晰之「孝行篇」，此處不當重複。檢《吐魯番出土文書》（貳）第 217 頁之殘片圖版，此「行」字僅殘存上半部之兩撇一橫。

殘片二

（上缺）之 類，莫貴於人；人倫之重〔一〕（下缺）

（上缺）天子下達黔黎〔二〕，興國隆家，率由茲道。昔

（上缺）致 有 讓之禮，　臣謹案：虞舜字重華，事父瞍瞍以孝[三]，堯遂讓位與舜。事出《尚書》。《禮記》曰：

舜其孝也與矣[四]　殷丁饗高宗之號〔五〕，　臣謹案：殷王武丁至孝，居喪三年，不言政事，後脩□□，

殷道復興，號曰高宗。事出《尚書》也。　周武之牢籠九縣〔六〕，　臣謹[七]：周武王名（下缺），王太子。文王有（下缺）

【校注】

〔一〕人倫：封建禮教所規定的人與人之間的關係。特指尊卑長幼之間的等級關係。《孟子‧滕文公上》：「人之有道也，飽食煖衣，逸居而無教，則近於禽獸，聖人有憂之，使契爲司徒，教以人倫：父子有親，君臣有義，夫婦有別，長幼有敘，朋友有信。」

〔二〕黔黎：黔首黎民，指百姓。

〔三〕鼓瞍（gǔ sǒu）：即瞽瞍。人名。上古帝王虞舜之父。

〔四〕與：即語氣詞「歟」。

〔五〕本殘片中，直言「殷丁」、「殷王武丁」、「殷道復興」，可見不避北齊廢帝
　　　高殷（公元 560 年在位）諱。

〔六〕九縣：九州。《後漢書・光武帝紀贊》：「九縣飆回，三精霧塞。」李賢注：
　　　「九縣，九州也。」

〔七〕「臣謹」下當脫「案」字。

殘片三

（上缺）

（上缺）高宗。事出《尚書》（下缺）

（上缺）

不脫冠帶而養，文王一飯，亦一　　**漢文之光宅四海**〔二〕，　　臣謹案：文帝母薄太后，□

飯；再飯，亦再飯。事出《禮記》[一]。　　　　　　　　　　　病三年，文帝眼不交睫[三]，衣不□

帶，湯藥非口所嘗弗　　**咸資至性**〔四〕，**用弘丕業**〔五〕。**歷選前代，千帝萬王，**

進。事出《漢書》也。

（上缺）孝（下缺）**能化成天下者也。孝行之廣塞乎？**

（上缺）**要，始終事親爲本。事親之道，**□

（上缺）**其美，**　　臣謹案：牛羊曰　　　**必須盡皀**□□

　　　　　　　　　觳[六]，犬豕曰豥[七]。

（上缺）怡聲下氣〔八〕，（下缺）

【校注】

〔一〕本句小字夾注，語出《禮記・文王世子》：「文王有疾，武王不脫冠帶而養。文王一飯，亦一飯；文王再飯，亦再飯。旬有二日乃間。」

〔二〕本句「漢文之光宅四海」，正可與殘片二末句「周武之牢籠九縣」銜接。由此推測殘片二與三內容上可首尾銜接。然留意殘寫本原件之書法，殘片二與殘片三差別非常大。由此推測吐魯番阿斯塔那一三四號墓中可能有兩部《典言》，各自殘缺，而今殘存內容《孝行篇》恰好可以銜接。　光宅：廣有。《書・堯典序》：「昔在帝堯，聰明文思，光宅天下。」

〔三〕眼不交睫：上下睫毛不相交，指不睡覺。《漢書・爰盎傳》：「陛下居代時，太后嘗病，三年，陛下不交睫解衣，湯藥非陛下口所嘗弗進。」顏師古注：「交睫，謂睡寐也。」

〔四〕至性：指天賦的卓絕品性。《後漢書・光武十王・東平憲王蒼傳》：「陛下履有虞之至性，追祖禰之深思，然懼左右過議，以累聖心。」

〔五〕丕業：大業。《史記・司馬相如列傳》：「皇皇哉斯事，天下之壯觀，王者之丕業，不可貶也！」

〔六〕芻（chú）：以草餵牲口。《周禮・地官・充人》：「祀五帝，則繫於牢，芻之三月。」鄭玄注：「養牛羊曰芻。」

〔七〕豢（huàn）：飼養牲畜。《禮記・樂記》：「夫豢豕爲酒，非以爲禍也。」鄭玄注：「以穀食犬豕曰豢。」

〔八〕怡聲下氣：指放柔聲音，態度恭順，平心靜氣。《禮記・內則》：「及所，下氣怡聲，問衣襖寒。」北齊顏之推《顏氏家訓・勉學》：「未知養親者，欲其觀古人之先意承顏，怡聲下氣，不憚劬勞，以致甘腴，惕然慙懼，起而行之也。」

殘片四

（上缺）朝暮不離其側。

臣謹案：怡聲下氣[一]，（下缺）

夏清[二]，昏定晨省[三]。并出《禮記》（下缺）。

臣謹案：《尸子》曰：孝己事親，一夜而

五起，視衣之厚薄，枕之高卑。

□

謹

（上缺）　　　　　　　　　伯喈七旬而不寐〔四〕。

（上缺）至孝，母嘗滯病，
（上缺）帶，不寢寐者七旬。　　　文彊、德仁〔五〕，扇枕而溫席；　　臣謹案：
　　　　　　　　　　　　　　　　　　　　　　　　　　　　　　　　□□漢

（上缺）文彊，性至孝，事其父母，暑則扇床熱，寒則以身溫席被。
《廣州先賢傳》[六]曰：羅威字德仁，事母至孝，寒則以身溫席，暑則進扇。　　樊儵、丁

茂〔七〕，嘗唾而吮癰。　　臣謹案：《東觀漢記》曰：樊儵至孝，母病癰，晝夜匍伏，不
　　　　　　　　　　　　　　離左右，爲母吮膿。《廣州先賢傳》曰：丁茂事親至孝，母偶有不

安，即嘗
（下缺）噬指心驚〔八〕，君仲於是返室；　　臣謹案：《汝南先賢傳》曰：（下缺）
　　　　　　　　　　　　　　　　　　　　　　字君仲，事母至孝，以（下缺）

有客來，急須見之，其母自
□□□，順便心動□歸。　　加杖不痛〔九〕，伯兪所以流（下缺）

（上缺）有過，其母（下缺）母曰：他日未嘗泣，今泣，何（下缺）

（下缺）

【校注】

〔一〕從夾注小字「怡聲下氣」推知，殘片四與殘片三之內容可銜接。

〔二〕清（qīng）：《吐魯番出土文書》（第 5 冊）第 95 頁及《吐魯番出土文書》
　　　（貳）第 218 頁均釋讀爲「清」。據《禮記‧曲禮上》：「凡爲人子之禮，
　　　冬溫而夏清，昏定而晨省。」陸德明釋文：「字從冫。冰，冷也。本或作
　　　水旁，非也。」可知此處當釋讀作「清」，涼之義。

〔三〕昏定晨省：子女侍奉父母的日常禮節。謂晚間安排床衽，服侍就寢；早
　　　上省視問安。《禮記‧曲禮上》：「凡爲人子之禮，冬溫而夏清，昏定而晨
　　　省。」

〔四〕伯喈七旬而不寐：東漢蔡邕字伯喈，以侍母至孝聞名。《後漢書》卷六十

下《蔡邕傳》云：「邕性篤孝，母常滯病三年，邕自非寒暑節變，未嘗解襟帶，不寢寐者七旬。」

〔五〕文彊：人名。漢人黃香，字文強。《初學記》卷一七「孝」條引《東觀漢記》曰：「黃香字文強。父兄舉孝廉，無奴僕，香躬執勤苦，盡心供養，體無被袴，而親極滋味，暑則扇床枕，寒則以溫席。」　德仁：人名。羅威字德仁。《初學記》卷一七「孝」條引袁山松《後漢書》曰：「羅威母年七十，天寒，常以身溫席，而後授其處。」

〔六〕《舊唐書‧經籍志》著錄「《廣州先賢傳》七卷」，不錄撰人。《新唐書‧藝文志》著錄「陸胤志《廣州先賢傳》七卷」。《太平御覽》卷三七八、卷四八二引作「陸胤《廣州先賢傳》」。陸胤，字敬宗，吳郡吳縣人。傳見《三國志‧吳書》卷六一，為東吳左丞相陸凱之弟，曾任交州刺史、安南校尉。當時交州轄今越南北部和中國兩廣的雷州半島及廣西的一部分，《廣州先賢傳》的編纂當與此經歷相關。《初學記》卷一七引作「陸徹《廣州先賢傳》」，誤。此外，值得注意的是本殘片兩次引「《廣州先賢傳》」，不避隋煬帝楊廣諱。可推知《典言》殘寫本不會是隋煬帝朝傳入吐魯番的中原寫本。

〔七〕丁茂：人名。《藝文類聚》卷九五引《廣州先賢傳》曰：「丁茂字仲慮，交阯人也。至孝，母終，負土治冢，列植松柏，白鹿遊乎左右。」

〔八〕噬指心驚：用蔡順與其母心意相通之典。《後漢書‧周磐傳》：「磐同郡蔡順，字君仲，亦以至孝稱。順少孤，養母。嘗出求薪，有客卒至，母望順不還，乃噬其指，順即心動，棄薪馳歸，跪問其故。母曰：『有急客來，吾噬指以悟汝耳。』」

〔九〕加杖不痛：伯俞因遭母笞杖不痛而悲泣其母力衰。漢劉向《說苑‧建本》：「伯俞有過，其母笞之，泣。其母曰：『他日笞子，未嘗見泣，今泣，何也？』對曰：『他日俞得罪，笞，嘗痛，今母之力不能使痛，是以泣。』」

為敬肅考狀〔一〕

心如鐵石，老而彌篤。

【校注】

〔一〕本篇錄自《隋書‧循吏‧敬肅傳》：「大業五年，朝東都，帝令司隸大夫薛道衡爲天下群官之狀。道衡狀稱肅曰：『心如鐵石，老而彌篤。』」《北史‧循吏‧敬肅傳》同。篇題《爲敬肅考狀》參照嚴輯本擬定。　敬肅：隋代循吏。字弘儉，煬帝時爲潁川郡承，爲政有令名。《隋書》卷七三、《北史》卷八六有傳。　考狀：古代記載被考核官員當年功過、行政能力的文書。這裏指考核官員的評語。

失題佚詩一首〔一〕

　　昨望巫山峽，流淚滿征衣。今赴長安道，含笑逐春歸。

【校注】

〔一〕本詩錄自陸心源《唐文拾遺》卷六五所載之《唐故魏州昌樂縣令孫君墓誌銘》：「君諱義普，字智周，樂安人也。……未終之前，若有神應，恒詠薛開府詩云：『昨望巫山峽，流淚滿征衣。今赴長安道，含笑逐春歸。』詞氣淒惋，左右傷惻。自是數日而終。……即以文明元年（684）五月廿一日卜葬於高陵縣之西南樂安鄉之偶原，禮也。」檢《隋書》本傳，道衡曾於開皇十七年（597）前後「進位上開府」。《舊唐書‧高祖紀》、《新唐書‧高祖紀》記載，隋恭帝義寧二年（618）贈道衡「上開府」。故疑此「薛開府」即指道衡。又，道衡於開皇十二年（592）被除名，配防嶺表。嶺表即嶺南，相當於今廣東、廣西二省區及越南北部一帶。據《隋書》本傳，道衡從都城西安到嶺南，取道湖北江陵，正合「昨望巫山峽，流淚滿征衣。」尋有詔徵還，直內史省，正合「今赴長安道，含笑逐春歸。」。

祝將軍梅泉家廟記〔一〕

　　隋開皇□□年　薛道衡

　　信安之南八十里〔二〕，有地曰梅泉〔三〕，蕭齊祝太尉諱輅所避地而居者也〔四〕。祝氏之先實司祝史〔五〕，著姓太原，簪纓海岱〔六〕。至信安侯諱巡者〔七〕，當司馬之中葉〔八〕，值中原之搶攘〔九〕，懷惠北轅〔一〇〕，瑯琊南渡〔一一〕。時祝侯實執羈靮〔一二〕，捍牧圉〔一三〕，扶鳳輦，參龍御，龍驤虎賁，輔依遷國。報答鴻功，用鎮龍邱，

遂家姑蔑。粵在蕭齊，祝侯之裔祝輅，豪傑磊落，以軍功擢太尉。計事不合，謫守校尉，遂遁梅泉，於今幾世矣。太尉九世孫將軍桃根〔一四〕，復以武略起家，繩其祖武。用乃經營家廟，以祀其先人。河東薛道衡乃爲之記其事焉。

【校注】

〔一〕本篇錄自《須江郎峰祝氏族譜》卷十二。本篇作者明確題爲「隋開皇□□年 薛道衡」。《江山歷史文獻輯略》（方志出版社 2009 年版第 71～72 頁）收錄本篇，列入薛道衡名下。本篇有句云「蕭齊祝太尉諱輅所避地而居者也」，既官至太尉，正史中當有所記載，然遍檢史書，無祝輅其人。又云「信安侯諱巡者」，「太尉九世孫將軍桃根」，正史中亦無關於祝巡、祝桃根之隻字片語，足見僞託。事實上，朱瑞熙《〈須江郎峰祝氏族譜〉是僞作》（載《學術月刊》1988 年第 3 期第 77～80 頁），早已考訂本篇的出處《須江郎峰祝氏族譜》爲晚出僞書。綜上，題薛道衡撰《祝將軍梅泉家廟記》是僞作。

〔二〕信安：古郡名。治所在今浙江衢州市。

〔三〕梅泉：《江山歷史文獻輯略》認爲在今浙江江山市城區雞公山東麓。

〔四〕蕭齊：指南朝齊國。因開國之主爲蕭道成，故稱。　祝輅：史無其人。僞書《須江郎峰祝氏族譜》捏造祝輅，稱其字殷初，信安侯祝巡七世孫，因軍功官太尉，爲江山祝氏之始遷祖。不可據信。

〔五〕祝史：掌祭祀之官。《左傳》昭公十八年：「郊人助祝史除於國北。」孔穎達疏：「祝史，掌祭祀之官。」

〔六〕簪纓：本爲古代官吏的冠飾，喻顯貴地位。　海岱：今山東渤海至泰山之間地帶。

〔七〕祝巡：史無其人。僞書《須江郎峰祝氏族譜》捏造祝巡，稱其字帝臨，號省庵，魯兗州之祝，懷帝初，侍瑯琊王移鎮建業，瑯琊王中興江左，命鎮龍邱，後遷鎮三衢，封信安侯。不可據信。

〔八〕司馬之中葉：指兩晉之交。

〔九〕搶攘：紛亂貌。《漢書·賈誼傳》：「本末舛逆，首尾衡決，國制搶攘，非甚有紀，胡可謂治？」

〔一〇〕懷惠：指西晉末懷帝、惠帝。永嘉五年，匈奴劉曜攻破洛陽，懷帝被俘

北上。惠帝昏庸，皇后賈南風專政，遂致「八王之亂」，惠帝被諸王輾轉挾持。

〔一一〕瑯琊南渡：指晉元帝司馬睿率領士族南渡長江，建立東晉。司馬睿初襲封瑯琊王，故稱。

〔一二〕羈靮：馬絡頭和韁繩。泛指馭馬之物。《禮記·檀弓下》：「如皆守社稷，則孰執羈靮而從？」

〔一三〕牧圉：牛馬。借指播遷中的君王車駕。《左傳》僖公二十八年：「不有居者，誰守社稷？不有行者，誰扞牧圉？」杜預注：「牛曰牧，馬曰圉。」

〔一四〕桃根：史無其人。偽書《須江郎峰祝氏族譜》捏造祝桃根，稱其仕隋，官至開府儀同三司。不可據信。

余聞夫祖祖為親，奉先思孝。故閟宮實枚〔一〕，子魚是頌〔二〕；申廟碩藐，召虎爰歌〔三〕。誠重祖考之憑依，而萃曾孫之黶假〔四〕。乃若夏瑚商連〔五〕，明堂用以康周公；金石崇牙〔六〕，晉侯錫以嘉魏絳〔七〕。此固子孫繁祉，實維天寵賁臨。至其秋霜春露，愴乎如見之懷；昭明焄蒿，命以神鬼之著〔八〕。則蘋藻烹湘，卵魚設薦。季女奠於宗室，孝孫感乎杯棬。禮本自始，蓋亦有焉。若乃縮版既載，家廟俶成〔九〕。梓材丹臒〔一〇〕，垂萬世之基堂；美奐美輪〔一一〕，聚百年之骨族。則是敦孝思而篤祜，追濬哲以發祥。椒馨俎豆，猗歟邦國之光〔一二〕；日月冠裳〔一三〕，藹矣室家之慶。陳几筵而祀禴，列山海以蒸嘗〔一四〕。雲仍昴耳，踵青瑣以駿奔〔一五〕；祖德宗功，躡白雲而來饗。蓋於斯乎萃之矣！將軍祝子俊傑之士，有勇有智，亦文亦武。日者疆場以筮師中之吉，今茲里閈奚疑格廟之享。繼其肇敏戎功，用似爾祖。行見白茅赤土〔一六〕，將膺南國之封；圭瓚秬鬯〔一七〕，用作召公之考。爾乃對揚休命〔一八〕，以勒鼎彝〔一九〕。予其敬從天使，與觀斯廟之光。恭執豆籩〔二〇〕，以班諸宰之後。

【校注】

〔一〕閟宮實枚：語出《詩·魯頌·閟宮》：「閟宮有侐，實實枚枚。」閟宮，

神廟。實實，廣大。枚枚，雕飾細密貌。

〔二〕子魚是頌：《詩‧魯頌‧閟宮》是魯大夫奚斯（史稱「公子魚」）頌美僖公恢復周公疆土，大修祖廟，勳業卓著的詩。

〔三〕召虎：人名。周宣王時名將，官至大宗伯。《詩‧大雅‧蕩之什‧江漢》記載了召虎平淮夷歸來，周公賞賜之事。詩有句云：「虎拜稽首：『對揚王休，作召公考，天子萬壽！』」

〔四〕鬷假：語出《詩‧商頌‧烈祖》「鬷假無言」。毛傳：「鬷，緫；假，大也。緫大無言，無爭也。」指祭祀時精誠上達於神。

〔五〕夏瑚商璉：瑚、璉皆宗廟禮器，喻治國安邦之才。《論語‧公冶長》：「子貢問曰：『賜也何如？』子曰：『女，器也。』曰：『何器也？』曰：『瑚璉也。』」

〔六〕金石：指鐘、磬一類樂器。　崇牙：懸掛編鐘編磬之類樂器的木架上端所刻的鋸齒，代指鐘磬架。

〔七〕晉侯錫以嘉魏絳：典出《左傳》襄公十一年：「鄭人賂晉侯……以歌鐘二肆，及其鎛磬，女樂二八。晉侯以樂之半賜魏絳。」

〔八〕本句語出《禮記‧祭義》：「是故君子合諸天道，春禘秋嘗。霜露既降，君子履之，必有悽愴之心，非其寒之謂也。春雨露既濡，君子履之，必有怵惕之心，如將見之。……其氣發揚於上，爲昭明，焄蒿，悽愴，此百物之精也，神之著也。」鄭玄注：「焄謂香臭也，蒿謂氣蒸出貌也。」孔穎達疏：「焄謂香臭也，言百物之氣，或香或臭；蒿謂烝出貌。言此香臭烝而上出，其氣蒿然也。」

〔九〕本句語出《詩‧大雅‧綿》：「縮版以載，作廟翼翼。」

〔一〇〕本句語出《書‧梓材》：「若作梓材，既勤樸斲，惟其塗丹雘。」孔穎達疏：「雘是彩色之名，有青色者，有朱色者。」

〔一一〕美奐美輪：形容房屋高大、眾多。語出《禮記‧檀弓下》：「晉獻文子成室，晉大夫發焉。張老曰：『美哉輪焉，美哉奐焉！』」鄭玄注：「輪，輪囷，言高大。奐，言眾多。」

〔一二〕本句語出《詩‧周頌‧載芟》：「有飶其香，邦家之光。有椒其馨，胡考之寧。」椒馨，椒的芳香。俎豆，古代祭祀時盛食物用的兩種禮器。猗歟，嘆詞。表示讚美。

〔一三〕冠裳：官吏的全套禮服。代指禮儀制度。

〔一四〕本句寫四時祭祀。典出《詩・小雅・天保》：「禴祠烝嘗。」毛傳：「春日
　　　　祠，夏日禴，秋日嘗，冬日烝。」

〔一五〕青瑣：裝飾宮廷門窗的青色連環花紋。《漢書・元后傳》：「曲陽侯根驕奢
　　　　僭上，赤墀青瑣。」顏師古注：「孟康曰：『以青畫戶邊鏤中，天子之制
　　　　也。』……孟說是。青瑣者，刻爲連環文，而青塗之也。」

〔一六〕白茅：植物名。古代常用以包裹祭品及分封諸侯，象徵土地所在方位之
　　　　土。《易・大過》：「初六，藉用白茅，無咎。」孔穎達疏：「潔白之茅。」
　　　　赤土：對應南國之封。

〔一七〕圭瓚：古代的一種玉製酒器，形狀如勺，以圭爲柄，用於祭祀。　秬鬯：
　　　　古代以黑黍和鬱金香草釀造的酒，用於祭祀降神及賞賜有功的諸侯。
　　　　《書・文侯之命》：「平王錫晉文侯秬鬯圭瓚。」《詩・大雅・蕩之什・江
　　　　漢》：「釐爾圭瓚，秬鬯一卣。告于文人，錫山土田。于周受命，自召祖
　　　　命。」

〔一八〕休命：美善的命令。多指天子或神明的旨意。《書・說命下》：「敢對揚天
　　　　子之休命。」《詩・大雅・蕩之什・江漢》：「虎拜稽首：『對揚王休，作
　　　　召公考，天子萬壽！』」

〔一九〕鼎彝：古代祭器，其上多刻論譔其先祖之德美、功烈、勳勞。

〔二〇〕豆籩：祭祀用的禮器。木製稱「豆」，竹製稱「籩」。

傳記第二

唐魏徵等《隋書‧薛道衡傳》

薛道衡字玄卿，河東汾陰人也。祖聰，魏齊州刺史。父孝通，常山太守。道衡六歲而孤，專精好學。年十三，講《左氏傳》，見子產相鄭之功，作《國僑贊》，頗有詞致，見者奇之。其後才名益著，齊司州牧、彭城王浟引爲兵曹從事。尙書左僕射弘農楊遵彥，一代偉人，見而嗟賞。授奉朝請。吏部尙書隴西辛術與語，歎曰：「鄭公業不亡矣。」河東裴讞目之曰：「自鼎遷河朔，吾謂關西孔子罕值其人，今復遇薛君矣。」武成作相，召爲記室，及即位，累遷太尉府主簿。歲餘，兼散騎常侍，接對周、陳二使。武平初，詔與諸儒修定《五禮》，除尙書左外兵郎。陳使傅縡聘齊，以道衡兼主客郎接對之。縡贈詩五十韻，道衡和之，南北稱美。魏收曰：「傅縡所謂以蚓投魚耳。」待詔文林館，與范陽盧思道、安平李德林齊名友善。復以本官直中書省，尋拜中書侍郎，仍參太子侍讀。後主之時，漸見親用，于時頗有附會之譏。後與侍中斛律孝卿參預政事，道衡具陳備周之策，孝卿不能用。及齊亡，周武引爲御史二命士。後歸鄉里，自州主簿入爲司祿上士。

高祖作相，從元帥梁睿擊王謙，攝陵州刺史。大定中，授儀同，攝邛州刺史。高祖受禪，坐事除名。河間王弘北征突厥，召典軍書，還除內史舍人。其年，兼散騎常侍，聘陳主使。道衡因奏曰：「江東蕞爾一隅，僭擅遂久，實由永嘉已後，華夏分崩。劉、石、符、姚、慕容、赫連之輩，妄竊名號，尋

亦滅亡。魏氏自北徂南，未遑遠略。周、齊兩立，務在兼并，所以江表遘誅，積有年祀。陛下聖德天挺，光膺寶祚，比隆三代，平一九州，豈容使區區之陳久在天網之外？臣今奉使，請責以稱藩。」高祖曰：「朕且含養，置之度外，勿以言辭相折，識朕意焉。」江東雅好篇什，陳主尤愛雕蟲，道衡每有所作，南人無不吟誦焉。

　　及八年伐陳，授淮南道行臺尚書吏部郎，兼掌文翰。王師臨江，高熲夜坐幕下，謂之曰：「今段之舉，克定江東已不？君試言之。」道衡答曰：「凡論大事成敗，先須以至理斷之。《禹貢》所載九州，本是王者封域。後漢之季，群雄競起，孫權兄弟遂有吳、楚之地。晉武受命，尋即吞併，永嘉南遷，重此分割。自爾已來，戰爭不息，否終斯泰，天道之恆。郭璞有云：『江東偏王三百年，還與中國合。』今數將滿矣。以運數而言，其必克一也。有德者昌，無德者亡，自古興滅，皆由此道。主上躬履恭儉，憂勞庶政，叔寶峻宇雕牆，酖酒荒色。上下離心，人神同憤，其必克二也。為國之體，在於任寄，彼之公卿，備員而已。拔小人施文慶委以政事，尚書令江總唯事詩酒，本非經略之才，蕭摩訶、任蠻奴是其大將，一夫之用耳。其必克三也。我有道而大，彼無德而小，量其甲士，不過十萬。西自巫峽，東至滄海，分之則勢懸而力弱，聚之則守此而失彼。其必克四也。席捲之勢，其在不疑。」熲忻然曰：「君言成敗，事理分明，吾今豁然矣。本以才學相期，不意籌略乃爾。」還除吏部侍郎。

　　後坐抽擢人物，有言其黨蘇威，任人有意故者，除名，配防嶺表。晉王廣時在揚州，陰令人諷道衡從揚州路，將奏留之。道衡不樂王府，用漢王諒之計，遂出江陵道而去。尋有詔徵還，直內史省。晉王由是銜之，然愛其才，猶頗見禮。後數歲，授內史侍郎，加上儀同三司。

　　道衡每至構文，必隱坐空齋，蹋壁而臥，聞戶外有人便怒，其沉思如此。高祖每曰：「薛道衡作文書稱我意。」然誡之以迂誕。後高祖善其稱職，謂楊素、牛弘曰：「道衡老矣，驅使勤勞，宜使其朱門陳戟。」於是進位上開府，賜物百段。道衡辭以無功，高祖曰：「爾久勞階陛，國家大事，皆爾宣行，豈非爾功也？」道衡久當樞要，才名益顯，太子諸王爭相與交，高熲、楊素雅相推重，聲名籍甚，無競一時。

　　仁壽中，楊素專掌朝政，道衡既與素善，上不欲道衡久知機密，因出檢校襄州總管。道衡久蒙驅策，一旦違離，不勝悲戀，言之哽咽。高祖愴然改

容曰：「爾光陰晚暮，侍奉誠勞。朕欲令爾將攝，兼撫萌俗。今爾之去，朕如斷一臂。」於是賚物三百段，九環金帶，並時服一襲，馬十匹，慰勉遣之。在任清簡，吏民懷其惠。

煬帝嗣位，轉番州刺史。歲餘，上表求致仕。帝謂內史侍郎虞世基曰：「道衡將至，當以秘書監待之。」道衡既至，上《高祖文皇帝頌》，其詞曰：

太始太素，荒茫造化之初，天皇、地皇，杳冥書契之外。其道絕，其迹遠，言談所不詣，耳目所不追。至於入穴登巢，鷇居鷇飲，不殊於羽族，取類於毛群，亦何貴於人靈，何用於心識？羲、軒已降，爰暨唐、虞，則乾象而施法度，觀人文而化天下，然後帝王之位可重，聖哲之道爲尊。夏后、殷、周之國，禹、湯、文、武之主，功濟生民，聲流《雅頌》，然陵替於三五，慚德於干戈。秦居閏位，任刑名爲政本，漢執靈圖，雜霸道而爲業。當塗興而三方峙，典午末而四海亂。九州封域，窟穴鯨鯢之群；五都遺黎，蹴踏戎馬之足。雖玄行定嵩、洛，木運據崤、函，未正滄海之流，詎息昆山之燎！協千齡之旦暮，當萬葉之一朝者，其在大隋乎？

粵若高祖文皇帝，誕聖降靈，則赤光照室，韜神晦跡，則紫氣騰天。龍顏日角之奇，玉理珠衡之異，著在圖籙，彰乎儀表。而帝系靈長，神基崇峻，類邠、岐之累德，異豐、沛之勃起。俯膺歷試，納揆賓門，位長六卿，望高百辟，猶重華之爲太尉，若文命之任司空。蒼歷將盡，率土麋沸，玉弩驚天，金鋌照野。姦雄挺禍，據河朔而連海岱；猾長縱惡，杜白馬而塞成皋。庸、蜀逆命，憑銅梁之險；郧、黃背誕，引金陵之寇。三川已震，九鼎將飛。高祖龍躍鳳翔，濡足授手，應赤伏之符，受玄狐之籙，命百下百勝之將，動九天九地之師，平共工而殄蚩尤，翦犬契窳而剗鑿齒。不煩二十八將，無假五十二征，曾未逾時，妖逆咸殄，廓氛霧於區宇，出黎元於塗炭。天柱傾而還正，地維絕而更紐。殊方稽顙，識牛馬之內向；樂師伏地，懼鐘石之變聲。萬姓所以樂推，三靈於是改卜。壇場已備，猶弘五讓之心；億兆難違，方從四海之請。光臨寶祚，展禮郊丘，舞六代而降天神，陳四圭而饗上帝，乾坤交泰，品物咸亨。酌前王之令典，改易徽號；因庶萌之子來，移創都邑。天文上當朱鳥，地理下據黑龍，正位辨方，揆影於日月，內宮外座，取法於辰象。懸政教於魏闕，朝群后於明堂，除舊佈新，移風易俗。天街之表，地脈之外，獫狁孔熾，其來自久，橫行十萬，樊噲於是失辭，提步五千，李陵所以陷沒。周、齊兩盛，競結虵頭，娉狄后於漠北，未足息其侵擾，傾珍藏於

山東，不能止其貪暴。炎靈啓祚，聖皇馭宇，運天策於帷扆，播神威於沙朔，柳室、氈裘之長，皆爲臣隸，瀚海、蹛林之地，盡充池苑。三吳、百越，九江五湖，地分南北，天隔內外，談黃旗紫蓋之氣，恃龍蟠獸據之險，恆有僭僞之君，妄竊帝王之號。時經五代，年移三百，爰降皇情，永懷大道，潛彼黎獻，獨爲匪人。今上利建在唐，則哲居代，地憑宸極，天縱神武，受脤出車，一舉平定。於是八荒無外，九服大同，四海爲家，萬里爲宅。乃休牛散馬，偃武修文。

自華夏亂離，綿積年代，人造戰爭之具，家習澆僞之風，聖人之遺訓莫存，先王之舊典咸墜。爰命秩宗，刊定《五禮》，申敕太子，改正六樂。玉帛樽俎之儀，節文乃備；金石匏革之奏，雅俗始分。而留心政術，垂神聽覽，早朝晏罷，廢寢忘食，憂百姓之未安，懼一物之失所。行先王之道，夜思待旦；革百王之弊，朝不及夕。見一善事，喜彰於容旨；聞一愆犯，歎深於在予。薄賦輕徭，務農重穀，倉廩有紅腐之積，黎萌無阻饑之慮。天性弘慈，聖心惻隱，恩加禽獸，胎卵於是獲全，仁沾草木，牛羊所以勿踐。至於憲章重典，刑名大辟，申法而屈情，決斷於俄頃，故能彝倫攸敍，上下齊肅。左右絕詔諛之路，縉紳無勢力之門。小心翼翼，敬事於天地；終日乾乾，誠愼於亢極。陶黎萌於德化，致風俗於太康，公卿庶尹，遐邇嶽牧，僉以天平地成，千載之嘉會，登封降禪，百王之盛典，宜其金泥玉檢，展禮介丘，飛聲騰實，常爲稱首。天子爲而不恃，成而不居，沖旨凝邈，固辭弗許。而雖休勿休，上德不德，更乃潔誠岱岳，遜謝愆咎。方知六十四卦，謙撝之道爲尊，七十二君，告成之義爲小，巍巍蕩蕩，無得以稱焉。而深誠至德，感達於穹壤，和氣薰風，充溢於宇宙。二儀降福，百靈薦祉，日月星象，風雲草樹之祥，山川玉石，鱗介羽毛之瑞，歲見月彰，不可勝紀。至於振古所未有，圖籍所不載，目所不見，耳所未聞。古語稱聖人作，萬物睹，神靈滋，百寶用，此其效矣。

既而游心姑射，脫屣之志已深；鑄鼎荊山，升天之駕遂遠。凡在黎獻，具惟帝臣，慕深考妣，哀纏弓劍，塗山幽峻，無復玉帛之禮，長陵寂寞，空見衣冠之遊。若乃降精熛怒，飛名帝籙，開運握圖，創業垂統，聖德也；撥亂反正，濟國寧人，六合八紘，同文共軌，神功也；玄酒陶匏，雲和孤竹，禋祀上帝，尊極配天，大孝也；偃伯戢戈，正禮裁樂，納民壽域，驅俗福林，至政也。張四維而臨萬宇，侔三皇而並五帝，豈直錙銖周、漢，么麼魏、晉

而已。雖五行之舞每陳於清廟，九德之歌無絕於樂府，而玄功暢洽不局於形器，懿業遠大豈盡於揄揚。

臣輕生多幸，命偶興運，趨事紫宸，驅馳丹陛，一辭天闕，奄隔鼎湖，空有攀龍之心，徒懷蓼蟻之意。庶憑毫翰，敢希贊述！昔堙海之禽不增於大地，泣河之士非益於洪流，盡其心之所存，望其力之所及，輒緣斯義，不覺斐然。乃作頌曰：

> 悠哉邃古，邈矣季世，四海九州，萬王千帝。三代之後，其道逾替，爰逮金行，不勝其弊。戎狄猾夏，群凶縱慝，竊號淫名，十有餘國。怙威逞暴，悖禮亂德，五嶽塵飛，三象霧塞。玄精啓曆，發跡幽方，併吞寇僞，獨擅雄強。載祀二百，比祚前王，江湖尚阻，區域未康。句吳閩越，河朔渭涘，九縣瓜分，三方鼎跱。狙詐不息，干戈競起，東夏雖平，亂離瘼矣。五運協期，千年肇旦，赫矣高祖，人靈攸贊。聖德迥生，神謀獨斷，癉惡彰善，夷凶靜難。宗伯撰儀，太史練日，孤竹之管，雲和之瑟。展禮上玄，飛煙太一，珪璧朝會，山川望秩。占揆星景，移建邦畿，下憑赤壤，上協紫微。布政衢室，懸法象魏，帝宅天府，固本崇威。匈河瀚海，龍荒狼望，種落陸梁，時犯亭障。皇威遠懾，帝德遐暢，稽顙歸誠，稱臣內向。吳越提封，斗牛星象，積有年代，自稱君長。大風未繳，長鯨漏網，授鉞天人，豁然清蕩。戴日戴斗，太平太蒙，禮教周被，書軌大同。復禹之跡，成舜之功，禮以安上，樂以移風。憂勞庶績，矜育黔首，三面解羅，萬方引咎。納民軌物，驅時仁壽，神化隆平，生靈熙阜。虔心恭己，奉天事地，協氣橫流，休徵紹至。壇場望幸，雲亭虛位，推而不居，聖道彌粹。齊跡姬文，登發嗣聖，道類漢光，傳莊寶命。知來藏往，玄覽幽鏡，鼎業靈長，洪基隆盛。崆峒問道，汾射窅然，御辯遐逝，乘雲上仙。哀纏率土，痛感穹玄，流澤萬葉，用教百年。尚想睿圖，永惟聖則，道洽幽顯，仁沾動植。爻象不陳，乾坤將息，微臣作頌，用申罔極。

帝覽之不悅，顧謂蘇威曰：「道衡致美先朝，此《魚藻》之義也。」於是拜司隸大夫，將置之罪。道衡不悟。司隸刺史房彥謙素相善，知必及禍，勸之杜絕賓客，卑辭下氣，而道衡不能用。會議新令，久不能決，道衡謂朝士曰：「向使高熲不死，令決當久行。」有人奏之，帝怒曰：「汝憶高熲邪？」

付執法者勘之。道衡自以非大過，促憲司早斷。暨於奏日，冀帝赦之，敕家人具饌，以備賓客來候者。及奏，帝令自盡。道衡殊不意，未能引訣。憲司重奏，縊而殺之，妻子徙且末。時年七十。天下冤之。有集七十卷，行於世。

有子五人，收最知名，出繼族父孺。孺清貞孤介，不交流俗，涉歷經史，有才思，雖不爲大文，所有詩詠，詞致清遠。開皇中，爲侍御史、揚州總管司功參軍。每以方直自處，府僚多不便之。及滿，轉清陽令、襄城郡掾，卒官。所經並有惠政。與道衡偏相友愛，收初生，即與孺爲後，養於孺宅。至於成長，殆不識本生。太常丞胡仲操曾在朝堂，就孺借刀子割爪甲。孺以仲操非雅士，竟不與之。其不肯妄交，清介獨行，皆此類也。

道衡兄子邁，官至選部郎，從父弟道實，官至禮部侍郎、離石太守，並知名於世。從子德音，有雋才，起家爲遊騎尉。佐魏澹修《魏史》，史成，遷著作佐郎。及越王侗稱制東都，王世充之僭號也，軍書羽檄，皆出其手。世充平，以罪伏誅。所有文筆，多行於時。

史臣曰：二三子有齊之季，皆以辭藻著聞，爰歷周、隋，咸見推重。李稱一代俊偉，薛則時之令望，握靈蛇以俱照，騁逸足以並驅，文雅縱橫，金聲玉振。靜言揚榷，盧居二子之右。李、薛紆青拖紫，思道官途寥落，雖窮通有命，抑亦不護細行之所致也。

唐李延壽《北史·薛辯傳附薛道衡》

子道衡，字玄卿。六歲而孤，專精好學。年十歲，講《左傳》，見子產相鄭之功，作《國僑贊》，頗有詞致，見者奇之。其後才名益著。齊司州牧、彭城王淑引爲兵曹從事。尚書左僕射楊愔見而嗟賞，授奉朝請。吏部尚書隴西辛術與語，歎曰：「鄭公業不亡矣！」河東裴讞目之曰：「鼎遷河朔，吾謂『關西孔子』罕遇其人，今復遇薛君矣！」

武成即位，兼散騎常侍，接對周、陳二使。武平初，詔與諸儒修定五禮，除尚書左外兵郎。陳使傅縡聘齊，以道衡兼主客郎接對之。縡贈詩五十韻，道衡和之，南北稱美。魏收曰：「傅縡所謂以蚓投魚耳。」待詔文林館，與范陽盧思道、安平李德林齊名友善。復以本官直中書省，尋拜中書侍郎，仍參太子侍讀。齊後主之世，漸見親用，與侍中斛律孝卿參預政事。道衡具陳備周之策，孝卿不能用。

及齊亡，周武帝引爲御史二命士。後歸鄉里，自州主簿入爲司祿上士，

隋文作相，從元帥梁睿擊王謙，攝陵州刺史。大定中，授儀同，守邛州刺史。

文帝受禪，坐事除名。河間王弘北征突厥，召典軍書。還，除內史舍人。其年，兼散騎常侍，聘陳使主。道衡因奏曰：「陛下比隆三代，平一九州，豈容區區之陳，久在天網之外？臣今奉使，請責以稱蕃。」帝曰：「朕且含養，致之度外，勿以言辭相折。」江東雅好篇什，陳主尤愛雕蟲，道衡每有所作，南人無不吟誦焉。

及八年伐陳，拜淮南道行臺尚書吏部郎，兼掌文翰。王師臨江，高熲夜坐幕中，謂曰：「今段定克江東以不？君試言之。」道衡答曰：「凡論大事成敗，先須以至理斷之。《禹貢》所載九州，本是王者封域。郭璞有云：『江東偏王三百年，還與中國合。』今數將滿矣。以運數而言，其必克一也。有德者昌，無德者亡，自古興滅，皆由此道。主上躬履恭儉，憂勞庶政。叔寶峻宇雕牆，酖酒荒色。其必克二也。為國之體，在於任寄。彼之公卿，備員而已。拔小人施文慶，委以政事；尚書令江總唯事詩酒，本非經略之才；蕭摩訶、任蠻奴是其大將，一夫之用耳。其必克三也。我有道而大，彼無德而小。量其甲士，不過十萬，西自巫峽，東極滄海，分之則勢懸而力弱；聚之則守此而失彼。其必克四也。席捲之勢，其在不疑。」熲忻然曰：「君言成敗，理甚分明。本以才學相期，不意籌略乃爾。」還除吏部侍郎。

後坐抽擢人物，有言其黨蘇威，任人有意故，除名，配防嶺表。晉王廣時在揚州，陰令人諷道衡，遣從揚州路，將奏留之。道衡不樂王府，用漢王諒之計，遂出江陵道而去。尋詔徵還，直內史省。晉王由是銜之。然愛其才，猶頗見禮。

後數歲，授內史侍郎，加上儀同三司。道衡每構文，必隱坐空齋，蹋壁而臥，聞戶外有人便怒，其沈思如此。帝每曰：「道衡作文書稱我意。」然誡之以迂誕。後帝謂楊素、牛弘曰：「道衡老矣，驅使勤勞，宜使朱門陳戟。」於是進上開府，賜物百段。道衡辭以無功。帝曰：「爾久勞階陛，國家大事，皆爾宣行，豈非爾功也？」

道衡久當樞要，才名益顯。太子、諸王爭與交好，高熲、楊素雅相推重，聲名籍甚，無競一時。仁壽中，楊素專掌朝政。道衡既與素善，上不欲道衡久知機密，因出檢校襄州總管。道衡一旦見出，不勝悲戀，言之哽咽。帝愴然改容曰：「爾光陰晚暮，侍奉誠勞，朕欲令爾將攝。今爾之去，朕如斷一臂。」於是賚物三百段，九環金帶並時服一襲，馬十匹，慰勉遣之。在任清簡，吏

人懷其惠。

　　煬帝嗣位，轉潘州刺史。歲餘，上表求致仕。帝謂內史侍郎虞世基曰：「道衡將至，當以秘書監待之。」道衡既至，上《高祖文皇帝頌》。帝覽之不悅。顧謂蘇威曰：「道衡致美先朝，此《魚藻》之義也。」於是拜司隸大夫，將置之罪。道衡不悟，司隸刺史房彥謙素與相善，知必及禍，勸之杜絕賓客，卑辭下氣，而道衡不能用。會議新令，久不能決，道衡謂朝士曰：「向使高熲不死，令當久行。」有人奏之。帝怒曰：「汝憶熲乎？」付執法者推之。道衡自以非大過，促憲司早解。奏日，冀帝赦之，敕家人具饌以備客來候者。及奏，帝令自盡。道衡殊不意，未能引訣。憲司重奏，縊而殺之。妻子徙且末。時年七十。天下冤之。有集七十卷，行於世。

遺事第三

　　張燮《七十二家集》之《薛司隸集》附錄於「傳記」之外，增設「遺事」七條。今仍其目，廣蒐補輯，錄薛道衡傳外事跡。

　　隋薛道衡為聘南使，南朝無問道俗，但是有機辯者，即方便引道衡見之。有一僧甚辯捷，乃令於寺上佛堂中讀《法華經》，將道衡向寺禮拜。至佛堂門邊，其僧乃大引聲讀《法華經》云：「鳩盤荼鬼，今在門外。」道衡即應聲還以《法華經》答云：「毗舍闍鬼，乃住其中。」僧徒愧服，更無以相報。

——隋侯白《啟顏錄》卷上

　　內史薛公見子於長安，退謂子收曰：「《河圖》、《洛書》盡在是矣。汝往事之無失也。」

——隋王通《文中子中說》卷二《天地》

　　越公初見子，遇內史薛公曰：「公見王通乎？」薛公曰：「鄉人也，是其家傳七世矣。皆有經濟之道而位不逢。」越公曰：「天下豈有七世不逢乎？」薛公曰：「君子道消，十世不逢有矣。」越公曰：「奚若其祖？」公曰：「王氏有祖父焉，有子孫焉。雖然，久於其道，鍾美於是也，是人必能敘彝倫矣。」

——隋王通《文中子中說》卷六《禮樂》

　　內史薛公謂子曰：「吾文章可謂淫溺矣。」文中子離席而拜曰：「敢賀丈人之知過也。」薛公因執子手，喟然而詠曰：「老夫亦何冀之子振頹綱。」

——隋王通《文中子中說》卷七《述史》

（阮卓）副王話聘隋。隋主夙聞卓名，乃遣河東薛道衡、琅邪顔之推等，與卓談宴賦詩，賜遺加禮。

——唐姚思廉《陳書·阮卓傳》

河東薛道衡才高當世，每稱構有清鑒，所爲文筆，必先以草呈構，而後出之。構有所詆訶，道衡未嘗不嗟伏。

——唐魏徵等《隋書·高構傳》

開皇中，（李文博）爲羽騎尉，特爲吏部侍郎薛道衡所知，恆令在聽事帷中披檢書史，並察己行事。若遇治政善事，即抄撰記錄，如選用疏謬，即委之臧否。道衡每得其語，莫不欣然從之。……朝政浸壞，人多贓賄，唯文博不改其操，論者以此貴之，而道衡知其貧，每延於家，給以資費。

——唐魏徵等《隋書·李文博傳》

內史侍郎薛道衡，一代文宗，位望清顯，所與交結，皆海內名賢。重彥謙爲人，深加友敬，及兼襄州總管，辭翰往來，交錯道路。煬帝嗣位，道衡轉牧番州。路經彥謙所，留連數日，屑涕而別。

——唐魏徵等《隋書·房彥謙傳》

煬帝善屬文，而不欲人出其右。司隸薛道衡由是得罪，後因事誅之，曰：「更能作『空梁落燕泥』否？」

——唐劉餗《隋唐嘉話》卷上

中書省有一磐石，初，道衡爲內史侍郎，嘗踞而草制，元超每見此石，未嘗不泫然流涕。

——後晉劉昫《舊唐書·薛元超傳》

初，其父友薛道衡、李綱常見彥博兄弟三人，咸歎異曰：「皆卿相才也。」

——後晉劉昫《舊唐書·溫大雅傳附弟彥博傳》

隋司隸大夫薛道衡、起居舍人崔祖浚並稱先達，與士廉結忘年之好，由

是公卿藉甚。

——後晉劉昫《舊唐書·高士廉傳》

時薛道衡爲襄州總管，與高祖有舊，又悅其才，有所綴文，嘗使其掎摭利病，甚親昵之。

——後晉劉昫《舊唐書·顏師古傳》

（祖君彥）博學強記，屬辭贍速。薛道衡嘗薦之隋文帝，帝曰：「是非殺斛律明月人兒邪？朕無用之。」

——宋歐陽修等《新唐書·李密傳附祖君彥傳》

隋吏部侍郎薛道衡嘗遊鍾山開善寺。謂小僧曰：「金剛何爲努目？菩薩何爲低眉？」小僧答曰：「金剛努目，所以降伏四魔；菩薩低眉，所以慈悲六道。」道衡憮然不能對〔註1〕。

——宋《太平廣記》卷一七四引《談藪》

（王績《東皋子集》五卷）集有呂才序。稱其幼岐嶷，年十五謁楊素，占對英辨，一座盡傾，以爲神仙童子。薛道衡見其《登龍門憶禹賦》，歎曰：「今之庾信也！」〔註2〕

——宋晁公武《郡齋讀書志》卷一七

〔註1〕《七十二家集》之《薛司隸集》「遺事」有此條，稱錄自《世說新語補》，末句作「道衡憮然稱善」。

〔註2〕《四部叢刊續編》影印常熟瞿氏鐵琴銅劍樓藏明趙琦美鈔本《東皋子集》有呂才序，然《郡齋讀書志》所引文句不見於此序，亦無《登龍門憶禹賦》。王重民《敦煌古籍敍錄》「《東皋子集》」條認爲今本《東皋子集》爲陸淳刪節本，賦及序中相關評語并刪。

薛道衡年譜第四〔註1〕

東魏孝靜帝興和二年 　庚申（公元 540 年）一歲

薛道衡生。

　　《隋書》本傳：「薛道衡，字玄卿，河東汾陰（今山西萬榮縣）人也。祖
聰，魏濟州刺史。父孝通，常山太守。道衡六歲而孤，專精好學。」傳見《隋
書》卷五七、《北史》卷三六。

　　《隋書》、《北史》並未明確記載道衡生卒年，最後一次涉及他的活動是
在大業五年（公元 609 年）。《隋書・循吏・敬肅傳》：「大業五年，朝東都，
帝令司隸大夫薛道衡爲天下群官之狀。道衡狀稱肅曰：『心如鐵石，老而彌
篤。』」《北史・循吏・敬肅傳》同。又，《北史・杜正藏傳》：「大業中，（正
藏）與劉炫同以學業該通，應詔被舉。時正藏弟正儀貢充進士，正倫爲秀才，
兄弟三人同時應命，當世嗟美之。著作郎王劭奏追修史，司隸大夫薛道衡奏
擬從事，並以見任且放還。」檢《隋書・煬帝紀》，大業五年六月辛亥，以「學
業該通」、「臂力驍壯」、「在官勤奮」、「立性正直」四科舉人。則杜正藏以「學
業該通」應舉當在該年。故道衡至少大業五年六月辛亥尚在人世。《資治通鑑》

〔註 1〕 本《年譜》曾署本人筆名「袁臥雪」發表於天津師範大學周延良先生主編的
　　　　《中國古典文獻學叢刊》第六卷第 130 頁～161 頁（國際炎黃文化出版社 2007
　　　　年香港出版）。此次附《薛道衡集校注》之後出版，有所增訂，尤其是參考了
　　　　新出土文獻，如新疆吐魯番阿斯塔那 134 號墓出土古寫本薛道衡《典言》殘
　　　　卷、2009 年江蘇徐州出土薛道衡撰《隋故使持節上儀同三司泉州刺史劉君墓
　　　　誌》等。

卷一八一將道衡之死繫於大業五年。又據《隋書》、《北史》本傳所云卒年七十上推，道衡疑當生於本年〔註2〕。

薛道衡屬河東薛氏。

河東薛氏在魏《太和族品》中與柳氏、裴氏並稱「河東三姓」，爲當時望族。然柳、裴二氏世居河東，漢晉以來累世簪纓，薛氏卻是魏晉之際從蜀地遷徙而來。道衡祖父薛聰曰：「臣九世祖永，隨劉備入蜀，時人呼爲蜀。」（《北史·薛辯傳》）曹魏滅蜀，「內移蜀大臣宗預、廖化及諸葛顯等并三萬家於（河）東及關中。」（《華陽國志·大同志》）薛氏或即此時徙至河東，世稱「薛蜀」。這一稱號，在當時似隱含北方士族對蜀人蔑視之意，因此北魏孝文帝定姓族時，薛聰力辯薛氏非「蜀」，後被列入「郡姓」，與漢晉以來的高門大姓同列同榮。

唐林寶《元和姓纂》卷十「薛氏」條記載薛氏爲黃帝後裔，出自任姓：「黃帝二十五子，一爲任姓，裔孫奚仲居薛。至仲虺，爲湯左相，代爲侯伯，歷三代，凡六十四世，周末爲楚所滅。公子登仕楚，懷王賜師邑爲大夫〔註3〕，以國爲氏。曾孫卬生薛公鑒，漢初獻滅黥布策，受封千戶。孫廣德，御史大夫。元孫永漢，千乘太守。八代子蘭，徐州別駕，爲曹公所害，生永，遂歸於蜀先主，官至蜀郡太守。齊歸晉，爲光祿大夫。齊生懿，晉光祿、河東太

〔註2〕羅宗強、郝世峰先生主編《隋唐五代文學史》（高等教育出版社 1990 年版第 22 頁）對薛道衡生卒年進行了專門考證：「關於他的生卒年，史無定說。《通鑒》繫於大業五年之下，顯與《隋書》、《北史》本傳不符。……這裏有幾個問題應該注意：隋置司隸臺，在大業三年四月（參見《隋書·百官志》、《通鑒·隋紀》、《隋書·房彥謙傳》），是則道衡拜司隸大夫，當在大業三年四月之後。議新令，指煬帝即位之後，『敕修律令，除十惡之條』。新律遲遲未能議定，至大業三年四月才詔令施行，謂之大業律。（參見《隋書·刑法志》、《通鑒·隋紀》，杜佑《通典·刑典二》）是則道衡因議新令之遲遲不決而被治罪，當在三年四月新令施行之前。又，蘇威於大業四年已出爲魯郡太守，而此處言煬帝顧謂蘇威云云，亦當在蘇威拜魯郡太守之前。凡此種種，都說明《通鑒·隋紀》繫道衡被殺於大業五年是不確的。道衡之被殺，當在大業三年。蓋煬帝即位，道衡轉番州刺史，歲餘，求致仕，二年末或三年初回到京師，正當新律遲遲未決之際，道衡發爲議論；同時，拜司隸大夫。議新律與拜司隸大夫，或同在四月間。以卒於大業三年算，則道衡當生於東魏元象元年（538），其生卒年應爲538～607年。」然而《隋書》、《北史》明證道衡至少大業五年尚在人世，因此我們認爲：在沒有其他新材料的情況下，姑且據《資治通鑒》將道衡的生卒年暫擬爲540～609，是比較審慎的做法。

〔註3〕岑仲勉《元和姓纂四校記》卷十校「師」作「沛」。

守。……河東太守懿生三子：一名開，號『北祖』；雕，號『南祖』；興，號『西祖』。」〔註4〕

薛道衡家譜世系，《魏書‧薛辯傳》、《北史‧薛辯傳》、《新唐書‧宰相世系表》載之甚詳，且較為可信。

道衡八世祖薛興，即「西祖」。興為晉尚書右僕射、冀州刺史、安邑公，諡曰莊。道衡七世祖濤襲爵〔註5〕，位梁州刺史，諡曰忠惠。道衡六世祖強，字威明，十六國時期，後秦姚興徵拜右光祿大夫、七兵尚書，封馮翊郡公，轉左戶尚書，卒贈輔國大將軍、司徒公，諡曰宣。道衡五世祖辯，入仕後魏明元帝為平西將軍、東雍州刺史，賜爵汾陰侯。又除并州刺史，徵授大羽眞。卒贈并、雍二州刺史。道衡四世祖謹，字法順，隨父入後魏，襲爵，歷官河東太守、平西將軍、使持節、秦州刺史，封涪陵郡公。徵授內都坐大官，輔政。卒贈鎮西將軍、秦雍二州刺史，諡曰元公。謹長子初古拔，本名洪祚，太武賜名。賜爵永康侯，獻文帝使尚文成女西河長公主。除鎮西大將軍、開府儀同，進爵平陽公。後改爵河東公。卒贈左光祿大夫，諡曰康。洪祚弟洪隆，字菩提，位河東太守。洪隆弟湖〔註6〕，字破胡，道衡曾祖父也。為本州中從事、別駕、除河東太守，復受詔為仇池都將。有八子，長子聰知名。道衡祖父聰，字延智，於後魏孝文帝時，釋褐著作佐郎，累遷直閣將軍，兼給事黃門侍郎、散騎常侍，直閣如故。宣武即位，除都督、齊州刺史，卒贈征虜將軍、華州刺史，諡曰簡懿侯。魏前二年，重贈車騎大將軍、儀同三司、延州刺史。子孝通最知名。

道衡父孝通，字士達，仕後魏。莊帝崩，孝通奉節閔帝為主，拜銀青光祿大夫、散騎常侍，兼中書舍人，封藍田縣子。孝武帝即位，重除中書侍郎，後出為常山太守。及孝武西遷，或稱孝通與周文友密，及樹置賀拔岳鎮關中之計，遭帝疑忌，不加位秩，但引為坐客，時訪文典大事而已。卒於鄴。魏

〔註4〕許蓉生、林成西《河東薛氏研究——兩晉南北朝時期地方豪強的發展道路》一文（《西南民族大學學報》2004年第11期第301頁）認為：從黃帝後裔任姓，到兩漢時期的兗州大姓薛氏（薛廣德、薛蘭等皆為一代名士），再到河東薛氏，這個家族源流是偽託的，「河東薛氏當為原蜀中某少數族的一支」。

〔註5〕七世祖濤，《魏書‧薛辯傳》作「陶」，《北史‧薛辯傳》、《新唐書‧宰相世系表》作「濤」。

〔註6〕《魏書‧薛辯傳》作「洪隆弟破胡」，《北史‧薛辯傳》作「洪隆弟湖」，《新唐書‧宰相世系表》作「洪隆弟瑚」。

前二年，周文帝奏贈車騎將軍、儀同三司、青州刺史。齊神武武平初，又贈鄭州刺史。

　　按：陳直《南北朝譜牒形式的發現和索隱》〔註7〕，收錄一條石刻材料，該文稱：「《薛孝通貽後券》，北魏太昌元年刻，文十七行，每行十二字，公元一九二〇年，山西太原出土，其地址恐爲當日薛氏之祠堂。原石爲夏子欣所得，後不知售歸何人，外間知者絕少。文云：大魏太昌元年□月十日，代郡刺史薛孝通，歷敘世代貽後券。河東薛氏，爲世大家，漢晉以來，名才秀出，國史家乘，著顯光華者歷數百年。厥後竟仕北朝，繁興未艾，今遠官代北，恐後之子孫不諳祖德，爲敘其世代以誌，亦當知清門顯德者有所自也。五世祖名強字威明，汾陽侯，與王景略同志。桓溫署軍謀祭酒不就，苻秦召亦卻仕。姚興爲光祿大夫，左戶尚書。四世名辨字允白，仕姚氏河北太守，歸魏爲平西將軍。三世名湖，字破胡，爲本州中從事，別駕，河東太守。二世名聰字延知，自侍書郎遷侍書御史，都督徐州刺史。」該石刻材料較之《魏書·薛辯傳》、《元和姓纂》、《北史·薛辯傳》、《新唐書·宰相世系表》的記載，少「薛謹」這一代。楊強《「薛孝通貽後券」辨僞》〔註8〕，據此及原文中出現「國史家乘」，一般認爲乃宋代後出詞語，判斷「薛孝通貽後券」係僞刻。

　　是年，溫子昇四十六歲。邢劭四十五歲。魏收三十五歲。徐陵三十四歲。陽休之三十二歲。袁聿修三十歲。庾信二十八歲。封孝琰十八歲。劉逖十六歲。劉臻十四歲。傅縡十三歲。李德林十歲。顏之推十歲。盧思道六歲。陸爽二歲。

東魏孝靜帝武定三年　　乙丑（545）六歲

六歲而孤。

　　《隋書》、《北史》本傳並稱道衡「六歲而孤」，據《北史·薛辯傳》，道衡之父孝通「興和二年（540）卒於鄴。」以此推之，道衡當生於東魏孝靜帝天平二年（535），又據本傳所云卒年七十下推，當卒於隋文帝仁壽四年（604）。但此卒年難以成立。本傳記載，道衡於仁壽四年七月煬帝嗣位之後，「轉番州

〔註7〕見《西北大學學報·哲學社會科學版》1980年第3期，後收入陳直《文史考古論叢》一書。
〔註8〕見《文博》2002年第3期。

刺史。歲餘，上表求致仕。」故不可能卒於該年。《北史》載孝通卒年與本傳載「六歲而孤」，兩者至少有一誤〔註9〕。

牛弘生。

《隋書·牛弘傳》：「（大業）六年，從幸江都。其年十一月，卒於江都郡，時年六十六。」上推當生於本年。

東魏孝靜帝武定五年　丁卯（547）八歲

溫子昇卒，時年五十三。

見《魏書·文苑·溫子昇傳》。

北齊文宣帝天保三年　壬申（552）十三歲

作《國僑贊》，今佚。

《隋書》本傳：「年十三，講《左氏傳》，見子產相鄭之功，作《國僑贊》，頗有詞致，見者奇之。」

按：《北史》本傳作「年十歲，講《左傳》，見子產相鄭之功，作《國僑贊》。」如此則當在東魏孝靜帝武定七年（549），疑《北史》有脫文，姑從《隋書》，俟考。

北齊文宣帝天保七年　丙子（556）十七歲

釋褐為北齊司州牧、彭城王浟兵曹從事。

《隋書》本傳：「齊司州牧、彭城王浟引為兵曹從事。」檢《北齊書·彭城王浟傳》：「天保初，封彭城王。……七年，轉司州牧，選從事皆取文才士明剖斷者，當時稱為美選。」故疑為兵曹從事當在本年。

北齊文宣帝天保九年　戊寅（558）十九歲

許善心生。

〔註9〕關於薛孝通卒年，王壯弘、馬成名《六朝墓誌檢要》云：「《代郡刺史薛孝通墓誌》，孝昌元年（525）二月十日。志高27、廣38.5釐米。十七行，行十二字。隸書，偽刻。」趙超《漢魏南北朝墓誌彙編》，該墓誌亦入偽誌目錄。既為偽誌，孝通卒於北魏孝明帝孝昌元年（525）的說法，不可據信。

據《隋書·許善心傳》，善心卒於隋煬帝大業十四年（618），時年六十一，上推當生於本年。

北齊孝昭帝皇建元年　庚辰（560）二十一歲

為奉朝請。

《隋書》本傳：「尚書左僕射弘農楊遵彥，一代偉人，見而嗟賞。授奉朝請。」

檢《隋書·天文志》，楊遵彥於本年二月乙巳被誅，故道衡授奉朝請當在天保七年之後，本年二月之前。姑繫於此，俟考。

為長廣王高湛記室。

《隋書》本傳：「武成作相，召爲記室。」檢《北齊書·武成帝紀》：「皇建初，進位右丞相。」「皇建」僅兩年，「皇建初」當指本年。

北齊武成帝太寧元年　辛巳（561）二十二歲

遷太尉府主簿。

《隋書》本傳：「及（武成）即位，累遷太尉府主簿。」

北齊武成帝河清元年　壬午（562）二十三歲

兼散騎常侍，接對周、陳二使。

《隋書》本傳：「歲餘，兼散騎常侍，接對周、陳二使。」

按：檢《北齊書·武成帝紀》，河清年間，北齊與陳頻頻遣使互聘。獨未見周使，俟考。

北齊後主天統五年　己丑（569）三十歲

楊廣生。

據《隋書·煬帝紀》，楊廣於隋文帝開皇元年（581），年十三，上推當生於本年。

邢劭約卒於本年，時年七十四。

曹道衡、劉躍進《南北朝文學編年史》（人民文學出版社 2000 年版第 586

頁）考邢劭卒年甚詳，此從略。

北齊後主武平元年　庚寅（570）三十一歲

參與修定五禮，除尚書左外兵郎。

《隋書》本傳：「武平初，奉詔與諸儒修定五禮，除尚書左外兵郎。」

按：參與修定五禮者眾多。主要有魏收、陽休之、魏澹、馬敬德、熊安生、權會、袁聿修、盧思道、崔儦等。

《北齊書·魏收傳》：「（天統四年十二月）武成崩，未發喪。……掌詔誥，除尚書右僕射，總議監五禮事，位特進。收奏請趙彥深、和士開、徐之才共監。……多引文士令執筆，儒者馬敬德、熊安生、權會實主之。」《北史·魏收傳》同。疑收等修五禮始於天統四年（568），至本年未成，故道衡與之。

《隋書·魏澹傳》：「（澹）尋與尚書左僕射魏收、吏部尚書陽休之、國子博士熊安生同修五禮。」

《北齊書·袁聿修傳》：「天統中，詔與趙郡王叡等議定五禮。」《北史·袁翻傳》同。

唐張說《齊黃門侍郎盧思道碑》，見《文苑英華》卷八九三：「夫禮儀損益，公能言之，故與熊安生詳定齊禮。」

《隋書·文學·崔儦傳》：「解屬文，在齊舉秀才，為員外散騎侍郎，遷殿中侍御史。尋與熊安生、馬敬德等議五禮，兼修律令。」

北齊後主武平二年　辛卯（571）三十二歲

兼主客郎接對陳使傅縡。

《隋書》本傳：「陳使傅縡聘齊，以道衡兼主客郎接對之。縡贈詩五十韻，道衡和之，南北稱美。魏收曰：『傅縡所謂以蚓投魚耳。』」《陳書·傅縡傳》：「（縡）以本官兼通直散騎侍郎，使齊。」《北齊書·後主紀》：「（武平二年夏四月）甲午，陳遣使連和，謀伐周，朝議弗許。……（九月）壬申，陳人來聘。」

北齊後主武平三年　壬辰（572）三十三歲

參與編撰大型類書《修文殿御覽》。

據《北齊書‧後主紀》，本年二月後主敕撰《玄洲苑御覽》，後改名《聖壽堂御覽》。八月成，敕付史閣，後改爲《修文殿御覽》。據《北齊書‧文苑傳》，參與編撰者除道衡之外，尚有祖珽、魏收、徐之才、崔劼、張雕、陽休之、韋道遜、陸乂、王劭、李孝基、魏澹、劉仲威、袁奭、朱才、眭道閑、崔子樞、盧思道、崔德、諸葛漢、鄭公超、鄭子信、蕭放、蕭愨、顏之推、封孝琰、鄭元禮、杜台卿、王訓、羊肅、馬元熙、劉璠、李師上、溫君悠、崔季舒、劉逖、李孝貞、李德林、李翥、魏騫、蕭漑、陸仁惠、江旰、辛德源、陸開明、封孝騫、張德沖、高行恭、古道子、劉顗、崔德儒、李元楷、陽師孝、劉儒行、陽辟疆、盧公順、周子深、王友伯、崔君洽、魏師騫、段孝言等人，一時稱盛。

按：《修文殿御覽》是繼魏文帝曹丕組織編纂的我國第一部類書《皇覽》之後，較早的大型類書之一，南宋時已亡佚〔註10〕。《太平御覽》卷六○一《文部十七‧著書上》引唐人丘悅《三國典略》云：「初，齊武成令宋士素錄古來帝王言行要事三卷，名爲《御覽》，置於齊主巾箱。楊休之創意取《芳林遍略》，加《十六國春秋》、《六經拾遺錄》、《魏史》等書，以士素所撰之名，稱爲《玄洲苑御覽》，後改爲《聖壽堂御覽》。至是，（祖）珽又改爲《修文殿》上之。徐之才謂人曰：『此可謂床上之床，屋下之屋也。』」

主持編撰小型類書《典言》。

1969 年新疆吐魯番阿斯塔那一三四號墓出土了四片被剪成鞋樣但內容可銜接的古籍殘寫本，其中有「典言第二薛道衡撰」字樣，整理者據此將殘寫本定名爲《古寫本隋薛道衡〈典言〉殘卷》，收入《吐魯番出土文書》（該殘卷釋讀文字見國家文物局古文獻研究室、新疆維吾爾自治區博物館、武漢大學歷史系編《吐魯番出土文書》（第 5 冊），文物出版社 1983 年版第 94～96 頁。四塊殘片圖版見唐長孺主編《吐魯番出土文書》（貳），文物出版社 1994 年版第 217～218 頁。）關於《典言》一書的性質、成書時間、編者等關鍵問題，王素《關於隋薛道衡所撰〈典言〉殘卷的幾個問題》一文（載王素《漢唐歷史與出土文獻》，故宮出版社 2011 年版第 374～382 頁）有詳盡考證，可供參

〔註10〕敦煌石室出唐寫本《修文殿御覽》殘卷，現存巴黎國民圖書館（伯二五二六號）羅振玉影入《鳴沙石室佚書》，定爲北齊《修文殿御覽》。然洪業《所謂〈修文殿御覽〉者》一文（載《燕京學報》第十二期）認爲該殘卷係蕭梁之《華林遍略》。似可據信。俟考。

考。王素認爲「《典言》是北齊後主武平三年十月至武平七年間詔由薛道衡主編，李穆叔、荀士遜、李若等分撰的一部旨在裨益君道的小型類書。」

魏收卒，時年六十七。

見《北齊書・魏收傳》。

北齊後主武平四年　癸巳（573）三十四歲

待詔文林館，復以本官直中書省，尋拜中書侍郎，仍參太子侍讀。

《隋書》本傳曰：「待詔文林館，與范陽盧思道、安平李德林齊名友善。復以本官直中書省，尋拜中書侍郎，仍參太子侍讀。」唐張說《齊黃門侍郎盧思道碑》：「三墳五典，公能讀之，故與薛道衡侍學儲後。」《北齊書・文苑傳》：「及在武平，李若、荀士遜、李德林、薛道衡爲中書侍郎，諸軍國文書及大詔誥俱是德林之筆，道衡諸人皆不預也。」

崔季舒卒。

《北齊書・後主紀》：「（武平四年冬十月）辛丑，殺侍中崔季舒、張彫虎，散騎常侍劉逖、封孝琰，黃門侍郎裴澤、郭遵。」

封孝琰卒，時年五十一。

見《北齊書・封隆之傳》。

劉逖卒，時年四十九。

見《北齊書・劉逖傳》。

北齊幼主承光元年　丁酉（577）三十八歲

道衡等勸太上皇帝往河外募兵，更爲經略，若不濟，南投陳國。上從之。

《北齊書・幼主紀》：「隆化二年春正月乙亥，即皇帝位，時八歲，改元爲承光元年，大赦，尊皇太后爲太皇太后，帝爲太上皇帝，后爲太上皇后。於是黃門侍郎顏之推、中書侍郎薛道衡、侍中陳德信等勸太上皇帝往河外募兵，更爲經略，若不濟，南投陳國，從之。」《北史・齊本紀》同。

爲侍中，勸後主作承光主詔，禪位任城王。

《北齊書・斛律孝卿傳》：「後主至齊州，以孝卿爲尙書令。又以中書侍郎薛道衡爲侍中，封北海王。二人勸後主作承光主詔，禪位任城王。」《北史・

斛律孝卿傳》同。

為黃門侍郎，疑當在本年或之前。

　　道衡之孫薛元超今存《行狀》及《墓誌銘》〔註11〕。唐人楊炯《盈川集》卷十有《中書令汾陰公薛振行狀》：「祖道衡，齊中書、黃門二侍郎。」陝西乾陵陪葬墓出土了《大唐故中書令贈光祿大夫秦州都督薛公墓誌銘》〔註12〕：「祖道衡，齊中書、黃門二侍郎。」纂者崔融與墓主相熟，當可據信。《金石萃編》卷五一有《唐故太常卿上柱國汾陰獻公薛府君碑》，碑主薛收乃道衡之子。然該碑殘泐太甚，難以查檢。正史中並無道衡曾任「黃門侍郎」的記載，姑繫於此，俟考。

周武平齊，被徵赴長安，為御史二命士。後歸鄉里，自州主簿入為司祿上士。

　　《隋書》本傳：「及齊亡，周武引為御史二命士。後歸鄉里，自州主簿入為司祿上士。」《北史》本傳同。

　　按：據《北齊書‧陽休之傳》，與道衡一同被徵赴長安者，尚有陽休之、袁聿修、李祖欽、元修伯、司馬幼之、崔達拏、源文宗、李若、李孝貞、盧思道、顏之推、李德林、陸乂、高行恭、辛德源、王劭、陸開明，共十八人。《北史‧陽休之傳》同。

北周靜帝大象二年　庚子（580）四十一歲

從元帥梁睿擊王謙，攝陵州刺史（治所在今四川仁壽縣東）。

　　《隋書》本傳：「高祖作相，從元帥梁睿擊王謙，攝陵州刺史。」

說服梁睿，密令勸進於隋。

　　《隋書‧梁睿傳》：「睿威惠兼著，民夷悅服，聲望逾重，高祖陰憚之。薛道衡從軍在蜀，因入接宴，說睿曰：『天下之望，已歸於隋。』密令勸進，高祖大悅。」《北史‧梁睿傳》同。

〔註11〕關於薛元超之名，《中書令汾陰公薛振行狀》云：「河東郡汾陰縣薛振，字元超。」《大唐故中書令贈光祿大夫秦州都督薛公墓誌銘》云：「公諱震，字元超。」《舊唐書》徑作「薛元超」。《新唐書‧宰相世系表》作「振字元超」。
〔註12〕見廖彩樑著《乾陵稽古》黃山書社1986年12月第1版第94頁，錄自拓片。

隋文帝開皇元年　辛丑（581）四十二歲

授儀同，攝邛州刺史（治所在今四川邛崍縣東南）。

　　《隋書》本傳：「大定中，授儀同，攝邛州刺史。」《北史》本傳同。「大定」僅一年，故「大定中」當指本年。

二月，高祖即位，坐事除名。

　　《隋書》本傳：「高祖受禪，坐事除名。」《北史》本傳同。

參與著《內典文會集》。

　　唐釋道宣《續高僧傳》卷二《隋東都上林園翻經館沙門釋彥琮傳》：「高祖受禪，改號開皇。……（彥琮）又與陸彥師、薛道衡、劉善經、孫萬壽等一代文宗，著《內典文會集》。」

庾信卒，時年六十九。

　　《北史‧文苑‧庾信傳》：「隋開皇元年卒。」以宇文逌《庾信集序》推之，卒年六十九。

隋文帝開皇二年　壬寅（582）四十三歲

陽休之卒，時年七十四。

　　見《北齊書‧陽休之傳》。

袁聿修卒，時年七十二。

　　見《北齊書‧袁聿修傳》。

傅縡卒，時年五十五。

　　《建康實錄》卷二十：「（陳宣帝太建十四年正月）是月，右衛將軍、秘書監傅縡下獄死……年五十五。」

隋文帝開皇三年　癸卯（583）四十四歲

從河間王弘北征突厥。疑《渡北河》、《奉和月夜聽軍樂應詔》兩詩作於出征途中。

　　《隋書》本傳：「河間王弘北征突厥，召典軍書。」《隋書‧河間王弘傳》：「時突厥屢為邊患，以行軍元帥率眾數萬，出靈州道，與虜相遇，戰，大破

之，斬數千級。賜物二千段，出拜甯州總管，進位上柱國。」檢《隋書‧高祖紀》，河間王弘爲甯州總管，在本年六月己丑。故道衡爲河間王弘幕僚，當在此時。

北河，清以前爲黃河主流，約當今烏加河（今內蒙古河套平原北部）。道衡生平，唯此次出靈州道（今寧夏靈武縣西南）有可能渡北河。《奉和月夜聽軍樂應詔》點出「聽軍樂」，並爲「奉和應詔」，當爲道衡隨某王出征時所作，且兩詩所寫季節、風物均與此次北征相符。故疑兩詩作於出征途中。

徐陵卒，時年七十七。

見《陳書‧徐陵傳》。

隋文帝開皇四年 甲辰（584）四十五歲

與劉臻、顏之推、魏澹、盧思道、李若、蕭該、辛德源七人會於陸爽家，議音韻，後爽子法言據以作《切韻》。

按：通行本《廣韻》所附陸法言《切韻序》，八人名字未詳。宋大中祥符元年關於《大宋重修廣韻》牒文中列舉了八人名姓官職。《陳寅恪魏晉南北朝史講演錄》所引故宮博物院影印唐寫本王仁煦刊誤補缺《切韻》〔註13〕，八人名姓官職直接出現在了《切韻序》本文中，次序與牒文中所列基本相同，官職略有出入。

曹道衡《從〈切韻序〉推論隋代文人的幾個問題》〔註14〕，考證諸人生平，認爲惟本年皆可在長安相會。此會當在盧思道起復之後，薛道衡使陳之前，從河間王弘軍之後，辛德源自南寧歸後。

除內史舍人，兼散騎常侍，十一月使陳，上《奉使表》。

《隋書‧高祖紀》：「（開皇四年）冬十一月壬戌，遣兼散騎常侍薛道衡、通直散騎常侍豆盧寔使於陳。」道衡出發前曾上《奉使表》〔註15〕，全文見《隋書》本傳。

〔註13〕《陳寅恪魏晉南北朝史講演錄》黃山書社 1987 年版，第 336 頁。

〔註14〕見《中古文學史論文集續編》臺灣文津出版社 1994 年 7 月第 1 版 第 368 頁至 378 頁。

〔註15〕明人張燮《七十二家集》與張溥《漢魏六朝百三名家集》之《薛司隸集》並作《奉使表》，嚴可均《全上古三代秦漢三國六朝文》之《全隋文》題作《因聘陳奏請責陳主稱藩》。

按：《隋書》本傳：「河間王弘北征突厥，召典軍書，還除內史舍人。其
年，兼散騎常侍，聘陳主使。」疑標點有誤。因道衡還長安除內史舍人與使
陳在同一年，而從河間王弘北征突厥在前一年。《北史》本傳：「河間王弘北
征突厥，召典軍書。還，除內史舍人。其年，兼散騎常侍，聘陳主使。」是
也。

王通生。

杜淹《文中子世家》：「開皇四年，文中子始生。」

隋文帝開皇五年　乙巳（585）四十六歲

正月，在陳作《人日思歸》。

道衡去年十一月使陳，今年人日（正月初七）當尚在陳。《隋書》本傳：
「江東雅好篇什，陳主尤愛雕蟲，道衡每有所作，南人無不吟誦焉。」疑其
在陳所作，不止此詩。

七月，與顏之推接對陳使王話、阮卓。

《陳書·文學·阮卓傳》：「（卓）尋兼通直散騎常侍，副王話聘隋。隋主
夙聞卓名，乃遣河東薛道衡、琅邪顏之推等，與卓談宴賦詩，賜遣加禮。」《南
史·文學·阮卓傳》同。

隋文帝開皇六年　丙午（586）四十七歲

作《老氏碑》。

碑文曰：「大隋馭天下之六載也，乃詔下臣，建碑作頌。」故此碑文當作
於本年〔註16〕。

盧思道卒，時年五十二。

唐張說《齊黃門侍郎盧思道碑》：「隋開皇六年，春秋五十有二，終於長

〔註16〕曹道衡、劉躍進《南北朝文學編年史》（人民文學出版社 2000 年版第 627 頁
將《老氏碑》繫於開皇四年（584），認為：「文中稱元冑為亳州刺史。據《隋
書·元冑傳》，冑以隋文帝受禪後數年，為豫州刺史，轉亳、淅二州，又以突
厥為邊患，為靈州總管。檢《高祖紀》，開皇二三年破突厥，至五年而沙鉢略
降隋，邊患稍息，據此則在本年（案：指開皇四年）左右，冑為亳州，可推
之本文作年，在本年左右。」

安，反葬故里。」

隋文帝開皇七年　丁未（587）四十八歲

為隋文帝作《大赦詔》。

　　《全隋文》無收，可據《文館詞林》卷六七〇補入。詔曰：「自開皇七年十二月一日已前，犯罪之徒，宜依前件。」故此詔當作於本年。

隋文帝開皇八年　戊申（588）四十九歲

為釋曇延作悼文《吊延法師亡書》。

　　八月，釋曇延卒，時年七十三。薛道衡作悼文，見唐釋道宣《續高僧傳》卷八《隋京師延興寺釋曇延傳》、《廣弘明集》卷二四、宋釋志磐《佛祖統記》卷三九。

為淮南道行臺尚書吏部郎，兼掌文翰。

　　《隋書》本傳：「及八年伐陳，授淮南道行臺尚書吏部郎，兼掌文翰。」

隨行軍元帥晉王廣伐陳，渡淮水，作《祭淮文》。

　　據《隋書·高祖紀》，次年正月渡江入建鄴，則渡淮水當在本年年底。

王師臨江，與高熲論克定江東。

　　《隋書》本傳：「王師臨江，高熲夜坐幕下，謂之曰：『今段之舉，克定江東已不？君試言之。』」道衡即以「四必克」答之，提綱挈領，論證精當，屬論政佳作，《全隋文》無收，可據《隋書》本傳補入。

《歲窮應教》疑作於本年。

　　所謂「應教」，是應太子、諸王之命而作。疑以歲末，平陳在望，道衡應晉王廣之命而作，故有「方驗從軍樂，飲至入西京。」

隋文帝開皇九年　己酉（589）五十歲

正月，隨行軍元帥晉王廣伐陳，渡江，作《祭江文》。

　　按：《初學記》卷六、張燮《七十二家集》與張溥《漢魏六朝百三名家集》之《薛司隸集》所收《祭江文》開篇作「維開皇元年」，誤。嚴可均《全隋文》收《祭江文》作「維開皇九年」，是。本文乃道衡為晉王廣伐陳叔寶渡江而作，

檢《隋書‧高祖紀》、《隋書‧煬帝紀》事在開皇九年正月。則《祭江文》當作於本年。

自伐陳還，除吏部侍郎。在任上，與李文博相知。薦祖君彥於文帝，文帝不用。

見《隋書》本傳。

《隋書‧李文博傳》：「開皇中，爲羽騎尉，特爲吏部侍郎薛道衡所知，恆令在聽事帷中披檢書史，並察己行事。若遇治政善事，即抄撰記錄，如選用疏謬，即委之臧否。道衡每得其語，莫不欣然從之。……道衡知其貧，每延於家，給以資費。」《北史‧李文博傳》同。

《通鑑》卷一八三：「君彥，琰之子也。博學強記，文辭贍敏，著名海內，吏部侍郎薛道衡嘗薦之於高祖，高祖曰：『是歌殺斛律明月人兒邪？朕不須此輩！』」《新唐書‧李密傳》同。

作《平陳碑》。

唐李吉甫《元和郡縣圖志》卷二五：「隋平陳，樹碑，其文薛道衡之詞。」宋張敦頤《六朝事蹟編類》卷一四「碑刻門」條下云：「《平陳碑》，隋薛道衡撰文，虞世南書，在石頭城西。」

《平陳頌》疑當作於本年或稍後。

唐呂才《王無功文集序》：「河東薛道衡曾見其《登龍門憶禹賦》，曰：『今之庾信也。』因以其所製《平陳頌》示之，一遍便暗誦。道衡大驚曰：『此王仲宣也！』」呂才生於隋末，入初唐，其時距道衡未遠，當可據信。

作《後周大將軍楊紹碑》。

《全隋文》無收，可據《文館詞林》卷四五二補入。文中稱碑主「第二子司空公廣平王雄」，據《隋書‧高祖紀》，「（開皇元年）五月戊子，封邘國公楊雄爲廣平王。」又，「（開皇九年）八月壬戌，以廣平王雄爲司空。」《隋書‧觀德王雄傳》，雄爲司空，「尋改封清漳王」。由此推之，碑文當作於本年八月壬戌楊雄爲司空後不久〔註17〕。

〔註17〕曹道衡、劉躍進《南北朝文學編年史》（人民文學出版社 2000 年版第 594 頁）將《後周大將軍楊紹碑銘》繫於北周武帝建德元年（572），認爲：「薛道衡三十三歲作《後周大將軍楊紹碑》，見《文館詞林》卷 452，稱楊紹建德元年死，時年 75。」

按：碑主楊紹，《周書》卷二九、《北史》卷六八有傳。此碑與正史所記，在家譜世系、官職食邑、卒年、贈官等方面多有不同。參見中華書局 1971 年版《周書》卷二九校勘記。最重要的是卒年不同。《周書》卷二九：「保定二年（562）卒，贈成、文等八州刺史。」碑文云：「春秋七十有五，以周建德元年（572）薨於豳州，贈成、文、扶、鄧、洮五州諸軍事，成州刺史。」該碑乃碑主第二子楊雄所立，當可據信。

《從駕幸晉陽》疑當作於本年秋。

檢《隋書·李德林傳》，本年隋文帝車駕幸晉陽，德林從之，作《從駕巡道》，季節風物與薛詩相合，疑兩詩記載的是同一次巡幸晉陽，姑繫於此，俟考。

隋文帝開皇十一年 辛亥（591）五十二歲

《秋遊昆明池》疑當作於開皇九年至本年間。

江總、元行恭與之同遊，皆有詩吟詠此事。據曹道衡、沈玉成《中古文學史料叢考》卷四「《秋日遊昆明池》詩及江總南歸」條考證：「隋文帝平陳在開皇九年正月，凱旋在四月，則總入長安當在此時。使總與元、薛九年秋遊昆明池，蓋亦可能，以薛嘗使江南，當與總相識也。十一年而有汪文進、高智慧之亂，總當不能以此時南歸。據《隋書·高祖紀》下，開皇十二年七月，蘇威坐事除名。《薛道衡傳》謂薛以坐蘇威黨流嶺表，雖不著年日，當與蘇威得罪事相去不久。是昆明池之遊，應在九年至十一年也。」

李德林卒，時年六十一。

見《隋書·李德林傳》。

陸爽卒，時年五十三。

見《隋書·陸爽傳》

顏之推約卒於本年前後，享年六十餘。

據曹道衡、劉躍進《南北朝文學編年史》（人民文學出版社 2000 年版）第 639 頁考證，顏之推卒年「可能是開皇九年至十一年（589～591）」。姑繫於此，俟考。

隋文帝開皇十二年 壬子（592）五十三歲

為釋慧遠製碑文。

六月二十四日，釋慧遠卒，時年七十。《續高僧傳》卷八《隋京師淨影寺釋慧遠傳》：「勒碑，薛道衡制文，虞世基書，丁氏鐫之，時號爲三絕。」

除名，配防嶺表。尋有詔徵還，直內史省。

《隋書》本傳：「後坐抽擢人物，有言其黨蘇威，任人有意故者，除名，配防嶺表。晉王廣時在揚州，陰令人諷道衡從揚州路，將奏留之。道衡不樂王府，用漢王諒之計，遂出江陵道而去。尋有詔徵還，直內史省。晉王由是銜之，然愛其才，猶頗見禮。」此爲煬帝殺道衡張本。檢《隋書‧高祖紀》，本年七月乙巳，蘇威坐事除名。其後，知名之士坐威得罪者百餘人，道衡亦在其中。

失題佚詩一首。

《唐故魏州昌樂縣令孫君墓誌銘》存薛開府無題佚詩一首。墓誌銘云：「君諱義普，字智周，樂安人也。……未終之前，若有神應，恒詠薛開府詩云：『昨望巫山峽，流淚滿征衣。今赴長安道，含笑逐春歸。』詞氣淒惋，左右傷惻。自是數日而終。……即以文明元年（684）五月廿一日卜葬於高陵縣之西南樂安鄉之偶原，禮也。」檢《隋書》本傳，道衡曾於開皇十七年（597）前後「進位上開府」。《舊唐書‧高祖紀》、《新唐書‧高祖紀》記載，隋恭帝義寧二年（618）贈道衡「上開府」。故疑此「薛開府」即指道衡。且道衡被除名，配防嶺表，出江陵道，正合「昨望巫山峽，流淚滿征衣。」尋有詔徵還，直內史省，正合「今赴長安道，含笑逐春歸。」姑繫於此，俟考。

與楊素善。

十二月乙酉，楊素代蘇威爲尚書右僕射，與高熲專掌朝政。《隋書‧楊素傳》：「素性疏而辯，高下在心，朝貴之內，頗推高熲，敬牛弘，厚接薛道衡。視蘇威蔑如也。自餘朝臣，多被陵轢。」《北史‧楊素傳》同。

子薛收生。

據《舊唐書‧薛收傳》，收卒於唐武德七年（624），時年三十三，上推當生於本年。《新唐書‧薛收傳》同。

隋文帝開皇十三年 癸丑（593） 五十四歲

作《隋故使持節上儀同三司泉州刺史劉君（弘）墓誌》。

此墓誌係新出土材料，末列刻有「吏部侍郎邓州刺史薛道衡製文」字樣。各版本《薛道衡集》、嚴可均《全隋文》、韓理洲《全隋文補遺》無收。2009年冬，江蘇省徐州市在修建高速公路時，出土一方隋代墓誌銘刻石。據朱潯《徐州出土薛道衡所撰隋代劉弘墓誌考釋及研究》一文（載《文獻》2012 年第 1 期第 49～53 頁）介紹，該刻石呈方形，無墓誌蓋，青石質，素面無紋飾，長 83 厘米，寬 68.3 厘米，厚 8 厘米。墓誌以小楷書之，共 33 列，滿列 29 字，共計 914 字。今藏徐州師範大學漢文化研究院。據本《墓誌》，墓主劉弘「（開皇）十三年五月十六日，厝於本鄉之舊兆」，由此推知，墓誌當作於開皇十三年五月或稍後。墓主劉弘，《隋書》卷七十一、《北史》卷八十五有傳，然二傳文字簡約，僅為碑文的四分之一，且不錄劉弘生卒年。本《墓誌》詳盡記載了劉弘的表字、籍貫、家族世系、仕宦爵位、生卒年等，可補正史之闕；略有抵牾處，亦可資參證，具有較高的文獻價值。

隋文帝開皇十五年 乙卯（595）五十六歲

從隋文帝祠太山，並為文帝作《拜東嶽大赦詔》。

《全隋文》無收，可據《文館詞林》卷六六六補入。詔曰：「自開皇十五年正月十一日昧爽以前，大辟罪以下，已發露未發露、繫囚見徒，悉從原放。」檢《隋書・高祖紀》「（十五年春正月）庚午，上以歲旱，祠太山，以謝愆咎。大赦天下。」本年正月庚申朔，庚午恰為正月十一日。

本年前後作《大將軍趙芬碑》。

《全隋文》無收，可據《文館詞林》卷四五二補入。《金石萃編》卷三八收錄此碑，然碑文殘泐太甚，僅存三百餘字，芬之卒年已不可見，且不著錄撰人姓名。趙芬，《隋書》卷四六、《北史》卷七五有傳。《文館詞林》所收碑文曰：「春秋七十有七，以十四年薨於京師之太平里。王人弔祭，諡曰定公，禮也。粵十五年厝於小陵原。」《隋書》、《北史》不載卒年。此外，碑文與兩史所記多有不同，岑仲勉《隋書求是》卷四六列出籍貫、家譜世系表、官職等九條不同，可供參考。

隋文帝開皇十七年　丁巳（597）五十八歲

進位上開府，太子諸王爭相與交。

　　《隋書》本傳：「後高祖善其稱職，謂楊素、牛弘曰：『道衡老矣，驅使勤勞，宜使其朱門陳戟。』於是進位上開府，賜物百段。道衡辭以無功，高祖曰：『爾久勞階陛，國家大事，皆爾宣行，豈非爾功也？』道衡久當樞要，才名益顯，太子諸王爭相與交，高熲、楊素雅相推重，聲名籍甚，無競一時。」

　　然開皇二十年六月秦王薨，十月廢太子勇。又楊素隨即出征突厥，故此事當在本年。

隋文帝開皇十八年　戊午（598）五十九歲

劉臻卒，時年七十二。

　　見《隋書・文學・劉臻傳》。

隋文帝開皇十九年　己未（599）六十歲

正月，為隋文帝作《大赦詔》。

　　《全隋文》無收，可據《文館詞林》卷六七〇補入。詔曰：「自開皇十九年正月七日昧爽已前，大辟罪已下，已發露未發露，繫囚見徒，悉從原放。」檢《隋書・高祖紀》「十九年春正月癸酉，大赦天下。」本年正月丁卯朔，癸酉為正月初七。

作《出塞》詩二首。

　　該詩為和楊素《出塞》二首而作。楊素出塞的時間有二說：其一，《隋書・楊素傳》曰：「（開皇）十八年，突厥達頭可汗犯塞，以素為靈州道行軍總管，出塞討之。」《北史・楊素傳》同。其二，《隋書・突厥傳》記為開皇十九年。《通鑑》卷一七八據此繫於開皇十九年，當年軍還。羅振玉《隋書斠議》有「楊素傳」條，曰：「十八年，突厥達頭可汗犯塞，以素為靈州道行軍總管，出塞討之。素奮擊大破之，達頭被重創而遁，殺傷不可勝記。《史萬歲傳》：開皇末，突厥達頭可汗犯塞，上令晉王廣及楊素出靈武道，漢王諒與史萬歲出馬邑道。萬歲出塞，達頭大懼，引去，萬歲弛追百餘里乃反擊大破之，虜逃遁而還。則破達頭者乃史萬歲非楊素，兩傳不合。考《煬帝紀》，突厥寇邊，復為行軍元帥，出靈武，無虜而還，據此則素與煬帝同出靈武道，實未遇敵，

茲之所述蓋誤記也。不如高祖開皇十九年紀稱達頭可汗犯塞，遣行軍元帥史萬歲擊破之爲得其實。」岑仲勉《通鑑隋唐紀比事質疑》有「楊素出靈州道」條，列舉兩說，未做辨析。1973 年於陝西省潼關縣吳村鄉亢家寨出土的「朝請大夫內史侍郎虞□」所作《楊素墓誌》〔註17〕：「十九□□□州道行軍總管，委以邊略。突厥達頭可汗驅其引弓之眾，奉其鳴鏑之旅，逾亭越障，互野彌原。公親勒輕銳，分命驍勇，□□□擊，前後芟夷，轉鬥千里，斬馘萬計。自衛、霍以來，未有若斯之功也。……授公元帥府長史，靈州道行軍總管。」檢《隋書・楊素傳》，素爲元帥府長史在開皇二十年，故「十九」當指開皇十九年。姑據《楊素墓誌》與《隋書・突厥傳》繫於本年。

九月，參與論新禮降殺輕重。

《隋書・牛弘傳》：「尋授大將軍，拜吏部尙書。時高祖又令弘與楊素、蘇威、薛道衡、許善心、虞世基、崔子發等並召諸儒，論新禮降殺輕重。弘所立議，眾咸推服之。」檢《隋書・高祖紀》，牛弘拜吏部尙書在本年九月乙丑，故論新禮降殺輕重當在本年。據《隋書・突厥傳》與《通鑑》卷一七八，楊素大破突厥達頭可汗在本年四月之後，六月之前，故九月楊素當已軍還長安，參與論新禮。

《敬酬楊僕射山齋獨坐》疑當作於本年。

該詩爲酬楊素《山齋獨坐贈薛內史》而作，道衡當時爲內史侍郎，據《隋書・高祖紀》與《隋書・楊素傳》，楊素明年再次率軍出征，故唱和之事疑在此時。

隋文帝開皇二十年 庚申（600）六十一歲

《重酬楊僕射山齋》疑當作於本年。

詩題既爲「重酬」，則必在《敬酬楊僕射山齋獨坐》之後。楊素作《贈薛內史》，道衡作本詩。詩中屢屢出現從軍出塞的意象，可能是本年夏四月壬戌，突厥犯塞，文帝以晉王廣爲靈朔道行軍元帥，素爲長史，擊破之。事亦見《隋書・楊素傳》、《隋書・高祖紀》。突厥達頭可汗大敗而遁，隋軍當年即還師，楊素方與道衡酬答。

〔註17〕羅新，葉煒：《新出土魏晉南北朝墓誌疏證》，中華書局，2005 年版。

十月，受文帝命，宣詔廢皇太子勇為庶人。

　　見《隋書・文四子傳》。《北史・隋宗室諸王傳》同。

隋文帝仁壽二年　壬戌（602）六十三歲

閏月己丑，奉詔參與修訂五禮，時為內史侍郎。

　　據《隋書・高祖紀》，當時參與修訂五禮者，尚有楊素、蘇威、牛弘、許善心、虞世基、王劭。《北史・高祖紀》同。

隋文帝仁壽三年　癸亥（603）六十四歲

為檢校襄州總管（治所在今湖北襄樊）。

　　《隋書》本傳：「仁壽中，楊素專掌朝政，道衡既與素善，上不欲道衡久知機密，因出檢校襄州總管。道衡久蒙驅策，一旦違離，不勝悲戀，言之哽咽。高祖愴然改容曰：『爾光陰晚暮，侍奉誠勞。朕欲令爾將攝，兼撫萌俗。今爾之去，朕如斷一臂。』於是賚物三百段，九環金帶，並時服一襲，馬十匹，慰勉遣之。在任清簡，吏民懷其惠。」去年道衡參與修訂五禮，又據《隋書・高祖紀》，文帝於明年正月幸仁壽宮，七月卒於此，未歸長安。故道衡為襄州總管當在本年。

《展敬上鳳林寺》疑當作於本年。

　　詩題之「鳳林寺」疑指襄陽（今湖北襄樊）鳳林山之鳳林寺。南宋王象之《輿地紀勝》卷八二襄陽府「鳳林山，在襄陽縣東南十里，梁韋叡於山立寺。」《展敬上鳳林寺》疑作於薛道衡出檢校襄州總管期間。詩末句云「隱淪徒有意，心跡未相從」，符合作者當時「久蒙驅策，一旦違離，不勝悲戀」的複雜心境。

《豫章行》疑當作於本年。

　　蕭滌非《漢魏六朝樂府文學史》認為：「是篇之作，殆為此事。道衡開皇初嘗聘陳，後又配防嶺表，至是復出為襄州總管，皆江南地，故借《豫章行》以自寫耳，非真為孤妾鳴冤也！史言文帝不欲道衡久知機密，此詩所以有『明鏡生塵』之歎。末語頗懷弓藏狗烹之憂。」

與房彥謙善。

《隋書·房彥謙傳》：「內史侍郎薛道衡，一代文宗，位望清顯，所與交結，皆海內名賢。重彥謙爲人，深加友敬，及兼襄州總管，辭翰往來，交錯道路。」《北史·房彥謙傳》同。

隋文帝仁壽四年 甲子（604）六十五歲

七月，文帝崩，太子楊廣即位。道衡爲番州刺史（治所在今廣州市）。

《隋書》本傳：「煬帝嗣位，轉番州刺史。」

按：《隋書》、《北史》本傳原作「潘州刺史」。中華書局1973年版據《楊素傳》、《房彥謙傳》、《隋書·地理志》改「潘州」爲「番州」。楊炯《盈川集》卷十《中書令汾陰公薛振行狀》作「潘」，崔融《大唐故中書令贈光祿大夫秦州都督薛公墓誌銘》作「番」。

赴任途經房彥謙所，留連數日。

《隋書·房彥謙傳》：「煬帝嗣位，道衡轉牧番州。路經彥謙所，留連數日，屑涕而別。」《北史·房彥謙傳》同。

《入郴江》疑當作於本年。

曹道衡、劉躍進《南北朝文學編年史》指出：「郴江在今湖南東南部的郴州，是北方去廣東的必經之路。由此可證，《入郴江詩》作於去番州的途中。如果結合《隋書·地理志》說的番州置於隋文帝仁壽元年，廢於隋煬帝大業初的話和《隋書·薛道衡傳》說的『煬帝嗣位，轉番州刺史』的話看來，《入郴江詩》應作於仁壽四年或大業元年。楊素的《贈薛番州》則作於此後不久。因爲番州在大業初就被廢，而楊素本人也於大業二年死去。」

楊素贈詩，道衡歎之。

《隋書·楊素傳》：「素嘗以五言詩七百字贈番州刺史薛道衡，詞氣宏拔，風韻秀上，亦爲一時盛作。未幾而卒，道衡歎曰：『人之將死，其言也善，豈若是乎。』」《北史·楊素傳》同。楊素《贈薛番州》十四章，見《文苑英華》卷二四八。

隋煬帝大業元年 乙丑（605）六十六歲

上表求致仕。

《隋書》本傳：「煬帝嗣位，轉番州刺史。歲餘，上表求致仕。」

隋煬帝大業二年　丙寅（606）六十七歲

至京師，上《高祖文皇帝頌》。

《隋書》本傳：「道衡既至，上《高祖文皇帝頌》，其詞曰……帝覽之不悅，顧謂蘇威曰：『道衡致美先朝，此《魚藻》之義也。』」

禪宗三祖璨禪師圓寂，薛道衡撰碑文。

敦煌寫本《歷代法寶記》英藏 S.1611 號（見《敦煌寶藏》第 12 冊第 107 頁）「隋朝第三祖璨禪師傳」記載：「璨禪師不知何處人。……一手攀會中樹，校掩然立化，亦不知年幾。……薛道衡撰碑文。」璨禪師於隋大業二年圓寂，故將道衡撰碑文，繫於本年。

隋煬帝大業三年　丁卯（607）六十八歲

《和許給事善心戲場轉韻詩》疑作於本年正月。

據《隋書·許善心傳》，善心於大業元年轉禮部侍郎，後左遷給事郎，詩題稱「許給事」，當在大業元年之後。而該詩作者薛道衡卒於大業五年或稍後。在此區間，較大規模的「百戲」、「散樂」表演有以下五次：一是《隋書·禮儀志》記載「（大業）三年正月朔旦，大陳文物。時突厥染干朝見，慕之，請襲冠冕。」檢《隋書·煬帝紀》，煬帝於大業二年夏四月庚戌入東京，次年三月辛亥還京師，故本次「大陳文物」，是在東京洛陽。二是《隋書·煬帝紀》記載「（大業三年秋七月）甲寅，上於郡城東御大帳，其下備儀衛，建旌旗，宴啟民及其部落三千五百人，奏百戲之樂。」本次「百戲」表演在京師長安。三是《隋書·裴矩傳》記載：「（大業三年）其多，帝至東都，矩以蠻夷朝貢者多，諷帝令都下大戲。徵四方奇技異藝，陳於端門街，衣錦綺、珥金翠者以十數萬。又勒百官及民士女列坐棚閣而縱觀焉。皆被服鮮麗，終月乃罷。」四是《隋書·煬帝紀》記載「（大業五年六月）丙辰，上御觀風行殿，盛陳文物，奏九部樂，設魚龍曼延，宴高昌王、吐屯設於殿上。」五是「（大業六年春正月）丁丑，角抵大戲於端門街，天下奇伎異藝畢集，終月而罷。帝數微服往觀之。」本次表演在東都洛陽。《和許給事善心戲場轉韻詩》有句云「京洛重新年，復屬月輪圓。……驚鴻出洛水，翔鶴下伊川。……玉律動新灰，

甲萋垂陌柳。」可知詩中描寫的時間是新年，初春景致，地點在東京洛陽。如前所述的五次「百戲」表演之中，只有大業三年正月朔旦、大業六年正月丁丑這兩次符合。由於此類表演通常「終月乃罷」，故始於大業三年正月朔旦（初一）與大業六年正月丁丑（十五）的表演都可能應「月輪圓」之景。而《隋書》中關於薛道衡的最後一次事件記載是大業五年六月，若將此詩之作繫於大業六年正月，則將薛道衡卒年下延至大業六年，孤證難憑。姑將此詩之作繫於大業三年正月〔註18〕。以本詩與《隋書‧音樂志》對讀，有較高的史料價值。

四月，煬帝增設司隸臺。拜薛道衡為司隸大夫。

《隋書》本傳：「於是拜司隸大夫，將置之罪。道衡不悟。司隸刺史房彥謙素相善，知必及禍，勸之杜絕賓客，卑辭下氣，而道衡不能用。」

奏李文博為從事。

《隋書‧李文博傳》：「道衡為司隸大夫，遇之於東都尚書省，甚嗟湣之，遂奏為從事。因為齊王司馬李綱曰：『今日遂遇文博，得奏用之。』以為歡笑。其見賞知音如此。」《北史‧李文博傳》同。

隋煬帝大業四年 戊辰（608）六十九歲

《從駕天池應詔詩》疑當作於本年。

詩題之「天池」在今山西省寧武縣西南管涔山上。《水經注‧㶟水》：「耆老云：其水（袁案：指桑乾泉）潛通，承太原汾陽縣北燕京山之大池，池在山原之上，世謂之天池，方里餘，澄渟鏡淨，潭而不流，若安定朝那之湫淵也。清水流潭，皎焉沖照，池中嘗無斥草，及其風籜有淪，輒有小鳥翠色，投淵銜出，若會稽之耘鳥也。其水陽熯不耗，陰霖不濫，無能測其淵深也。古老相傳，言嘗有人乘車于池側，忽過大風，飄之于水，有人獲其輪於桑乾泉，故知二水潛流通注矣。」《元和郡縣圖志》卷一七：「天池在縣北（袁案：指靜樂縣）燕京山上，周迴八里，陽旱不耗，陰霖不溢。……隋煬帝嘗于池

〔註18〕曹道衡、劉躍進《南北朝文學編年史》（人民文學出版社2000年版第644頁）將此詩繫於開皇十四年許善心《於太常寺聽陳國蔡子元所校正聲樂詩》之後。然薛詩雖為和許詩而作，但從詩歌內容來看，絕非和《於太常寺聽陳國蔡子元所校正聲樂詩》這一首。繫於開皇十四年，顯誤。

南置宮，每夜風雨吹破，宮竟不成。今池側有祠謂之天池祠。」據《隋書·地理志中》，天池在汾陽宮附近，同屬樓煩郡靜樂縣。檢《隋書·煬帝紀》，大業四年，起汾陽宮。煬帝先後於大業四年（詳見《隋書·律曆志下》、《隋書·張衡傳》）、大業十一年（見《隋書·煬帝紀》）駕幸汾陽宮。而大業十一年薛道衡已卒，故此詩當作於大業四年（608），道衡方有可能從駕幸汾陽宮，途經天池。

隋煬帝大業五年 己巳（609）七十歲

奉命為天下群官之狀。

《隋書·循吏·敬肅傳》：「大業五年，朝東都，帝令司隸大夫薛道衡為天下群官之狀。道衡狀稱肅曰：『心如鐵石，老而彌篤。』」《北史·循吏·敬肅傳》同。

提攜杜正藏兄弟。

《北史·杜正藏傳》：「大業中，（正藏）與劉炫同以學業該通，應詔被舉。時正藏弟正儀貢充進士，正倫為秀才，兄弟三人同時應命，當世嗟美之。著作郎王劭奏追修史，司隸大夫薛道衡奏擬從事，並以見任且放還。」檢《隋書·煬帝紀》，本年六月辛亥，以「學業該通」、「膂力驍壯」、「在官勤奮」、「立性正直」四科舉人。故疑此事當在本年，則道衡至少本年六月尚在人世。

薛道衡卒。

《隋書》本傳曰：「於是拜司隸大夫，將置之罪。道衡不悟。司隸刺史房彥謙素相善，知必及禍，勸之杜絕賓客，卑辭下氣，而道衡不能用。會議新令，久不能決，道衡謂朝士曰：『向使高熲不死，令決當久行。』有人奏之，帝怒曰：『汝憶高熲邪？』付執法者勘之。道衡自以非大過，促憲司早斷。暨於奏日，冀帝赦之，敕家人具饌，以備賓客來候者。及奏，帝令自盡。道衡殊不意，未能引訣。憲司重奏，縊而殺之，妻子徙且末。時年七十。天下冤之。有集七十卷，行於世。」不錄被誅年月。《通鑑》卷一八一將薛道衡之死，繫於本年。姑且從之。

是年，牛弘六十五歲。許善心五十二歲。楊廣四十一歲。王通二十六歲。

唐高祖武德元年　戊寅（618）

八月，贈上開府、臨河縣公。

　　《舊唐書·高祖紀》：「（八月）丁亥，詔曰：……司隸大夫薛道衡、刑部尚書宇文弼、左翊衛將軍董純，並懷忠抱義，以陷極刑，宜從褒飾，以慰泉壤。……道衡贈上開府、臨河縣公。」《新唐書·高祖紀》：「（八月庚子）贈司隸大夫薛道衡上開府、臨河縣公。」武德元年八月癸酉朔，丁亥爲十五日，庚子爲二十八日。唐人楊炯《盈川集》卷十《中書令汾陰公薛振行狀》云「祖道衡……皇朝贈上開府、臨河縣開國公」。陝西乾陵陪葬墓出土崔融撰《大唐故中書令贈光祿大夫秦州都督薛公（元超）墓誌銘》〔註19〕云「祖道衡……皇朝贈上開府、臨河公」。

〔註19〕墓誌拓片見廖彩樑著《乾陵稽古》，黃山書社1986年版，第94頁。

題詞第五

明 張燮《七十二家集》之《薛司隸集》題詞

　　薛玄卿無奇行，亦無遺行；無傲骨，亦無媚骨，蓋藻林而存方軌者。獨懸車之請不力，既拚方鎮，尚掛朝簪。黃髮皤皤，惜哉其不鑒于流潦也！當煬帝時，鸂鷜班頭，誰非私昵？豈容一老成鈍人，昂首其間，口角雌黃，殊妨人懽趣。譬之群英吐艷，爭態負妍，特一老幹，亭亭中央瀴翠，其遭斤伐必也。是故獻頌先朝，縱不爲後王所獎賞，何至負釁。若空梁燕泥，非止嫉人勝己，夫亦疑其語有隱刺焉。總非意中人，則事事曲生眉目耳。或以藩府之招，間道他往，爲不善攀鱗。余謂玄卿即赴召，而局面自殊，亦竟暌投契，不若孤守介性爲高。令玄卿毀方尾合，護厥身名，君子豈爲玄卿頎之哉。玄卿見河汾之可師，而遣子收從之。其在法壇，雅非牆外，僕視虞世基輩，便隔霄壤矣。（張燮識）

明 張溥《漢魏六朝百三名家集》之《薛司隸集》題詞

　　張曲江登薛公逍遙堂，感歎言詩，懷湘浦弔賦，漢川沈碑，此豈無意其人哉。玄卿才名蚤盛，官于齊周，不免仕隋，無特爾之操。然時主遷易，年更代促，南北俯仰，士人盡然，不足云怪。高祖革命，久典文書，儲君國相，爭交引重，乃嶺表配防，襄州出鎮，謝山濤之啓事，嗟汲黯之淮陽，仕路風雲，豈能盡如人意。煬帝宿郜，成于江陵，年老入內，夜行宜止，而文皇一頌，致殞厥軀。今觀其文，鋪敘前徽，頌禱爲忠，何故召怒。蓋事非其主，

言違其時，對子誣父，猶有罪焉。伐陳四克，籌略分明，奚啻子房前箸。獨江淮祭文，才思少進，無論遠不逮古，即比杜弼檄梁，曾幾何時，風已下矣。詩篇英麗，名下無虛，然得之躑壁，失之馬足，遺亡如《國僑贊》辭、磐石諸製者，又不知幾何也。（婁東張溥題）

彙評第六

薛道衡聘陳，爲人日詩云：「入春才七日，離家已二年。」南人嗤之曰：「是底言？誰謂此虜解作詩！」及云：「人歸落雁後，思發在花前。」乃喜曰：「名下固無虛士。」

——唐 劉餗《隋唐嘉話》卷上

河東薛道衡，人推才傑；范陽盧思道，時號文宗。

——唐 上官儀《爲李秘書上祖集表》

北齊有溫、邢、盧、薛，皆應世翰林之秀者也。吟詠性情，紀述事業，潤色王道，發揮聖門，天下之人謂之文伯。

——唐 張說《齊黃門侍郎盧思道碑》

史臣曰：二三子有齊之季皆以辭藻著聞，爰歷周、隋，咸見推重。李稱一代俊偉，薛則時之令望，握靈蛇以俱照，騁逸足以並驅，文雅縱橫，金聲玉振。靜言揚榷，盧居二子之右。李、薛紆青拖紫，思道官塗寥落，雖窮通有命，抑亦不護細行之所致也。

——唐 魏徵 令狐德棻《隋書·薛道衡傳》

時之文人，見稱當世，則范陽盧思道、安平李德林、河東薛道衡、趙郡李元操、鉅鹿魏澹、會稽虞世基、河東柳𦚢、高陽許善心等，或鷹揚河朔，或獨步漢南，俱騁龍光，並驅雲路，各有本傳，論而敘之。

——唐 魏徵 令狐德棻《隋書·文學傳》

道衡雅道弈葉，世擅文宗，令望攸歸，豈徒然矣，而運逢季叔，卒蹈誅戮，痛乎！

——唐 李延壽《北史·薛辯傳》

文王喻復今朝是，子晉吹笙此日同。舜格有苗句太遠，周稱流火月難窮。鏤金作勝傳荊俗，翦彩爲人起晉風。獨想道衡詩思苦，離家恨得二年中。

——唐 李商隱《人日即事》詩

商隱啓：某前因假日，出次西溪。既惜斜陽，聊裁短什。蓋以徘徊勝境，顧慕佳辰，爲芳草以怨王孫，借美人以喻君子。思將玠瑁，爲逸少裝書；願把珊瑚，與徐陵架筆。斐然而作，曾無足觀，不知誰何，仰達尊重。果煩屬和，彌復兢惶。某曾讀《隋書》，見楊越公地處親賢，才兼文武，每舒繡錦，必播管弦。當時與之握手言情，披襟得侶者，惟薛道衡一人而已。及觀其唱和，乃數百篇。力均聲同，德鄰義比。彼若陳葛天氏之舞，此乃引穆天子之歌。彼若言太華三峰，此必日潯陽九派。神功古跡，皆應物無疲；地理人名，亦爭承不闕。後來酬唱，罕繼聲塵，常以斯風，望於哲匠。豈知今日，屬在所天。坐席行衣，分爲七覆；煙花魚鳥，置作五沖。詎能狎晉之盟，實見取郇之易，不以鼖鼓，惠莫大焉。恐懼交縈，投措無地。來日專冀謁謝，伏惟鑒察。謹啓。

——唐 李商隱《謝河東公和詩啓》

右《老子廟碑》，隋薛道衡撰。道衡文體卑弱，然名重當時。余所取者，特其字畫近古，故錄之。唐人字皆不俗，亦可佳也。

——宋 歐陽修《集古錄》卷五《隋老子廟碑》

「空梁落燕泥」未爲絕警，而楊廣不與薛道衡解仇於泉下，豈荒煬所趣止於此耶？「大風」、「飛雲」信是英雄之語也，若「漠漠水田飛白鷺，陰陰夏木囀黃鸝」，終非己有，又何必區區於竊攘哉！

——宋 歐陽修《文忠集》卷一二九《薛道衡王維詩說》

永叔《詩話》稱謝伯景之句，如「園林換葉梅初熟」，不若「庭草無人隨

意綠」也；「池館無人燕學飛」，不若「空梁落燕泥」也。蓋伯景句意凡近，似所謂「西昆體」，而王冑、薛道衡峻潔可喜也。

——宋 魏泰《臨漢隱居詩話》

薛道衡「空梁落燕泥」之句，人多不見其全篇。蓋題是《昔昔鹽》，其辭云：「垂柳覆金堤，蘼蕪葉復齊。水溢芙蓉沼，花飛桃李蹊。采桑秦氏女，織錦竇家妻。關山別蕩子，風月守空閨。常斂千金笑，長垂雙玉啼。盤龍隨鏡隱，彩鳳逐雲低。飛魂同夜鵲，倦寢憶晨雞。暗牖懸蛛網，空梁落燕泥。前年過代北，今歲往遼西。一去無消息，那能惜馬蹄。」無非閨中懷遠之意，但不知立題之義如何。趙嘏乃廣爲二十章，以一句爲一題，亦復綺麗。其中有云：「良人猶遠戍，寂寞夜閨空。繡戶流春月，羅帷坐曉風。魂飛沙帳北，腸斷玉關中。尙自無消息，錦衾那得同。」又：「雲中路杳杳，江畔草萋萋。妾久垂珠淚，君何惜馬蹄。邊風悲曉角，營月怨春鼙。未道休征戰，愁眉又復低。」

——宋 范晞文《對床夜語》卷一

薛道衡以「空梁落燕泥」之句爲隋煬帝所嫉。考其詩名《昔昔鹽》，凡十韻：「垂柳覆金堤，蘼蕪葉復齊。水溢芙蓉沼，花飛桃李蹊。采桑秦氏女，織錦竇家妻。關山別蕩子，風月守空閨。常斂千金笑，長垂雙玉啼。盤龍隨鏡隱，彩鳳逐雲低。飛魂同夜鵲，倦寢憶晨雞。暗牖懸蛛網，空梁落燕泥。前年過代北，今歲往遼西。一去無消息，那能惜馬蹄。」唐趙嘏廣之爲二十章。其《燕泥》一章云：「春至今朝燕，花時伴獨啼。飛斜珠箔隔，語近畫梁低。帷卷閑窺戶，床空暗落泥。誰能長對此，雙去復雙棲。」《樂苑》以爲羽調曲。《元怪錄》載篷簩三娘工唱《阿鵲鹽》，又有《突厥鹽》、《黃帝鹽》、《白鴿鹽》、《神雀鹽》、《疎勒鹽》、《滿座鹽》、《歸國鹽》。唐詩「媚賴吳娘唱是鹽」，「更奏新聲《刮骨鹽》」。然則歌詩謂之「鹽」者，如吟、行、曲、引之類云。今南岳廟獻神樂曲有《黃帝鹽》，而俗傳以爲「黃帝炎」，《長沙志》從而書之，蓋不考也。韋穀編《唐才調詩》以趙詩爲劉長卿，而題爲《別宕子怨》，誤矣。

——宋 洪邁《容齋續筆》卷七

《隱居詩話》云：「歐陽文忠公《詩話》稱謝伯景之句，如『園林換葉梅

初熟』，不若『庭草無人隨意綠』也，『池館無人燕學飛』，不若『空樑落燕泥』也。蓋伯景句意凡近，似所謂西崑體，而王冑、薛道衡峻潔可喜也。」

——宋 胡仔《苕溪漁隱叢話‧前集》卷二二

《資治通鑑》云：「隋煬帝善屬文，不欲人出其右。薛道衡死，帝曰：『更能作空梁落燕泥否？』王冑死，帝誦其佳句曰：『庭草無人隨意綠，復能作此語邪？』」苕溪漁隱曰：「人君不當與臣下爭能，故煬帝忮心一起，二臣皆不得其死，哀哉！然爲人臣者，亦當悟其微旨。如宋孝武欲擅書名，王僧虔遂不敢顯跡，常以拙筆書。宋文帝好文章，自謂莫能及。鮑照於所爲文章，遂多鄙言俚句，故二君者亦無得以嫉之，終見容於二世，豈非明哲保身之要術乎？」

——宋 胡仔《苕溪漁隱叢話‧前集》卷二二

苕溪漁隱曰：「古今詩人，以詩名世者，或只一句，或只一聯，或只一篇。雖其餘別有好詩，不專在此，然播傳於後世，膾炙於人口者，終不出此矣。豈在多哉？如『池塘生春草』則謝康樂也，『澄江靜如練』則謝宣城也，『蟬首秋雲飛』則柳吳興也，『風定花猶落』則謝元貞也，『鳥鳴山更幽』則王文海也，『空梁落燕泥』則薛道衡也，『楓落吳江冷』則崔信明也，『庭草無人隨意綠』則王冑也。凡此皆以一句名世者。」

——宋 胡仔《苕溪漁隱叢話‧後集》卷二

《復齋漫錄》云：「方回詞有《雁後歸》云：『巧剪合歡羅勝子，釵頭春意翩翩。豔歌淺笑拜嬌然。願郎宜此酒，行樂駐華年。未至文園多病客。幽襟凄斷堪憐。舊游夢掛碧雲邊。人歸落雁後，思發在花前。』山谷守當塗，方回過焉，人日席上作也。腔本《臨江仙》，山谷以方回用薛道衡詩，故易以《雁後歸》云。唐劉餗傳記云：『隋薛道衡聘陳，作《人日詩》曰：『入春才七日，離家已二年』。南人嗤之。及云『人歸落雁後，思發在花前』乃曰名下無虛士。』」

——宋 胡仔《苕溪漁隱叢話‧後集》卷二五

《塵史》云：「劉氏傳記載煬帝既誅薛道衡，乃云：『尚能道空梁落燕泥

否？』蓋道衡詩嘗有是句。《楊公談苑》載僧希晝《北宮書亭》云：『花露盈蟲穴，梁塵隨燕泥。』予以爲鍊句雖工，而致思不逮於薛矣。」

　　　　　　　　　　　　——宋　胡仔《苕溪漁隱叢話・後集》卷三七

律體
沈約　吳均　何遜　王筠　任昉
陰鏗　徐陵　薛道衡　江總
右諸家，律詩之源，而尤近古者，視唐律雖寬，而風度遠矣。

　　　　　　　　　　　　　　　　　　——元　陳繹曾《詩譜》

　　戰國之莊周、屈原、宋玉、商鞅、韓非、李斯，漢之鄒陽、枚皋、東方朔、司馬相如、王褒、劉歆、張衡、崔瑗、蔡邕，魏之曹植、王粲、陳琳、阮籍、嵇康，晉之張華、左思、潘岳、陸機、孫綽、袁宏、陶潛，南北之謝靈運、顏延之、任昉、鮑昭、江淹、謝朓、溫子昇、徐陵、庾信、薛道衡，唐之陳子昂、張說、蘇頲、李白、杜甫、元結、李華、賈至、楊炎、常袞、李翱、皇甫湜、劉禹錫、柳宗元、白居易、元稹、牛僧積、皮日休、杜牧、陸龜蒙、司空圖，宋之楊億、王禹偁、夏竦、蘇洵、曾鞏、王安石、蘇軾、蘇轍、呂惠卿、李清臣、黃庭堅、張耒、秦觀、晁無咎、金源之、韓昉、蔡珪、黨世傑、趙渢、王庭筠、趙秉文、李純甫、雷淵、麻九疇，則鼓吹風雅，鋪張篇什，藻飾緶緕。列上書疏，敷陳利害，詰竟論議，雕繪華采。雕琢章句，掏抉造化，窮極筆力，精核義理。照耀竹帛，劃刻金石，撼搖天地，陵轢河山，剴切星斗，推蕩風雲，震疊一世。作爲文章，皆有書有集，有簡有策，名家傳後。

　　　　　　　　　　　　——元　郝經《陵川集》卷二九《原古錄序》

　　葉紹泰（評《老氏碑》）曰：「崇玄靈之教，累數千言，無當經國諸務。隋之亡也，豈獨用封德彝輩，爲臺觀宮殿，陽春沼內，伎女數千，奏請夜遊，曲致然哉？」

　　　　　　　　　　　　——明　葉紹泰《增定漢魏六朝別解》卷六二

　　《羅浮山記》云「望平地樹如薺」，自是俊語。梁戴暠詩「長安樹如薺」，

用其語也。後人翻益工，薛道衡詩「遙原樹若薺，遠水舟如葉」，孟浩然詩「天邊樹若薺，江畔洲如月」。

——明 楊慎《升庵詩話》卷一三

「京洛重新年，復屬月輪圓。雲間璧獨轉，空裏鏡孤懸。萬方皆集會，百戲盡來前。臨衢車不絕，夾道閣相連。驚鴻出洛水，翔鶴下伊川。豔質回風雪，笙歌韻管弦。佳麗儼成行，相攜入戲場。衣類何平叔，人同張子房。高高城裏髻，峨峨樓上妝。羅裙飛孔雀，綺席垂鴛鴦。日映班姬扇，風飄韓壽香。竟夕魚負燈，徹夜龍銜燭。戲笑無窮已，歌詠還相續。羌笛隴頭吟，胡舞龜茲曲。假面飾金銀，盛服搖珠玉。宵深戲未闌，竟為人所難。臥驅飛玉勒，立騎轉銀鞍。縱橫既躍劍，揮霍復跳丸。抑揚百獸舞，盤跚五禽戲。狻猊弄斑足，巨象垂長鼻。青羊跪復跳，白馬迴旋騎。忽睹羅浮起，俄看鬱昌至。峰嶺既崔嵬，林叢亦青翠。麋鹿下騰倚，猴猿或蹲跂。金徒列舊刻，玉律動新灰。甲莢垂陌柳，殘花散苑梅。繁星漸寥落，斜月尚徘徊。王孫猶勞戲，公子未歸來。共酌瓊酥酒，同傾鸚鵡杯。普天逢聖日，兆庶喜康哉。」按《隋柳彧傳》有《請禁正月十五日角觗戲奏》云：「京邑內外，每以正月望夜，鳴鼓聒天，燎炬照地，人戴獸面，男為女服，倡優雜伎，詭狀異形。高棚跨路，廣幕淩雲。肴醑肆陳，絲竹繁奏。以穢嫚為歡娛，用鄙褻為笑樂。淫行因此而生，盜賊由茲而起。請頒行天下，並即禁斷。」即此時事也〔註1〕。

——明 楊慎《升庵詩話》卷一四

北朝戎馬縱橫，未暇篇什。孝文始一倡之，屯而未暢。溫子升韓陵一片石足語及，為當塗藏拙，雖江左輕薄之談，亦不大過。薛道衡足號才子，未是名家，唯楊處道奕奕有風骨。

——明 王世貞《藝苑卮言》卷三

左太沖、謝靈運、邢子才篇賦一出，能令紙貴。王元長、徐孝穆、薛道

〔註1〕柳彧上奏禁斷角觗戲，事在隋文帝朝。而此詩題為《和許給事善心戲場轉韻詩》，許善心於大業元年轉禮部侍郎，後左遷給事郎，詩題稱「許給事」，當在大業元年之後，事在煬帝朝。楊慎認為柳彧《請禁正月十五日角觗戲奏》針對的是此詩描繪的百戲情景，顯誤。

衡朝所吟諷，夕傳遐方。雞林購白學士什，至值百金。蜀蘇獲梅都官詩，繡之法錦。而子雲寂寞玄亭，元亮徘徊東籬，子美躑躅浣花，昌齡零落竆障，寄食人手，共衣酒家。共工部云：「名豈文章著？」悲哉乎其自解也，令數百歲後有人無所復虞。第作者不賞，賞者不作，以此恨恨耳。

——明　王世貞《藝苑巵言》卷八

古人云：「詩能窮人。」究其質情，誠有合者。今夫貧老愁病，流竄滯留，人所不謂佳者也，然而入詩則佳。富貴榮顯，人所謂佳者也，然而入詩則不佳。是一合也。泄造化之秘，則真宰默讎；擅人群之譽，則眾心未厭。故呻占椎琢，幾於伐性之斧，豪吟縱揮，自傳爰書之竹，矛刃起於兔鋒，羅網布於雁池。是二合也。循覽往匠，良少完終，爲之愴然以慨，肅然以恐。曩與同人戲爲文章九命：一曰貧困，二曰嫌忌，三曰玷缺，四曰偃蹇，五曰流竄，六曰刑辱，七曰夭折，八曰無終，九曰無後。……二嫌忌：……薛道衡、王冑見忌隋煬……或以材高畏逼，或以詞藻慚工。大則斧質，小猶貝錦。……八無終：韓非、蒙毅……王冑、薛道衡……以冤。李斯、劉安……以法。

——明　王世貞《藝苑巵言》卷八

古人之作，必正定而後出。若丁敬禮之服曹子建，袁宏之服王洵，王洵之服王誕，張融之服徐覬之，薛道衡之服高構，隋文帝之服庾自直，古人服善類如此。

——明　謝榛《四溟詩話》卷二

劉長卿體物情深，工於鑄意，其勝處有迥出盛唐者。「黃葉減餘年」的是庾信、王褒語氣。「老至居人下，春歸在客先。」「春歸」句何減薛道衡《人日思歸》語？「寒鳥數移柯」與隋煬「鳥擊初移樹」同，而風格欲遜。「鳥似五湖人」語冷而尖，巧還傷雅，中唐身手於此見矣。

——明　陸時雍《詩鏡總論》

「暗牖懸蛛網，空梁落燕泥。」物相停然，覺下語韻勝，以得景之佳也。故詩人賦物，取其景之最勝者。二語悠然雅韻，凡實境自成，真情自湧，此是詩家第一義。若點綴推敲，雖極精工，終非其至，此謂要道不煩。

「游魚吹水沫，神蔡上荷心」，直入渾成；「集鳳桐花散，勝龜蓮葉開」，倒挑輕嫵，此氣韻所由分也。

——明　陸時雍《古詩鏡》卷二九

六朝歌行可入初唐者，盧思道《從軍行》、薛道衡《豫章行》。音響格調，咸自停勻，體氣豐神，尤為煥發。

——明　胡應麟《詩藪‧內編》卷三

薛道衡《昔昔鹽》等篇，大是唐人排律，時有失粘耳。

齊、梁、陳、隋句，有絕是唐律者，彙集於後，俾初學知近體所從來。……薛道衡「少昊騰金氣，文昌動將星」，「暗牖懸蛛網，空梁落燕泥」。

——明　胡應麟《詩藪‧內編》卷四

漢、魏、晉、宋、齊、梁、陳、隋，八代之階級森如也。枚、李、曹、劉、阮、陸、陶、謝、鮑、江、何、沈、徐、庾、薛、盧，諸公之品第秩如也。其文日變而盛，其格日變而新，而前規日遠也。……陳、隋徐、庾外，總持、正見、思道、道衡，餘不多得。故吾以合宋、齊不能當一晉，合陳、隋不能敵一梁也。

唐律雖濫觴沈、謝，於時音調未遒，篇什猶寡。……陳隋徐薛諸人，唐初無異矣。

盧、薛篇章雖寡，而明豔可觀。

——明　胡應麟《詩藪‧外編》卷二

盧思道、李德林、薛道衡五言，聲盡入律。而盧則綺靡者尚多，薛道衡《轉韻》諸篇，本於劉孝綽，至《出塞》二篇，則已近初唐矣。

樂府七言，思道《從軍行》、道衡《豫章行》，皆已近初唐。思道與德林、道衡齊名友善。隋史曰：「二三子有齊之季，皆以辭藻著聞，爰歷周、隋，咸見推重。李稱一代俊偉，薛則時之令望。靜言揚榷，盧居二子之右。」愚按：「徐、庾、王褒、張正見、盧、薛諸子五七言，風格多有近唐者。」

綺靡者，六朝本相；雄偉者，初唐本相也。故徐、庾以下諸子，語有雄渾者為類初唐，王、盧、駱，語有綺靡者，為類六朝。

——明 許學夷《詩源辯體》卷一一

唐風近隋，盧、薛諸體，世猶宗尚。

——明 張溥《漢魏六朝百三名家集》之《盧武陽集》題辭

華堂漠漠悄寒輕，聊應芳辰設茱萸。竹外風煙開秀色，樽前榮日麗新晴。占微誰問東方朔，思發空懷薛道衡。短鬢寂寥花勝在，相看無復少年情。

——明 文徵明《甫田集》卷四《人日孔周有斐堂小集》詩

雪後江梅燦玉英，蕭然人日半陰晴。雜占誰問東方朔，妙思空懷薛道衡。彩勝千年傳故事，菜盤七種薦春羹。白頭不落山林事，又向名園聽早鶯。

——明 文徵明《甫田集》卷一四《人日直夫東園小集》詩

佳辰愛人日，況復立春時。節喜三陽至，羹傳七菜宜。未吟高適句，且賦道衡詩。莫謂家鄉近，終成兩地思。

——明 曹學佺《石倉歷代詩選》卷四九九 文彭《人日立春》詩

陳有徐陵、江總之華豔，北周有庾信之清新，薛道衡之奇拔。然論者統為八代之衰，何歟？

——明 徐師曾《詩體明辨序》

建安諸子，雖號靡麗，然典峻不可少，當稱為小雅之變。二應以後，六朝如二陸、三謝，至任彥升、顏延年、沈休文、薛道衡輩，世人往往俱以纖綺視之，然鑄景凝華，隱隱十二國風之變也。

——明 劉繪《與王翰林槐野論文書》（黃宗羲《明文海》卷一五二）

馮定遠曰：「齊梁以來，南北文章頗為不同。北多骨氣，而文不及南。鄴下才人盧思道、薛道衡皆有盛譽。自隋煬帝有非傾側之論，徐、庾之文少變，於時文多雅正。薛道衡氣格清拔，與楊素酬唱之作，義山極道之。唐初文字，兼學南北，以人言之，道衡亦不可缺。」

——清 吳喬《圍爐詩話》卷二

評薛道衡《昔昔鹽》：「起興處全不逗漏，故豔而不俗，收亦明快。一篇之中，以一句爲警，陌習也。『空梁落燕泥』何當此詩之得失？而楊廣乃以之殺人邪？」

——清　王夫之《古詩評選》卷一「古樂府歌行」類

評薛道衡《夏晚》：「森沉從苦吟而得。」

——清　王夫之《古詩評選》卷三「小詩」類

評薛道衡《梅夏應教》：「三四清麗有神采，五六用事靈動。」

——清　王夫之《古詩評選》卷六「五言近體」類

評薛道衡《昔昔鹽》：「『空梁落燕泥』固以自然爲勝，結亦悠揚。」

——清　陳祚明《采菽堂古詩選》卷三五

評薛道衡《豫章行》：「條暢。」

——清　陳祚明《采菽堂古詩選》卷三五

評薛道衡《從駕幸晉陽》：「《奉和月夜聽軍樂》有『月冷疑秋夜，山寒落夏霜。』次句新爽。《遊昆明池》有『魚潛疑刻石，沙暗似沉灰。』翻新亦佳。」

——清　陳祚明《采菽堂古詩選》卷三五

評薛道衡《敬酬楊僕射山齋獨坐》：「輕婉結雋。」

——清　陳祚明《采菽堂古詩選》卷三五

評薛道衡《入郴江》：「『跳波』六句江行即事宛然在目。」

——清　陳祚明《采菽堂古詩選》卷三五

評薛道衡《和許給事善心戲場轉韻詩》：「俳歌之流，語有饒致者。《梅夏應教》有『勝龜蓮葉開』句佳。」

——清　陳祚明《采菽堂古詩選》卷三五

評薛道衡《人日思歸》：「新雋，固唐人所鑽仰。」

——清 陳祚明《采菽堂古詩選》卷三五

前世帝王多與臣下爭長，故有用拙筆書，或爲累句蕪辭，以求免禍者。熙陵云章奎畫前無古人，而推重忠懿翰墨如此，始知王僧虔、沈約、薛道衡輩所遭之不幸也。

——清 鄭方坤《五代詩話》卷一

評薛道衡《昔昔鹽》：「昔昔，猶夜夜也。鹽，引之轉而訛也。『暗牖懸蛛網』二句，從張景陽『青苔依空墻，蜘蛛網四屋』化出。而其發原，則在『伊威在室，蠨蛸在戶』，但後人愈巧耳。」

——清 沈德潛《古詩源》

評薛道衡《敬酬楊僕射山齋獨坐》：「『遙原』二語，孟襄陽祖此句法。」

——清 沈德潛《古詩源》

《魚藻》，刺幽王也。言萬物失其性，王居鎬京，將不能以自樂，故君子思古之武王焉。劉知幾《史通》云：「觀『猗與』之頌，而驗有殷方興；觀《魚藻》之刺，而知宗周將隕。」《隋書·薛道衡傳》煬帝覽道衡頌，怒曰：「此《魚藻》之義也。」

——清 姜炳璋《詩序補義》卷一九

蕭子顯自稱：「凡有著作，特寡思功。須其自來，不以力構。」此即陸放翁所謂「文章本天然，妙手偶得之」也。薛道衡登吟榻構思，聞人聲則怒；陳後山作詩，家人爲之逐去貓犬，嬰兒都寄別家，此即少陵所謂「語不驚人死不休」也。二者不可偏廢。蓋詩有從天籟來者，有從人巧得者，不可執一以求。

——清 袁枚《隨園詩話》卷四

薛玄卿《隋高祖文皇帝頌》，煬帝見而銜之，以爲是《魚藻》之義。然今尋其託諷之處，亦殊不可得。

——清 李兆洛《駢體文鈔》卷二

薛玄卿《老氏碑》：文字因題而異，亦因所施而異。意存頌揚，遂氾濫忘其所歸，是忘題也；為老氏立碑，不詳立碑之意，而詳立碑之人，是忘其所施也。自梁以下，其弊皆然。駢體之遂為分途，皆自此等為之後也。此唐初四傑之先聲。其小異者，尚有疏樸之致。

——清 李兆洛《駢體文鈔》卷三一

問「隔」與「不隔」之別，曰：陶、謝之詩不隔，延年則稍隔矣。東坡之詩不隔，山谷則稍隔矣。「池塘生春草」、「空梁落燕泥」等二句，妙處唯在不隔。

——清 王國維《人間詞話》